U0920560

节日天安门广场花坛

菜戶营立交桥

满目青翠

颐和园万寿山鸟瞰

绿荫中的东长安街

河岸

居住区

天坛

总政大院

古树

北京市城市园林绿化普查资料汇编

1995

北京市园林局编

北京出版社出版

《北京市城市园林绿化普查资料汇编》
编委会

前　言

为了准确掌握北京市园林绿化现状，实事求是地反映北京市“八五”期间的绿化成果，为发展北京市经济建设和城市公用建设，根据建设部、国家统计局“关于开展城市市政公用设施普查工作的通知”精神，按照“北京市市政公用设施普查方案”的要求，结合北京市园林绿化建设的实际情况，由北京市园林局统一部署、组织实施，于1995年7月至10月对北京市建成区的公共绿地、专用绿地及城市道路的园林绿化现状进行了全面普查。

“八五”期间，首都的绿化造林工作，在党中央、国务院的关怀下，在中直机关、中央国家机关各部门、驻京部队、武警部队的大力支持下，在市委、市政府和首都绿化委员会的直接领导下，全市广大干部群众，解放思想，奋力开拓，以《北京城市建设总体规划》提出的创建清洁优美，生态环境达到世界一流水平的现代化国际城市为目标，全民动手，大力植树造林，改善环境，形成了全民搞绿化，全社会美化首都的大好局面。“八五”期间，园林绿化持续发展，城近郊区建成区绿地率由“七五”末的32.54%增至33.56%，绿化覆盖率由28.78%增至32.42%，人均绿地由23.87平方米增至28.87平方米，人均公共绿地由6.15平方米增至7.08平方米。比较突出的是：

——城市隔离片林建设取得突破性进展。五年共营造城市隔离片林1411公顷，其中集中连片、面积达千亩以上的有

10处，为实现城市建设“分散集团式”布局，打下了基础。

——住宅区和工业科技园区绿化发展迅速。目前全市小区绿化总面积已经达到1100多公顷，亦庄，上地、丰台等科技园区，绿化与建设统一规划，同步实施，起点高，进展快。

——城市道路绿化水平显著提高。与市政建设同步，重点绿化了机场路、西厢路等60多条道路和四元桥等一批立交桥。城市主要干道初步形成了三季有花、四季常青的优美景观。

——公园建设稳步发展。国家、集体、企业、个人多层次、多渠道筹资，新建不同风格的公园49个，全市百亩以上的公园已发展到120个。

北京市城市园林绿化普查工作在各区县有关部门的大力支持下，圆满完成了实地普查和资料汇总工作。经过近一年的整理、汇总、核查、审定，我们编辑了这部《一九九五年北京市城市园林绿化普查资料汇编》。根据建设部、国家统计局此次城市市政公用设施普查的有关指标解释，结合北京市园林绿化的实际情况，计算口径有些调整，如与普查原始资料有出入以《汇编》为准。

在编辑过程中，我们得到了局属单位和区县园林系统及有关部门的大力协助和支持。在此，表示衷心的感谢。由于编辑过程中人员少，时间紧，水平有限，难免出现误差，欢迎各界指正。

北京市园林局

一九九六年六月

目　录

一、北京市城市园林绿化普查文件汇编

建设部、国家统计局文件

建计〔1995〕30号

关于开展城市市政公用设施普查工作的通知

各省、自治区、直辖市建委（建设厅）、统计局，计划单列市的省辖市建委、统计局，北京市市政管理委员会：

城市市政公用设施是城市基础设施的重要组成部分，它以其特有的服务功能，多方面地满足人民生活的需要，促进社会经济的全面发展。因此，城市市政公用设施状况从一个方面反映了城市社会经济和人民生活水平的高低，是进行城市规划、建设和管理必不可少的重要依据。

党的十一届三中全会以来，城市市政公用事业得到了党和政府的高度重视，并有了较快的发展，尤其是进入九十年代，各级党和政府都把发展市政公用事业作为加快社会经济发展的一项重要任务，国务院颁布的《90年代国家产业政策纲要》，明确提出了要加快城市市政公用事业的发展。但目前一些地区市政公用设施基础资料失真，统计数据不准确，家底不清，城市间的统计范围不统一，使得现行城市市政公用设施统计数据越来越不能适应新形势的需要。针对这种情况，建设部、国家统计局决定，对全国设市城市进行一次市政公用设施普查，以便摸清城市市政公用设施的底数，为城市规划、建设和管理提供详实的基础资料，同时，也为完善经常性的规范统计，向新的国民经济核算体系过渡创造条件。为了切实做好城市市政公用设施普查工作，现就有关问题通知如下：

一、普查的范围和内容

全国市政公用设施普查的范围是设市城市（含县级市），包括建设部门经营管理的和非建设部门经营管理的市政公用设施。

普查的内容包括：城市公用事业（含自来水、公共交通、燃气、集中供热），市政工程（含道路、防洪、排水及污水处理），园林绿化，环境卫生等。各省、自治区、直辖市建设行政主管部门可根据工作需要，在满足统一规定的普查指标的基础上，适当增加与普查目的有关的部分必要的指标。

二、普查标准时间和工作时间

城市市政公用设施普查的标准时间为1995年6月30日，普查工作从1994年11月开始，1995年12月底前全部完成。

三、普查经费

市政公用设施普查不仅是国情调查，也是省情调查、市情调查，将在城市经济社会发展中产生积极作用，因此，普查经费可从当地城市维护建设税中一次性安排解决。

四、关于普查的组织工作

此次市政公用设施普查由建设部和国家统计局共同布置，联合成立普查工作领导小组，由建设部副部长李振东任组长，国家统计局副局长邵宗明，建设部计划财务司司长张耀儒任副组长，领导小组成员有建设部城市建设司副司长林家宁、计划财务司副司长秦玉文和国家统计局统计设计管理司副司长魏贵祥；下设办公室，设在建设部计划财务司，由计划财务司副司长秦玉文兼任办公室主任，负责具体的普查组织指导工作。各地可根据当地情况，成立相应的普查组织指导机构，普查的具体实施工作由建设部门承担。

此次市政公用设施普查，是建国以来的第一次，涉及面广、门类庞杂、工作难度大。各级领导要高度重视，认真负责，各有关部门要密切配合，确保全国城市市政公用设施普查工作顺利进行。

附件：一、全国城市市政公用设施普查实施方案

二、全国城市市政公用设施普查表（略）

三、全国城市市政公用设施普查手册（略）

中华人民共和国建设部

国　家　统　计　局

一九九四年十一月十八日

抄送：本部办公室

市建设司、信息中心

附件一：

全国城市市政公用设施普查
实　施　方　案

城市市政公用设施是城市基础设施的重要组成部分，它不仅能够多方面地满足人民生活的需要，而且还以其特有的服务功能，促进社会经济的全面发展。因此，城市市政公用设施在社会经济格局中占有非常重要的地位。党的十一届三中全会以来，城市市政公用事业得到了党和政府的高度重视，并有了较快的发展，尤其是进入九十年代，各级党和政府都把发展市政公用事业作为加快社会经济发展的一项重要任务，国务院颁布的《90年代国家产业政策纲要》，明确提出了要加快城市市政公用事业的发展。为使城市市政公用设施统计满足新形势的要求，更好为各级党政领导决策、规划服务，建设部、国家统计局决定1995年对全国城市市政公用设施进行一次全面普查。根据《建设部、国家统计局关于开展城市市政公用设施普查工作的通知》的精神，特制定全国城市市政公用设施普查实施方案。

一、普查目的

1、摸清城市市政公用设施的底数，为各级党和政府制定、实施城市市政公用事业规划和产业政策，提供准确详实的基础资料。

2、规范城市市政公用设施统计，为向新的国民经济核算体系过渡创造条件。

3、满足社会主义市场经济条件下，城市市政公用事业企业微观经营管理的需要。

二、普查范围

全国城市市政公用设施普查的范围包括全国所有设市城市（含县级市）中建设部门经营管理的和非建设部门经营管理的市政公用设施。具体规定如下：

1、地区级及以上城市调查范围为城市行政区，即市区和郊区，不含市辖县。

2、县级市调查范围为城市规划区。

三、普查内容

全国城市市政公用设施普查的内容包括城市公用事业（含自来水、公共交通、燃气、集中供热），市政工程（含道路、防洪、桥梁基本情况和排水及污水处理），园林绿化，环境卫生等市政公用设施基本情况和现状。各地可根据工作需要，在满足统一规定的普查指标的前提下，适当增加与普查目的有关的部分必要指标。

普查指标解释参见附件三《全国城市市政公用设施普查手册》，各地不得随意改动。

四、普查表式及填报方式

全国城市市政公用设施普查表分为三种。一是摸底调查表，供摸底调查专用，即对市政公用设施的直接主管单位管理的设施个数、名称和种类等内容进行一次性的摸底调查，其目的是为现场调查提供准备的调查框，此表由城市建设部门协助市政公用设施的主管部门或单位填写，一式两份，一份报建设部门，一份自留。二是现场调查表，供现场调查登记用，即对具体的市政公用设施的状态、规模、能力等指标进行调查；对于建设部门系统管理的市政公用设施，此表由设施的直接主管单位填写，对于非建设部门系统管理的市政公用设施，此表由其所属的法人企业（或单位）填写，均报城市建设部门的综合统计机构。三是普查综合表，供汇总上报用，由城市建设部门的综合统计机构通过计算机汇总生成，上报上一级城市建设部门的综合统计机构，同时抄报一份给同级统计部门。

普查表式见附件二。

五、普查组织与分工

为保证全国城市市政公用设施普查工作顺利进行，建设部和国家统计局联合成立普查工作领导小组，下设办公室，负责布置、组织和指导全国城市市政公用设施普查工作。各地可根据自己的实际情况，明确领导责任，建立相应的组织。对普查的具体工作作如下规定：

普查的前期准备工作，包括普查表式、普查手册的印刷，普查人员的培训，摸底调查的组织实施等，由各地建设部门负责；现场调查由建设部门协助市政公用设施的主管部门或单位进行；现场调查资料的处理、汇总由建设部门的综合统计机构负责进行；普查资料的开发应用由建设部门和统计部门共同负责进行。

六、普查时间安排

此次全国城市市政公用设施普查标准时间为1995年6月30日，普查工作从1994年11月份开始，至1995年12月底结束。工作安排大体可分为以下四个阶段：

（一）准备阶段（1994年11月至1995年3月）

制订具体的普查工作计划和普查办法，将普查任务落实到有关单位，组织培训，印制普查表等。

（二）摸底调查

市政公用设施涉及的行业庞杂、门类广，为使普查工作顺利开展，在正式普查前有必要对市政公用设施的个数、名称、地址、行业类别及其隶属单位进行一次摸底调查。

摸底调查时间不做统一规定。

（三）调查阶段（1995年4月至9月）

这个阶段的工作是对普查对象、市政公用设施进行现场调查、丈量和测算，并进行填表登记。

（四）普查资料的汇总、整理上报阶段（1995年10月至12月）

这个阶段需要完成的工作是：（1）普查数据整理汇总；（2）普查数据检查；（3）普查资料的编印归档；（4）普查资料的分析应用。

七、普查资料质量控制和审核

为了保证全国城市市政公用设施资料的质量，必须从以下三个方面把好质量关：

（一）自下而上地做好协调、统一工作，严格按照普查方案和普查手册的要求进行普查工作。做到不重不漏，避免计算过程中出现错误。

（二）基层调查人员填好普查表后，要进行核对，无误后才能上报；各主管部门对普查基层表应逐个进行审核；建设部门还要组织力量对基层表填报质量进行抽查，通过层层把关，保证普查数据的质量。

（三）在数据录入计算机之前，要组织力量进行人工审核，重点审核属性指标是否按要求填报，发现问题，及时与填报单位联系，予以纠正。

（四）建设部门在汇总普查资料前要对所有基层表的数据按统一程序进行逻辑审核。

八、其他

（一）在全国城市市政公用设施普查前，已自行普查过的城市，可在原普查工作的基础上，填平补齐，进一步完善普查后的各项工作，不再重复进行普查。

（二）经过普查，凡市政公用设施实有状况与原统计年报数字不相符合的，在编报城市建设统计年报时，一律按普查数字调整过来，并在统计年报编报说明中注明。

（三）普查数据汇总程序和逻辑审核程序由建设部和国家统计局统一编制下发。

（四）各地在普查工作全面结束前对普查工作的各个方面，包括组织工作、普查登记、数据处理、分析应用、建档归档等，进行认真总结，并将总结材料和有关汇编资料于1995年12月底前报建设部计划财务司。

北京市人民政府批转《北京市城市市政公用设施普查实施方案》的通知

京政发〔1995〕24号

各区、县人民政府，市政府各委、办、局，各市属机构，中央在京各单位、各驻京部队：

根据建设部、国家统计局《关于开展城市市政公用设施普查工作的通知》精神，市市政管理委员会、市统计局制定了《北京市城市市政公用设施普查实施方案》，已经市政府同意，现转发给你们，请认真贯彻实施。

这次城市市政公用设施普查的目的是，摸清全市市政公用设施底数，为城市规划、建设和管理提供翔实的基础资料，同时也为完善经常性的规范统计，向新的国民经济核算体系过渡创造条件。为加强对这项涉及面广、门类庞杂、工作难度大的普查工作的组织协调，市政府决定，成立北京市城市市政公用设施普查工作领导小组。组成人员名单如下：

组　长：　张百发　常务副市长

副组长：　郑一军　市长助理　市市政管委主任

　　　　　范国柱　市统计局局长

成　员：　关淑玉　市计委副主任

　　　　　崔凤霞　首规委办公室副主任

　　　　　全永燊　市规划院副院长

　　　　　马均辉　市市政管委委员

　　　　　潘　璠　市统计局副局长

　　　　　武利亚　市公用局副局长

　　　　　李光荣　市环卫局局长

　　　　　刘长乐　市园林局副局长

　　　　　植　军　市公交总公司总会计师

　　　　　宋书珍　市地铁总公司副总经理

　　　　　常复琼　市出租汽车管理局副局长

　　　　　杨树丛　市市政工程管理处主任

　　　　　袁增义　市路灯管理处主任

　　　　　仲建惟　东城区副区长

　　　　　杨胜博　西城区副区长

程振东　崇文区副区长
刘　义　宣武区副区长
李晓光　朝阳区副区长
许树迎　海淀区副区长
朱建民　丰台区副区长
刘国泰　石景山区副区长
魏贵训　房山区副区长
段义绵　门头沟区副区长
岳凤华　通县副县长
张书领　大兴县副县长
吕振清　顺义县副县长
付朝永　平谷县副县长
戴景珠　怀柔县副县长
沈玉宝　昌平县副县长
李福珍　密云县副县长
王孝彬　延庆县副县长

领导小组下设办公室，主任由潘璠同志兼任。办公室设在市统计局，办公室成员从领导小组成员单位抽调人员组成。各级领导要高度重视，认真负责；各有关部门要密切配合，确保全市城市市政公用设施普查工作顺利完成。

北京市人民政府

一九九五年五月二十二日

北京市城市市政公用设施普查实施方案

根据建设部、国家统计局《关于开展城市市政公用设施普查工作的通知》精神，参照《全国城市市政公用设施普查实施方案》，特制定本方案。

城市市政公用设施是城市基础设施的重要组成部分，它不仅能多方面满足人民生活需要，而且还以其特有的服务功能，促进社会经济全面发展。为使城市市政公用设施统计满足社会经济发展的需要，按照建设部、国家统计局的统一部署，1995 年 5 月至 12 月底在全市进行一次城市市政公用设施普查。

一、普查目的

（一）摸清全市城市市政公用设施的底数，为各级政府及其部门制订、实施城市市政公用事业规划和产业政策，提供准确翔实的基础资料。

（二）为发展社会主义市场经济，提供城市公用事业行业管理和企业微观经营管理的重要依据。

二、普查范围

全市各部门管理和各单位（包括在京的中央国家机关和军队机关及其所属单位）经营管理的市政公用设施。

（一）市区普查范围：东城区、西城区、崇文区、宣武区、朝阳区、海淀区、丰台区、石景山区。

（二）远郊区（县）普查范围：规划确定的 14 个卫星城和两个中心镇。卫星城范围：通县通州镇、大兴县亦庄和黄村、房山区房山镇（含燕山）和良乡、门头沟区门城镇、丰台区长辛店、昌平县昌平镇（含南口、埝头）和沙河、延庆县延庆镇、怀柔县怀柔镇（含桥梓、庙城）、密云县密云镇、平谷县平谷镇、顺义县顺义镇（含牛栏山、马坡）；中心镇范围：密云县溪翁庄镇、昌平县小汤山镇。

三、普查内容及普及表式

（一）普查内容：城市公用事业（含自来水、自备水、公共交通、燃气、集中供热）、市政工程（含道路、防洪、桥梁、路灯、排水及污水处理）、园林绿化、环境卫生等市政公用设施的基本情况。

（二）普查表式：摸底调查表，用于对市政公用设施的直接主管单位管理的设施数量、名称和种类等内容进行一次性的摸底调查，为现场调查提供准确的调查框架；城市普查基层表，用于对具体市政公用设施的状态、规模、能力等指标的调查，摸底调查表和城市普查基层表均由市政公用设施的直接主管单位或其所属的法人企业填写；城市普查综合表，用于对城市普查基层表进行计算机汇总上报。

摸底调查表、城市普查基层表和城市普查综合表的式样由市普查办公室统一制发。

四、普查组织与分工

全市市政公用设施普查工作由市城市市政公用设施普查工作领导小组统一部署，具体工作由市普查办公室负责日常组织协调。各区、县由市政管理部门牵头，成立相应机构，负责这项工作的具体实施。

（一）市普查办公室负责印制普查表式、普查手册，解释普查中的有关问题；同时对区、县参加普查的工作人员进行培训，并负责普查工作汇总等工作。

（二）市市政管委系统的普查工作由市普查办公室组织进行；区、县普查机构负责本区、县属各单位的普查工作。各单位要积极抽调人员参加普查工作。

五、普查时间安排

全市城市市政公用设施普查标准时间为1995年6月30日。普查工作从1995年5月开始，至1995年12月底结束。工作安排为四阶段：

（一）准备和摸底调查阶段（5月至6月中旬）；建立普查组织机构，制订普查实施方案；召开全市普查工作动员大会；开展普查培训工作，明确普查表格的填写方法；对市政公用设施数量、名称、地址、行业类别及其隶属单位进行摸底调查。

（二）普查阶段（6月下旬至7月下旬）：由各单位对市政公用设施进行现场调查、测量或测算，并填表登记，经过自审和上级主管部门审核签章后，分别报市、区、县普查办公室。

（三）普查数据复审和汇总阶段（8月至10月）：复审普查数据；计算机录入普查数据；汇总普查数据，并将其计算机软盘报市普查办公室。

（四）收尾阶段（11月至12月）：市普查办公室负责汇总全市普查资料后，上报全国普查办公室；进行普查资料的编印、归档，以及普查资料的分析和应用等工作。

六、其它事项

（一）普查经费。普查经费采取分级负担的原则，市级城市维护费安排一定资金作为全市普查补助；负责管理各类市政公用设施的单位要提供必要的人力、物力，支持普查工作，经费由成本或事业维护经费中列支；区、县普查经费由区、县城市维护费支出。

（二）普查质量。各单位要自下而上地做好普查工作的协调、统一，严格按照普查方案及有关要求进行普查工作。基层普查人员要认真填报核对普查表，各普查办公室要组织力量对普查表填报质量进行检查，并在汇总普查资料前对所有普查表的数据按统一程序进行逻辑审核。

（三）普查纪律。凡属普查范围内的行政单位或企业事业单位，都要如实填报普查调查表，不得拒报或迟报。

（四）统计年报调整。经过普查，凡市政公用设施现实状况与原统计年报数字不相符合的，一律按普查数字调整后，报城市建设统计年报，并在统计年报编报说明中注明。

北京市市政管理委员会
北 京 市 统 计 局

1995 年 5 月 11 日

主题词：城乡建设　市政　设施　普查　通知

抄送：市委办公厅、各部、委，市人大常委会办公厅，市政协办公厅，北京卫戍区，市高、中级人民法院，市人民检察院、检察分院

北京市人民政府办公厅　　　　1995 年 5 月 24 日印发

关于开展北京市城市市政公用设施——园林绿化普查工作的通知

园计字［1995］280号

签发人：魏广智

各区（县）绿化办公室、园林局、局属各单位：

根据建设部、国家统计局建计（1995）30号《关于开展城市市政公用设施普查工作的通知》和北京市人民政府京政发（1995）24号《关于开展北京市城市市政公用设施普查工作的通知》的精神，决定1995年6月至12月在全市进行城市市政公用设施——园林绿化普查。

园林绿化是城市市政公用设施的重要内容之一，为全面准确地反映北京市园林绿化的建设成果，配合北京市城市市政公用设施普查，按照《全国城市市政公用设施普查实施方案》和《北京市城市市政公用设施普查方案》的要求，结合首都绿化工作的实际情况，制定了《北京市城市市政公用设施——园林绿化普查实施方案》，现转发给你们，请认真贯彻实施。

这次园林绿化普查的目的是，摸清北京市城市园林绿化底数，为城市规划、建设管理及建设部、国家统计局提供翔实的市政公用设施的基础资料。为加强首都园林绿化普查工作的组织领导，决定成立北京市城市园林绿化普查工作领导小组。

组成人员名单如下：

组　长：魏广智　　北京市园林局局长

副组长：张树林　　北京市园林局常务副局长

　　　　刘长乐　　北京市园林局副局长

　　　　郭晓梅　　北京市园林局副局长

领导小组下设普查办公室，负责全市园林绿化普查工作具体的组织实施、制定标准、指标解释和汇总工作。

普查办公室成员名单如下：

主　任：刘长乐　　北京市园林局副局长

副主任：王福忠　　北京市园林局计财处处长

童锐荣　北京市园林局绿化办公室主任
姜洪涛　北京市园林局公园处处长
孙志远　北京市园林局法规处处长
成　员：于力维　北京市园林局计财处干部
牛玉玲　北京市园林局绿化办公室干部
孟庆红　北京市园林局公园处干部
吴佐英　北京市园林局绿化处干部
孙新华　北京市园林局计财处干部

为加强绿化普查工作的领导，各区（县）要在区（县）城市市政公用设施普查领导小组和普查办公室的领导下，组成绿化普查领导小组和绿化普查办公室，具体负责本区（县）的绿化普查工作。各区（县）绿化普查工作。各区（县）绿化普查领导小组和绿化普查办公室成员名单于1995年6月30日前报市绿化普查办公室。

此通知

附：1、《北京市城市市政公用设计——园林绿化普查实施方案》
2、《北京市城市市政公用设施——园林绿化普查指标解释》

北京市园林局

1995年6月22日

主题词：市政　园林　绿化　普查　通知

抄报：首绿委、市市政管委、市统计局、市城市市政公用设施普查办公室

抄送：市水利局、铁路局、林业局、公路局

北京市园林局办公室　1995年6月23日印发

打印：尚　校对：于　共印85份

附件一：

北京市城市市政公用设施——园林绿化普查实施方案

根据建设部、国家统计局《关于开展城市市政公用设施普查工作的通知》精神，按照《北京市城市市政公用设施普查方案》，结合北京市园林绿化建设的实际情况，特制定本方案。

一、普查目的

1、摸清北京市园林绿化底数，为发展北京市经济建设及园林绿化建设，提供全面的行业管理和企业微观经营管理数据。

2、准确反映北京市城市园林绿地的分类及区域分布状况，为各级政府及有关部门制定、实施城市市政公用事业规划和产业政策，提供准确的基础资料。

3、为建设部、国家统计局提供准确可靠的市政公用设施的基础资料。

二、普查范围

全市各部门管理的和各单位（包括在京中央国家机关和军队及其所属单位）经营管理的园林绿化设施。

1、市区普查范围：东城区、西城区、崇文区、宣武区、朝阳区、海淀区、丰台区、石景山区。

2、远郊区（县）普查范围：规划确定的14个卫星城和2个中心镇。

卫星城范围：通县通州镇、大兴县亦庄和黄村、房山区房山镇（含燕山）和良乡、门头沟区门城镇、丰台区长辛店、昌平县昌平镇（含南口、埝头）和沙河、延庆县延庆镇、怀柔县怀柔镇（含桥梓、庙城）、密云县密云镇、平谷县平谷镇、顺义县顺义镇（含牛栏山、马坡）

中心镇范围：密云县溪翁庄镇、昌平县小汤山镇。

三、普查内容

1、实有园林绿地，包括公共绿地、专用绿地的面积，城市绿地率、绿化覆盖面积、绿化覆盖率、人均绿地、人均公共绿地；

2、道路绿化长度、绿化面积、绿化覆盖面积、绿化覆盖率；

3、大环境绿化（包括片林、市区外缘绿化带、放射线绿化带）的面积、长度、绿化覆盖面积、绿化覆盖率；

4、城市实有树木，包括乔木、灌木、其他（月季、攀缘、竹子）、绿篱的数量；实有草坪、宿根花卉的数量；实有古树的数量、品种、级别；

5、拟利用航空遥感卫星技术，配合测算绿化覆盖面积、绿化覆盖率。

四、普查方法

1、本次绿化普查由市园林局统一领导部署，以区（县）绿化办公室、园林局为主分级实施，采取条块结合、以块为主、专群结合、分类指导的方法，充分发挥市、区（县）、街道三级管理体制和积极性。

2、市、区（县）园林局绿化队伍负责各自辖区的普查工作，大环境绿化及群众绿化普查以区（县）绿化办公室为主进行。普查资料汇总工作由区（县）园林绿化普查办公室为主，负责各自辖区内所在的中央在京单位、市属单位、街道办事处的调查基础资料的汇总、整理工作。铁路局、公路局、林业局、水利局各专业局所辖范围，由各局自行普查，普查资料报各辖区（县）绿化普查办公室。各国驻华使馆绿化普查由绿化处商外交人员服务局协调取得资料。

3、属于市与区交叉、区与区交叉的绿地、道路，按职权管理的范围普查，并将普查资料报送所辖区的区（县）绿化普查办公室。跨区的绿地、道路，以规划确定的区域界限为准。

五、普查步骤

北京市市政公用设施普查标准时间为1995年6月30日。

普查工作1995年5月开始，1995年12月结束。

1、普查准备阶段（5月——6月）

（1）市园林局制定普查方案。

（2）建立健全各级绿化普查领导小组，绿化普查办公室。

（3）组织统一的普查培训。

2、实地普查阶段（7月——8月）7月

全面展开各单位的实地绿化普查工作，进行逐一的测量、登记、制表、绘图、审核。

3、审核、汇总、编报阶段（8月——9月）

（1）各基层单位对调查登记的数据进行整理审核，于8月25日前汇总上报各区（县）绿化普查办公室。

(2) 各区（县）在基层单位提供的原始资料的基础上，审核、验收、汇总，经市绿化普查办公室对其普查资料验收合格后，于9月10日前一式两份上报市绿化普查办公室。同时抄报区（县）城市市政公用设施普查办公室一份。

(3) 市绿化普查办公室审核、验收各单位及各区（县）的普查资料，整理、汇总、编制全市汇总报表。

4、总结评比阶段（10月——11月）

市、区（县）绿化普查办公室要做好绿化普查总结工作，并于11月20日前将总结报告报市园林绿化普查办公室。

六、普查要求

1、切实加强领导，明确普查目标，建立健全各级绿化普查岗位责任制。组成由主管领导、绿化专业技术人员、群众绿化工作人员、基建后勤人员及综合统计人员参加的普查小组。

2、各单位要集中力量，制定本单位绿化普查实施方案及工作计划，做好绿化普查前的准备、培训工作。

3、普查工作应遵循实事求是的原则，普查人员应对工作认真负责，以统计法为准绳，严格按照建设部、国家统计局制定的《普查实施办法》和《普查指标解释》的要求及市园林局制定的《普查实施方案》进行普查。

4、确保统计数字质量，建立严格的审查报送程序。各级领导和综合统计人员对其提供的数字资料负有法律责任。各种普查资料须在上一级绿化普查办公室验收合格的基础上方可上报，并严格遵守上报时间。市绿化普查办公室将对各级单位的绿化普查汇总工作进行监督检查。

5、统计年报的调整。经过普查，凡园林绿化现状与统计年报数字不符合的，一律按普查数字进行调整，按调整后的统计数字报市建设统计年报，并在统计年报编报说明中注明原因。

此次绿化普查工作涉及的范围广泛，各单位要通力配合，团结协作，完成好普查任务。普查工作情况将作为“公园杯”、“绿化杯”评比的依据之一，对绿化普查中取得优异成绩的单位和个人将给予适当的奖励，对普查工作完成不好、拖全市后腿的单位和个人将给予全市通报批评及必要的经济处罚。

北京市园林局

1995年6月20日

附件二：

北京市城市园林绿化普查指标解释

城市园林绿化：指运用植物材料建设和改善城市生态环境，因而达到绿化美化的作用。其内容包括城市园林绿地的建设和城市道路（河岸、街巷）绿化。

根据此次园林绿化普查工作范围作如下指标解释：

一、城市园林绿地：包括公共绿地和专用绿地。

（一）公共绿地：指供城市居民和国内外游客游览活动，单位面积在0．1公顷，绿化面积在50％以上，配有多种乔灌木及地被植物，有一定的建筑设施，园林基础设施和艺术布局的绿地。包括各类公园，风景区，街头绿地，居住区花园，单位开放绿地等。

1、公园：指常年开放的供人民群众游览休息，进行科普教育，开展文体活动，有较好的植物配置，有一定的园林建筑，基础设施和艺术布局的绿地。包括动物园、植物园、游乐园等各类公园。

2、动物园：以展出、饲养动物为主，供游人观赏休息娱乐的场所。

3、植物园：以品种植物配置为主，有温室、花圃，进行科普、科研及游览活动的场所。

4、游乐园：有较好的绿化和艺术布局效果，绿化程度达到70％以上，有多功能现代化游艺设施，供人民群众娱乐，游憩的场所。

5、风景区：具有大面积的自然风景或文物古迹的地方，经过开发，整修后并设有为游人游憩，食宿的服务设施。能供游人进行较长时间的休息的绿地场所。

6、街头绿地：指在道路两侧或路口处，配有多种植被，供行人和附近居民休息的绿地。

7、居住区花园：按规划局规划确定的居住区内配有多种植被，简单的园林设施，供附近居民活动，休息的小型公园。

8、单位开放绿地：在单位用地范围内建设的对游人开放的游览绿地。如恭王府等单位开放绿地。此次普查，不纳入单位专用绿地内。

（二）专用绿地：配有多种乔灌木及地被植物，属各单位专属专用的绿地。包括生产专用绿地和单位专用绿地。

1、生产专用绿地：指园林绿化部门为绿化城市而生产苗木、花草的苗圃、花圃、草圃等用地。

2、单位专用绿地：指配有多种植被，属本单位专用的绿地，（包括本单位的苗圃，花圃等）。处级以下，单位面积不足０．５公顷的单位，归属在临近的楼房或平房区内调查；处级以上，单位面积在０．５公顷以上的单位，均列入单位专用绿地调查。

（三）城市道路绿化：包括道路，河岸，街巷（胡同）的绿化。

1、道路绿化：指路面宽度在五米以上的道路，其绿化范围包括隔离带、行道树及两侧绿化带。（路面宽度：指快、慢车道和步道宽度总和）道路范围总面积：指道路两侧红线之内总面积，红线未定的路可按两侧建筑之间的面积算。

2、河岸绿化：指在河岸两侧（包括河坡及河岸道路）的绿化。

3、街巷（胡同）绿化：指路间宽度不足五米的街巷绿化。

4、零散树木和零散地块绿化归属在临近的道路、街巷中调查。

5、道路，河岸，街巷（胡同）的名称应按北京市市政建设的名称统一填报。

（四）行政区面积：指按北京市行政区域划分的地域面积。

（五）建成区面积：指现状实际建设用地所达到的范围。

（六）城市人口：指按所在管辖区统计局提供的最新统计数据为准。

（七）绿化面积：指规划部门正式划拨的绿化使用的土地面积。包括已绿化面积和未绿化面积。

1、已绿化面积：实际绿化的土地面积（不能按树木投影计算）。

2、未绿化面积：指在规划的绿地面积中应绿化而尚未绿化的面积。（其含意包括临时占地或未开发的土地）。

（八）公共绿化面积：包括陆地面积和水面积

1、陆地面积：包括建筑占地面积，铺装、广场、园路、及绿化面积。

2、水面积

3、已绿化面积：实际绿化的土地面积

4、街头绿地居住区绿地，单位开放绿地的绿地面积视为全部绿化面积

（九）道路绿化面积：

1、道路（河岸，街巷）绿化面积＝分车带绿化面积＋行道树绿化面积＋游憩绿地绿化面积＋立交桥绿化面积＋街头绿地绿化面积＋道路（河岸）绿化带绿化

面积

2、分车带，人行步道的绿化面积视为全部绿化面积

3、人行步道外侧不足八米的地带计算绿化面积时有成排树木（规划林）或铺满草坪的视为全部绿化面积，有零散（单株）树木的乔木每株按10—30平方米，灌木按树埯面积计算，草地中的树木不重复计算绿化面积。

4、游憩绿地，指在道路河岸两侧具有小公园性质，有较好的绿化艺术布局和多种植被配置，并有一定的游览设施，供人民群众活动休息的绿地。

5、立交桥绿地：指在立交桥范围内（包括匝道四角及引桥），配有多种植被的绿地。

6、绿化带：指在道路（河岸）两侧，宽度在八米以上，配有多种植被的绿化带和为改善城市环境的各类防护林带，包括外缘绿化带，放射线及一般防护林带。

7、片林，指按首都绿化委员会确定的为改善城市生态环境营造的城市隔离片林。

（十）专用绿地绿化面积：

1、生产专用绿地绿化面积＝单位占地总面积－非生产用建筑占地面积，纯生产面积：指在苗圃，花圃内的纯育苗面积。

2、单位专用绿地面积：成块的绿地按实际绿化面积计算，零散地块孤立乔木每株按10—30平方米，灌木每株按树埯面积计算。草地面积视为全部绿化面积，草地中的树木不重复计算绿化面积。

（十一）人均公共绿地面积$=\frac{\text{建成区公共绿地面积}}{\text{建成区城市人口数}}$（平方米/人）

（十二）人均园林绿地面积$=\frac{\text{建成区园林绿地面积}}{\text{建成区城市人口数}}$（平方米/人）

（十三）城市绿化覆盖面积：按树木垂直投影面积和草坪、地被植物覆盖面积计算。乔、灌、花、草结合绿化的投影面积不能重复计算。

（十四）城市绿化覆盖率$=\frac{\text{城市绿化覆盖面积}}{\text{城市普查范围总面积}}\times 100\%$

（十五）城市绿化绿地率$=\frac{\text{城市绿地总面积}}{\text{城市普查范围总面积}}\times 100\%$

（十六）古树：指树龄在百年以上的树木（柏类干径在30公分以上，松类干径40公分以上，落叶慢长乔木干径在60公分以上计算为古树）。

（十七）大树：松柏类干径在25公分以上，快长乔木干径在60公分以上，慢长乔木干径在40公分以上计算为大树。

（十八）建筑占地面积：指在绿地面积中的建筑占地面积，包括散水部分。

（十九）铺装面积：指在绿地面积中铺装成的院落、园路、广场、停车场等面积。

（二十）单位专用绿地面积占其总面积的百分比$=\frac{\text{已绿化面积}}{\text{单位总面积}}\times 100\%$

（廿一）单位专用绿地未达标绿地面积：指按法规要求指标不足的绿化面积。

（廿二）北京市城市绿化条例第十三条：各项建设工程应当安排一定的绿化用地，其所占建设用地面积的比例为：

1、新建居住区不低于30％，并按居住人口人均2平方米的标准建设公共绿地，居住小区按人均1平方米的标准建设公共绿地。

2、地处三环路以外的医院不低于45％；疗养院不低于50％。

3、产生有毒有害气体污染的工厂等单位，不低于40％，并按有关规定营造卫生防护林带。

4、高等院校，地处三环路以内的，不低于35％，地处三环路以外的，不低于45％。

5、宾馆、饭店和体育场馆等大型公共建筑设施不低于30％。

6、经市城市规划管理局审定批准的城市商业区内的大中型商业，服务业设施不低于20％。

7、城区旧房片改建和风貌保护区，不低于20％。

8、市区主干道不低于30％，次干道不低于20％。

除前款各项规定外，其他建设工程地处城区的不低于25％，地处郊区的不低于30％。

北京市一九九五年城市园林绿化普查工作总结

为了准确掌握北京市园林绿化现状，实事求是地反映北京市“八五”期间的绿化成果，为发展北京市经济建设和城市公用建设，根据建设部、国家统计局“关于开展城市市政公用设施普查工作的通知”精神，按照“北京市市政公用设施普查方案”，结合北京市园林绿化建设的实际情况，由北京市园林局统一部署、组织、实施，于1995年7至10月对北京市建成区内的公共绿地、专用绿地及城市道路的园林绿化现状进行了全面普查。

一、城市绿化普查成果：

根据编就的本次绿化普查资料数据，截至到1995年6月30日，北京市建成区绿化水平如下：

1、北京市建成区面积为63056公顷，其中城近郊区49390公顷，远郊区县13666公顷。

2、北京市建成区人口为670．62万人，其中城近郊区574．1万人，远郊区县96．52万人。

3、北京市城市园林绿地总面积为20623．76公顷，其中城近郊区16577．13公顷，远郊区县4046．63公顷。

4、北京市城市公共绿地总面积为5016．46公顷，其中城近郊区4066．41公顷，远郊区县950.05公顷。

5、北京市城近郊区人均绿地面积为28．87平方米/人。

6、北京市城近郊区人均公共绿地面积为7．08平方米/人。

7、北京市建成区绿化覆盖面积为20607．44公顷，其中城近郊区为16009．79公顷，远郊区县为4597．65公顷。

8、北京市建成区绿化覆盖率为32．68%，其中城近郊区32．42%，远郊区县33．62%。

9、北京市实有树木为3848．43万株（其中乔木1192．60万株），其中城近郊区3010．29万株（其中乔木874．60万株）。

10、北京市全市共有公园120个。其中建成区实有公园107个，总面积为

4042．81公顷；其中城近郊区85个，面积3695．85公顷，远郊区县22个，面积346．96公顷。

11、北京市建成区有市树234．80万株，其中城近郊区174．41万株。

12、北京市建成区实有市花（月季）800．22万株，其中城近郊区618．89万株。

13、全市共调查单位专用绿地9233个，已绿化面积10628．71公顷，绿化覆盖面积12536．66公顷，绿化覆盖率30．35％。其中城近郊区共调查单位专用绿地6914个，已绿化面积8103．48公顷，绿化覆盖面积9592．90公顷，绿化覆盖率31.00％；远郊区县调查单位专用绿地2319个，已绿化面积2525．23公顷，绿化覆盖面积2943．75公顷，绿化覆盖率28．3％。

14、北京市建成区道路绿化总长度为2180．71公里，其中城近郊区1761．41公里。

二、绿化普查的具体作法：

1、明确意义、领导重视。

城市市政公用基础设施是城市市政设施的重要组成部分，随着国民经济和社会的发展，城市市政公用事业有了显著的发展。为使城市市政公用设施统计满足新形势的要求，更好地为各级党政领导决策、规划服务，建设部、国家统计局决定1995年对全国城市市政设施进行全面普查，采取全国统一部署，集中领导，分专业实施的办法，把现有城市市政公用设施的底数摸清、搞准。

园林绿化是城市市政公用设施的主要组成部分。近年来，作为国家的首都，北京市园林绿化水平不断提高，已初步形成有自己特色的、自成体系的首都园林绿化风格。我市园林绿化普查在1975年、1980年、1985年、1990年已经搞过四次，客观真实地反映了每个建设阶段的城市园林绿化建设成就和绿化水平，为各级领导部门进行科学决策，提供大量的、科学的园林绿化统计数据。1995年按以往惯例应是绿化普查年份，又正值国家统一部署进行全国城市市政公用设施普查，其中包括园林绿化内容。由于园林绿化自身的特点，专业性较强，为配合全国城市市政设施普查，满足国家和北京市的基本要求，我局决定：按照国家和北京市的有关规定，结合园林绿化的实际特点，独立开展北京市园林绿化普查。

此次园林绿化普查市园林局党委非常重视，为确保园林绿化普查工作的顺利进行，成立了由魏广智局长为组长、张树林、刘长乐、郭晓梅副局长为副组长的绿化普查领导小组，领导此次绿化普查工作。同时，成立了有绿化办公室、计财处、法规处、公园处等专业处室参加的绿化普查办公室负责此次绿化普查具体工作的实施。根据园林绿化的实际情况，按照建设部、国家统计局的要求，制定了“北京市园林绿化普查实施方案”、“北京市园林绿化普查指标解释”及一整套园林普查调查报表，为园林绿化普查作了大量准备工作。

2、做好动员，措施得力。

由市园林局召开了全市园林绿化普查动员大会，对全市的绿化普查工作的实际操作进行了统一部署，提出了具体要求。各区县根据其精神，先后成立由主管区长挂帅的绿化普查领导小组和绿化普查办公室。并根据绿化普查的有关精神和口径，各自制定了针对本区县园林绿化情况的具体实施办法和具体要求。各区县层层动员，充分发挥专群结合、条块结合、三级管理的作用，大张旗鼓地做好宣传鼓动工作，抽调了有一定工作经验、具有较强专业知识的业务骨干参加绿化普查工作，各区县的各级领导在人、财、物上都给予绿化普查以最大的支持。

3、抓好培训，打好基础。

园林绿化普查工作是一项复杂的系统工程，涉及全市的各行各业。为了配合国家建设部开展的普查工作，满足我市园林绿化行业管理的要求，在国家报表的基础上，经统计局批准，我局增加了七张专业报表，增设了近百项绿化统计指标。

为了使全市能够按照统一的要求进行普查，并真实准确、完整地上报绿化普查统计报表，市局对各区县抽调的绿化普查工作人员进行了集中培训，组织普查人员认真学习园林绿化普查实施方案和绿化普查指标解释，讲解各种报表的填写方式、计算口径、计算方法及统一的要求，为绿化普查工作的顺利开展培训了一批业务骨干力量。各区县为搞好绿化普查工作，调动了思想和业务上过硬的同志，组织了一支强有力的绿化普查队伍。并根据各自不同的情况，对各街道办事处及工厂、机关、学校、部队、医院等单位，进行了分期分批的绿化普查培训工作。为绿化普查工作打下了良好的基础。

4、实地普查，严肃认真。

根据绿化普查的统一要求，市、区县、街道办事处及社会各单位的具体普查工作人员，深入到参加普查的各个单位实地开展工作。此次普查，正值盛夏酷热，又逢第四次世界妇女代表大会在京召开，任务十分繁重，工作量非常大。普查人员不辞辛苦，不计报酬，团结协作，坚持实事求是的原则，冒着高温酷暑，奔波于北京各公园、道路，街头绿地、居住区、社会各单位及大街小巷，实地丈量绿地面积，细心识别树种，定点标位登记造册，调查人员有的要往调查单位跑三四趟，直到数字确定。

绿化普查较之其他市政设施普查工作，涉及的范围面大，调查单位多。在普查期间，正值大中小学校放假，找不到负责绿化人员，有的机关、工厂等负责绿化的人员流动性大，不稳定，专业知识较低，给绿化普查工作的开展带来许多意想不到的困难。普查人员克服种种困难，针对不同单位的不同情况，采取不同的做法。对无人负责的单位，就派专业技术人员给予指导。在普查人员一丝不苟、兢兢业业的努力下，绿化普查实地外业工作得以顺利完成。

5、坚持例会，反馈信息。

由于普查工作项目较多，分类较细，共有八张调查表近百种统计指标，实地普查情况又十分复杂。虽然近年内搞过1990年绿化普查，对普查工作进行有些基础，但绝大多数参加普查的人员是新手，普查中经常遇到较为复杂的问题。为了及时了解各单位普查工作的进展程度，解决普查工作中出现的新情况、新问题，交流普查工作中的好经验，市普查办公室建立了一周一次的例会制度。例会上各单位相互通报情况，汇报进度，交流经验，互相学习，互相促进。同时区县级也对基层单位建立例会制度，使许多疑难问题及时在基层得以解决，也使市里普查的新要求新作法及时在基层落实。例会制度在普查工作中及时反馈信息，承上启下，起了重要作用。

6、审核复查，严格把关。

实地调查结束后，各区县绿化普查办公室根据上报的原始普查资料，进行了实地抽查、审核、复查、验收，及时纠正调查中的不实之处。朝阳区的建外街道、三里屯街道；海淀区的八里庄街道、青龙桥街道、双榆树街道；西城区的厂桥街道；石景山区的八宝山街道；东城区的北新桥街道等许多街道办事处，都从最原始的上报单位开始，对上报的调查数据，到实地进行检测，并从逻辑上、数字上反复审核，与以前年度普查资料比较分析，对出入较大的数据重新核实找出原因，认真订正，确保调查数字的准确程度。特别是长富宫饭店、北京市半导体器件一厂、解放军总参三部、双榆树小区、恭王府花园、北重机械厂等单位，均达到市绿化普查要求的标准。

7、全市汇总，保证质量。

汇总工作是一项极为复杂、繁琐的工作。面对上报的大量统计报表，各区县在时间短、任务重的情况下，组织有关人员按照市统一要求，进行了数万张表格的抄写，数万笔统计数字的计算，有时为准确计算一个数据，一直工作到深夜。在广大普查工作者不辞辛苦、起早贪黑、废寝忘食、加班加点的努力下，区县的普查资料汇总工作的按计划在八月底完成。在此基础上，全市汇总工作抽调了全局和各区县的综合统计人员，在没有计算机汇总程序的情况下，在配合全国城市综合考评、为市有关领导和部门提供园林绿化的建设成果的情况下，参加全市汇总工作的同志抢时间、争速度，仅用了两周时间，完成了全市绿化普查工作的汇总。

这次全国城市市政设施的普查，是建国四十多年来的第一次。通过对本市大范围、大面积的绿化普查，使我们真实地掌握了北京园林绿化建设的第一手数据和大量可信的统计资料，为反映北京市“八五”期间的绿化建设成果和今后城市绿化规划提供了准确依据；并在实际工作中，培养了一批绿化统计工作骨干，锻炼了统计队伍，全面提高了统计人员素质，增强了统计人员的专业技术和实际工作能力。

三、绿化普查的收尾工作：

绿化普查已基本结束，对大量的统计资料，全市将进行整理、分析、汇编工作。

1、编报“北京市1995年城市绿化普查资料汇编”；

2、利用1995年城市园林绿化普查资料，对北京市的绿化现状进行专题分析；

3、利用计算机对绿化普查资料进行开发，整理、分析。

4、各区县结合本单位情况，做好各自的绿化普查资料汇编工作。

北京市绿化普查办公室

二、北京市城市园林绿化普查主要指标

北京市城市园林绿地指标

单位：公顷

单位	实有园林绿地	公共绿地	道路绿地	单位专用绿地	居住区绿地	生产绿地
甲	1=2+3+4+5+6	2	3	4	5	6
合　计	**20623.76**	**5016.46**	**4762.30**	**8075.12**	**2553.59**	**216.29**
城近郊区	**16577.13**	**4066.41**	**4190.95**	**6464.12**	**1639.36**	**216.29**
东城区	601.43	158.39	118.32	152.12	172.60	
西城区	762.55	277.26	100.28	199.77	185.24	
崇文区	532.90	324.57	77.90	60.30	69.02	1.11
宣武区	312.80	105.46	64.64	87.25	55.45	
朝阳区	4967.23	722.04	1894.32	1752.32	470.74	127.81
海淀区	4752.26	1368.66	869.63	2215.58	272.01	26.38
丰台区	2812.91	536.10	705.69	1255.46	281.93	33.73
石景山区	1835.05	573.93	360.17	741.32	132.37	27.26
远郊区县	**4046.63**	**950.05**	**571.35**	**1611.00**	**914.23**	
门头沟区	296.71	62.31	20.90	177.20	36.30	
房山区	665.27	94.83	65.16	449.95	55.33	
通　县	1242.06	186.96	72.68	338.07	644.35	
昌平县	284.53	123.95	28.81	111.18	20.59	
大兴县	474.59	77.67	94.81	255.99	46.12	
平谷县	113.57	21.22	37.79	32.08	22.48	
怀柔县	258.59	143.67	53.93	52.29	8.70	
顺义县	409.52	135.28	117.72	92.21	64.31	
密云县	155.58	37.65	48.59	59.83	9.51	
延庆县	146.21	66.51	30.96	42.20	6.54	

北京市城市公共绿地指标

单位:公顷

单位	公共绿地面积	公园	街头绿地			小游园		
			小计	纯街头绿地	道路绿地	小计	居住区花园	开放单位绿地
甲	1=2+3+6	2	3=4+5	4	5	6=7+8	7	8
合计	**5016.46**	**4042.81**	**891.99**	**739.81**	**152.18**	**81.66**	**58.71**	**22.95**
城近郊区	**4066.41**	**3695.85**	**297.92**	**145.74**	**152.18**	**72.64**	**49.69**	**22.95**
东城区	158.39	128.16	19.96	2.64	17.32	10.27	0.11	10.16
西城区	277.26	239.26	25.21	5.92	19.29	12.79		12.79
崇文区	324.57	319.46	5.11		5.11			
宣武区	105.46	83.71	21.75	15.75	6.00			
朝阳区	722.04	674.95	34.64	4.07	30.57	12.45	12.45	
海淀区	1368.66	1305.01	59.41	24.22	35.19	4.24	4.24	
丰台区	536.10	490.23	13.88	9.13	4.75	31.99	31.99	
石景山区	573.93	455.07	117.96	84.01	33.95	0.90	0.90	
远郊区县	**950.05**	**346.96**	**594.07**	**594.07**	**(391.68)**	**9.02**	**9.02**	
门头沟区	62.31	3.71	58.60	58.60	(41.66)			
房山区	94.83	81.10	13.73	13.73				
通县	186.96	26.84	159.74	159.74	(152.28)	0.38	0.38	
昌平县	123.95	16.67	107.28	107.28	(74.44)			
大兴县	77.67	54.51	14.90	14.90	(0.82)	8.26	8.26	
平谷县	21.22	6.27	14.95	14.95	(1.54)			
怀柔县	143.67	19.61	124.06	124.06	(116.67)			
顺义县	135.28	41.44	93.84	93.84				
密云县	37.65	36.54	1.11	1.11				
延庆县	66.51	60.27	5.86	5.86	(4.27)	0.38	0.38	

注:远郊区县道路绿地绿化面积实为片林绿化面积,其数字含在纯街头绿地面积中。

北京市城市道路绿地指标

单位:公顷

单　位	道路绿地	道　路	河　岸	街　巷	放射线	片　林
甲	1=2+3+4+5+6	2	3	4	5	6
合　　计	**4762.30**	**2284.44**	**209.55**	**73.63**	**579.41**	**1615.27**
城近郊区	**4190.95**	**1734.77**	**193.98**	**67.52**	**579.41**	**1615.27**
东城区	118.32	84.84	4.79	28.69		
西城区	100.28	91.02	2.79	6.47		
崇文区	77.90	55.00	7.61	15.29		
宣武区	64.64	38.69	10.84	15.11		
朝阳区	1894.32	782.32	68.60		363.10	680.30
海淀区	869.63	328.29	34.55	0.30	95.32	411.17
丰台区	705.69	296.39	28.57	1.46	120.99	258.28
石景山区	360.17	58.22	36.23	0.20		265.52
远郊区县	**571.35**	**549.67**	**15.57**	**6.11**		
门头沟区	20.90	15.88	2.62	2.40		
房山区	65.16	60.61	2.04	2.51		
通　县	72.68	72.68				
昌平县	28.81	28.81				
大兴县	94.81	94.81				
平谷县	37.79	37.79				
怀柔县	53.93	53.93				
顺义县	117.72	106.81	10.91			
密云县	48.59	47.39		1.20		
延庆县	30.96	30.96				

北京市城市单位

单　位	单　位 专用绿地	工厂	机关	学校	部队
甲	1=2+3+…+12	2	3	4	5
合　计	**8075.12**	**2461.62**	**1677.93**	**1088.51**	**1729.26**
城近郊区	**6464.12**	**1514.08**	**1459.25**	**916.99**	**1609.06**
东城区	152.12	20.85	37.57	12.52	30.90
西城区	199.77	13.62	100.31	37.37	19.47
崇文区	60.30	9.48	20.88	11.61	4.08
宣武区	87.25	30.26	13.51	21.26	0.33
朝阳区	1752.32	534.25	703.90	121.37	97.70
海淀区	2.215.58	252.28	356.47	631.76	704.55
丰台区	1255.46	386.43	182.84	37.07	509.09
石景山区	741.32	266.91	43.77	44.03	242.94
远郊区县	**1611.00**	**947.54**	**218.68**	**171.52**	**120.20**
门头沟区	177.20	76.90	12.39	4.86	54.22
房山区	449.95	367.68	29.05	22.14	7.25
通　县	338.07	211.85	43.07	39.55	9.16
昌平县	111.18	23.91	6.59	29.58	33.65
大兴县	255.99	160.33	33.25	39.52	6.00
平谷县	32.08	8.89	16.74	4.06	0.15
怀柔县	52.29	4.96	25.43	8.95	0.24
顺义县	92.21	47.72	15.17	12.84	9.34
密云县	59.83	20.16	26.18	6.90	0.18
延庆县	42.20	25.14	10.81	3.12	0.01

专用绿地指标

单位：公顷

医院	宾馆	使馆	公共场所	单位开放	仓库	其他
6	7	8	9	10	11	12
189.59	**150.62**	**49.32**	**156.04**	**122.33**	**170.90**	**279.00**
153.31	**139.97**	**49.32**	**131.01**	**122.33**	**138.37**	**230.43**
12.07	4.72	8.04	25.17			0.28
10.37	1.95		8.69		0.36	7.63
2.88	0.39		2.85	0.5	4.3	3.33
4.42	1.22		6.13		10.12	
30.44	39.49	41.28	19.37	32.98	27.76	103.78
37.49	72.18		5.75	80.74	10.67	63.69
22.89	7.31		16.07	0.98	83.02	9.76
32.75	12.71		46.98	7.13	2.14	41.96
36.28	**10.65**		**25.03**		**32.53**	**48.57**
8.65	3.84		5.99		0.12	10.23
4.78	2.61		3.50		12.94	
10.24			7.08		5.23	11.89
1.09			3.65			12.71
1.12	0.25		2.34		11.06	2.12
1.70			0.54			
1.82	0.98					9.91
1.51	1.87		1.26		0.80	1.70
3.81	0.28				2.32	
1.56	0.82		0.67		0.06	0.01

北京市城市居住区绿地指标

单位:公顷

单　位	居住区绿地面积	楼房居住区	平房居住区	备　注
甲	1=2+3	2	3	乙
合　　计	**2553.59**	**1358.01**	**1195.58**	
城近郊区	**1639.36**	**1164.76**	**474.60**	
东城区	172.60	30.37	142.23	
西城区	185.24	97.08	88.16	
崇文区	69.02	26.94	42.08	
宣武区	55.45	35.19	20.26	
朝阳区	470.74	440.17	30.57	
海淀区	272.01	197.18	74.83	
丰台区	281.93	239.60	42.33	
石景山区	132.37	98.23	34.14	
远郊区县	**914.23**	**193.25**	**720.98**	
门头沟区	36.30	5.68	30.62	
房山区	55.33	50.04	5.29	
通　县	644.35	20.34	624.01	
昌平县	20.59	20.59		
大兴县	46.12	34.82	11.30	
平谷县	22.48	5.52	16.96	
怀柔县	8.70	8.70		
顺义县	64.31	37.34	26.97	
密云县	9.51	5.18	4.33	
延庆县	6.54	5.04	1.50	

北京市城市绿地率指标

单位:公顷

单　位	建成区面积	园林绿地面积	绿地率（%）	备　注
甲	1	2	3=2/1	乙
合　　计	**63056.00**	**20623.76**	**32.71**	
城近郊区	**49390.00**	**16577.13**	**33.56**	
东城区	2538.00	601.43	23.70	
西城区	3166.00	762.55	24.09	
崇文区	1646.00	532.90	32.38	
宣武区	1653.00	312.80	18.92	
朝阳区	13700.00	4967.23	36.26	
海淀区	11769.00	4752.26	40.38	
丰台区	10178.00	2812.91	27.64	
石景山区	4740.00	1835.05	38.71	
远郊区县	**13666.00**	**4046.63**	**29.61**	
门头沟区	993.00	296.71	29.88	
房山区	2387.00	665.27	27.87	
通　县	3646.00	1242.06	34.07	
昌平县	903.00	284.53	31.51	
大兴县	1800.00	474.59	26.37	
平谷县	1136.00	113.57	10.00	
怀柔县	490.00	258.59	52.77	
顺义县	1290.00	409.52	31.75	
密云县	579.00	155.58	26.87	
延庆县	442.00	146.21	33.08	

北京市城市绿化覆盖率指标

单　位	建成区面积 （公顷）	绿化覆盖面积 （公顷）	绿化覆盖率 （%）	备　注
甲	1	2	3＝2/1	乙
合　　计	**63056.00**	**20607.44**	**32.68**	
城近郊区	**49390.00**	**16009.79**	**32.42**	
东城区	2538.00	689.32	27.16	
西城区	3166.00	851.31	26.89	
崇文区	1646.00	526.59	31.99	
宣武区	1653.00	406.20	24.57	
朝阳区	13700.00	4476.67	32.68	
海淀区	11769.00	4698.03	39.92	
丰台区	10178.00	3209.13	31.53	
石景山区	4740.00	1819.62	38.39	
远郊区县	**13666.00**	**4597.65**	**33.64**	
门头沟区	993.00	329.47	33.18	
房山区	2387.00	815.96	34.18	
通　县	3646.00	1348.65	36.99	
昌平县	903.00	339.55	37.60	
大兴县	1800.00	557.13	30.95	
平谷县	1136.00	128.34	11.30	
怀柔县	490.00	270.16	55.13	
顺义县	1290.00	492.75	38.20	
密云县	579.00	162.46	28.06	
延庆县	442.00	153.18	34.66	

注：城近郊区绿地覆盖面积（16009.79）＝城近郊区各区绿化覆盖面积合计（16676.87）×调整百分比（96%）

北京市城市人均绿地指标

单　位	建成区人口（万人）	城市园林绿地（公顷）	人均绿地面积（平方米/人）	备　注
甲	1	2	3＝2/1	乙
合　　计	**670.62**	**20623.76**	**30.75**	
城近郊区	**574.10**	**16577.13**	**28.87**	
东城区	64.27	601.43	9.36	
西城区	79.16	762.55	9.63	
崇文区	43.30	532.90	12.31	
宣武区	56.00	312.80	5.59	
朝阳区	115.34	4967.23	43.07	
海淀区	127.40	4752.26	37.30	
丰台区	59.20	2812.91	47.52	
石景山区	29.43	1835.05	62.35	
远郊区县	**96.52**	**4046.63**	**41.93**	
门头沟区	14.90	296.71	19.91	
房山区	15.90	665.27	41.84	
通　县	15.27	1242.06	81.34	
昌平县	6.40	284.53	44.46	
大兴县	12.30	474.59	38.58	
平谷县	6.67	113.57	17.03	
怀柔县	4.64	258.59	55.73	
顺义县	8.64	409.52	47.40	
密云县	7.10	155.58	21.91	
延庆县	4.70	146.21	31.11	

北京市城市人均公共绿地指标

单 位	建成区人口（万人）	公共绿地面积（公顷）	人均公共绿地面积（平方米/人）	备 注
甲	1	2	3=2/1	乙
合 计	**670.62**	**5016.46**	**7.48**	
城近郊区	**574.10**	**4066.41**	**7.08**	
东城区	64.27	158.39	2.46	
西城区	79.16	277.26	350	
崇文区	43.30	324.57	7.50	
宣武区	56.00	105.46	1.88	
朝阳区	115.34	722.04	6.26	
海淀区	127.40	1368.66	10.74	
丰台区	59.20	536.10	9.06	
石景山区	29.43	573.93	19.50	
远郊区县	**96.52**	**950.05**	**9.84**	
门头沟区	14.90	62.31	4.18	
房山区	15.90	94.83	5.96	
通 县	15.27	186.96	12.24	
昌平县	6.40	123.95	19.37	
大兴县	12.30	77.67	6.31	
平谷县	6.67	21.22	3.18	
怀柔县	4.64	143.67	30.96	
顺义县	8.64	135.28	15.66	
密云县	7.10	37.65	5.30	
延庆县	4.70	66.51	14.15	

北京市城市实有树木指标

单位:万株

单位	实有树木	乔木	灌木	其他				另有:绿篱
				小计	攀缘	竹子	月季	
甲	1=2+3+4	2	3	4=5+6+7	5	6	7	8
合计	**3848.43**	**1192.60**	**864.42**	**1791.41**	**691.85**	**299.35**	**800.22**	**2271.27**
城近郊区	**3010.29**	**874.60**	**647.50**	**1488.19**	**582.39**	**286.93**	**618.88**	**1773.24**
东城区	107.42	16.74	18.10	72.58	29.03	11.21	32.34	60.57
西城区	160.21	24.64	31.21	104.36	47.58	19.85	36.93	95.43
崇文区	81.30	14.18	13.00	54.12	27.17	3.01	23.94	32.56
宣武区	99.75	11.54	32.10	56.11	31.53	8.72	15.87	41.87
朝阳区	726.22	243.19	142.16	340.87	149.30	14.81	176.76	454.03
海淀区	850.76	206.60	193.97	450.19	139.64	175.91	134.64	508.12
丰台区	643.91	206.04	123.47	314.40	116.46	43.76	154.18	415.05
石景山区	340.72	151.67	93.49	95.56	41.68	9.66	44.22	165.61
远郊区县	**838.14**	**318.00**	**216.92**	**303.22**	**109.46**	**12.42**	**181.34**	**498.03**
门头沟区	76.43	19.19	48.93	8.31	2.32	0.43	5.56	15.23
房山区	155.23	59.37	31.10	64.76	45.18	1.38	18.20	158.77
通县	227.77	106.54	45.64	75.59	39.76	1.14	34.69	81.74
昌平县	52.54	20.51	15.48	16.55	2.00	2.07	12.48	22.33
大兴县	88.02	25.13	34.98	27.91	6.09	1.28	20.54	77.81
平谷县	15.17	7.14	2.34	5.69	1.14	0.20	4.35	40.57
怀柔县	42.38	16.28	4.57	21.53	3.71	2.47	15.35	40.58
顺义县	85.97	29.66	18.73	37.58	7.38	3.29	26.91	40.47
密云县	62.91	12.64	9.00	41.27	0.49	0.16	40.62	7.99
延庆县	31.72	21.54	6.15	4.03	1.39		2.64	12.54

北京市城市实有市树、市花指标

单位：株

单位	市树			市花（月季）	备注
	合计	侧柏	国槐		
甲	1=2+3	2	3	4	乙
合计	**2347988**	**1479189**	**868799**	**8002239**	
城近郊区	**1744112**	**1122579**	**621533**	**6188887**	
东城区	33424	10943	22481	323392	
西城区	46166	12095	34071	369353	
崇文区	27316	13240	14076	239359	
宣武区	20885	5318	15567	158743	
朝阳区	202728	63943	138785	1767532	
海淀区	435499	197657	237842	1346434	
丰台区	529158	398901	130257	1541854	
石景山区	448936	420482	28454	442220	
远郊区县	**603876**	**356610**	**247266**	**1813352**	
门头沟区	43915	34389	9526	55567	
房山区	157015	128419	28596	182002	
通县	153301	51121	102180	346856	
昌平县	61356	41013	20343	124828	
大兴县	36774	10970	25804	205436	
平谷县	9749	2642	7107	43513	
怀柔县	77810	51566	26244	153395	
顺义县	22094	5966	16128	269075	
密云县	12193	6495	5698	406289	
延庆县	29669	24029	5640	26391	

北京市城市实有古树指标

单位：株

单　位	实有古树（株）	一　级	二　级	备　注
甲	1＝2＋3	2	3	乙
合　　计	**20612**	**3458**	**17154**	
城近郊区	**20612**	**3458**	**17154**	
东城区	3092	1101	1991	
西城区	1768	141	1627	
崇文区	3662	1178	2484	
宣武区	485	166	319	
朝阳区	333	45	288	
海淀区	9918	702	9216	
丰台区	47	4	43	
石景山区	1307	121	1186	
远郊区县				
门头沟区				
房山区				
通　县				
昌平县				
大兴县				
平谷县				
怀柔县				
顺义县				
密云县				
延庆县				

北京市城市实有草坪、花卉指标

单　位	实有草坪（万平方米）	实有宿根花卉（万株）	备　注
甲	1	2	乙
合　计	**3361.21**	**743.96**	
城近郊区	**2807.86**	**663.95**	
东城区	83.32	37.34	
西城区	162.20	49.09	
崇文区	71.29	28.73	
宣武区	79.94	22.70	
朝阳区	691.54	129.82	
海淀区	995.26	195.57	
丰台区	511.84	163.68	
石景山区	212.47	37.02	
远郊区县	**553.35**	**80.01**	
门头沟区	22.21	1.78	
房山区	130.62	8.73	
通　县	86.05	10.32	
昌平县	33.86	13.81	
大兴县	73.25	13.74	
平谷县	13.98	1.46	
怀柔县	42.76	4.71	
顺义县	91.79	20.47	
密云县	39.95	3.73	
延庆县	18.88	1.26	

三、北京市城市园林绿化普查资料

图一

北京市城市园林绿地主要指标

	1995年	1990年	增减(+.-)	增减(%)
实有园林绿地面积(公顷)	20624	16215	4409	27.19
城近郊区	16577	12868	3709	28.82
远郊区县	4047	3347	700	20.91
城市绿化覆盖率(%)	32.68	28.93	3.75	12.96
城近郊区	32.42	28.78	3.64	12.65
远郊区县	33.64	29.49	4.15	14.07

北京市城市园林绿地面积

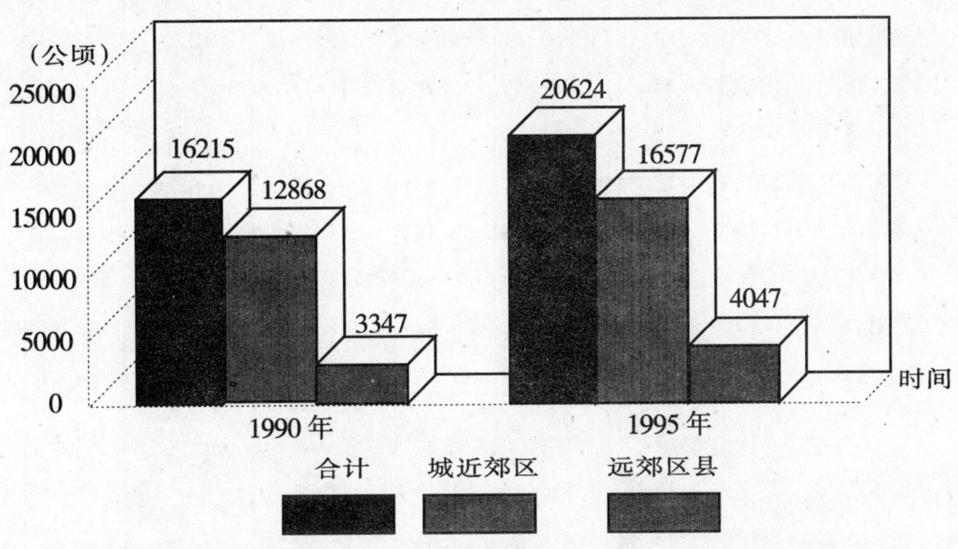

北京市城市道路绿化覆盖率

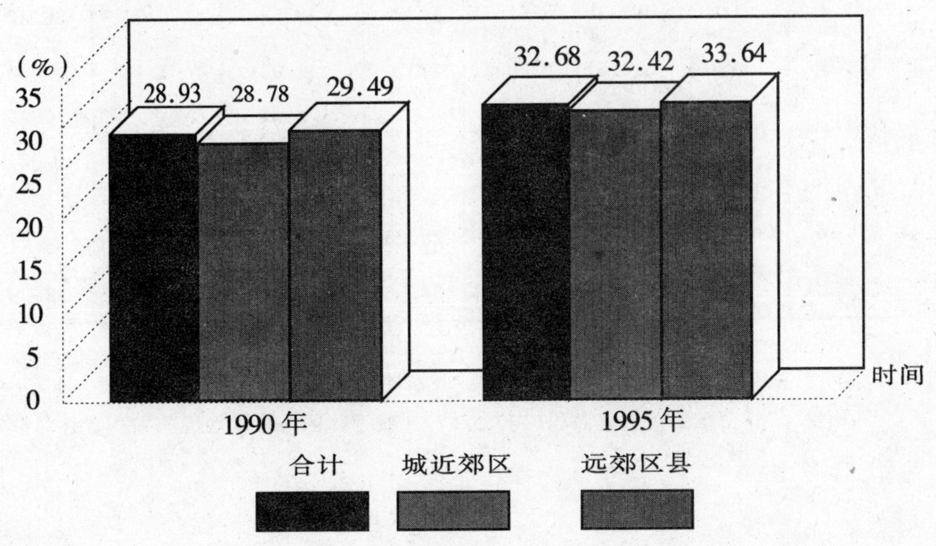

区县名称	建成区面积（公顷）	建成区城市人口（万人）	绿化覆盖面积（公顷）	覆盖率（%）	人均绿地面积（平方米/人）	人均公共绿地面积（平方米/人）	绿地率（%）	建成区园林绿地	
								面积合计（公顷）	树木合计（株丛）
总　计	**63056**	**670.62**	**20607.44**	**32.68**	**30.75**	**7.48**	**32.71**	**20623.76**	**38484335**
城近郊区	**49390**	**574.10**	**16009.79**	**32.42**	**28.87**	**7.08**	**33.56**	**16577.13**	**30102899**
东城区	2538	64.27	689.32	27.16	9.36	2.46	23.70	601.43	1074227
西城区	3166	79.16	851.31	26.89	9.63	3.50	24.09	762.55	1602154
崇文区	1646	43.30	526.59	31.99	12.31	7.50	32.38	532.90	812995
宣武区	1653	56.00	406.20	24.57	5.59	1.88	18.92	312.80	997504
朝阳区	13700	115.34	4476.67	32.68	43.07	6.26	36.26	4967.23	7262230
海淀区	11769	127.40	4698.03	39.92	37.30	10.74	40.38	4752.26	8507543
丰台区	10178	59.20	3209.13	31.53	47.52	9.06	27.64	2812.91	6439095
石景山区	4740	29.43	1819.62	38.39	62.35	19.50	38.71	1835.05	3407151
远郊区县	**13666**	**96.52**	**4597.65**	**33.64**	**41.93**	**9.84**	**29.61**	**4046.63**	**8381436**
门头沟区	993	14.90	329.47	33.18	19.91	4.18	29.88	296.71	764317
房山区	2387	15.90	815.96	34.18	41.84	5.96	27.87	665.27	1552289
通　县	3646	15.27	1348.65	36.99	81.34	12.24	34.07	1242.06	2277738
昌平县	903	6.40	339.55	37.60	44.46	19.37	31.51	284.53	525436
大兴县	1800	12.30	557.13	30.95	38.58	6.31	26.37	474.59	880143
平谷县	1136	6.67	128.34	11.30	17.03	3.18	10.00	113.57	151701
怀柔县	490	4.64	270.16	55.13	55.73	30.96	52.77	258.59	423746
顺义县	1290	8.64	492.75	38.20	47.40	15.66	31.75	409.52	859718
密云县	579	7.10	162.46	28.06	21.91	5.30	26.87	155.58	629115
延庆县	442	4.70	153.18	34.66	31.11	14.15	33.08	146.21	317233

注：1. 建成区内生产专用绿地不含东北旺苗圃面积154.60公顷、树木280.89万（株丛），小汤山苗圃面积

2. 城近郊区绿地覆盖面积（16009.87）＝城近郊区各区绿地覆盖面积合计（16676.79）×调整百分比

绿化普查总表

公共绿地			城市道路绿化			单位专用绿地			生产专用绿地		
个	面积	树木	条	面积	树木	个	面积	树木	个	面积	树木
450	**5016.46**	**8513010**	**3014**	**4762.30**	**8719795**	**9233**	**10628.71**	**21251530**	**11**	**216.29**	**2034409**
320	**4066.41**	**7166356**	**2555**	**4190.95**	**7419410**	**6914**	**8103.48**	**15517133**	**11**	**216.29**	**2034409**
38	158.39	196413	489	118.32	257134	930	324.72	620680			
29	277.26	302494	545	100.28	234224	859	385.01	1065436			
9	324.57	190952	395	77.90	191895	252	129.32	430148	1	1.11	
26	105.46	293682	391	64.64	177501	755	142.70	526321			
63	722.04	1072946	206	1894.32	2689712	1323	2223.06	3499572	2	127.81	1219650
60	1368.66	2721759	196	869.63	1430051	1190	2487.59	4355733	3	26.38	142816
69	536.10	1438939	272	705.69	2115177	1183	1537.39	2884979	4	33.73	122258
26	573.93	949171	61	360.17	323716	422	873.69	2134264	1	27.26	549685
130	**950.05**	**1346654**	**459**	**571.35**	**1300385**	**2319**	**2525.23**	**5734397**			
9	62.31	42757	68	20.90	22556	394	213.50	699004			
19	94.83	69832	81	65.16	128133	351	505.28	1354324			
15	186.96	445228	36	72.68	301688	149	982.42	1530822			
15	123.95	205478	23	28.81	77521	134	131.77	242437			
23	77.67	113639	39	94.81	179124	233	302.11	587380			
8	21.22	35633	43	37.79	49885	344	54.56	66183			
18	143.67	118990	24	53.93	123243	109	60.99	181513			
11	135.28	180692	31	117.72	234254	222	156.52	444772			
5	37.65	31664	92	48.59	68054	231	69.34	529397			
7	66.51	102741	22	30.96	115927	152	48.74	98565			

267.80 公顷、树木 355.07 万(株丛)。
(96%)。

区县名称	合计		公园		纯街头绿地	
	个数	面积	个数	面积	个数	面积
合　计	**450**	**5016.46**	**107**	**4042.81**	**153**	**739.81**
区属	392	3577.67	93	2665.29	153	739.81
市属	58	1438.79	14	1377.52		
城近郊区	**320**	**4066.41**	**85**	**3695.85**	**48**	**145.74**
区属	262	2627.62	71	2318.33	48	145.74
市属	58	1438.79	14	1377.52		
东城区	38	158.39	7	128.16	6	2.64
区属	21	117.85	5	99.83	6	2.64
市属	17	40.54	2	28.33		
西城区	29	277.26	10	239.26	2	5.92
区属	16	112.31	6	85.04	2	5.92
市属	13	164.95	4	154.22		
崇文区	9	324.57	4	319.46		
区属	8	114.34	3	109.23		
市属	1	210.23	1	210.23		
宣武区	26	105.46	4	83.71	8	15.75
区属	24	46.17	3	24.65	8	15.75
市属	2	59.29	1	59.06		
朝阳区	63	722.04	20	674.95	1	4.07
区属	53	703.66	20	674.95	1	4.07
市属	10	18.38				
海淀区	60	1368.66	12	1305.01	13	24.22
区属	46	425.13	6	379.31	13	24.22
市属	14	943.53	6	925.70		
丰台区	69	536.10	18	490.23	10	9.13
区属	68	534.22	18	490.23	10	9.13
市属	1	1.88				
石景山区	26	573.93	10	455.07	8	84.01
区属	26	573.93	10	455.07	8	84.01
远郊区县	**130**	**950.05**	**22**	**346.96**	**105**	**594.07**
门头沟区	9	62.31	1	3.71	8	58.60
房山区	19	94.83	4	81.10	15	13.73
通县	15	186.96	3	26.84	11	159.74
昌平县	15	123.95	1	16.67	14	107.28
大兴县	23	77.67	3	54.51	19	14.90
平谷县	8	21.22	1	6.27	7	14.95
怀柔县	18	143.67	3	19.61	15	124.06
顺义县	11	135.28	3	41.44	8	93.84
密云县	5	37.65	1	36.54	4	1.11
延庆县	7	66.51	2	60.27	4	5.86

注:全市共有公园120个,建成区内107个,建成区外13个。

绿地面积总表

单位:个、公顷

道路街头绿地		居住区花园		单位开放绿地	
个数	面积	个数	面积	个数	面积
108	**152.18**	**75**	**58.71**	**7**	**22.95**
65	92.79	74	56.84	7	22.95
43	59.39	1	1.88		
108	**152.18**	**72**	**49.69**	**7**	**22.95**
65	92.79	71	47.81	7	22.95
43	59.39	1	1.88		
20	17.32	1	0.11	4	10.16
5	5.10	1	0.11	4	10.16
15	12.22				
14	19.29			3	12.79
5	8.56			3	12.79
9	10.73				
5	5.11				
5	5.11				
14	6.00				
13	5.77				
1	0.23				
18	30.57	24	12.45		
8	12.19	24	12.45		
10	18.38				
27	35.19	8	4.24		
19	17.36	8	4.24		
8	17.83				
3	4.75	38	31.99		
3	4.75	37	30.11		
		1	1.88		
7	33.95	1	0.90		
7	33.95	1	0.90		
		3	**9.02**		
		1	0.38		
		1	8.26		
		1	0.38		

北京市城市公共

区县名称	公共绿地总面积（公顷）	公共绿地绿化面积（公顷）	建成区人口（万人）	人均公共绿地面积（平方米/人）
合　计	**5016.46**	**3573.88**	**670.62**	**7.48**
城近效区	**4066.41**	**2710.32**	**574.1**	**7.08**
区属	2620.51	1813.26		
市属	1436.91	897.06		
东城区	158.39	100.04	64.27	2.46
区属	117.85	67.80		
市属	40.54	32.24		
西城区	277.26	143.42	79.16	3.50
区属	112.31	54.00		
市属	164.95	89.42		
崇文区	324.57	231.03	43.30	7.49
区属	114.34	61.18		
市属	210.23	169.85		
宣武区	105.46	71.08	56.00	1.88
区属	46.17	36.98		
市属	59.29	34.10		
朝阳区	722.04	377.37	115.34	6.26
区属	703.66	358.99		
市属	18.38	18.38		
海淀区	1368.66	793.61	127.40	10.74
区属	425.13	240.55		
市属	943.53	553.06		
丰台区	536.10	455.44	59.20	9.06
区属	534.22	453.56		
市属	1.88	1.88		
石景山区	573.93	538.33	29.43	19.50
区属	573.93	538.33		
市属				
远郊区县	**950.05**	**863.56**	**96.52**	**9.84**
门头沟区	62.31	60.85	14.90	4.18
房山区	94.83	88.91	15.90	5.96
通县	186.96	175.98	15.27	12.24
昌平县	123.95	119.71	6.40	19.37
大兴县	77.67	67.15	12.30	6.31
平谷县	21.22	14.63	6.67	3.18
怀柔县	143.67	133.31	4.64	30.96
顺义县	135.28	123.42	8.64	15.66
密云县	37.65	27.97	7.10	5.30
延庆县	66.51	51.62	4.70	14.15

绿地面积分析表

绿化覆盖面积（公顷）	绿化覆盖率（%）	实有树木数量（万株）	实有草坪（万平方米）	
			合计	其中:冷季型
3637.35	**72.51**	**851.30**	**683.92**	**217.04**
2737.40	**67.32**	**716.64**	**570.93**	**203.20**
1803.63	68.59	426.61	324.56	103.70
933.77	64.98	290.03	246.37	99.50
111.43	70.35	19.64	31.71	15.37
76.97	65.30	9.50	18.91	9.54
34.46	85.00	10.14	12.80	5.83
157.37	56.76	30.25	40.24	20.40
58.51	52.09	14.00	12.80	7.91
98.86	59.93	16.25	27.44	12.49
257.44	79.32	19.10	32.77	14.74
68.71	60.09	11.02	15.16	10.10
188.73	90.30	8.08	17.61	4.64
80.36	76.20	29.37	33.12	13.91
39.21	84.90	16.62	18.40	7.16
41.15	69.4	12.75	14.72	6.75
375.40	51.99	107.29	123.71	40.25
357.02	49.00	102.00	110.33	39.40
18.38	100.00	5.29	13.38	0.85
759.81	55.52	272.18	203.45	72.73
207.62	48.80	34.65	43.04	3.80
552.19	58.50	237.53	160.41	68.93
450.84	84.10	143.89	67.89	20.98
448.96	84.04	143.89	67.89	20.98
1.88	100.00			
544.75	94.92	94.92	38.03	4.80
544.75	94.92	94.92	38.03	4.80
899.95	**94.73**	**134.67**	**112.99**	**13.84**
61.02	97.93	4.28	7.02	
91.89	96.90	6.98	8.67	
182.62	97.68	44.52	9.06	1.73
120.11	96.91	20.55	5.98	0.20
70.99	91.39	11.36	15.52	0.31
15.14	71.35	3.56	4.53	
134.95	93.93	11.90	18.91	2.80
127.73	94.42	18.07	16.40	7.10
29.00	77.01	3.17	23.18	
66.51	100.00	10.27	3.72	1.70

北京市城市道路

区县名称	道路范围总面积	道路范围绿化面积	道路绿地面积合计		道路	
			条数	面积	条数	面积
合　计	**9609.86**	**4762.30**	**3014**	**3147.03**	**1343**	**2284.44**
城近郊区	**8044.72**	**4190.95**	**2555**	**2575.68**	**947**	**1734.77**
区属	6318.57	3473.09	2417	1857.83	821	1067.52
市属	1726.15	717.86	138	717.85	126	667.25
东城区	356.04	118.32	489	118.32	82	84.84
区属	218.47	70.33	460	70.33	53	38.90
市属	137.57	47.99	29	47.99	29	45.94
西城区	445.51	100.28	545	100.28	170	91.02
区属	298.98	54.29	509	54.29	135	45.54
市属	146.53	45.99	36	45.99	35	45.48
崇文区	268.57	77.90	395	77.90	44	55.00
区属	187.54	59.25	384	59.25	38	43.96
市属	81.03	18.65	11	18.65	6	11.04
宣武区	280.59	64.64	391	64.64	46	38.69
区属	241.08	52.17	387	52.17	43	28.54
市属	39.51	12.47	4	12.47	3	10.15
朝阳区	2977.18	1894.32	206	1214.02	197	782.32
区属	2072.89	1422.51	180	742.21	171	310.51
市属	904.29	471.81	26	471.81	26	471.81
海淀区	1842.56	869.63	196	458.46	180	328.29
区属	1595.72	806.56	175	395.40	160	265.24
市属	246.84	63.07	21	63.06	20	63.05
丰台区	1346.67	705.69	272	447.41	177	296.39
区属	1229.39	664.25	262	405.97	170	276.61
市属	117.28	41.44	10	41.44	7	19.78
石景山区	527.60	360.17	61	94.65	51	58.22
区属	474.50	343.73	60	78.21	51	58.22
市属	53.10	16.44	1	16.44		
远郊区县	**1565.14**	**571.35**	**459**	**571.35**	**396**	**549.67**
门头沟区	77.85	20.90	68	20.90	68	15.88
房山区	209.15	65.16	81	25.16	81	60.61
通　县	183.81	72.68	36	72.68	36	72.68
昌平县	157.35	28.81	23	28.81	23	28.81
大兴县	206.52	94.81	39	94.81	39	94.81
平谷县	146.39	37.79	43	37.79	43	37.79
怀柔县	102.22	53.93	24	53.93	24	53.93
顺义县	252.99	117.72	31	117.72	31	106.81
密云县	130.62	48.59	92	48.59	29	47.39
延庆县	98.24	30.96	22	30.96	22	30.96

绿地面积总表

单位:公顷

河岸		街巷		放射线		片林	
条数	面积	条数	面积	条数	面积	个数	面积
43	**209.55**	**1620**	**73.63**	**8**	**579.41**	**69**	**1615.27**
43	**193.98**	**1557**	**67.52**	**8**	**579.41**	**69**	**1615.27**
31	143.38	1557	67.52	8	579.41	69	1615.27
12	50.61						
1	4.79	406	28.69				
1	2.74	406	28.69				
	2.05						
4	2.79	371	6.47				
3	2.28	371	6.47				
1	0.51						
5	7.61	346	15.29				
		346	15.29				
5	7.61						
3	10.84	342	15.11				
2	8.52	342	15.11				
1	2.32						
6	68.60			3	363.10	20	680.30
6	68.60			3	363.10	20	680.30
9	34.55	5	0.30	2	95.32	17	411.17
8	34.54	5	0.30	2	95.32	17	411.17
1	0.01						
13	28.57	79	1.46	3	120.99	12	258.28
10	6.91	79	1.46	3	120.99	12	258.28
3	21.66						
2	36.23	8	0.20			20	265.52
1	19.79	8	0.20			20	265.52
1	16.44						
	15.57	**63**	**6.11**				
	2.62		2.40				
	2.04		2.51				
	10.91						
		63	1.20				

区县名称	道路范围现状			道路绿化现状			绿化覆盖面积(公顷)
	条数	长度(公里)	面积(公顷)	条数	长度(公里)	面积(公顷)	
合　　计	**3014**	**2648.99**	**9609.86**	**3014**	**2180.71**	**4762.30**	**4974.24**
城近郊区	**2555**	**2125.70**	**8044.72**	**2555**	**1761.41**	**4190.95**	**4220.30**
区属	2417	1844.76	6318.57	2417	1486.62	3473.09	3404.55
市属	138	280.94	1726.15	138	274.79	717.86	815.75
东城区	489	216.77	356.04	489	134.21	118.32	183.94
区属	460	188.00	218.47	460	105.44	70.33	128.59
市属	29	28.77	137.57	29	28.77	47.99	55.35
西城区	545	223.38	445.51	545	153.06	100.28	194.55
区属	509	183.49	298.98	509	113.17	54.29	126.78
市属	36	39.89	146.53	36	39.89	45.99	67.77
崇文区	395	173.48	268.57	395	110.14	77.90	121.84
区属	384	153.39	187.54	384	91.18	59.25	99.38
市属	11	20.09	81.03	11	18.96	18.65	22.46
宣武区	391	162.74	280.59	391	106.68	64.64	96.66
区属	387	156.74	241.08	387	100.68	52.17	79.60
市属	4	6.00	39.51	4	6.00	12.47	17.06
朝阳区	206	442.30	2977.18	206	427.38	1894.32	1388.59
区属	180	346.90	2072.89	180	331.98	1422.51	912.46
市属	26	95.40	904.29	26	95.40	471.81	476.13
海淀区	196	414.55	1842.56	196	398.51	869.63	991.13
区属	175	354.40	1595.72	175	338.36	806.56	892.50
市属	21	60.15	246.84	21	60.15	63.07	98.63
丰台区	272	401.10	1346.67	272	340.87	705.69	845.52
区属	262	370.46	1229.39	262	315.25	664.25	787.89
市属	10	30.64	117.28	10	25.62	41.44	57.63
石景山区	61	91.38	527.60	61	90.56	360.17	398.07
区属	60	91.38	474.50	60	90.56	343.73	377.35
市属	1	(7.85)	53.10	1	(7.85)	16.44	20.72
远郊区县	**459**	**523.29**	**1565.14**	**459**	**419.30**	**571.35**	**753.94**
门头沟区	68	86.39	77.85	68	36.64	20.90	24.68
房山区	81	86.48	209.15	81	75.57	65.16	91.16
通县	36	67.49	183.81	36	67.29	72.68	91.07
昌平县	23	29.02	157.35	23	29.02	28.81	61.89
大兴县	39	44.72	206.52	39	42.35	94.81	118.06
平谷县	43	42.83	146.39	43	36.01	37.79	47.86
怀柔县	24	24.54	102.22	24	20.79	53.93	66.97
顺义县	31	62.15	252.99	31	50.00	117.72	165.75
密云县	92	49.92	130.62	92	36.66	48.59	53.79
延庆县	22	29.75	98.24	22	24.97	30.96	32.71

绿地面积分析表

覆盖率（%）	实有树木数量（万株）	实有草坪（万平方米）	
		合计	其中：冷季型
51.76	**871.96**	**534.41**	**145.65**
52.46	**741.92**	**451.62**	**139.00**
53.88	591.32	276.64	60.44
47.26	150.60	174.98	78.56
51.66	25.71	21.35	9.59
58.86	14.61	4.35	0.77
40.24	11.10	17.00	8.82
43.67	23.42	28.73	10.27
42.40	14.71	13.41	4.60
46.25	8.71	15.32	5.67
45.37	19.19	17.94	5.99
52.99	14.93	9.34	5.15
27.72	4.26	8.60	0.84
34.45	17.75	17.25	5.89
33.00	17.15	13.60	5.85
43.20	0.60	3.65	0.04
69.02	268.97	115.90	45.61
76.17	182.73	35.39	6.03
52.65	86.24	80.51	39.58
53.79	143.00	123.00	32.61
55.93	116.32	91.57	19.89
39.96	26.68	31.43	12.72
62.79	211.51	113.58	29.04
64.09	199.40	97.62	18.15
49.14	12.11	15.96	10.89
75.45	32.37	13.87	
79.52	31.47	11.36	
39.03	0.90	2.51	
48.17	**130.04**	**82.79**	**6.65**
31.69	2.26	2.72	
43.59	12.81	4.60	
49.54	30.17	15.34	
39.34	7.75	9.05	1.10
57.17	17.91	0.02	
32.69	4.99	5.84	0.07
65.52	12.32	12.85	
65.52	23.43	23.19	0.44
41.18	6.81	4.12	
33.29	11.59	5.04	5.04

放射线名称	管辖区县	起止地点	绿化长度（公里）	绿化带宽度（米）
合　　计			**310.73**	
1、京良公路	小　计		18.62	30～60
	丰台区	立交桥—羊房西	3.28	60
	大兴县	5.38—10.198	8.70	
	房山区	永立河—京固公路	6.64	30
2、京石公路	小　计		40.60	30～85
	丰台区	六里桥—区界	12.00	85
	房山区	黄官屯—市界	28.60	30
3、京密公路	小　计		61.60	30～100
	朝阳区	曙光电机厂—孙河大桥	11.40	30
	顺义县	孙河大桥—龙玉头	25.80	100
	怀柔县	龙玉头—怀密界	15.50	60
	密云县	怀密界—燕落寨	5.90	21.60
4、京张公路	小　计		102.34	20～100
	朝阳区	北沙滩—清河路	3.30	30
	海淀区	祁家豁子—西三旗	12.70	4～100
	昌平县	科技园区—西关环岛	2.30	55
		K121870—K35	22.13	
		K35—K551910	16.91	空地绿化
	延庆县	三岔—河北界	45.00	20
5、京开公路	小　计		30.77	40
	丰台区	玉泉环岛—立交桥	3.25	40
	大兴县	立交桥—永定河（固安县）	27.52	
6、京津洛	小　计		32.80	20～100
	通　县		32.80	20～100
7、顺平路	小　计		24.00	20～88
	平谷县	西双营（西）—新汽车站（东）	14.00	88
	顺义县	枯柳树（西）—俸伯路（东）	10.00	20

——放射线总表(建成区外)

绿化总面积(公顷)	覆盖面积(公顷)	覆盖率(%)	实有树木(株)	实有草坪(平方米)	
				合计	其中 冷季型
1322.70	**1322.70**	**100.00**	**2002176**	**566596**	
116.11	116.11	100.00	238934		
28.80	28.80	100.00	24434		
45.47	45.47	100.00	79500		
41.83	41.83	100.00	13500		
267.28	267.28	100.00	304491	430308	
50.82	50.82	100.00	28354		
216.46	216.46	100.00	276137	430308	
425.29	425.29	100.00	495491	11588	
52.60	52.60	100.00	41543		
258.00	258.00	100.00	226640		
92.97	92.97	100.00	154000		
21.72	21.72	100.00	76608	11588	
187.73	187.73	100.00	678973	33000	
9.00	9.00	100.00	19400		
28.90	28.90	100.00	28350		
6.30	6.30	100.00	30520	23000	
67.00	67.00	100.00	361654		
10.00	10.00	100.00	7932		
66.53	66.53	100.00	231117	10000	
629.90	629.90	100.00	435447		
15.15	15.15	100.00	24434		
614.75	614.75	100.00	411013		
119.90	119.90	100.00	104600	65600	
119.90	119.90	100.00	104600	65600	
143.40	143.40	100.00	48731	26100	
123.40	123.40	100.00	34155	17156	
20.00	20.00	100.00	14576	8944	

区县名称	绿地总面积（公顷）		绿化面积（公顷）
	片数	面积	
合　计	**12**	**590.15**	**590.15**
城近郊区	**10**	**562.15**	**562.15**
海淀区	2	342.35	342.35
丰台区	8	219.80	219.80
远郊区县	**2**	**28.00**	**28.00**
平谷	2	28.00	28.00

——片林总表(建成区外)

水面积 (公顷)	实有树木 (株)	实有草坪	
		合计	其中 冷季型
	561418	**1000**	
	521418	**1000**	
	334690		
	186728	1000	
	40000		
	40000		

北京市城市单位专用

区县名称	合计		工厂		机关		学校		部队		医院	
	个数	面积	个数	面积	个数	面积	个数	面积	个数	面积	个数	面积
合　　计	**9233**	**10628.71**	**1771**	**2461.62**	**2388**	**1677.93**	**1415**	**1088.46**	**408**	**1729.26**	**214**	**189.59**
城近郊区	**6914**	**8103.48**	**1272**	**1514.08**	**1451**	**1459.26**	**1156**	**916.94**	**373**	**1609.06**	**159**	**153.32**
东城区	930	324.72	75	20.85	259	37.57	163	12.52	28	30.90	24	12.07
西城区	859	385.01	104	13.62	262	100.31	197	37.37	32	19.47	24	10.37
崇文区	252	129.32	67	9.48	35	20.88	61	11.61	8	4.08	7	2.88
宣武区	755	142.70	101	30.27	116	13.51	161	21.22	5	0.33	10	4.43
朝阳区	1323	2223.06	324	534.25	264	703.90	176	121.37	39	97.70	33	30.44
海淀区	1190	2487.59	201	252.28	271	356.48	179	631.75	132	704.55	25	37.49
丰台区	1183	1537.39	305	386.42	168	182.84	134	37.07	102	509.09	19	22.89
石景山区	422	873.69	95	266.91	76	43.77	85	44.03	27	242.94	17	32.75
远郊区县	**2319**	**2525.23**	**499**	**947.54**	**937**	**218.67**	**259**	**171.52**	**35**	**120.20**	**55**	**36.27**
门头沟区	394	213.50	82	76.90	125	12.38	40	4.86	7	54.22	9	8.64
房山区	351	505.28	85	367.68	137	29.05	59	22.14	4	7.25	6	4.78
通　县	149	982.42	53	211.85	52	43.07	10	39.55	5	9.16	3	10.24
昌平县	134	131.77	20	23.91	49	6.59	20	29.58	3	33.65	3	1.09
大兴县	233	302.11	74	160.33	58	33.25	29	39.52	5	6.00	5	1.12
平谷县	344	54.56	75	8.89	200	16.74	15	4.06	3	0.15	7	1.70
怀柔县	109	60.99	5	4.96	39	25.43	13	8.95	3	0.24	3	1.82
顺义县	222	156.52	40	47.72	85	15.17	20	12.84	2	9.34	7	1.51
密云县	231	69.34	44	20.16	112	26.18	39	6.90	2	0.18	5	3.81
延庆县	152	48.74	21	25.14	80	10.81	14	3.12	1	0.01	7	1.56

注：1. 此表合计中含楼、平房居住区数字。

2. 平房居住区个数计算口径不统一，故合计数不完全。

绿地面积总表

单位:个、公顷

宾馆		使馆		公共场所		单位开放		仓库		楼房居住区		平房居住区		其它	
个数	面积	个数	面积	个数	面积	个数	面积	个数	面积	个数	面积	个数	面积	个数	面积
252	**150.62**	**117**	**49.32**	**262**	**156.04**	**18**	**122.33**	**180**	**170.90**	**964**	**1358.03**	**911**	**1195.60**	**333**	**279.01**
231	**139.97**	**117**	**49.32**	**157**	**131.01**	**18**	**122.33**	**134**	**138.38**	**779**	**1164.76**	**818**	**474.60**	**249**	**230.45**
35	4.72	1	8.04	14	25.17					65	30.37	244	142.23	22	0.29
32	1.95			53	8.69			4	0.36	140	97.08	10	88.16	1	7.63
5	0.39			8	2.85	1	0.50	1	4.30	29	26.94	7	42.08	23	3.34
15	1.22			8	6.14			15	10.13	66	35.19	248	20.26		
74	39.49	116	41.28	8	19.37	4	32.98	32	27.76	86	440.17	90	30.57	77	103.78
41	72.18			12	5.74	8	80.74	17	10.67	154	197.18	120	74.83	30	63.69
11	7.31			31	16.07	2	0.98	54	83.02	201	239.60	94	42.33	62	9.77
18	12.71			13	46.98	3	7.13	11	2.14	38	98.23	5	34.14	34	41.95
21	**10.65**			**105**	**25.03**			**46**	**32.52**	**185**	**193.27**	**93**	**721.00**	**84**	**48.56**
1	3.84			31	5.99			7	0.11	30	5.68	39	30.65	23	10.23
2	2.61			19	3.50			13	12.94	18	50.04	8	5.29		
				3	7.08			2	5.23	14	20.35	3	624.00	4	11.89
				6	3.65					21	20.59			12	12.71
2	0.25			15	2.34			9	11.06	27	34.83	7	11.29	2	2.12
				2	0.54					28	5.52	14	16.96		
5	0.98									11	8.70			30	9.91
6	1.87			12	1.26			4	0.8	22	37.34	11	26.97	13	1.70
3	0.28							10	2.32	7	5.18	9	4.33		
2	0.82			17	0.67			1	0.06	7	5.04	2	1.51		

北京市城市单位

区县名称	单位绿地个数(个)	单位占地总面积(公顷)	单位绿地面积(公顷)	已绿化面积占总面%
合　　计	**9233**	**41313.47**	**10628.71**	**25.72**
城近郊区	**6914**	**30912.18**	**8103.48**	**26.21**
东城区	930	2023.11	324.72	16.05
西城区	859	2462.52	385.01	15.63
崇文区	252	1051.75	129.32	12.30
宣武区	755	1266.94	142.70	11.63
朝阳区	1323	6727.15	2223.06	33.05
海淀区	1190	7635.73	2487.59	32.58
丰台区	1183	6823.66	1537.39	22.53
石景山区	422	2921.33	873.69	29.90
远郊区县	**2319**	**10401.29**	**2525.23**	**24.28**
门头沟区	394	925.79	213.50	23.06
房山区	351	1963.26	505.28	26.27
通　县	149	3273.99	982.42	30.00
昌平县	134	711.40	131.77	18.52
大兴县	233	1321.90	302.11	22.85
平谷县	344	540.29	54.56	10.10
怀柔县	109	187.08	60.99	32.60
顺义县	222	799.25	156.52	19.58
密云县	231	401.34	69.34	17.28
延庆县	152	267.99	48.74	17.60

注:此表合计中含楼、平房居住区数字。

专用绿地面积分析表

实有树木数量（株）	实有草坪（平方米）		绿化覆盖面积（平方米）	绿化覆盖率%
	数量	其中冷季型		
21251530	**21428678**	**5423510**	**12536.65**	**30.35**
15517133	**17852912**	**4554730**	**9592.90**	**31.00**
620680	302629	175190	393.95	19.47
1065436	932171	253018	499.39	20.30
430148	205725	56054	146.20	13.90
526321	295656	55589	229.18	18.10
3499572	4519312	989705	2664.60	39.60
4355733	6688156	2006950	2922.95	38.30
2884979	3303610	606861	1880.41	27.60
2134264	1605653	411363	856.22	29.30
5734397	**257566**	**868780**	**2943.75**	**28.30**
699004	124662	3080	243.77	26.33
1354324	1173606	196667	632.91	32.24
1530822	616522	95054	1074.96	32.83
242437	188202	11891	157.55	22.15
587380	577112	100243	368.08	27.84
66183	36070	11230	65.34	12.09
181513	109940	18149	68.24	36.48
444772	522029	432066	199.27	24.93
529397	126447		79.67	19.85
98565	101176	400	53.96	19.48

苗圃名称	总面积(平方米)			覆盖面积	在圃	
	合计	育苗面积		(公顷)	合计	乔木
		小计	其中:温室			
合计	**6386861**	**4934751**	**31864**	**126.28**	**8393978**	**4063068**
崇文区	**11100**	**11100**	**936**	**1.11**		
龙潭花圃	11100	11100	936			
朝阳区	**1278052**	**1030114**	**4954**	**48.08**	**1219650**	**585841**
大黄庄苗圃	557692	413134	4104		335900	287521
东北郊苗圃	720360	616980	850		883750	298320
海淀区	**4487802**	**3364009**	**14930**	**24.15**	**6502385**	**3415507**
万泉庄苗圃	28291	23214	1884		14260	3065
西郊苗圃	145700	133413	800		128556	23511
东亚园林公司	89827	84824	4002			
东北旺苗圃	1546000	1274400	3341		2808884	1315959
小汤山苗圃	2677984	1848158	4903		3550685	2072972
丰台区	**337279**	**323527**	**10204**	**32.36**	**122258**	**48434**
芦沟桥苗圃	147000	142100			37435	11014
白盆窑	33333	31733			37612	5322
南岗洼	87613	87547			47211	32098
南郊花圃	69333	62147	10204			
石景山区	**272628**	**206001**	**840**	**20.58**	**549685**	**13286**
西南郊苗圃	272628	206001	840		549685	13286

注:1. 此表总计中含建成区外生产绿地东北旺苗圃面积 154.60 公顷树木 280.89 万

2. 天坛花圃面积在天坛公园总面积中。

专用绿地总表

苗木(株)		在圃绿篱(株)	在圃草坪(平方米)	在圃花卉	
灌木	其它			株数	种类
3808676	**522234**	**225578**	**27154**	**663394**	
596681	**37128**	**47158**	**5295**	**105072**	
40251	8128	8648	5295	1353	4
556430	29000	38510		103719	47
2659269	**427609**	**116350**	**19859**	**377891**	
5539	5656			64800	28
82495	22550			15290	151
1249120	243805		14659	18782	3
1322115	155598	116350	5200	279019	17
33650	**40174**	**9570**	**2000**	**166681**	
24421	2000	9570	2000		
941	31349			39695	8
8288	6825				
				126986	90
519076	**17323**	**52500**		**13750**	**5**
519076	17323	52500		13750	5

株，小汤山苗田面积 267.80 公顷树木 355.07 万株。

北京市城市园林绿化

（按类别

<table>
<tr><td rowspan="4">区县名称</td><td colspan="7">实　　有　　树</td></tr>
<tr><td rowspan="3">总　计</td><td colspan="5">乔　木</td><td>灌</td></tr>
<tr><td rowspan="2">合计</td><td colspan="2">常绿乔木</td><td colspan="2">落叶乔木</td><td rowspan="2">合计</td></tr>
<tr><td>小计</td><td>其中:侧柏</td><td>小计</td><td>其中:国槐</td></tr>
<tr><td>甲</td><td>1＝2＋7＋10</td><td>2</td><td>3</td><td>4</td><td>5</td><td>6</td><td>7</td></tr>
<tr><td>合　计</td><td>38484335</td><td>11926052</td><td>3617462</td><td>1479189</td><td>8308590</td><td>868799</td><td>8644143</td></tr>
<tr><td>城近郊区</td><td>30102899</td><td>8746031</td><td>2800370</td><td>1122579</td><td>5945661</td><td>621533</td><td>6474955</td></tr>
<tr><td>远郊区县</td><td>8381436</td><td>3180021</td><td>817092</td><td>356610</td><td>2362929</td><td>247266</td><td>2169188</td></tr>
<tr><td>一、公共绿地</td><td>8513010</td><td>3247847</td><td>1178660</td><td>720836</td><td>2069187</td><td>94348</td><td>1735162</td></tr>
<tr><td>城近郊区</td><td>7166356</td><td>2393232</td><td>1043721</td><td>638318</td><td>1349511</td><td>45567</td><td>1446107</td></tr>
<tr><td>远郊区县</td><td>1346654</td><td>854615</td><td>134939</td><td>82518</td><td>719676</td><td>48781</td><td>289055</td></tr>
<tr><td>二、城市道路绿地</td><td>8719795</td><td>3516224</td><td>574940</td><td>160348</td><td>2941284</td><td>460169</td><td>1323094</td></tr>
<tr><td>城近郊区</td><td>7419410</td><td>3066494</td><td>471931</td><td>147170</td><td>2594563</td><td>401655</td><td>951428</td></tr>
<tr><td>远郊区县</td><td>1300385</td><td>449730</td><td>103009</td><td>13178</td><td>346721</td><td>58514</td><td>371666</td></tr>
<tr><td>三、单位专用绿地</td><td>16316977</td><td>3890083</td><td>1658555</td><td>562522</td><td>2231528</td><td>225688</td><td>4610823</td></tr>
<tr><td>城近郊区</td><td>12001079</td><td>2702777</td><td>1150294</td><td>323961</td><td>1552483</td><td>118155</td><td>3239418</td></tr>
<tr><td>远郊区县</td><td>4315898</td><td>1187306</td><td>508261</td><td>238561</td><td>679045</td><td>107533</td><td>1371405</td></tr>
<tr><td>四、居住区绿地</td><td>4934553</td><td>1271898</td><td>205307</td><td>35483</td><td>1066591</td><td>88594</td><td>975064</td></tr>
<tr><td>城近郊区</td><td>3516054</td><td>583528</td><td>134424</td><td>13130</td><td>449104</td><td>56156</td><td>838002</td></tr>
<tr><td>远郊区县</td><td>1418499</td><td>688370</td><td>70883</td><td>22353</td><td>617487</td><td>32438</td><td>137062</td></tr>
</table>

实有树木总表

分组）

木				（株）		实有绿篱		实有草坪（平方米）		实有宿根花卉	
木		其它									
常绿灌木	落叶灌木	合计	月季	攀缘	竹子	长度（米）	数量（株）	数量	其中：冷季型	面积（平方米）	数量（株）
8	9	10	11	12	13	14	15	16	17	18	19
2691016	**5953127**	**17914140**	**8002239**	**6918452**	**2993449**	**4982900**	**22712720**	**33612091**	**9050596**	**1311006**	**7439948**
2113875	4361080	14881913	6188887	5823819	2869207	3992012	17732392	28078558	7976825	1100918	6639578
577141	1592047	3032227	1813352	1094633	124242	990888	4980328	5533533	1073771	210088	800370
309933	1425229	3530001	954722	700303	1874976	268048	999194	6839271	2170464	355592	2607462
203106	1243001	3327017	803417	669882	1853718	226649	751304	5709307	2032045	328262	2450342
106827	182228	202984	151305	30421	21258	41399	247890	1129964	138419	27330	157120
242193	1080901	3880477	2185563	1372184	322730	444880	2860717	5344142	1456624	154775	1654597
177447	773981	3401488	1763912	1322407	315169	341839	2221321	4516339	1390052	142176	1570328
64746	306920	478989	421651	49777	7561	103041	639396	827803	66572	12599	124269
1949467	2661356	7816071	3534363	3552435	729273	3693471	15783467	15822919	4102180	634056	2272605
1571531	1667887	6058884	2486416	2923597	648871	2964380	12224957	13107288	3593145	489637	1861803
377936	993469	1757187	1047947	628838	80402	729091	3558510	2715631	509035	144419	410802
189423	785641	2687591	1327591	1293530	66470	576501	3069342	5605759	1321328	166583	865284
161791	676211	2094524	1135142	907933	51449	459144	2534810	4745624	961583	140843	757105
27632	109430	593067	192449	385597	15021	117357	534532	860135	359745	25740	108179

北京市城市园林绿化实

区县名称	实有树						
	总计	乔木					灌
		合计	常绿乔木		落叶乔木		合计
			小计	其中:侧柏	小计	其中:国槐	
甲	1=2+7+10	2=3+5	3	4	5	6	7
合计	**8513010**	**3247847**	**1178660**	**720836**	**2069187**	**94348**	**1735162**
城近郊区	**7166356**	**2393232**	**1043721**	**638318**	**1349511**	**45567**	**1446107**
东城区	196413	28552	16350	6271	12202	1192	23334
西城区	302494	44899	24281	4818	20618	2972	61121
崇文区	190952	65452	41390	11375	24062	1865	37667
宣武区	293682	27735	13822	1002	13913	1601	86060
朝阳区	1072946	346256	51781	9297	294475	15453	294938
海淀区	2721759	397490	174401	84020	223089	7493	471161
丰台区	1438939	799111	347044	308625	452067	11885	303972
石景山区	949171	683737	374652	212910	309085	3106	167854
远郊区县	**1346654**	**854615**	**134939**	**82518**	**719676**	**48781**	**289055**
门头沟区	42757	32502	10926	5723	21576	2674	6902
房山区	69832	47367	20661	15882	26706	598	12780
通县	445228	304312	34419	24033	269893	12357	116235
昌平县	205478	96070	19003	9423	77067	6309	54824
大兴县	113639	28680	6696	1267	21984	1132	31786
平谷县	35633	26820	897	4	25923	1803	2951
怀柔县	118990	86894	35481	25153	51413	22733	9909
顺义县	180692	125997	3052	436	122945	899	33631
密云县	31664	13134	2425	540	10709	97	17285
延庆县	102741	92839	1379	57	91460	179	2752

有树木——公共绿地明细表

木	（株）					实有绿篱		实有草坪（平方米）		实有宿根花卉	
木		其它									
常绿灌木	落叶灌木	合计	月季	攀缘	竹子	长度（米）	数量（株）	数量	其中：冷季型	面积（平方米）	数量（株）
8	9	10	11	12	13	14	15	16	17	18	19
309933	**1425229**	**3530001**	**954722**	**700303**	**1874976**	**268048**	**999194**	**6839271**	**2170464**	**355592**	**2607462**
203106	**1243001**	**3327017**	**803417**	**669882**	**1853718**	**226649**	**751304**	**5709307**	**2032045**	**328262**	**2450342**
5294	18040	144527	36981	24030	83516	16652	92802	317087	153666	14602	122490
9349	51772	196474	43203	88305	64966	30670	120863	402440	204048	24018	132170
3605	34062	87833	23225	38972	25636	19179	89425	327740	147419	30671	191821
37114	48946	179887	39348	57662	82877	9047	44053	331197	139088	11188	62397
54321	240617	431752	320299	46221	65232	19420	104453	1237077	402524	25320	135003
49282	421879	1853108	142732	347292	1363084	11017	67127	2034502	727342	162228	1066142
30233	273739	335856	154751	46224	134881	93553	140276	678948	209842	38101	640144
13908	153946	97580	42878	21176	33526	27111	92305	380316	48116	22134	100175
106827	**182228**	**202984**	**151305**	**30421**	**21258**	**41399**	**247890**	**1129964**	**138419**	**27330**	**157120**
640	6262	3353	2563	790		965	2277	70203		4411	7155
3859	8921	9685	5396	3384	905	8544	33210	86662		605	5326
74098	42137	24681	16211	7631	839	9201	35866	90576	17328	6228	12373
8022	46802	54584	42088	876	11620	3186	19668	59851	2000	4486	70788
5562	26224	53173	46509	6075	589	8435	66161	155246	31091	3967	37535
110	2841	5862	3979	1164	719	1857	14057	45298		3294	7650
3711	6198	22187	16301	500	5386	5898	55560	189123		1046	3919
9530	24101	21064	15478	4386	1200	1477	8862	164000	71000	215	1140
855	16430	1245	1130	115		1284	8917	231781		2021	7924
440	2312	7150	1650	5500		552	3312	37224	17000	1057	3310

北京市城市园林绿化实

区县名称	实有树						
	总 计	乔木					灌
		合计	常绿乔木		落叶乔木		合计
			小计	其中:侧柏	小计	其中:国槐	
甲	1=2+7+10	2	3	4	5	6	7
合 计	**8719795**	**3516224**	**574940**	**160348**	**2841284**	**460169**	**1323094**
城近郊区	**7419410**	**3066494**	**471931**	**147170**	**2594563**	**401655**	**951428**
东城区	257134	47514	7519	355	39995	16641	30723
西城区	234224	55071	10450	410	44621	22630	34362
崇文区	191895	27241	3767	41	23474	8592	34390
宣武区	177501	25603	3316	665	22287	9988	60759
朝阳区	2689712	1481684	107269	12049	1374415	81607	297893
海淀区	1430051	694967	102404	14587	952563	185390	182292
丰台区	2115177	513181	99345	21223	413836	65996	241250
石景山区	323716	221233	137861	97840	83372	10811	69759
远郊区县	**1300385**	**449730**	**103009**	**13178**	**346721**	**58514**	**371666**
门头沟区	22556	13105	3411	785	9694	1106	4434
房山区	128133	68401	13387	6355	55014	10942	14199
通 县	301688	85413	36133	133	49280	6341	84123
昌平县	77521	21166	4669	650	16497	3607	15030
大兴县	179124	27433	3920	499	23513	13883	147906
平谷县	49885	17903	4819	695	13084	3935	12059
怀柔县	123243	25442	9666	330	15776	2346	7314
顺义县	234254	58990	9986	170	49004	9114	44069
密云县	68054	51767	7409	2822	44358	2682	16015
延庆县	115927	80110	9609	739	70501	4558	26517

有树木——道路绿地明细表

木		(株)				实有绿篱		实有草坪（平方米）		实有宿根花卉	
木		其它									
常绿灌木	落叶灌木	合计	月季	攀缘	竹子	长度（米）	数量（株）	数量	其中：冷季型	面积（平方米）	数量（株）
8	9	10	11	12	13	14	15	16	17	18	19
242193	**1080901**	**3880477**	**2185563**	**1372184**	**322730**	**444880**	**2860717**	**5344142**	**1456624**	**154775**	**1694597**
177447	**773981**	**3401488**	**1763912**	**1322407**	**315169**	**341839**	**2221321**	**4516339**	**1390052**	**142176**	**1570328**
9945	20778	178897	90040	88857		21793	106736	213489	95855	15126	109826
7140	27222	144791	52258	91883	650	30114	111803	287346	102697	9334	91662
7244	27146	130264	73339	56925		9315	33603	179444	59902	4272	45633
2723	58036	91139	25862	65267	10	19908	139094	172519	58893	5604	134704
58218	239675	910135	463828	445489	818	93898	901501	1158962	456123	29298	267027
41777	140515	552792	265202	225084	62506	46462	260938	1230013	326128	14854	163989
28643	212607	1360746	787524	322121	251101	112301	634533	1135827	290410	61747	743321
21757	48002	32724	5859	26781	84	8048	33113	138739	44	1941	14166
64746	**306920**	**478989**	**421651**	**49777**	**7561**	**103041**	**639396**	**827803**	**66572**	**12599**	**124269**
1049	3385	5017	2715	302	2000	4979	22700	27240			
3369	10830	45533	15112	30421		21526	20963	46013		50	2896
18547	65576	132152	123292	8153	707	17935	113273	153427		30	765
2119	12911	41325	41324	1		12857	70118	90524	11024		
988	146918	3785	3593	192		2095	18922	156			
7684	4375	19923	17501	2091	331	19299	155171	58428	727	350	1513
657	6657	90487	88525	1839	123	12328	132419	128488		47	332
24358	19711	131195	121439	5356	4400	6591	39995	231881	4400	12122	118763
3540	12475	272		272		761	6782	41225			
2435	24082	9300	8150	1150		4670	59053	50421	50421		

区县名称	实有树						
	总 计	乔木					灌
		合计	常绿乔木		落叶乔木		合计
			小计	其中:侧柏	小计	其中:国槐	
甲	1=2+7+10	2	3	4	5	6	7
合 计	**16316977**	**3890083**	**1658555**	**562522**	**2231528**	**225688**	**4610823**
城近郊区	**12001079**	**2702777**	**1150294**	**323961**	**1552483**	**118155**	**3239418**
东城区	441789	51686	22966	3548	28720	2273	103772
西城区	656519	75775	37282	5987	38493	2822	132125
崇文区	232069	24043	7765	1028	16278	708	27766
宣武区	402108	37045	14763	3521	22282	2137	134538
朝阳区	2544500	473237	186294	39954	286943	25732	623586
海淀区	3704413	856102	375518	94746	480584	34641	1091522
丰台区	2191546	615498	191525	66751	423973	39259	564135
石景山区	1828135	569391	314181	108426	255210	10583	561974
远郊区县	**4315898**	**1187306**	**508261**	**238561**	**679045**	**107533**	**1371405**
门头沟区	667664	121491	62286	26815	59205	4029	475152
房山区	1219498	445078	159021	103501	286057	11785	267468
通 县	665992	186210	62393	14182	123817	67073	226778
昌平县	213424	74809	41356	29605	33453	9560	71937
大兴县	469181	154321	69476	8569	84845	8368	129991
平谷县	55391	18100	7263	1649	10837	818	7303
怀柔县	166660	42593	28835	23334	13758	1003	23855
顺义县	257182	49766	26020	4900	23746	1940	88517
密云县	507492	55777	22113	2968	33664	2234	49638
延庆县	93414	39161	29498	23038	9663	723	30766

实有树木——单位专用绿地明细表

木			(株)			实有绿篱		实有草坪（平方米）		实有宿根花卉	
木		其它									
常绿灌木	落叶灌木	合计	月季	攀缘	竹子	长度（米）	数量（株）	数量	其中：冷季型	面积（平方米）	数量（株）
8	9	10	11	12	13	14	15	16	17	18	19
1949467	**2661356**	**7816071**	**3534363**	**3552435**	**729273**	**3693471**	**15783467**	**15822919**	**4102180**	**634056**	**2272605**
1571531	**1667887**	**6058884**	**2486416**	**2923597**	**648871**	**2964380**	**12224957**	**13107288**	**3593145**	**489637**	**1861803**
52883	50889	286331	122710	137238	26383	74312	328111	263886	159341	15349	62676
60548	71577	448619	107517	213168	127934	166223	409577	468880	166491	28119	198524
5926	21840	180260	48059	127766	4435	30854	159074	109975	16404	3061	21758
80606	53932	230525	71189	156127	3209	29810	192762	142587	13960	5253	19966
250349	373237	1447677	610381	771519	65777	825070	2826259	3436917	751087	164697	561144
551081	540441	1756789	765836	674074	316879	1074846	4405370	5560825	1776801	169842	653463
319178	244957	1011913	426082	542361	43470	544936	2595092	1983605	435259	50465	168287
250960	311014	696770	334642	301344	60784	218329	1308712	1140613	273802	52850	175985
377936	**993469**	**1757187**	**1047947**	**628838**	**80402**	**729091**	**3558510**	**2715631**	**509035**	**144419**	**410802**
34229	440923	71021	47134	21567	2320	22440	119220	111082	3080	9453	10681
50508	216960	506952	152039	342008	12905	301595	1363652	964717	82378	46783	67764
87891	138887	253004	129880	113239	9885	97066	637163	474738	95054	31300	82726
36904	35033	66678	38566	19078	9034	21841	126988	160092		6733	53981
57944	72047	184869	128672	44837	11360	184772	561497	442072	98043	8438	52525
2553	4750	29988	21289	7778	921	31646	225763	31084	11230	2388	5325
15835	8020	100212	46743	34245	19224	19864	201663	88428	18149	14976	42639
39029	49488	118899	69995	34950	13954	33293	218748	252571	200701	15535	68198
27899	21739	402077	397247	4031	799	7553	43345	105942		2942	17625
25144	5622	23487	16382	7105		9021	60471	84905	400	5871	9338

北京市城市园林绿化

区县名称	实有树						
	总计	乔木					灌
		合计	常绿乔木		落叶乔木		合计
			小计	其中:侧柏	小计	其中:国槐	
甲	1=2+7+10	2=3+5	3	4	5	6	7
合计	**4934553**	**1271898**	**250307**	**35483**	**1066591**	**88594**	**975064**
城近郊区	**3516054**	**583528**	**134424**	**13130**	**449104**	**56156**	**838002**
东城区	178891	39616	5461	769	34155	2375	23213
西城区	408917	70694	11558	880	59136	5647	84482
崇文区	198079	25082	3622	796	21460	2911	30144
宣武区	124213	24965	4500	130	20465	1841	39634
朝阳区	955072	130764	37163	2643	93601	15993	205222
海淀区	651320	117435	30548	4304	86887	10318	194706
丰台区	693433	132647	28574	2302	104073	13117	125291
石景山区	306129	42325	12998	1306	29327	3954	135310
远郊区县	**1418499**	**688370**	**70883**	**22353**	**617487**	**32438**	**137062**
门头沟区	31340	24754	1685	1066	23069	1717	2842
房山区	134826	32879	8278	2681	24601	5271	16539
通县	864830	489551	28014	12773	461537	16409	29277
昌平县	29013	13097	4475	1335	8622	867	12986
大兴县	118199	40852	16284	635	24541	2421	40069
平谷县	10792	8589	870	294	7719	551	1060
怀柔县	14853	7880	6619	2749	1261	162	4584
顺义县	187590	61828	2753	460	59075	4175	21152
密云县	21905	5696	889	165	4807	685	7032
延庆县	5151	3271	1016	195	2255	180	1521

实有树木——居住区绿地明细表

木					(株)	实有绿篱		实有草坪(平方米)		实有宿根花卉	
木		其它									
常绿灌木	落叶灌木	合计	月季	攀缘	竹子	长度(米)	数量(株)	数量	其中:冷季型	面积(平方米)	数量(株)
8	9	10	11	12	13	14	15	16	17	18	19
189423	**785641**	**2687591**	**1327591**	**1293530**	**66470**	**576501**	**3069342**	**5605759**	**1321328**	**166583**	**865284**
161791	**676211**	**2094524**	**1135142**	**907933**	**51449**	**459144**	**2534810**	**4745624**	**961583**	**140843**	**757105**
3969	19244	116062	73661	40218	2183	15984	78074	38743	15849	7455	78430
9065	75417	253741	166375	82431	4935	70282	312044	463291	86527	19270	68548
4373	25771	142853	94736	48033	84	10587	43496	95750	39650	3310	28048
5172	34462	59614	22344	36217	1053	15748	42807	153069	41628	13708	9942
48112	157110	619086	373024	229801	16261	140330	708107	1082395	238618	42502	335074
54950	139756	339179	172664	149906	16609	71964	347772	1127330	230148	13729	72091
28065	97226	435495	173497	253872	8126	92543	780609	1320005	171602	29361	85064
8085	127225	128494	58841	67455	2198	41706	221901	465040	137561	11508	79908
27632	**109430**	**593067**	**192449**	**385597**	**15021**	**117357**	**534532**	**860135**	**359745**	**25740**	**108179**
515	2327	3744	3155	579	10	3035	8121	13580			
3281	13258	85408	9455	75951	2	51763	169864	208889	114289	1973	11334
9222	20055	346002	77473	268529		9926	30996	141784		2513	7352
1426	11560	2930	2850	80		1980	6500	28110	11891	8696	13370
7348	32721	37305	26662	9752	891	18229	131540	135040	2200	6036	47369
263	797	1143	744	399		1509	10716	4986		17	99
246	4338	2389	1826	563		1630	16226	21512		149	228
862	20290	104610	62163	29129	13318	25426	137094	269458	231365	4159	16633
4030	3002	9177	7912	465	800	3425	20871	20505		2197	11794
439	1082	359	209	150		434	2604	16271			

北京市城市园林绿化

区县名称	实有树						
	总　计	乔　木					灌
		合计	常绿乔木		落叶乔木		合计
			小计	其中:侧柏	小计	其中:国槐	
甲	1=2+7+10	2	3	4	5	6	7
合　　计	**1546100**	**1266648**	**253849**	**105012**	**1012799**	**77868**	**146690**
朝阳区	679837	545034	30981	6228	514053	25037	65641
海淀区	333460	315386	60872	9780	254514	30955	9374
丰台区	305704	237084	42767	6487	194317	19315	20320
石景山区	227099	169144	119229	82517	49915	2561	51355

注:1. 城近郊区放射线实有树木列入道路绿地实有树木合计中。

2. 远郊区县片林绿地实有树木列入公共绿地实有树木合计中。

实有树木—片林明细表

木		（株）				实有绿篱		实有草坪（平方米）		实有宿根花卉	
木		其它									
常绿灌木	落叶灌木	合计	月季	攀缘	竹子	长度（米）	数量（株）	数量	其中：冷季型	面积（平方米）	数量（株）
8	9	10	11	12	13	14	15	16	17	18	19
26880	**119810**	**132762**	**114862**	**17900**		**4995**	**19835**	**154260**		**1550**	**2190**
8799	56842	69162	68662	500				61000		1550	2190
1020	8354	8700	8700					35560			
	20320	48300	35600	12700		4850	19400				
17061	34290	6600	1900	4700		145	435	57700			

北京市城市园林绿

（按行政

区县名称	实有树						
	总　计	乔　木					灌
		合计	常绿乔木		落叶乔木		合计
			小计	其中：侧柏	小计	其中：国槐	
甲	1＝2＋7＋10	2	3	4	5	6	7
合　　计	**38484335**	**11926052**	**3617462**	**1479189**	**8308590**	**868799**	**8644143**
一、城近郊区	**25575585**	**8100240**	**2545402**	**1021108**	**5554838**	**570885**	**5737006**
东城区	861869	147428	44406	9500	103022	18788	163886
西城区	1352573	204692	65609	8467	139083	25111	277338
崇文区	689730	92325	23000	2432	69325	11555	117004
宣武区	863957	100206	27734	4526	72472	15064	293276
朝阳区	6346945	2214186	344211	62367	1869975	118450	1268563
海淀区	5865453	1794452	543972	118479	1250480	226898	1482854
丰台区	6196864	2035984	661326	398301	1374658	126579	1200101
石景山区	3398194	1510967	835144	417036	675823	28440	933984
二、市属单位	**4527314**	**645791**	**254968**	**101471**	**390823**	**50648**	**737949**
绿化处	1768866	325171	70506	3962	254665	45447	303041
市属公园	2758448	320620	184462	97509	136158	5201	434908
颐和园	418161	28822	17335	9106	11487	368	11989
北京动物园	79303	10805	4749	785	6056	568	7542
中山公园	77510	3063	2241	917	822	49	1844
北海公园	45808	12429	9124	2675	3305	398	8305
天坛公园	80750	45267	32512	10808	12755	1141	4119
陶然亭公园	127042	12814	8055	792	4759	322	24862
紫竹院公园	914812	7263	3205	141	4058	193	15113
玉渊潭公园	188859	17190	5611	1524	11579	235	21740
香山公园	254037	105557	82171	63833	23386	694	103830
北京植物园	519577	63066	14173	3391	48893	534	227445
其它	52589	14344	5286	3537	9058	799	8119

化实有树木总表

区分组）

木		（株）				实有绿篱	实有草坪（平方米）	实有宿根花卉
木		其它						
常绿灌木	落叶灌木	合计	月季	攀缘	竹子	数量（株）	数量	数量（株）
8	9	10	11	12	13	14	15	16
2691016	**5953127**	**17914140**	**8002239**	**6918452**	**2993449**	**22712720**	**33612091**	**7439948**
1987901	**3749105**	**11738339**	**5523016**	**4915565**	**1299758**	**16322585**	**23635440**	**5751991**
68548	95338	550555	265806	242597	42152	476692	535309	261425
77791	199547	870543	325814	392370	152359	863786	1194337	362451
20166	96838	480401	211297	248567	20537	281944	450786	275896
114705	178571	470475	149499	304104	16872	379823	615614	220036
375561	893002	2864196	1480417	1243069	140710	3804864	5976474	1087642
638426	844428	2588147	1188973	1005861	393313	4934029	8034263	1612341
398164	801937	2960779	1459236	1064286	437257	3926416	4729124	1563506
294540	639444	953243	441974	414711	96558	1655031	2099533	368694
125974	**611975**	**3143574**	**665871**	**908254**	**1569449**	**1409807**	**4443118**	**887587**
74973	228068	1140654	561776	503611	75267	1289155	2405737	571421
51001	383907	2002920	104095	404643	1494182	120652	2037381	316166
343	11646	377350	4605	239005	133740	4303	209000	255
1742	5800	60956	2629	36641	21686	18719	94699	3163
365	1479	72603	448	2687	69468	14962	50352	2691
1771	6534	25074	885	3910	20279	9705	96498	17130
607	3512	31364	6767	14979	9618	29262	176114	5214
10687	14175	89366	8170	10919	70277	16482	145720	2353
3463	11650	892436	533	11753	880150	240	171175	9530
3947	17793	149929	10977	20572	118380	6611	229065	187630
6771	97059	44650	2212	23866	18572		69241	4203
21024	206421	229066	55173	21916	151977	19368	704527	81961
281	7838	30126	11696	18395	35	1000	90990	2036

北京市城市园林绿

（按行政

区县名称	实有树						
	总 计	乔木					灌
		合计	常绿乔木		落叶乔木		合计
			小计	其中:侧柏	小计	其中:国槐	
甲	1=2+7+10	2	3	4	5	6	7
三、远郊区县	**8381436**	**3180021**	**817092**	**356610**	**2362929**	**247266**	**2169188**
门头沟区	764317	191852	78308	34389	113544	9526	489330
房山区	1552289	593725	201347	128419	392378	28596	310986
通 县	2277738	1065486	160959	51121	904527	102180	456413
昌平县	525436	205142	69503	41013	135639	20343	154777
大兴县	880143	251259	96376	10970	154883	25804	349752
平谷县	151701	71412	13849	2642	57563	7107	23373
怀柔县	423746	162809	80601	51566	82208	26244	45662
顺义县	859718	296581	41811	5966	254770	16128	187369
密云县	629115	126374	32836	6495	93538	5698	89970
延庆县	317233	215381	41502	24029	173879	5640	61556

化实有树木总表

区分组）

木	（株）					实有绿篱		实有草坪（平方米）		实有宿根花卉	
木		其它									
常绿灌木	落叶灌木	合计	月季	攀缘	竹子	长度（米）	数量（株）	数量	其中：冷季型	面积（平方米）	数量（株）
8	9	10	11	12	13	14	15	16	17	18	19
577141	**1592047**	**3032227**	**1813352**	**1094633**	**124242**	**990888**	**4980328**	**5533533**	**1073771**	**210088**	**800370**
36433	452897	83135	55567	23238	4330	31419	152318	222105	3080	13864	17836
61017	249969	647578	182002	451764	13812	383428	1587689	1306281	196667	49411	87320
189758	266655	755839	346856	397552	11431	134128	817298	860525	112382	40071	103216
48471	106306	165517	124828	20035	20654	39864	223274	338577	24915	19915	138139
71842	277910	279132	205436	60856	12840	213531	778120	732514	131334	18441	137429
10610	12763	56916	43513	11432	1971	54311	405707	139796	11957	6049	14587
20449	25213	215275	153395	37147	24733	39720	405868	427551	18149	16218	47118
73779	113590	375768	269075	73821	32872	66787	404699	917910	507466	32031	204734
36324	53646	412771	406289	4883	1599	13023	79915	399453		7160	37343
28458	33098	40296	26391	13905		14677	125440	188821	67821	6928	12648

北京市城市园林绿

（按行政

项目名称	实	有	树				
	总 计	乔	木				灌
		合计	常绿乔木		落叶乔木		合计
			小计	其中:侧柏	小计	其中:国槐	
甲	1=2+7+10	2	3	4	5	6	7
东城区	**1074227**	**167368**	**52296**	**10943**	**115072**	**22481**	**181042**
区属	861869	147428	44406	9500	103022	18788	163886
市属	212358	19940	7890	1443	12050	3693	17156
1. 公共绿地	196413	28552	16350	6271	12202	1192	23334
市属	95018	19395	10671	4864	8724	885	15017
市属	101395	9157	5679	1407	3478	307	8317
2. 道路	257134	47514	7519	355	39995	16641	30723
区属	146171	36731	5308	319	31423	13255	21884
市属	110963	10783	2211	36	8572	3386	8839
3. 单位专用(区属)	441789	51686	22966	3548	28720	2273	103772
4. 居住区(区属)	178891	39616	5461	769	34155	2375	23213
西城区	**1602154**	**246439**	**83571**	**12095**	**162868**	**34071**	**312090**
区属	1352573	204692	65609	8467	139083	25111	277338
市属	249581	41747	17962	3628	23785	8960	34752
1. 公共绿地	302494	44899	24281	4818	20618	2972	61121
区属	140036	19993	9456	1228	10537	2012	35989
市属	162458	24906	14825	3590	10081	960	25132
2. 道路	234224	55071	10450	410	44621	22630	34362
区属	147101	38230	7313	372	30917	14630	24742
市属	87123	16841	3137	38	13704	8000	9620
3. 单位专用(区属)	656519	75775	37282	5987	38493	2822	132125
4. 居住区(区属)	408917	70694	11558	880	59136	5647	84482
崇文区	**812995**	**141818**	**56544**	**13240**	**85274**	**14076**	**129967**
区属	689680	92325	23000	2432	69325	12797	117004
市属	123315	49493	33544	10808	15949	1279	12963
1. 公共绿地	190952	65452	41390	11375	24062	1865	37667
区属	110202	20185	8878	567	11307	724	33548

化实有树木总表
区分组）

木		（株）				实有绿篱		实有草坪（平方米）		实有宿根花卉	
木		其它									
常绿灌木	落叶灌木	合计	月季	攀缘	竹子	长度（米）	数量（株）	数量	其中：冷季型	面积（平方米）	数量（株）
8	9	10	11	12	13	14	15	16	17	18	19
72094	**108951**	**725817**	**323392**	**290343**	**112082**	**128741**	**605728**	**833205**	**424711**	**52532**	**373422**
68551	95335	550555	265806	242597	42152	105734	412199	535309	278236	39312	261425
3543	13613	175262	57586	47746	69930	23013	193524	297896	146475	13220	111997
5294	18040	144527	36981	24030	83516	16652	92802	317087	153666	14602	122490
4155	10862	60606	30172	16848	13586	6223	28309	189137	95396	9860	82604
1139	7178	83921	6809	7182	69930	10429	64493	127950	58270	4742	39886
9945	20778	178897	90040	88857		21793	106741	213489	95855	15126	109826
7541	14343	87556	39263	48293		9209	42198	43543	7650	6648	37715
2404	6435	91341	50777	40564		12584	64538	169946	88205	8478	72111
52883	50889	286331	122710	137238	26383	74312	328111	263886	159341	15349	62676
3969	19244	116062	73661	40218	2183	15984	78074	38743	15849	7455	78430
86102	**225988**	**1043625**	**369353**	**475787**	**198485**	**297289**	**954287**	**1621957**	**559763**	**80741**	**490904**
77791	199547	870543	325814	392370	152359	270653	863786	1194337	378121	58925	362451
8311	26441	173082	43539	83417	46126	26636	90501	427620	181642	21816	128453
9349	51772	196474	43203	88305	64966	30670	120863	402440	204048	24018	132170
4340	31649	84054	21745	43441	18868	15915	74109	127990	79103	7525	53735
5009	20123	112420	21458	44864	46098	14755	46754	274450	124945	16493	78435
7140	27222	144791	52258	91883	650	30114	1118032	287346	102697	9334	91662
3838	20904	84129	30177	53330	622	18233	68056	134176	46000	4011	41644
3302	6318	60662	22081	38553	28	11881	43747	153170	56697	5323	50018
60548	71577	448619	107517	213168	127934	166223	409577	468880	166491	28119	198524
9065	75417	253741	166375	82431	4935	70282	312044	463291	86527	19270	68548
21148	**108819**	**541210**	**239359**	**271696**	**30155**	**69935**	**325598**	**772910**	**263375**	**41314**	**287260**
20166	96838	480401	211297	248567	20537	58510	281944	450786	208612	38952	275896
982	11981	60859	28062	23129	9618	11425	34654	262124	54763	2662	11364
3605	34062	87833	23225	38972	25636	19179	89425	327740	147419	30671	191821
2998	30550	56469	16458	24043	16018	11776	60163	151625	101025	28674	186607

区县名称	实			有			树
	总 计	乔 木					灌
		合计	常绿乔木		落叶乔木		合计
			小计	其中:侧柏	小计	其中:国槐	
甲	1=2+7+10	2	3	4	5	6	7
市属	80750	45267	32512	10808	12755	1141	4119
2. 道路	191895	27241	3767	41	23474	8592	34390
区属	149330	23015	2735	41	20280	7212	25546
市属	42565	4226	1032		3194	1380	8844
3. 单位专用(区属)	232069	24043	7765	1028	16278	708	27766
4. 居住区(区属)	198079	25082	3622	796	21460	2911	30144
宣武区	**997504**	**115348**	**36401**	**5318**	**78947**	**15567**	**320991**
区属	863957	100206	27734	4526	72472	15064	293276
市属	133547	15142	8667	792	6475	503	27715
1. 公共绿地	293682	27735	13822	1002	13913	1601	86060
区属	166183	14863	5748	210	9115	1279	61135
市属	127499	12872	8074	792	4798	322	24925
2. 道路	177501	25603	3316	665	22287	9988	60759
区属	171453	23333	2723	665	20610	9807	57969
市属	6048	2270	593		1677	181	2790
3. 单位专用(区属)	402108	37045	14763	3521	22282	2137	134538
4. 居住区(区属)	124213	24965	4500	130	20465	1841	39634
朝阳区	**7262230**	**2431941**	**382507**	**63943**	**2049434**	**138785**	**1421639**
区属	6346945	2214186	344211	62367	1869975	118450	1268563
市属	915285	217755	38296	1576	179459	20335	153076
1. 公共绿地	1072946	346256	51781	9297	294475	15453	294938
区属	1020045	340937	49657	9297	291280	15163	286091
市属	52901	5319	2124		3195	290	8847
2. 道路	2009875	936650	76288	5821	860362	56570	232252
区属	1147491	724214	40116	4245	684098	36525	88023
市属	862384	212436	36172	1576	176264	20045	144229
3. 单位专用(区属)	2544500	473237	186294	39954	286943	25732	623586
4. 居住区(区属)	955072	130764	37163	2643	93601	15993	205222
5. 片林(区属)	679837	545034	30981	6228	514053	25037	65641

续表一

木		（株）				实有绿篱		实有草坪（平方米）		实有宿根花卉	
木		其它									
常绿灌木	落叶灌木	合计	月季	攀缘	竹子	长度（米）	数量（株）	数量	其中：冷季型	面积（平方米）	数量（株）
8	9	10	11	12	13	14	15	16	17	18	19
607	3512	31364	6767	14929	9618	7409	29262	176115	46394	1997	5214
7244	27146	130264	73339	56925		9315	33603	179444	59902	4272	45633
6869	18677	100769	52044	48725		5299	19211	93435	51533	3607	39483
375	8469	29495	21295	8200		4016	14392	86009	8369	665	6150
5926	21840	180260	48059	127766	4435	30854	159074	109975	16404	3061	21758
4373	25771	142853	94736	48033	84	10587	43496	95751	39650	3310	28048
125615	**195376**	**561165**	**158743**	**315273**	**87149**	**74513**	**418716**	**799372**	**253570**	**35753**	**227009**
114705	178571	470475	149499	304104	16872	66276	379823	615614	185632	34964	220036
10910	16805	90690	9244	11169	70277	8267	38893	183756	67938	789	6973
37114	48946	179887	39348	57662	82877	9047	44053	331197	139088	11188	62397
26422	34713	90185	30890	46695	12600	6732	26706	184003	71588	10955	60047
10692	14233	89702	8458	10967	70277	2315	17347	147194	67500	233	2350
2723	58036	91139	25862	65267	10	19908	139094	172519	58893	5604	134704
2505	55464	90151	25076	65065	10	13966	117548	135955	58455	5048	130081
218	2572	988	786	202		5952	21546	36564	438	556	4623
80606	53932	230525	71189	156127	3209	29810	192762	142587	13960	5253	19966
5172	34462	59614	22344	36217	1053	15748	42807	153069	41629	13708	9942
411000	**1010639**	**3408650**	**1767532**	**1493030**	**148088**	**1078718**	**4540320**	**6915351**	**1848352**	**261817**	**1298248**
375561	893002	2864196	1480417	1243069	140710	1014064	3804864	5976474	1443968	240199	1087642
35439	117637	544454	287115	249961	7378	64654	735456	938877	404384	21618	210606
54321	240617	431752	320299	46221	65232	19420	104453	1237077	402524	25320	135003
49451	236640	393017	291250	43163	58604	16950	91453	1103263	393950	21522	107673
4870	3977	38735	29049	3058	6628	2470	13000	133814	8574	3798	27330
49419	182833	840973	395166	444989	818	93898	901501	1097962	456123	27748	264837
18850	69173	335254	137100	198086	68	31714	179045	292899	60313	9928	81561
30569	113660	505719	258066	246903	750	62184	722456	805063	395810	17820	183276
250349	373237	1447677	610381	771519	65777	825070	2826259	3436917	751087	164697	561144
48112	157110	619086	373024	229801	16261	140330	708107	1082395	238618	42502	335074
8799	56842	69162	68662	500				61000		1550	2190

区县名称	实			有			树
	总计	乔木					灌
		合计	常绿乔木		落叶乔木		合计
			小计	其中:侧柏	小计	其中:国槐	
甲	1=2+7+10	2	3	4	5	6	7
海淀区	**8507543**	**2065994**	**682871**	**197657**	**1383123**	**237842**	**1939681**
区属	5865453	1794452	543972	118479	1250480	226898	1482854
市属	2642090	271542	138899	79178	132643	10944	456827
1. 公共绿地	2721759	397490	174401	84020	223089	7493	471161
区属	346481	158229	42723	4989	115506	4251	68906
市属	2375278	239261	131678	79031	107583	3242	402255
2. 道路	1096591	379581	41532	4807	338049	154435	172918
区属	829779	347300	34311	4660	312989	146733	118346
市属	266812	32281	7221	147	25060	7702	54572
3. 单位专用(区属)	3704413	856102	375518	94746	480584	34641	1091522
4. 居住区(区属)	651320	117435	30548	4304	86887	10318	194706
5. 片林(区属)	333460	315386	60872	9780	254514	30955	9374
6. 放射线(区属)	(194207)	含在道路中					
丰台区	**6439095**	**2060437**	**666488**	**398901**	**1393949**	**130257**	**1234648**
区属	6196864	2035984	661326	398301	1374658	126579	1200101
市属	242231	24453	5162	600	19291	3678	34547
1. 公共绿地	1438939	799111	347044	308625	452067	11885	303972
2. 道路	1809473	276097	56578	14736	219519	46681	220930
区属	1688336	264653	54964	14407	209689	44956	211990
市属	121137	11444	1614	329	9830	1725	8940
3. 单位专用	2191546	615498	191525	66751	423973	39259	564135
4. 居住区	693433	132647	28574	2302	104073	13117	125291
区属	572339	119638	25026	2031	94612	11164	99684
市属	121094	13009	3548	271	9461	1953	25607
5. 片林	305704	237084	42767	6487	194317	19315	20320
石景山区	**3407151**	**1516686**	**839692**	**420482**	**676994**	**28454**	**934897**
区属	3398194	1510967	835144	417036	675823	28440	933984
市属	8957	5719	4548	3446	1171	14	913

续表

木	（株）					实有绿篱		实有草坪（平方米）		实有宿根花卉	
木		其它									
常绿灌木	落叶灌木	合计	月季	攀缘	竹子	长度（米）	数量（株）	数量	其中：冷季型	面积（平方米）	数量（株）
8	9	10	11	12	13	14	15	16	17	18	19
697090	**1242591**	**4501868**	**1346434**	**1396356**	**1759078**	**1204289**	**5081207**	**9952671**	**3060420**	**360654**	**1955685**
638426	844428	2588147	1188973	1005861	393313	1181169	4934029	8034264	2243881	257209	1612341
58664	398163	1913721	157461	390495	1365765	23120	147178	1918408	816539	103445	343344
49282	421879	1853108	142732	347292	1363084	11017	67127	2034502	727342	162228	1066142
2597	66309	119346	67313	16873	35160	4765	27313	430364	37997	63396	769305
46685	355570	1733762	75419	330419	1327924	6252	39814	1604138	689345	98832	296837
40757	132161	544092	256502	225084	62506	46462	260938	1194453	326128	14854	163989
28778	89568	364133	174460	165008	24665	29594	153574	880184	198934	10241	117482
11979	42593	179959	82042	60076	37841	16868	107364	314269	127194	4613	46507
551081	540441	1756789	765836	674074	316879	1074846	4405370	5560825	1776800	169843	653463
54950	139756	339179	172664	149906	16609	71964	347772	1127331	230148	13729	72091
1020	8354	8700	8700					35560			
406119	**828529**	**3144010**	**1541854**	**1164578**	**437578**	**1566919**	**4150510**	**5118385**	**1107113**	**179674**	**1636816**
398164	801937	2960779	1459236	1064286	437257	816042	3926416	4729124	924155	171830	1563506
7955	26592	183231	82618	100292	321	27291	224094	389261	182958	7844	73310
30233	273739	335856	154751	46224	134881	93553	140276	678948	209842	38101	640144
28643	192287	1312446	751924	309421	251101	1007451	615133	1135827	290410	61747	743321
28100	183890	1211693	708163	252430	251100	83163	402433	976167	181543	57968	709685
543	8397	100753	43761	56991	1	24288	212700	159660	108867	3779	33636
319178	244957	1011913	426082	542361	43470	544936	2595092	1983605	435259	50465	168287
28065	97226	455495	193497	253872	8126	92543	780609	1320005	171602	29361	85064
20653	79031	373017	154640	210571	7806	89540	769215	1090404	97511	25296	45390
7412	18195	82478	38857	43301	320	3003	11394	229601	74091	4065	39674
	20320	48300	35600	12700		4850	19400				
294710	**640187**	**955568**	**442220**	**416756**	**96592**	**295194**	**1656031**	**2124708**	**459523**	**88433**	**370234**
294540	639444	953243	441974	414711	96558	965034	1655031	2099533	459523	87941	368694
170	743	2325	246	2045	34	160	1000	25175		492	1540

区县名称	实有树						
	总计	乔木					灌
		合计	常绿乔木		落叶乔木		合计
			小计	其中:侧柏	小计	其中:国槐	
甲	1=2+7+10	2	3	4	5	6	7
1. 公共绿地	949171	683737	374652	212910	309085	3106	167854
区属	949171	683737	374652	212910	309085	3106	167854
2. 道路	96617	52089	18632	15323	33457	8250	18404
区属	87660	46370	14084	11877	32286	8236	17491
市属	8957	5719	4548	3446	1171	14	913
3. 单位专用(区属)	1828135	569391	314181	108426	255210	10583	561974
4. 居住区(区属)	306129	42325	12998	1306	29327	3954	135310
5. 片林(区属)	227099	169144	119229	82517	49915	2561	51355
门头沟区	**764317**	**191852**	**78308**	**34389**	**113544**	**9526**	**489330**
1. 公共绿地	42757	32502	10926	5723	21576	2674	6902
2. 道路绿化	22556	13105	3411	785	9694	1106	4434
3. 单位专用绿地	667664	121491	62286	26815	59205	4029	475152
4. 居住区平房	22383	20186	269	180	19917	1468	1302
楼房	18957	4568	1416	886	3152	249	1540
房山县	**1552289**	**593725**	**201347**	**128419**	**392378**	**28596**	**310986**
1. 公共绿地	69832	47367	20661	15882	26706	598	12780
2. 道路绿化	128133	68401	13387	6355	55014	10942	14199
3. 单位专用绿地	1219498	445078	159021	103501	286057	11785	267468
4. 居住区平房	3596	2008	647	267	1361	285	790
楼房	131230	30871	7631	2414	23240	4986	15749
通县	**2277738**	**1065486**	**160959**	**51121**	**904527**	**102180**	**456413**
1. 公共绿地	445228	304312	34419	24033	269893	12357	116235
2. 道路绿化	301688	85413	36133	133	49280	6341	84123
3. 单位专用绿地	665992	186210	62393	14182	123817	67073	226778
4. 居住区平房	844202	483836	24746	11531	459090	15950	21387
楼房	20628	5715	3268	1242	2447	459	7890
昌平县	**525436**	**205142**	**69503**	**41013**	**135639**	**20343**	**154777**
1. 公共绿地	205478	96070	19003	9423	77067	6309	54824
2. 道路绿化	77521	21166	4669	650	16497	3607	15030

续表三

木		（株）				实有绿篱		实有草坪（平方米）		实有宿根花卉	
木		其它									
常绿灌木	落叶灌木	合计	月季	攀缘	竹子	长度（米）	数量（株）	数量	其中：冷季型	面积（平方米）	数量（株）
8	9	10	11	12	13	14	15	16	17	18	19
13908	153946	97580	42878	21176	33526	27111	92305	380316	48116	22134	100175
13908	153946	97580	42878	21176	33526	27111	92305	380316	48116	22134	100175
4696	13708	26124	3959	22081	84	7903	32678	81039	44	1941	14166
4526	12965	23799	3713	20036	50	7743	31678	55864	44	1449	12626
170	743	2325	246	2045	34	160	1000	25175		492	1540
250960	311014	696770	334642	301304	60784	218329	1308712	1140613	273802	52850	175985
8085	127225	128494	58841	67455	2198	41706	221901	465040	137561	11508	79908
17061	34294	6600	1900	4700		145	435	57700			
36433	**452897**	**83135**	**55567**	**23238**	**4330**	**31419**	**152318**	**222105**	**3080**	**13864**	**17836**
640	6262	3353	2563	790		965	2277	70203		4411	7155
1049	3385	5017	2715	302	2000	4979	22700	27240			
34229	440923	71021	47134	21567	2320	22440	119220	111082	3080	9453	10681
96	1206	895	799	90	6		2	850			
419	1121	2849	2356	489	4	3035	8119	12730			
61017	**249969**	**647578**	**182002**	**451764**	**13812**	**383428**	**1587689**	**1306281**	**196667**	**49411**	**87320**
3859	8921	9685	5396	3384	905	8544	33210	86662		605	5326
3369	10830	45533	15112	30421		21526	20963	46013		50	2896
50508	216960	506952	152039	342008	12905	301595	1363652	964717	82378	46783	67764
314	476	798	770	28		1247	16684	1843	1843	75	872
2967	12782	84610	8685	75923	2	50516	153180	207046	112446	1898	10462
189758	266655	755839	346856	397552	11431	134128	817358	860525	112382	40071	103216
74098	42137	24681	16211	7631	839	9201	35866	90576	17328	6228	12373
18547	65576	132152	123292	8153	707	17935	113273	153427		30	765
87891	138887	253004	129880	113239	9885	97066	637163	474738	95054	31300	82726
8181	13206	338979	70979	268000		1729	7616	26000			
1041	6849	7023	6494	529		8197	23380	115784		2513	7352
48471	**106306**	**165517**	**124828**	**20035**	**20654**	**39864**	**223274**	**338577**	**24915**	**19915**	**13813**
8022	46802	54584	42088	876	11620	3186	19668	59851	2000	4486	7078
2119	12911	41325	41324	1		12857	70118	90524	11024		

区县名称	实	有				树	
	总计	乔木					灌
		合计	常绿乔木		落叶乔木		合计
			小计	其中:侧柏	小计	其中:国槐	
甲	1=2+7+10	2	3	4	5	6	7
3. 单位专用绿地	213424	74809	41356	29605	33453	9560	71937
4. 居住区平房							
楼房	29013	13097	4475	1335	8622	867	12986
大兴县	**880143**	**251259**	**96376**	**10970**	**154883**	**25804**	**349752**
1. 公共绿地	113639	28680	6696	1267	21984	1132	31786
2. 道路绿化	179124	27433	3920	499	23513	13883	147906
3. 单位专用绿地	469181	154321	69476	8569	84845	8368	129991
4. 居住区平房	17224	15224			15224	540	2000
楼房	100975	25601	16284	635	9317	1881	38069
平谷县	**151701**	**71412**	**13849**	**2642**	**57563**	**7107**	**23373**
1. 公共绿地	35633	26820	897	4	25933	1803	2951
2. 道路绿化	49885	17903	4819	695	13084	3935	12059
3. 单位专用绿地	55391	18100	7263	1649	10837	818	7303
4. 居住区平房	5909	5819	229	116	5590	87	41
楼房	4883	2770	641	178	2129	464	1019
怀柔县	**423746**	**162809**	**80601**	**51566**	**82208**	**26244**	**45662**
1. 公共绿地	118990	86894	35481	25153	51413	22733	9909
2. 道路绿化	123243	25442	9666	330	15776	2346	7314
3. 单位专用绿地	166660	42593	28835	23334	13758	1003	23855
4. 居住区平房							
楼房	14853	7880	6619	2749	1261	162	4584
顺义县	**859718**	**296581**	**41811**	**5966**	**254770**	**16128**	**187369**
1. 公共绿地	180692	125997	3052	436	122945	899	33631
2. 道路绿化	234254	58990	9986	170	49004	9114	44069
3. 单位专用绿地	257182	49766	26020	4900	23746	1940	88517
4. 居住区平房	64556	53289	475	442	52814	1446	3677
楼房	123034	8539	2278	18	6261	2729	17475

续表四

木		（株）				实有绿篱		实有草坪（平方米）		实有宿根花卉	
木		其它									
常绿灌木	落叶灌木	合计	月季	攀缘	竹子	长度（米）	数量（株）	数量	其中：冷季型	面积（平方米）	数量（株）
8	9	10	11	12	13	14	15	16	17	18	19
36904	35033	66678	38566	19078	9034	21841	126988	160092		6733	5398
1426	11560	2930	2850	80		1980	6500	28110	11891	8696	1337
71842	**277910**	**279132**	**205436**	**60856**	**12840**	**213531**	**778120**	**732514**	**131334**	**18441**	**137429**
5562	26224	53173	46509	6075	589	8435	66161	155246	31091	3967	37535
988	146918	3785	3593	192		2095	18922	156			
57944	72047	184869	128672	44837	11360	184772	561497	442072	98043	8438	52525
2000											
5348	32721	37305	26662	9752	891	18229	131540	135040	2200	6036	47369
10610	**12763**	**56916**	**43513**	**11432**	**1971**	**54311**	**405707**	**139796**	**11957**	**6048**	**14587**
110	2841	5862	3979	1164	719	1857	14057	45298		3294	7650
7684	4375	19923	17501	2091	331	19299	155171	58428	727	350	1513
2553	4750	29988	21289	7778	921	31646	225763	31084	11230	2388	5325
1	40	49	43	6							
262	757	1094	701	393		1509	10716	4986		16	99
20449	**25213**	**215275**	**153395**	**37147**	**24733**	**39720**	**405868**	**427551**	**18149**	**16218**	**47118**
3711	6198	22187	16301	500	5386	5898	55560	189123		1046	3919
657	6657	90487	88525	1839	123	12328	132419	128488		47	332
15835	8020	100212	46743	34245	19224	19864	201663	88428	18149	14976	42639
246	4338	2389	1826	563		1630	16226	21512		149	228
73779	**113590**	**375768**	**269075**	**73821**	**32872**	**66787**	**404699**	**917910**	**507466**	**32031**	**204734**
9530	24101	21064	15478	4386	1200	1477	8862	164000	71000	215	1140
24358	19711	131195	121439	5356	4400	6591	39995	231881	4400	12122	118763
39029	49488	118899	69995	34950	13954	33293	218748	252571	200701	15535	68198
	3677	7590	7350	66	174					3153	6556
862	16613	97020	54813	29063	13144	25426	137094	269458	231365	1006	10077

区县名称	实						有 树
	总 计	乔 木					灌
		合计	常绿乔木		落叶乔木		合计
			小计	其中:侧柏	小计	其中:国槐	
甲	1=2+7+10	2	3	4	5	6	7
密云县	**629115**	**126374**	**32836**	**6495**	**93538**	**5698**	**89970**
1. 公共绿地	31664	13134	2425	540	10709	97	17285
2. 道路绿化	68054	51767	7409	2822	44358	2682	16015
3. 单位专用绿地	507492	55777	22113	2968	33664	2234	49638
4. 居住区平房	6035	3495	70	40	3425	521	305
楼房	15870	2201	819	125	1382	164	6727
延庆县	**317233**	**215381**	**41502**	**24029**	**173879**	**5640**	**61556**
1. 公共绿地	102741	92839	1379	57	91460	179	2752
2. 道路绿化	115927	80110	9609	739	70501	4558	26517
3. 单位专用绿地	93414	39161	29498	23038	9663	723	30766
4. 居住区平房	1034	1033			1033		1
楼房	4117	2238	1016	195	1222	180	1520

续表五

木		（株）				实有绿篱		实有草坪（平方米）		实有宿根花卉	
木		其它									
常绿灌木	落叶灌木	合计	月季	攀缘	竹子	长度（米）	数量（株）	数量	其中：冷季型	面积（平方米）	数量（株）
8	9	10	11	12	13	14	15	16	17	18	19
36324	**53646**	**412771**	**406289**	**4883**	**1599**	**13023**	**79915**	**399453**		**7160**	**37343**
855	16430	1245	1130	115		1284	8917	231781		2021	7924
3540	12475	272		272		761	6782	41225			
27899	21739	402077	397247	4031	799	7553	43345	105942		2942	17625
1	304	2235	2123	112						1034	1000
4029	2698	6942	5789	353	800	3425	20871	20505		1163	10794
28458	**33098**	**40296**	**26391**	**13905**		**14677**	**125440**	**188821**	**67821**	**6928**	**12648**
440	2312	7150	1650	5500		552	3312	37224	17000	1057	3310
2435	24082	9300	8150	1150		4670	59053	50421	50421		
25144	5622	23487	16382	7105		9021	60471	84905	400	5871	9338
	1										
439	1081	359	209	150		434	2604	16271			

树种	合 计			东城区			西城区			崇文区		
	合计	一级	二级	合计	一级	二级	合计	一级	二级	合计	一级	二级
合　计	**20612**	**3458**	**17154**	**3092**	**1101**	**1991**	**1768**	**141**	**1627**	**3662**	**1178**	**2484**
侧　柏	12153	1934	10219	1581	853	728	502	50	452	2348	663	1685
桧　柏	3681	882	2799	466	177	289	342	16	326	1196	490	706
白皮松	550	105	445	48	9	39	38	8	30			
油　松	1287	159	1128	29	1	28	39	1	38	1	1	
国　槐	2002	283	1719	522	45	477	631	49	582	73	20	53
榆　树	229	3	226	119	1	118	67		67	6	1	5
枣　树	259	10	249	183	4	179	40	3	37	15		15
卫　茅	20	1	19	11	1	10	7		7	2		2
楸　树	107	18	89	38	6	32	35	7	28	2		2
皂　角	14	1	13	3	1	2	1		1			
龙爪槐	6	1	5	4	1	3	2		2			
小叶椴	3	2	1	2	2		1		1			
银　杏	203	46	157	56		56	49	6	43	13	1	12
黄金树	6		6	5		5	1		1			
黑　枣	3		3	2		2						
七叶树	5	2	3	1		1						
小叶朴	3		3	3		3						
元宝枫	2		2	1		1						
楝　树	6		6	3		3	1		1			
紫　藤	4	1	3	1		1						
桑　树	19	1	18	5		5	1		1	1		1
酸　枣	9	2	7	3		3	5	1	4	1	1	
朴　树	2		2				1		1			

绿化实有古树总表

单位:株

宣武区			朝阳区			海淀区			丰台区			石景山区		
合计	一级	二级	合计	一级	二级	合计	一级	二级	合计	一级	二级	合计	一级	二级
485	**166**	**319**	**333**	**45**	**288**	**9918**	**702**	**9216**	**47**	**4**	**43**	**1307**	**121**	**1186**
182	72	110	168	21	147	6391	228	6163	2		2	979	47	932
72	21	51	105	16	89	1373	139	1234	2	1	1	125	22	103
3	1	2	3		3	420	69	351				38	18	20
1		1	4		4	1131	154	977	2		2	80	2	78
188	62	126	45	7	38	449	83	366	34	3	31	60	14	46
9		9	1		1	24	1	23	3		3			
12	3	9	2		2	7		7						
3	1	2	1		1	26	4	22				2		2
						8		8	2		2			
6	2	4	1	1		56	19	37	2		2	20	17	3
												1		1
						4	2	2						
						1		1						
						1		1			1		1	
1	1					2		2						
			2		2	10	1	9						
						1		1						

树种	合 计			东城区			西城区			崇文区		
	合计	一级	二级	合计	一级	二级	合计	一级	二级	合计	一级	二级
麻 栎	2		2									
园 柏	2		2									
苦 楝	3		3				1		1			
西府海棠	2		2				2		2			
长山核桃	2		2				2		2			
槐柏合抱	1	1								1	1	
水 杉	3		3							3		3
蝴蝶槐	1	1										
龙爪枣	1	1										
海 棠	1	1										
文冠果	2		2									
构 树	1		1									
核 桃	1		1									
黄连木	1	1										
腊 梅	1	1										
紫二乔玉兰	1	1										
白玉兰	2		2									
君迁子	1		1									
杜 梨	1		1									
毛白杨	3		3									
云 杉	6		6	6		6						
流 苏	1		1									

绿化实有古树总表

单位:株

宣武区			朝阳区			海淀区			丰台区			石景山区		
合计	一级	二级	合计	一级	二级	合计	一级	二级	合计	一级	二级	合计	一级	二级
						2		2						
						2		2						
2		2												
1	1													
1	1													
1	1													
2		2												
			1		1									
1		1												
												1	1	
						1	1							
						1	1							
						2		2						
						1		1						
						1		1						
						3		3						
						1		1						

北京动物园实有

动物分类	年初实有数				变			
	总数		展出数		国外赠送		国内输入	
	种	只	种	只	种	只	种	只
总　　计	644	6165	640	6137	1	1	178	2782
哺乳类合计	153	674	150	659	1	1	15	40
灵 长 目	39	222	37	210			2	8
有 袋 目	4	16	4	16				
食 肉 目	41	135	41	135	1	1	6	17
偶 蹄 目	45	225	44	222			3	8
奇 蹄 目	10	40	10	40			1	1
长 鼻 目	2	6	2	6			1	1
啮 齿 目	10	25	10	25				
鳞 甲 目							1	4
食 虫 目	1	4	1	4			1	1
树 鼩 目	1	1	1	1				
鸟　　类	263	4618	262	4605			38	340
两栖爬行类	70	873	70	873			52	2402
鱼　　类	158	4998	158	4998			73	876

备　　注　　统计表中各项总数包括鱼类种数，不包括鱼类只数。

动物情况总表

动 情 况										年底实有数			
国外输出		国内输出		繁 殖		淘 汰		死 亡		总 数		展出数	
种	只	种	只	种	只	种	只	种	只	种	只	种	只
1	2	99	1310	148	2375	2	512	392	3455	644	6044	636	6006
1	2	16	51	47	164			58	114	148	712	142	687
		2	13	9	21			10	20	38	218	33	206
				1	1			2	4	4	13	4	13
1	2	5	16	11	29			17	23	40	141	40	141
		6	15	21	84			20	51	44	251	43	238
		3	7	4	14			1	1	10	47	10	47
										2	7	2	7
				1	15			6	8	8	32	8	32
								1	4				
								1	3	1	2	1	2
										1	1	1	1
		30	1257	56	2211	2	512	146	867	262	4533	260	4520
		1	2					54	2474	72	799	72	799
		52	5446	45	4009			134	1035	162	3402	162	3400

北京市城市园

区县名称	行政区面积	建成区面积	建成区人口	人均绿地面积
	(公顷)	(公顷)	(万人)	(平米/人)
东城区	2538	2538	64.27	9.36

项目分类	调查总面积(公顷)			建成区园林绿地								
				个数			面积(公顷)			树木(株)		
	合计	区属	市属	合计	区属	市属	合计	区属	市属	合计	区属	市属
甲	1	2	3	4	5	6	7	8	9	10	11	12
合计	**2537.53**	**2359.42**	**178.11**	**1457**	**1411**	**46**	**601.43**	**512.90**	**88.53**	**1074227**	**861869**	**212358**
一、公共绿地	**158.39**	**117.85**	**40.54**	**38**	**21**	**17**	**158.39**	**117.85**	**40.54**	**196413**	**95018**	**101395**
1、公园	128.16	99.84	28.32	7	5	2	128.16	99.84	28.32	156953	72580	84373
2、街头绿地	19.96	7.74	12.22	26	11	15	19.96	7.74	12.22	37583	20561	17022
3、居住区花园	0.11	0.11		1	1		0.11	0.11		122	122	
4、开放单位	10.16	10.16		4	4		10.16	10.16		1755	1755	
二、道路绿化	**356.04**	**218.47**	**137.57**	**489**	**460**	**29**	**118.32**	**70.33**	**47.99**	**257134**	**146171**	**110963**
1、道路	266.69	130.47	136.22	82	53	29	84.84	38.90	45.94	218793	111448	107345
2、河岸	8.05	6.70	1.35	1	1		4.79	2.74	2.05	18462	14844	3618
3、街巷	81.30	81.30		406	406		28.69	28.69		19879	19879	
4、片林												
5、放射线												
三、单位专用绿地	**777.43**	**777.43**		**621**	**621**		**152.12**	**152.12**		**441789**	**441789**	
1、工厂	122.25	122.25		75	75		20.85	20.85		75129	75129	
2、机关	234.71	234.71		259	259		37.57	37.57		100542	100542	
3、学校	94.44	94.44		163	163		12.52	12.52		39509	39509	
4、部队	98.51	98.51		28	28		30.90	30.90		125832	125832	
5、医院	56.28	56.28		24	24		12.07	12.07		45043	45043	
6、宾馆	43.83	43.83		35	35		4.72	4.72		39023	39023	
7、使馆	15.80	15.80		1	1		8.04	8.04		2535	2535	
8、公共场所	101.79	101.79		14	14		25.17	25.17		13787	13787	
9、单位开放												
10、仓库	0.17	0.17										
11、其他	9.65	9.65		22	22		0.28	0.28		389	389	
四、居住区绿地	**1245.67**	**1245.67**		**309**	**309**		**172.60**	**172.60**		**178891**	**178891**	
1、楼房居住区	134.17	134.17		65	65		30.37	30.37		135377	135377	
2、平房居住区	1111.50	1111.50		244	244		142.23	142.23		43514	43514	
五、生产专用绿地												

林绿化普查总表

人均公共绿地面积	绿地率	实有古树	市树	市花
（平米/人）	（%）	（株）	（株）	（株）
2.46	23.70	3092	33424	323392

绿化覆盖面积（公顷）			绿化覆盖率（%）			实有草坪（平方米）			宿根花卉（株）		
合计	区属	市属	合计	区属	市属	合计	区属	市属	合计	区属	市属
13	14	15	16	17	18	19	20	21	22	23	24
689.32	**599.51**	**89.81**	**27.16**			**833205**	**535309**	**297896**	**373422**	**261425**	**111997**
111.43	**76.97**	**34.46**	**70.35**	**65.30**	**85.00**	**317087**	**189137**	**127950**	**122490**	**82604**	**39886**
85.50	63.26	22.24	66.72	63.36	78.54	226969	163053	63916	84264	77941	6323
19.96	7.74	12.22	100.00	100.00	100.00	86818	22784	64034	37160	3597	33563
0.12	0.12		109.09	109.09							
5.85	5.85		57.61	57.61		3300	3300		1066	1066	
183.94	**128.59**	**55.35**	**51.66**	**58.86**	**40.24**	**213489**	**43543**	**169946**	**109826**	**37715**	**72111**
128.63	75.66	52.97	48.23	57.99	38.89	185396	37926	147470	107426	35315	72111
5.99	3.61	2.38	74.41	53.88	176.29	28093	5617	22476	2385	2385	
49.32	49.32		60.66	60.66					15	15	
196.76	**196.76**		**25.31**	**25.31**		**263886**	**263886**		**62676**	**62676**	
34.88	34.88		28.53	28.53		12973	12973		3960	3960	
49.02	49.02		20.89	20.89		63223	63223		17151	17151	
18.82	18.82		19.93	19.93		6195	6195		4594	4594	
37.27	37.27		37.83	37.83		141102	141102		12151	12151	
15.20	15.20		27.00	27.00		13921	13921		7181	7181	
5.60	5.60		12.77	12.77		21212	21212		16422	16422	
10.05	10.05		63.63	63.63							
25.44	25.44		24.99	24.99		5260	5260		1217	1217	
0.48	0.48		4.97	4.97							
197.19	**197.19**		**15.83**	**15.83**		**38743**	**38743**		**78430**	**78430**	
40.73	40.73		30.36	30.36		35967	35967		77575	77575	
156.46	156.46		14.08	14.08		2776	2776		855	855	

北京市城市园

区县名称	行政区面积	建成区面积	建成区人口	人均绿地面积
	(公顷)	(公顷)	(万人)	(平米/人)
西城区	3166	3166	79.16	9.63

项目分类	调查总面积(公顷)			建成区园林绿地								
				个数			面积(公顷)			树木(株)		
	合计	区属	市属	合计	区属	市属	合计	区属	市属	合计	区属	市属
甲	1	2	3	4	5	6	7	8	9	10	11	12
合计	**3166.00**	**2854.52**	**311.48**	**1433**	**1384**	**49**	**762.55**	**551.61**	**210.94**	**1602154**	**1352573**	**249581**
一、公共绿地	**277.26**	**112.31**	**164.95**	**29**	**16**	**13**	**277.26**	**112.31**	**164.95**	**302494**	**140036**	**162458**
1、公园	239.26	85.04	154.22	10	6	4	239.26	85.04	154.22	197704	65131	132573
2、街头绿地	25.21	14.48	10.73	16	7	9	25.21	14.48	10.73	97037	67152	29885
3、居住区花园												
4、开放单位	12.79	12.79		3	3		12.79	12.79		7753	7753	
二、道路绿化	**445.51**	**298.98**	**146.53**	**545**	**509**	**36**	**100.28**	**54.29**	**45.99**	**234224**	**147101**	**87123**
1、道路	391.01	245.83	145.18	170	135	35	91.02	45.54	45.48	209783	122824	86959
2、河岸	11.85	10.50	1.35	4	3	1	2.79	2.28	0.51	7173	7009	164
3、街巷	42.65	42.65		371	371		6.47	6.47		17268	17268	
4、片林												
5、放射线												
三、单位专用绿地	**940.38**	**940.38**		**709**	**709**		**199.77**	**199.77**		**656519**	**656519**	
1、工厂	111.81	111.81		104	104		13.62	13.62		31060	31060	
2、机关	344.87	344.87		262	262		100.31	100.31		310391	310391	
3、学校	202.60	202.60		197	197		37.37	37.37		129797	129797	
4、部队	62.84	62.84		32	32		19.47	19.47		84321	84321	
5、医院	39.90	39.90		24	24		10.37	10.37		61930	61930	
6、宾馆	21.42	21.42		32	32		1.95	1.95		8938	8938	
7、使馆												
8、公共场所	78.20	78.20		53	53		8.69	8.69		23501	23501	
9、单位开放												
10、仓库	4.34	4.34		4	4		0.36	0.36		191	191	
11、其他	74.40	74.40		1	1		7.63	7.63		6390	6390	
四、居住区绿地	**1502.85**	**1502.85**		**150**	**150**		**185.24**	**185.24**		**408917**	**408917**	
1、楼房居住区	406.85	406.85		140	140		97.08	97.08		348270	348270	
2、平房居住区	1096.00	1096.00		10	10		88.16	88.16		60647	60647	
五、生产专用绿地												

林绿化普查总表

人均公共绿地面积	绿地率	实有古树	市树	市花
（平米/人）	（%）	（株）	（株）	（株）
3.50	24.09	1768	46166	369353

绿化覆盖面积（公顷）			绿化覆盖率（%）			实有草坪（平方米）			宿根花卉（株）		
合计	区属	市属	合计	区属	市属	合计	区属	市属	合计	区属	市属
13	14	15	16	17	18	19	20	21	22	23	24
851.31	**684.68**	**166.63**	**26.89**			**1621957**	**1194338**	**427619**	**490904**	**362451**	**128453**
157.37	**58.51**	**98.86**	**56.76**	**52.09**	**59.93**	**402440**	**127991**	**274449**	**132170**	**53735**	**78435**
124.37	36.24	88.13	51.98	42.61	57.15	253493	30004	223489	60529	20032	40497
24.97	14.24	10.73	99.05	98.34	100.00	132936	81976	50960	68596	30658	37938
8.03	8.03		62.78	62.78		16011	16011		3045	3045	
194.55	**126.78**	**67.77**	**43.67**	**42.40**	**46.25**	**287346**	**134176**	**153170**	**91662**	**41644**	**50018**
173.23	106.16	67.07	44.30	43.18	46.20	277679	124509	153170	86852	36834	50018
5.58	4.88	0.70	47.09	46.48	51.85	3748	3748		3240	3240	
15.74	15.74		36.88	36.88		5919	5919		1570	1570	
256.89	**256.89**		**27.32**	**27.32**		**468880**	**468880**		**198524**	**198524**	
18.99	18.99		16.98	16.98		8533	8533		11243	11243	
116.01	116.01		33.64	33.64		190323	190323		144306	144306	
51.56	51.56		25.45	25.45		114994	114994		8846	8846	
24.66	24.66		39.24	39.24		88964	88964		10491	10491	
11.49	11.49		28.80	28.80		45202	45202		14660	14660	
3.28	3.28		15.31	15.31		6190	6190		3287	3287	
18.48	18.48		23.63	23.63		11824	11824		1691	1691	
0.56	0.56		12.67	12.67							
11.86	11.86		15.94	15.94		2850	2850		4000	4000	
242.50	**242.50**		**15.93**	**15.93**		**463291**	**463291**		**68548**	**68548**	
119.55	119.55		29.38	29.38		457954	457954		61527	61527	
122.95	122.95		11.02	11.02		5337	5337		7021	7021	

区县名称	行政区面积	建成区面积	建成区人口	人均绿地面积
	（公顷）	（公顷）	（万人）	（平米/人）
崇文区	1646	1646	43.30	12.31

项目分类	调查总面积（公顷）			建成区园林绿地								
				个数			面积（公顷）			树木（株）		
	合计	区属	市属	合计	区属	市属	合计	区属	市属	合计	区属	市属
甲	1	2	3	4	5	6	7	8	9	10	11	12
合计	**1646.00**	**1354.74**	**291.26**	**657**	**650**	**7**	**532.90**	**304.02**	**228.88**	**812995**	**689680**	**123315**
一、公共绿地	**324.57**	**114.34**	**210.23**	**9**	**8**	**1**	**324.57**	**114.34**	**210.23**	**190952**	**110202**	**80750**
1、公园	319.46	109.23	210.23	4	3	1	319.46	109.23	210.23	184405	103655	80750
2、街头绿地	5.11	5.11		5	5		5.11	5.11		6547	6547	
3、居住区花园												
4、开放单位												
二、道路绿化	**268.57**	**187.54**	**81.03**	**395**	**384**	**11**	**77.90**	**59.25**	**18.65**	**191895**	**149330**	**42565**
1、道路	168.53	133.17	35.36	44	38	6	55.00	43.96	11.04	141809	125674	16135
2、河岸	45.67		45.67	5		5	7.61		7.61	26430		26430
3、街巷	54.37	54.37		346	346		15.29	15.29		23656	23656	
4、片林												
5、放射线												
三、单位专用绿地	**343.66**	**343.66**		**216**	**216**		**60.30**	**60.30**		**232069**	**232069**	
1、工厂	104.65	104.65		67	67		9.48	9.48		40213	40213	
2、机关	81.06	81.06		35	35		20.88	20.88		38926	38926	
3、学校	67.91	67.91		61	61		11.61	11.61		83885	83885	
4、部队	13.79	13.79		8	8		4.08	4.08		7284	7284	
5、医院	12.69	12.69		7	7		2.88	2.88		16779	16779	
6、宾馆	3.78	3.78		5	5		0.39	0.39		1410	1410	
7、使馆												
8、公共场所	13.83	13.83		8	8		2.85	2.85		9661	9661	
9、单位开放	1.63	1.63		1	1		0.50	0.50		2562	2562	
10、仓库	16.65	16.65		1	1		4.30	4.30		21607	21607	
11、其他	27.67	27.67		23	23		3.33	3.33		9742	9742	
四、居住区绿地	**708.09**	**708.09**		**36**	**36**		**69.02**	**69.02**		**198079**	**198079**	
1、楼房居住区	84.86	84.86		29	29		26.94	26.94		172880	172880	
2、平房居住区	623.23	623.23		7	7		42.08	42.08		25199	25199	
五、生产专用绿地	**1.11**	**1.11**		**1**	**1**		**1.11**	**1.11**				

林绿化普查总表

人均公共绿地面积	绿地率	实有古树	市树	市花
（平米/人）	（%）	（株）	（株）	（株）
7.50	32.38	3662	27316	239359

绿化覆盖面积（公顷）			绿化覆盖率（%）			实有草坪（平方米）			宿根花卉（株）		
合计	区属	市属	合计	区属	市属	合计	区属	市属	合计	区属	市属
13	14	15	16	17	18	19	20	21	22	23	24
526.59	**315.40**	**211.19**	**31.99**			**712910**	**450787**	**262123**	**287260**	**275896**	**11364**
257.44	**68.71**	**188.73**	**79.32**	**60.09**	**90.30**	**327740**	**151626**	**176114**	**191821**	**186607**	**5214**
252.38	63.65	188.73	79.00	58.30	90.00	289606	113492	176114	191821	186607	5214
5.06	5.06		98.99	98.99		38134	38134				
121.84	**99.38**	**22.46**	**45.37**	**52.99**	**27.72**	**179444**	**93435**	**86009**	**45633**	**39483**	**6150**
83.90	72.55	11.35	50.69	54.48	32.10	115521	92623	22898	42918	37268	5650
11.11		11.11	24.33		24.33	63111		63111	500		500
26.83	26.83		49.35	49.35		812	812		2215	2215	
71.63	**71.63**		**20.80**	**20.80**		**109975**	**109975**		**21758**	**21758**	
11.95	11.95		11.40	11.40		5205	5205		4459	4459	
23.19	23.19		28.60	28.60		49345	49345		5958	5958	
16.25	16.25		23.94	23.94		12060	12060		5237	5237	
4.53	4.53		32.85	32.85		17943	17943		520	520	
2.99	2.99		23.56	23.56		5452	5452		2350	2350	
0.44	0.44		11.64	11.64		2120	2120		2794	2794	
3.05	3.05		22.05	22.05		4189	4189		520	520	
0.58	0.58		35.58	35.58		1230	1230		595	595	
4.55	4.55		27.30	27.30		8240	8240		1200	1200	
4.10	4.10		14.80	14.80		4191	4191		719	719	
74.57	**74.57**		**10.53**	**10.53**		**95751**	**95751**		**28048**	**28048**	
31.25	31.25		36.83	36.83		92070	92070		27133	27133	
43.32	43.32		6.95	6.95		3681	3681		915	915	
1.11	**1.11**		**100.00**	**100.00**							

区县名称	行政区面积	建成区面积	建成区人口	人均绿地面积
	(公顷)	(公顷)	(万人)	(平米/人)
宣武区	1653	1653	56.00	5.59

项目分类	调查总面积(公顷)			建成区园林绿地								
				个数			面积(公顷)			树木(株)		
	合计	区属	市属	合计	区属	市属	合计	区属	市属	合计	区属	市属
甲	1	2	3	4	5	6	7	8	9	10	11	12
合计	**1653.00**	**1554.20**	**98.80**	**1172**	**1166**	**6**	**312.80**	**241.04**	**71.76**	**997504**	**863957**	**133547**
一、公共绿地	**105.46**	**46.17**	**59.29**	**26**	**24**	**2**	**105.46**	**46.17**	**59.29**	**293682**	**166183**	**127499**
1、公园	83.71	24.65	59.06	4	3	1	83.71	24.65	59.06	168613	41571	127042
2、街头绿地	21.75	21.52	0.23	22	21	1	21.75	21.52	0.23	125069	124612	457
3、居住区花园												
4、开放单位												
二、道路绿化	**280.59**	**241.08**	**39.51**	**391**	**387**	**4**	**64.64**	**52.17**	**12.47**	**177501**	**171453**	**6048**
1、道路	181.67	158.36	23.31	46	43	3	38.69	28.54	10.15	139673	134408	5265
2、河岸	34.68	18.48	16.20	3	2	1	10.84	8.52	2.32	12234	11451	783
3、街巷	64.24	64.24		342	342		15.11	15.11		25594	25594	
4、片林												
5、放射线												
三、单位专用绿地	**581.11**	**581.11**		**441**	**441**		**87.25**	**87.25**		**402108**	**402108**	
1、工厂	200.52	200.52		101	101		30.26	30.26		143839	143839	
2、机关	106.85	106.85		116	116		13.51	13.51		93307	93307	
3、学校	109.39	109.39		161	161		21.26	21.26		51776	51776	
4、部队	2.51	2.51		5	5		0.33	0.33		1276	1276	
5、医院	24.11	24.11		10	10		4.42	4.42		30275	30275	
6、宾馆	9.01	9.01		15	15		1.22	1.22		10588	10588	
7、使馆												
8、公共场所	37.77	37.77		18	18		6.13	6.13		47869	47869	
9、单位开放												
10、仓库	90.95	90.95		15	15		10.12	10.12		23178	23178	
11、其他												
四、居住区绿地	**685.84**	**685.84**		**314**	**314**		**55.45**	**55.45**		**124213**	**124213**	
1、楼房居住区	120.30	120.30		66	66		35.19	35.19		107738	107738	
2、平房居住区	565.54	565.54		248	248		20.26	20.26		16475	16475	
五、生产专用绿地												

林绿化普查总表

人均公共绿地面积	绿地率	实有古树	市树	市花
（平米/人）	（%）	（株）	（株）	（株）
1.88	18.92	485	20885	158743

绿化覆盖面积（公顷）			绿化覆盖率（%）			实有草坪（平方米）			宿根花卉（株）		
合计	区属	市属	合计	区属	市属	合计	区属	市属	合计	区属	市属
13	14	15	16	17	18	19	20	21	22	23	24
406.20	**347.99**	**58.21**	**24.57**			**799372**	**615616**	**183756**	**227009**	**220033**	**6976**
80.36	**39.21**	**41.15**	**76.20**	**84.90**	**69.40**	**331197**	**184004**	**147193**	**62397**	**60044**	**2353**
59.04	18.13	40.91	70.53	73.54	69.26	198620	52900	145720	28880	26527	2353
21.32	21.08	0.24	98.02	97.95	104.34	132577	131104	1473	33517	33517	
96.66	**79.60**	**17.06**	**34.45**	**33.00**	**43.20**	**172519**	**135956**	**36563**	**134704**	**130081**	**4623**
48.98	38.52	10.46	26.96	24.32	44.91	97889	61326	36563	128487	123864	4623
16.08	9.48	6.60	46.36	51.29	40.74	68672	68672		6100	6100	
31.60	31.60		49.18	49.18		5958	5958		117	117	
151.36	**151.36**		**26.04**	**26.04**		**142587**	**142587**		**19966**	**19966**	
60.92	60.92		30.38	30.38		31509	31509		5313	5313	
19.66	19.66		18.39	18.39		24058	24058		5281	5281	
38.73	38.73		35.40	35.40		25413	25413		2536	2536	
0.49	0.49		19.52	19.52		45	45		150	150	
6.99	6.99		29.00	29.00		9410	9410		1749	1749	
1.44	1.44		15.98	15.98		7870	7870		2794	2794	
11.07	11.07		29.30	29.30		33830	33830		1629	1629	
12.06	12.06		13.26	13.26		10452	10452		514	514	
77.82	**77.82**		**11.35**	**11.35**		**153069**	**153069**		**9942**	**9942**	
39.65	39.65		32.96	32.96		147438	147438		9622	9622	
38.17	38.17		6.75	6.75		5631	5631		320	320	

区县名称	行政区面积	建成区面积	建成区人口	人均绿地面积
	(公顷)	(公顷)	(万人)	(平米/人)
朝阳区		13700	115.34	43.07

项目分类	调查总面积(公顷)			建成区园林绿地								
				个数			面积(公顷)			树木(株)		
	合计	区属	市属	合计	区属	市属	合计	区属	市属	合计	区属	市属
甲	1	2	3	4	5	6	7	8	9	10	11	12
合计	**10554.19**	**9559.48**	**994.71**	**1614**	**1577**	**37**	**4967.23**	**4405.00**	**562.23**	**7262230**	**6346945**	**915285**
一、公共绿地	**722.04**	**703.66**	**18.38**	**63**	**53**	**10**	**722.04**	**703.66**	**18.38**	**1072946**	**1020045**	**52901**
1、公园	674.95	674.95		20	20		674.95	674.95		978619	978619	
2、街头绿地	34.64	16.26	18.38	19	9	10	34.64	16.26	18.38	94327	41426	52901
3、居住区花园	12.45	12.45		24	24		12.45	12.45				
4、开放单位												
二、道路绿化	**2977.18**	**2072.89**	**904.29**	**226**	**200**	**26**	**1894.32**	**1422.51**	**471.81**	**2689712**	**1827328**	**862384**
1、道路	1604.21	699.92	904.29	197	171	26	782.32	310.51	471.81	1416599	554215	862384
2、河岸	329.57	329.57		6	6		68.60	68.60		53833	53833	
3、街巷												
4、片林	680.30	680.30		20	20		680.30	680.30		679837	679837	
5、放射线	363.10	363.10		3	3		363.10	363.10		539443	539443	
三、单位专用绿地	**5139.90**	**5139.90**		**1147**	**1147**		**1752.32**	**1752.32**		**2544500**	**2544500**	
1、工厂	2053.65	2053.65		324	324		534.25	534.25		1016151	1016151	
2、机关	1585.45	1585.45		264	264		703.90	703.90		639053	639053	
3、学校	381.99	381.99		176	176		121.37	121.37		243098	243098	
4、部队	180.59	180.59		39	39		97.70	97.70		184220	184220	
5、医院	75.69	75.69		33	33		30.44	30.44		80231	80231	
6、宾馆	146.24	146.24		74	74		39.49	39.49		137668	137668	
7、使馆	103.20	103.20		116	116		41.28	41.28		37998	37998	
8、公共场所	41.02	41.02		8	8		19.37	19.37		13282	13282	
9、单位开放	67.77	67.77		4	4		32.98	32.98		32361	32361	
10、仓库	160.85	160.85		32	32		27.76	27.76		44263	44263	
11、其它	343.45	343.45		77	77		103.78	103.78		116175	116175	
四、居住区绿地	**1587.26**	**1587.26**		**176**	**176**		**470.74**	**470.74**		**955072**	**955072**	
1、楼房居住区	1426.04	1426.04		86	86		440.17	440.17		937967	937967	
2、平房居住区	161.22	161.22		90	90		30.57	30.57		17105	17105	
五、生产专用绿地	**127.81**	**55.77**	**72.04**	**2**	**1**	**1**	**127.81**	**55.77**	**72.04**			

绿化普查总表

人均公共绿地面积	绿地率	实有古树	市树	市花
（平米/人）	（%）	（株）	（株）	（株）
6.26	36.26	333	202728	1767532

绿化覆盖面积（公顷）			绿化覆盖率（%）			实有草坪（平方米）			宿根花卉（株）		
合计	区属	市属	合计	区属	市属	合计	区属	市属	合计	区属	市属
13	14	15	16	17	18	19	20	21	22	23	24
4476.67	**3956.08**	**520.59**	**32.68**			**6915351**	**5976474**	**938877**	**1298248**	**1087642**	**210606**
375.40	**357.02**	**18.38**	**51.99**	**49.00**	**100.00**	**1237077**	**1103263**	**133814**	**135003**	**107673**	**27330**
328.39	328.39		48.65	48.65		991212	991212		91349	91349	
34.63	16.25	18.38	100.00	100.00	100.00	245865	112051	133814	43654	16324	27330
12.38	12.38		99.43	99.43							
1388.59	**912.46**	**476.13**	**69.02**	**76.17**	**52.65**	**1158962**	**353899**	**805063**	**267027**	**83751**	**183276**
882.93	406.80	476.13	55.04	58.11	52.65	1077607	272544	805063	264487	81211	183276
143.32	143.32		43.48	43.48		20355	20355		350	350	
666.36	666.36		97.84	97.84		61000	61000		2190	2190	
362.34	362.34		100.00	100.00							
2172.49	**2172.49**		**42.27**	**42.27**		**3436917**	**3436917**		**561144**	**561144**	
701.09	701.09		34.14	34.14		979070	979070		140534	140534	
844.06	844.06		53.24	53.24		795458	795458		253413	253413	
150.76	150.76		39.46	39.46		386615	386615		36639	36639	
116.09	116.09		64.30	64.30		388003	388003		8264	8264	
35.89	35.89		47.40	47.40		68309	68309		22908	22908	
42.69	42.69		29.20	29.20		191763	191763		36279	36279	
67.08	67.08		65.00	65.00		130060	130060				
22.69	22.69		55.31	55.31		33533	33533		350	350	
36.99	36.99		54.58	54.58		224418	224418		7550	7550	
35.69	35.69		22.19	22.19		25524	25524		1476	1476	
119.46	119.46		34.78	34.78		214164	214164		53731	53731	
492.11	**492.11**		**31.00**	**31.00**		**1082395**	**1082395**		**335074**	**335074**	
455.50	455.50		31.94	31.94		1079124	1079124		334857	334857	
36.61	36.61		22.70	22.70		3271	3271		217	217	
48.08	**22.00**	**26.08**	**37.62**	**39.45**	**36.20**						

注：片林覆盖面积抱括在全区总覆盖面积中。

区县名称	行政区面积	建成区面积	建成区人口	人均绿地面积
	（公顷）	（公顷）	（万人）	（平米/人）
海淀区	**42600**	**11769**	**127.40**	**37.30**

项目分类	调查总面积（公顷）			建成区园林绿地								
				个数			面积（公顷）			树木（株）		
	合计	区属	市属	合计	区属	市属	合计	区属	市属	合计	区属	市属
甲	1	2	3	4	5	6	7	8	9	10	11	12
合计	**10873.30**	**9668.36**	**1204.94**	**1466**	**1430**	**36**	**4752.26**	**3731.10**	**1021.16**	**8507543**	**5865453**	**2642090**
一、公共绿地	**1368.66**	**425.13**	**943.53**	**60**	**46**	**14**	**1368.66**	**425.13**	**943.53**	**2721759**	**346481**	**2375278**
1、公园	1305.01	379.31	925.70	12	6	6	1305.01	379.31	925.70	2606039	285621	2320418
2、街头绿地	59.41	41.58	17.83	40	32	8	59.41	41.58	17.83	115720	60860	54860
3、居住区花园	4.24	4.24		8	8		4.24	4.24				
4、开放单位												
二、道路绿化	**1842.56**	**1595.72**	**246.84**	**213**	**192**	**21**	**869.63**	**806.57**	**63.06**	**1430051**	**1163239**	**266812**
1、道路	988.17	742.26	245.91	180	160	20	328.29	265.24	63.05	838825	572135	266690
2、河岸	346.39	345.46	0.93	9	8	1	34.55	34.54	0.01	62748	62626	122
3、街巷	1.51	1.51		5	5		0.30	0.30		811	811	
4、片林	411.17	411.17		17	17		411.17	411.17		333460	333460	
5、放射线	95.32	95.32		2	2		95.32	95.32		194207	194207	
三、单位专用绿地	**6326.60**	**6326.60**		**916**	**916**		**2215.58**	**2215.58**		**3704413**	**3704413**	
1、工厂	1343.99	1343.99		201	201		252.28	252.28		302368	302368	
2、机关	1128.98	1128.98		271	271		356.47	356.47		754017	754017	
3、学校	1640.39	1640.39		179	179		631.76	631.76		836660	836660	
4、部队	1454.85	1454.85		132	132		704.55	704.55		1328886	1328886	
5、医院	104.40	104.40		25	25		37.49	37.49		94786	94786	
6、宾馆	207.57	207.57		41	41		72.18	72.18		296153	296153	
7、使馆												
8、公共场所	26.62	26.62		12	12		5.75	5.75		11219	11219	
9、单位开放	101.93	101.93		8	8		80.74	80.74		58154	58154	
10、仓库	99.49	99.49		17	17		10.67	10.67		11165	11165	
11、其他	218.38	218.38		30	30		63.69	63.69		11005	11005	
四、居住区绿地	**1309.12**	**1309.12**		**274**	**274**		**272.01**	**272.01**		**651320**	**651320**	
1、楼房居住区	687.45	687.45		154	154		197.18	197.18		565040	565040	
2、平房居住区	621.67	621.67		120	120		74.83	74.83		86280	86280	
五、生产专用绿地	**26.38**	**11.81**	**14.57**	**3**	**2**	**1**	**26.38**	**11.81**	**14.57**			

林绿化普查总表

人均公共绿地面积	绿地率	实有古树	市树	市花
（平米/人）	（%）	（株）	（株）	（株）
10.74	40.38	9918	435499	1346434

绿化覆盖面积（公顷）			绿化覆盖率（%）			实有草坪平方米			宿根花卉（株）		
合计	区属	市属	合计	区属	市属	合计	区属	市属	合计	区属	市属
13	14	15	16	17	18	19	20	21	22	23	24
4698.03	**4033.87**	**664.16**	**39.92**			**9952671**	**8034264**	**1918407**	**1955685**	**1612341**	**343344**
759.81	**207.62**	**552.19**	**55.52**	**48.80**	**58.50**	**2034502**	**430364**	**1604138**	**1066142**	**769305**	**296837**
697.98	163.61	534.37	53.48	43.13	57.73	1614145	139092	1475053	1013781	720020	293761
57.62	39.80	17.82	96.97	96.00	100.00	420357	291272	129085	52361	49285	3076
4.21	4.21		99.15	99.15							
991.13	**892.50**	**98.63**	**53.79**	**55.93**	**39.96**	**1230013**	**915744**	**314269**	**163989**	**117482**	**46507**
419.06	320.56	98.50	42.40	43.19	40.06	1177993	863724	314269	140649	94142	46507
64.95	64.82	0.13	18.75	18.76	13.98	16460	16460		23040	23040	
0.63	0.63		41.92	41.92					300	300	
411.17	411.17		100.00	100.00		35560	35560				
95.32	95.32		100.00	100.00							
2604.81	**2604.81**		**41.17**	**41.17**		**5560825**	**5560825**		**653463**	**653463**	
296.40	296.40		22.05	22.05		421015	421015		44910	44910	
425.37	425.37		37.68	37.68		1335518	1335518		155195	155195	
765.39	765.39		46.66	46.66		1406724	1406724		143834	143834	
811.57	811.57		55.78	55.78		1655064	1655064		164158	164158	
50.35	50.35		48.23	48.23		153351	153351		16780	16780	
76.69	76.69		36.95	36.95		352361	352361		40092	40092	
7.24	7.24		27.20	27.20		31520	31520		75460	75460	
93.18	93.18		91.42	91.42		176677	176677		12532	12532	
13.04	13.04		13.11	13.11		15661	15661		192	192	
65.58	65.58		30.03	30.03		12934	12934		310	310	
318.13	**318.13**		**24.30**	**24.30**		**1127331**	**1127331**		**72091**	**72091**	
227.12	227.12		33.04	33.04		1064839	1064839		60621	60621	
91.01	91.01		14.48	15.48		62492	62492		11470	11470	
24.15	**10.81**	**13.34**	**91.55**	**91.53**	**91.56**						

北京市城市园

区县名称	行政区面积	建成区面积	建成区人口	人均绿地面积
	（公顷）	（公顷）	（万人）	（平米/人）
丰台区		**10178**	**59.20**	**47.52**

项目分类	调查总面积(公顷)			建成区园林绿地								
				个数			面积(公顷)			树木(株)		
	合计	区属	市属	合计	区属	市属	合计	区属	市属	合计	区属	市属
甲	1	2	3	4	5	6	7	8	9	10	11	12
合　计	**8740.15**	**8614.06**	**126.09**	**1540**	**1528**	**12**	**2812.91**	**2762.66**	**50.25**	**6439095**	**6317958**	**121137**
一、公共绿地	**536.10**	**534.22**	**1.88**	**69**	**68**	**1**	**536.10**	**534.22**	**1.88**	**1438939**	**1438939**	
1、公园	490.23	490.23		18	18		490.23	490.23		1380036	1380036	
2、街头绿地	13.88	13.88		13	13		13.88	13.88		58903	58903	
3、居住区花园	31.99	30.11	1.88	38	37	1	31.99	30.11	1.88			
4、开放单位												
二、道路绿化	**1346.67**	**1229.39**	**117.28**	**284**	**274**	**10**	**705.69**	**664.25**	**41.44**	**2115177**	**1994040**	**121137**
1、道路	654.63	629.07	25.56	177	170	7	296.39	276.61	19.78	1436197	1331529	104668
2、河岸	302.25	210.53	91.72	13	10	3	28.57	6.91	21.66	29652	13183	16469
3、街巷	10.52	10.52		79	79		1.46	1.46		2116	2116	
4、片林	258.28	258.28		12	12		258.28	258.28		305704	305704	
5、放射线	120.99	120.99		3	3		120.99	120.99		341508	341508	
三、单位专用绿地	**4653.35**	**4653.35**		**888**	**888**		**1255.46**	**1255.46**		**2191546**	**2191546**	
1、工厂	1909.35	1909.35		305	305		386.43	386.43		633979	633979	
2、机关	651.52	651.52		168	168		182.84	182.84		346202	346202	
3、学校	171.18	171.18		134	134		37.07	37.07		131076	131076	
4、部队	1365.53	1365.53		102	102		509.09	509.09		877621	877621	
5、医院	61.86	61.86		19	19		22.89	22.89		65572	65572	
6、宾馆	25.34	25.34		11	11		7.31	7.31		11170	11170	
7、使馆												
8、公共场所	60.75	60.75		31	31		16.07	16.07		35058	35058	
9、单位开放	2.13	2.13		2	2		0.98	0.98		852	852	
10、仓库	312.97	312.97		54	54		83.02	83.02		61980	61980	
11、其他	92.72	92.72		62	62		9.76	9.76		28036	28036	
四、居住区绿地	**2170.30**	**2170.30**		**295**	**295**		**281.93**	**281.93**		**693433**	**693433**	
1、楼房居住区	912.20	912.20		201	201		239.60	239.60		642753	642753	
2、平房居住区	1258.10	1258.10		94	94		42.33	42.33		50680	50680	
五、生产专用绿地	**33.73**	**26.80**	**6.93**	**4**	**3**	**1**	**33.73**	**26.80**	**6.93**			

林绿化普查总表

人均公共绿地面积	绿地率	实有古树	市树	市花
（平米/人）	（%）	（株）	（株）	（株）
9.06	27.64	47	529158	1541854

绿化覆盖面积（公顷）			绿化覆盖率（%）			实有草坪（平方米）			宿根花卉（株）		
合计	区属	市属	合计	区属	市属	合计	区属	市属	合计	区属	市属
13	14	15	16	17	18	19	20	21	22	23	24
3209.13	**3143.40**	**65.73**	**31.53**			**5118385**	**4958725**	**159660**	**1636816**	**1603180**	**33636**
450.84	**448.96**	**1.88**	**84.10**	**84.04**	**100.00**	**678948**	**678948**		**640144**	**640144**	
406.79	406.79		82.98	82.98		624336	624336		574464	574464	
12.32	12.32		88.76	88.76		54612	54612		65680	65680	
31.73	29.85	1.88	99.16	99.10	100.00						
845.52	**787.89**	**57.63**	**62.79**	**64.09**	**49.14**	**1135827**	**976167**	**159660**	**743321**	**709685**	**33636**
408.31	387.53	20.78	62.37	61.60	81.30	1132401	972741	159660	743321	709685	33636
55.43	18.58	36.85	18.34	8.83	40.18	2700	2700				
3.10	3.10		29.47	29.47		726	726				
258.28	258.28		100.00	100.00							
120.39	120.39		99.50	99.50							
1558.97	**1558.97**		**33.50**	**33.50**		**1983605**	**1983605**		**168287**	**168287**	
498.12	498.12		26.09	26.09		414594	414594		51291	51291	
264.66	264.66		40.62	40.62		308892	308892		22837	22837	
46.04	46.04		26.90	26.90		65782	65782		16643	16643	
587.15	587.15		43.00	43.00		1012728	1012728		52818	52818	
28.45	28.45		46.00	46.00		64822	64822		13321	13321	
7.49	7.49		29.56	29.56		32336	32336		520	520	
16.78	16.78		27.62	27.62		64084	64084		6330	6330	
1.15	1.15		53.99	53.99		500	500				
96.68	96.68		30.89	30.89		17229	17229		2053	2053	
12.45	12.45		13.43	13.43		2638	2638		2474	2474	
321.44	**321.44**		**14.81**	**14.81**		**1320005**	**1320005**		**85064**	**85064**	
276.11	276.11		30.27	30.27		1318074	1318074		83086	83086	
45.33	45.33		3.60	3.60		1931	1931		1978	1978	
32.36	26.14	6.22	95.92	97.55	89.64						

北京市城市区园

区县名称	行政区面积	建成区面积	建成区人口	人均绿地面积
	(公顷)	(公顷)	(万人)	(平米/人)
石景山区		4740	29.43	62.35

项目分类	调查总面积(公顷)			建成区园林绿地								
				个数			面积(公顷)			树木(株)		
	合计	区属	市属	合计	区属	市属	合计	区属	市属	合计	区属	市属
甲	1	2	3	4	5	6	7	8	9	10	11	12
合计	**4050.11**	**3969.75**	**80.36**	**530**	**528**	**2**	**1835.05**	**1791.35**	**43.70**	**3407151**	**3398194**	**8957**
一、公共绿地	**573.93**	**573.93**		**26**	**26**		**573.93**	**573.93**		**949171**	**949171**	
1、公园	455.07	455.07		10	10		455.07	455.07		759741	759741	
2、街头绿地	117.96	117.96		15	15		117.96	117.96		188382	188382	
3、居住区花园	0.90	0.90		1	1		0.90	0.90		1048	1048	
4、开放单位												
二、道路绿化	**527.60**	**474.50**	**53.10**	**81**	**80**	**1**	**360.17**	**343.73**	**16.44**	**323716**	**314759**	**8957**
1、道路	151.87	151.87		51	51		58.22	58.22		63889	63889	
2、河岸	109.73	56.63	53.10	2	1	1	36.23	19.79	16.44	31956	22999	8957
3、街巷	0.48	0.48		8	8		0.20	0.20		772	772	
4、片林	265.52	265.52		20	20		265.52	265.52		227099	227099	
5、放射线												
三、单位专用绿地	**2300.66**	**2300.66**		**379**	**379**		**741.32**	**741.32**		**1828135**	**1828135**	
1、工厂	1140.98	1140.98		95	95		266.91	266.91		943332	943332	
2、机关	128.13	128.13		76	76		43.77	43.77		188814	188814	
3、学校	153.44	153.44		85	85		44.03	44.03		99060	99060	
4、部队	564.72	564.72		27	27		242.94	242.94		399498	399498	
5、医院	60.12	60.12		17	17		32.75	32.75		66099	66099	
6、宾馆	34.71	34.71		18	18		12.71	12.71		31153	31153	
7、使馆												
8、公共场所	87.20	87.20		13	13		46.98	46.98		92192	92192	
9、单位开放	9.57	9.57		3	3		7.13	7.13		794	794	
10、仓库	27.61	27.61		11	11		2.14	2.14		1716	1716	
11、其他	94.18	94.18		34	34		41.96	41.96		5477	5477	
四、居住区绿地	**620.66**	**620.66**		**43**	**43**		**132.37**	**132.37**		**306129**	**306129**	
1、楼房居住区	393.75	393.75		38	38		98.23	98.23		292482	292482	
2、平房居住区	226.91	226.91		5	5		34.14	34.14		13647	13647	
五、生产专用绿地	**27.26**		**27.26**	**1**		**1**	**27.26**		**27.26**			

林绿化普查总表

人均公共绿地面积	绿地率	实有古树	市树	市花
（平米/人）	（%）	（株）	（株）	（株）
19.50	38.71	1307	448936	442220

绿化覆盖面积（公顷）			绿化覆盖率（%）			实有草坪（平方米）			宿根花卉（株）		
合计	区属	市属	合计	区属	市属	合计	区属	市属	合计	区属	市属
13	14	15	16	17	18	19	20	21	22	23	24
1819.62	**1778.32**	**41.30**	**38.39**			**2124708**	**2099533**	**25175**	**370234**	**368694**	**1540**
544.75	**544.75**		**94.92**	**94.92**		**380316**	**380316**		**100175**	**100175**	
428.68	428.68		94.20	94.20		222216	222216		63293	63293	
115.21	115.21		97.67	97.67		153100	153100		36882	36882	
0.86	0.86		95.06	95.06		5000	5000				
398.07	**377.35**	**20.72**	**75.45**	**79.52**	**39.03**	**138739**	**113564**	**25175**	**14166**	**12626**	**1540**
84.33	84.33		55.53	55.53		55779	55779		12576	12576	
47.91	27.19	20.72	43.65	47.96	39.03	25175		25175	1540		1540
0.31	0.31		64.58	64.58		85	85		50	50	
265.52	265.52		100.00	100.00		57700	57700				
696.95	**696.95**		**30.29**	**30.29**		**1140613**	**1140613**		**175985**	**175985**	
250.29	250.29		21.94	21.94		473575	473575		120271	120271	
40.65	40.65		31.73	31.73		130762	130762		16173	16173	
35.78	35.78		23.32	23.32		90685	90685		12442	12442	
239.77	239.77		42.46	42.46		215682	215682		9791	9791	
30.85	30.85		51.31	51.31		34786	34786		8216	8216	
15.52	15.52		44.71	44.71		18450	18450		2618	2618	
47.17	47.17		54.09	54.09		172981	172981		5628	5628	
7.24	7.24		75.65	75.65					250	250	
2.40	2.40		8.69	8.69		2192	2192		156	156	
27.28	27.28		28.97	28.97		1500	1500		440	440	
159.27	**159.27**		**25.66**	**25.66**		**465040**	**465040**		**79908**	**79908**	
114.41	114.41		29.06	29.06		463965	463965		79838	79838	
44.86	44.86		19.77	19.77		1075	1075		70	70	
20.58		**20.58**	**75.56**		**75.56**						

区县名称	行政区面积 (公顷)	建成区面积 (公顷)	建成区人口 (万人)	人均绿地面积 (平米/人)
门头沟区		993	14.90	19.91

项目分类	调查总面积(公顷)			建成区园林绿地								
				个数			面积(公顷)			树木(株)		
	合计	区属	市属	合计	区属	市属	合计	区属	市属	合计	区属	市属
甲	1	2	3	4	5	6	7	8	9	10	11	12
合计	**1065.94**	**1065.94**		**471**	**471**		**296.71**	**296.71**		**764317**	**764317**	
一、公共绿地	**62.31**	**62.31**		**9**	**9**		**62.31**	**62.31**		**42757**	**42757**	
1、公园	3.71	3.71		1	1		3.71	3.71		4183	4183	
2、街头绿地	58.60	58.60		8	8		58.60	58.60		38574	38574	
3、居住区花园												
4、开放单位												
二、道路绿化	**77.85**	**77.85**		**68**	**68**		**20.90**	**20.90**		**22556**	**22556**	
1、道路	57.77	57.77		68	68		15.88	15.88		16954	16954	
2、河岸	8.05	8.05					2.62	2.62		5217	5217	
3、街巷	12.03	12.03					2.40	2.40		385	385	
4、片林												
5、放射线												
三、单位专用绿地	**654.45**	**654.45**		**325**	**325**		**177.20**	**177.20**		**667664**	**667664**	
1、工厂	270.03	270.03		82	82		76.90	76.90		78070	78070	
2、机关	68.12	68.12		125	125		12.39	12.39		21653	21653	
3、学校	30.04	30.04		40	40		4.86	4.86		8817	8817	
4、部队	92.97	92.97		7	7		54.22	54.22		496550	496550	
5、医院	18.89	18.89		9	9		8.65	8.65		25585	25585	
6、宾馆	6.95	6.95		1	1		3.84	3.84		7752	7752	
7、使馆												
8、公共场所	53.44	53.44		31	31		5.99	5.99		9321	9321	
9、单位开放												
10、仓库	11.30	11.30		7	7		0.12	0.12		4224	4224	
11、其他	102.71	102.71		23	23		10.23	10.23		15692	15692	
四、居住区绿地	**271.33**	**271.33**		**69**	**69**		**36.30**	**36.30**		**31340**	**31340**	
1、楼房居住区	45.81	45.81		30	30		5.67	5.67		8957	8957	
2、平房居住区	225.52	225.52		39	39		30.63	30.63		22383	22383	
五、生产专用绿地												

绿化普查总表

人均公共绿地面积	绿地率	实有古树	市树	市花
(平米/人)	(%)	(株)	(株)	(株)
4.18	29.88		43915	55567

绿化覆盖面积(公顷)			绿化覆盖率(%)			实有草坪(平方米)			宿根花卉(株)		
合计	区属	市属	合计	区属	市属	合计	区属	市属	合计	区属	市属
13	14	15	16	17	18	19	20	21	22	23	24
329.47	**329.47**		**33.18**	**33.18**		**222105**	**222105**		**17836**	**17836**	
61.02	**61.02**		**97.93**	**97.93**		**70203**	**70203**		**7155**	**7155**	
3.01	3.01		81.13	81.13		8500	8500		3850	3850	
58.01	58.01		98.99	98.99		61703	61703		3305	3305	
24.68	**24.68**		**31.69**	**31.69**		**27240**	**27240**				
17.85	17.85		30.90	30.90		27000	27000				
4.39	4.39		54.53	54.53		240	240				
2.44	2.44		20.20	20.20							
197.95	**197.95**		**30.25**	**30.25**		**111082**	**111082**		**10681**	**10681**	
84.50	84.50		31.29	31.29		24308	24308		2428	2428	
14.91	14.91		21.89	21.89		20164	20164		2802	2802	
5.96	5.96		19.84	19.84		1834	1834		258	258	
52.67	52.67		56.65	56.65		36757	36757		3050	3050	
10.29	10.29		54.45	54.45		2490	2490		694	694	
3.95	3.95		56.83	56.83					508	508	
6.44	6.44		12.05	12.05		25279	25279		800	800	
0.11	0.11		1.00	1.00		50	50		10	10	
19.12	19.12		18.62	18.62		200	200		131	131	
45.82	**45.82**		**16.89**	**16.89**		**13580**	**13580**				
6.73	6.73		14.69	14.69		12730	12730				
39.09	39.09		17.33	17.33		850	850				

区县名称	行政区面积（公顷）	建成区面积（公顷）	建成区人口（万人）	人均绿地面积（平米/人）
房山区		2387	15.90	41.84

项目分类	调查总面积（公顷）			建成区园林绿地								
				个数			面积（公顷）			树木（株）		
	合计	区属	市属	合计	区属	市属	合计	区属	市属	合计	区属	市属
甲	1	2	3	4	5	6	7	8	9	10	11	12
合　计	**2267.24**	**2267.24**		**451**	**451**		**665.27**	**665.27**		**1552289**	**1552289**	
一、公共绿地	**94.83**	**94.83**		**19**	**19**		**94.83**	**94.83**		**69832**	**69832**	
1、公园	81.10	81.10		4	4		81.10	81.10		55209	55209	
2、街头绿地	13.73	13.73		15	15		13.73	13.73		14623	14623	
3、居住区花园												
4、开放单位												
二、道路绿化	**209.15**	**209.15**		**81**	**81**		**65.16**	**65.16**		**128133**	**128133**	
1、道路	180.07	180.07		81	81		60.61	60.61		123377	123377	
2、河岸	13.76	13.76					2.04	2.04		3822	3822	
3、街巷	15.32	15.32					2.51	2.51		934	934	
4、片林												
5、放射												
三、单位专用绿地	**1625.03**	**1625.03**		**325**	**325**		**449.95**	**449.95**		**1219498**	**1219498**	
1、工厂	1263.11	1263.11		85	85		367.68	367.68		921430	921430	
2、机关	129.31	129.31		137	137		29.05	29.05		128944	128944	
3、学校	102.93	102.93		59	59		22.14	22.14		51307	51307	
4、部队	20.30	20.30		4	4		7.25	7.25		20223	20223	
5、医院	13.86	13.86		6	6		4.78	4.78		10658	10658	
6、宾馆	5.85	5.85		2	2		2.61	2.61		5534	5534	
7、使馆												
8、公共场所	17.01	17.01		19	19		3.50	3.50		26708	26708	
9、单位开放												
10、仓库	72.66	72.66		13	13		12.94	12.94		54694	54694	
11、其他												
四、居住区绿地	**338.23**	**338.23**		**26**	**26**		**55.33**	**55.33**		**134826**	**134826**	
1、楼房居住区	311.28	311.28		18	18		50.04	50.04		131230	131230	
2、平房居住区	26.95	26.95		8	8		5.29	5.29		3596	3596	
五、生产专用绿地												

绿化普查总表

人均公共绿地面积	绿地率	实有古树	市树	市花
（平米/人）	（%）	（株）	（株）	（株）
5.96	27.87		157015	182002

绿化覆盖面积（公顷）			绿化覆盖率（%）			实有草坪（平方米）			宿根花卉（株）		
合计	区属	市属	合计	区属	市属	合计	区属	市属	合计	区属	市属
13	14	15	16	17	18	19	20	21	22	23	24
815.96	**815.96**		**34.18**	**34.18**		**1306281**	**1306281**		**87320**	**87320**	
91.89	**91.89**		**96.90**	**96.90**		**86662**	**86662**		**5326**	**5326**	
79.05	79.05		97.47	97.47		27570	27570		3800	3800	
12.84	12.84		93.52	93.52		59092	59092		1526	1526	
91.16	**91.16**		**43.59**	**43.59**		**46013**	**46013**		**2896**	**2896**	
80.32	80.32		44.60	44.60		46013	46013		2896	2896	
6.42	6.42		46.66	46.66							
4.42	4.42		28.85	28.85							
563.06	**563.06**		**34.65**	**34.65**		**964717**	**964717**		**67764**	**67764**	
459.32	459.32		36.36	36.36		386806	386806		44535	44535	
38.88	38.88		30.07	30.07		475052	475052		9838	9838	
26.90	26.90		26.13	26.13		25520	25520		8827	8827	
8.56	8.56		42.17	42.17		6762	6762		1000	1000	
6.49	6.49		46.83	46.83		7279	7279		1639	1639	
2.93	2.93		50.09	50.09		3980	3980		1207	1207	
4.97	4.97		29.22	29.22		10675	10675		135	135	
15.01	15.01		20.66	20.66		48643	48643		583	583	
69.85	**69.85**		**20.65**	**20.65**		**208889**	**208889**		**11334**	**11334**	
64.68	64.68		20.78	20.78		207046	207046		10462	10462	
5.17	5.17		19.18	19.18		1843	1843		872	872	

区县名称	行政区面积	建成区面积	建成区人口	人均绿地面积
	(公顷)	(公顷)	(万人)	(平米/人)
通县		3646	15.27	81.34

项目分类	调查总面积(公顷)			建成区园林绿地								
				个数			面积(公顷)			树木(株)		
	合计	区属	市属	合计	区属	市属	合计	区属	市属	合计	区属	市属
甲	1	2	3	4	5	6	7	8	9	10	11	12
合计	**3644.78**	**3644.78**		**200**	**200**		**1242.06**	**1242.06**		**2277738**	**2277738**	
一、公共绿地	**186.96**	**186.96**		**15**	**15**		**186.96**	**186.96**		**445228**	**445228**	
1、公园	26.84	26.84		3	3		26.84	26.84		35854	35854	
2、街头绿地	159.74	159.74		11	11		159.74	159.74		409029	409029	
3、居住区花园	0.38	0.38		1	1		0.38	0.38		345	345	
4、开放单位												
二、道路绿化	**183.82**	**183.82**		**36**	**36**		**72.68**	**72.68**		**301688**	**301688**	
1、道路	183.82	183.82		36	36		72.68	72.68		301688	301688	
2、河岸												
3、街巷												
4、片林												
5、放射线												
三、单位专用绿地	**1063.15**	**1063.15**		**132**	**132**		**338.07**	**338.07**		**665992**	**665992**	
1、工厂	695.20	695.20		53	53		211.85	211.85		391449	391449	
2、机关	146.86	146.86		52	52		43.07	43.07		61894	61894	
3、学校	103.68	103.68		10	10		39.55	39.55		80778	80778	
4、部队	25.24	25.24		5	5		9.16	9.16		18515	18515	
5、医院	24.55	24.55		3	3		10.24	10.24		25817	25817	
6、宾馆												
7、使馆												
8、公共场所	33.61	33.61		3	3		7.08	7.08		16763	16763	
9、单位开放												
10、仓库	16.40	16.40		2	2		5.23	5.23		3985	3985	
11、其他	17.61	17.61		4	4		11.89	11.89		66791	66791	
四、居住区绿地	**2210.85**	**2210.85**		**17**	**17**		**644.35**	**644.35**		**864830**	**864830**	
1、楼房居住区	176.43	176.43		14	14		20.34	20.34		20628	20628	
2、平房居住区	2034.42	2034.42		3	3		624.01	624.01		844202	844202	
五、生产专用绿地												

绿化普查总表

人均公共绿地面积	绿地率	实有古树	市树	市花
(平米/人)	(%)	(株)	(株)	(株)
12.24	34.07		153301	346856

绿化覆盖面积(公顷)			绿化覆盖率(%)			实有草坪(平方米)			宿根花卉(株)		
合计	区属	市属	合计	区属	市属	合计	区属	市属	合计	区属	市属
13	14	15	16	17	18	19	20	21	22	23	24
1348.65	**1348.65**		**37.00**	**37.00**		**860498**	**860498**		**103216**	**103216**	
182.62	**182.62**		**97.68**	**97.68**		**90576**	**90576**		**12373**	**12373**	
22.96	22.96		85.53	85.53		52917	52917		11608	11608	
159.29	159.29		99.72	99.72		36525	36525		765	765	
0.37	0.37		97.37	97.37		1134	1134				
91.07	**91.07**		**49.54**	**49.54**		**153427**	**153427**		**765**	**765**	
91.07	91.07		49.54	49.54		153427	153427		765	765	
389.44	**389.44**		**36.63**	**36.63**		**474738**	**474738**		**82726**	**82726**	
231.54	231.54		33.31	33.31		222150	222150		44340	44340	
55.94	55.94		38.09	38.09		91534	91534		14957	14957	
49.38	49.38		47.63	47.63		76261	76261		15871	15871	
11.96	11.96		47.39	47.39		10807	10807		1304	1304	
11.29	11.29		45.99	45.99		41629	41629		1795	1795	
9.41	9.41		28.00	28.00		10540	10540		199	199	
8.47	8.47		51.65	51.65		800	800		3500	3500	
11.45	11.45		65.02	65.02		21017	21017		760	760	
685.52	**685.52**		**31.00**	**31.00**		**141784**	**141784**		**7352**	**7352**	
21.36	21.36		12.11	12.11		115784	115784		7352	7352	
664.16	664.16		32.65	32.65		26000	26000				

区县名称	行政区面积 (公顷)	建成区面积 (公顷)	建成区人口 (万人)	人均绿地面积 (平米/人)
大兴县		1800	12.30	38.58

项目分类	调查总面积(公顷)			建成区园林绿地								
				个数			面积(公顷)			树木(株)		
	合计	区属	市属	合计	区属	市属	合计	区属	市属	合计	区属	市属
甲	1	2	3	4	5	6	7	8	9	10	11	12
合　计	**1606.09**	**1606.09**		**295**	**295**		**474.59**	**474.59**		**880143**	**880143**	
一、公共绿地	**77.67**	**77.67**		**23**	**23**		**77.67**	**77.67**		**113639**	**113639**	
1、公园	54.51	54.51		3	3		54.51	54.51		76905	76905	
2、街头绿地	14.90	14.90		19	19		14.90	14.90		36734	36734	
3、居住区花园	8.26	8.26		1	1		8.26	8.26				
4、开放单位												
二、道路绿化	**206.52**	**206.52**		**39**	**39**		**94.81**	**94.81**		**179124**	**179124**	
1、道路	206.52	206.52		39	39		94.81	94.81		179124	179124	
2、河岸												
3、街巷												
4、片林												
5、放射线												
三、单位专用绿地	**1049.74**	**1049.74**		**199**	**199**		**255.99**	**255.99**		**469181**	**469181**	
1、工厂	639.23	639.23		74	74		160.33	160.33		295618	295618	
2、机关	74.87	74.87		58	58		33.25	33.25		83401	83401	
3、学校	120.56	120.56		29	29		39.52	39.52		53811	53811	
4、部队	33.75	33.75		5	5		6.00	6.00		13921	13921	
5、医院	7.62	7.62		5	5		1.12	1.12		3562	3562	
6、宾馆	1.73	1.73		2	2		0.25	0.25		2335	2335	
7、使馆												
8、公共场所	14.60	14.60		15	15		2.34	2.34		1614	1614	
9、单位开放												
10、仓库	111.36	111.36		9	9		11.06	11.06		9034	9034	
11、其他	46.02	46.02		2	2		2.12	2.12		5885	5885	
四、居住区绿地	**272.16**	**272.16**		**34**	**34**		**46.12**	**46.12**		**118199**	**118199**	
1、楼房居住区	121.81	121.81		27	27		34.82	34.82		100975	100975	
2、平房居住区	150.35	150.35		7	7		11.30	11.30		17224	17224	
五、生产专用绿地												

绿化普查总表

人均公共绿地面积	绿地率	实有古树	市树	市花
（平米/人）	（%）	（株）	（株）	（株）
6.31	26.37		36774	205436

绿化覆盖面积（公顷）			绿化覆盖率（%）			实有草坪（平方米）			宿根花卉（株）		
合计	区属	市属	合计	区属	市属	合计	区属	市属	合计	区属	市属
13	14	15	16	17	18	19	20	21	22	23	24
557.13	**557.13**		**30.95**	**30.95**		**732514**	**732514**		**137429**	**137429**	
70.99	**70.99**		**91.39**	**91.39**		**155246**	**155246**		**37535**	**37535**	
48.19	48.19		88.40	88.40		91900	91900		7535	7535	
14.53	14.53		97.52	97.52		63346	63346		30000	30000	
8.26	8.26		100.00	100.00							
118.06	**118.06**		**57.17**	**57.17**		**156**	**156**				
118.06	118.06		57.17	57.17		156	156				
320.79	**320.79**		**30.56**	**30.56**		**442072**	**442072**		**52525**	**52525**	
203.50	203.50		31.84	31.84		151797	151797		36681	36681	
32.82	32.82		43.84	43.84		58150	58150		2021	2021	
48.66	48.66		40.36	40.36		168793	168793		6761	6761	
14.50	14.50		42.96	42.96		5100	5100		407	407	
1.29	1.29		16.93	16.93		5264	5264		500	500	
0.46	0.46		26.59	26.59		650	650		450	450	
2.46	2.46		16.85	16.85		15894	15894		110	110	
12.98	12.98		11.66	11.66		35819	35819		2283	2283	
4.12	4.12		8.95	8.95		605	605		3312	3312	
47.29	**47.29**		**17.38**	**17.38**		**135040**	**135040**		**47369**	**47369**	
36.00	36.00		29.55	29.55		135040	135040		47369	47369	
11.29	11.29		7.51	7.51							

区县名称	行政区面积	建成区面积	建成区人口	人均绿地面积
	(公顷)	(公顷)	(万人)	(平米/人)
昌平县		903	6.40	44.46

项目分类	调查总面积(公顷)			建成区园林绿地								
				个数			面积(公顷)			树木(株)		
	合计	区属	市属	合计	区属	市属	合计	区属	市属	合计	区属	市属
甲	1	2	3	4	5	6	7	8	9	10	11	12
合计	**992.70**	**992.70**		**172**	**172**		**284.53**	**284.53**		**525436**	**525436**	
一、公共绿地	**123.95**	**123.95**		**15**	**15**		**123.95**	**123.95**		**205478**	**205478**	
1、公园	16.67	16.67		1	1		16.67	16.67		40963	40963	
2、街头绿地	107.28	107.28		14	14		107.28	107.28		164515	164515	
3、居住区花园												
4、开放单位												
二、道路绿化	**157.35**	**157.35**		**23**	**23**		**28.81**	**28.81**		**77521**	**77521**	
1、道路	157.35	157.35		23	23		28.81	28.81		77521	77521	
2、河岸												
3、街巷												
4、片林												
5、放射线												
三、单位专用绿地	**645.33**	**645.33**		**113**	**113**		**111.18**	**111.18**		**213424**	**213424**	
1、工厂	302.36	302.36		20	20		23.91	23.91		26808	26808	
2、机关	40.64	40.64		49	49		6.59	6.59		21497	21497	
3、学校	89.22	89.22		20	20		29.58	29.58		48965	48965	
4、部队	77.08	77.08		3	3		33.65	33.65		53269	53269	
5、医院	4.44	4.44		3	3		1.09	1.09		9131	9131	
6、宾馆												
7、使馆												
8、公共场所	21.68	21.68		6	6		3.65	3.65		29050	29050	
9、单位开放												
10、仓库												
11、其他	109.91	109.91		12	12		12.71	12.71		24704	24704	
四、居住区绿地	**66.07**	**66.07**		**21**	**21**		**20.59**	**20.59**		**29013**	**29013**	
1、楼房居住区	66.07	66.07		21	21		20.59	20.59		29013	29013	
2、平房居住区												
五、生产专用绿地												

林绿化普查总表

人均公共绿地面积	绿地率	实有古树	市树	市花
（平米/人）	（%）	（株）	（株）	（株）
19.37	31.51		61356	124828

绿化覆盖面积（公顷）			绿化覆盖率（%）			实有草坪（平方米）			宿根花卉（株）		
合计	区属	市属	合计	区属	市属	合计	区属	市属	合计	区属	市属
13	14	15	16	17	18	19	20	21	22	23	24
339.55	**339.55**		**35.29**	**35.29**		**338577**	**338577**		**138139**	**138139**	
120.11	**120.11**		**96.91**	**96.91**		**59851**	**59851**		**70788**	**70788**	
13.74	13.74		82.46	82.46		31050	31050		70762	70762	
106.37	106.37		99.15	99.15		28801	28801		26	26	
61.89	**61.89**		**39.34**	**39.34**		**90524**	**90524**				
61.89	61.89		39.34	39.34		90524	90524				
136.16	**136.16**		**21.10**	**21.10**		**160092**	**160092**		**53981**	**53981**	
27.49	27.49		9.09	9.09		33830	33830				
7.58	7.58		18.65	18.65		14250	14250		5154	5154	
30.12	30.12		33.76	33.76		36604	36604		28975	28975	
47.02	47.02		61.00	61.00		63727	63727		18454	18454	
1.18	1.18		26.58	26.58		1440	1440		50	50	
5.78	5.78		27.66	27.66		8750	8750		1193	1193	
16.99	16.99		15.46	15.46		1491	1491		155	155	
21.39	**21.39**		**32.39**	**32.39**		**28110**	**28110**		**13370**	**13370**	
21.39	21.39		32.39	32.39		28110	28110		13370	13370	

区县名称	行政区面积	建成区面积	建成区人口	人均绿地面积
	(公顷)	(公顷)	(万人)	(平米/人)
平谷县		1136	6.67	17.03

项目分类	调查总面积(公顷)			建成区园林绿地								
				个数			面积(公顷)			树木(株)		
	合计	区属	市属	合计	区属	市属	合计	区属	市属	合计	区属	市属
甲	1	2	3	4	5	6	7	8	9	10	11	12
合计	**707.90**	**707.90**		**395**	**395**		**113.57**	**113.57**		**151701**	**151701**	
一、公共绿地	**21.22**	**21.22**		**8**	**8**		**21.22**	**21.22**		**35633**	**35633**	
1、公园	6.27	6.27		1	1		6.27	6.27		8470	8470	
2、街头绿地	14.95	14.95		7	7		14.95	14.95		27163	27163	
3、居住区花园												
4、开放单位												
二、道路绿化	**146.39**	**146.39**		**43**	**43**		**37.79**	**37.79**		**49885**	**49885**	
1、道路	146.32	146.32		43	43		37.79	37.79		49885	49885	
2、河岸	0.07	0.07										
3、街巷												
4、片林												
5、放射线												
三、单位专用绿地	**342.65**	**342.65**		**302**	**302**		**32.08**	**32.08**		**55391**	**55391**	
1、工厂	156.59	156.59		75	75		8.89	8.89		11963	11963	
2、机关	142.76	142.76		200	200		16.74	16.74		30689	30689	
3、学校	27.82	27.82		15	15		4.06	4.06		7551	7551	
4、部队	1.70	1.70		3	3		0.15	0.15		298	298	
5、医院	11.86	11.86		7	7		1.70	1.70		3318	3318	
6、宾馆												
7、使馆												
8、公共场所	1.92	1.92		2	2		0.54	0.54		1572	1572	
9、单位开放												
10、仓库												
11、其他												
四、居住区绿地	**197.64**	**197.64**		**42**	**42**		**22.48**	**22.48**		**10792**	**10792**	
1、楼房居住区	111.61	111.61		28	28		5.52	5.52		4883	4883	
2、平房居住区	86.03	86.03		14	14		16.96	16.96		5909	5909	
五、生产专用绿地												

林绿化普查总表

人均公共绿地面积	绿地率	实有古树	市树	市花
（平米/人）	（%）	（株）	（株）	（株）
3.18	10.0		9749	43513

绿化覆盖面积（公顷）			绿化覆盖率（%）			实有草坪（平方米）			宿根花卉（株）		
合计	区属	市属	合计	区属	市属	合计	区属	市属	合计	区属	市属
13	14	15	16	17	18	19	20	21	22	23	24
128.34	**128.34**		**11.30**	**11.30**		**139796**	**139796**		**14587**	**14587**	
15.14	**15.14**		**71.35**	**71.35**		**45298**	**45298**		**7650**	**7650**	
5.01	5.01		79.90	79.90		42006	42006		4670	4670	
10.13	10.13		67.76	67.76		3292	3292		2980	2980	
47.86	**47.86**		**32.69**	**32.69**		**58428**	**58428**		**1513**	**1513**	
47.86	47.86		32.69	32.69		58428	58428		1513	1513	
38.21	**38.21**		**11.15**	**11.15**		**31084**	**31084**		**5325**	**5325**	
10.02	10.02		6.40	6.40		14146	14146		1616	1616	
19.27	19.27		13.50	13.50		13841	13841		2653	2653	
5.63	5.63		20.24	20.24		2872	2872		398	398	
0.28	0.28		16.47	16.47					25	25	
2.48	2.48		20.91	20.91		25	25		632	632	
0.53	0.53		27.60	27.60		200	200		1	1	
27.13	**27.13**		**13.73**	**13.73**		**4986**	**4986**		**99**	**99**	
10.17	10.17		9.11	9.11		4986	4986		99	99	
16.96	16.96		19.71	19.71							

区县名称	行政区面积	建成区面积	建成区人口	人均绿地面积
	（公顷）	（公顷）	（万人）	（平米/人）
怀柔县		490	4.64	55.73

项目分类	调查总面积（公顷）			建成区园林绿地								
				个数			面积（公顷）			树木（株）		
	合计	区属	市属	合计	区属	市属	合计	区属	市属	合计	区属	市属
甲	1	2	3	4	5	6	7	8	9	10	11	12
合计	**432.97**	**432.97**		**151**	**151**		**258.59**	**258.59**		**423746**	**423746**	
一、公共绿地	**143.67**	**143.67**		**18**	**18**		**143.67**	**143.67**		**118990**	**118990**	
1、公园	19.61	19.61		3	3		19.61	19.61		15700	15700	
2、街头绿地	124.06	124.06		15	15		124.06	124.06		103290	103290	
3、居住区花园												
4、开放单位												
二、道路绿化	**102.22**	**102.22**		**24**	**24**		**53.93**	**53.93**		**123243**	**123243**	
1、道路	102.22	102.22		24	24		53.93	53.93		123243	123243	
2、河岸												
3、街巷												
4、片林												
5、放射线												
三、单位专用绿地	**150.70**	**150.70**		**98**	**98**		**52.29**	**52.29**		**166660**	**166660**	
1、工厂	21.67	21.67		5	5		4.96	4.96		13330	13330	
2、机关	42.59	42.59		39	39		25.43	25.43		61393	61393	
3、学校	26.26	26.26		13	13		8.95	8.95		37388	37388	
4、部队	2.28	2.28		3	3		0.24	0.24		1701	1701	
5、医院	3.85	3.85		3	3		1.82	1.82		11391	11391	
6、宾馆	5.46	5.46		5	5		0.98	0.98		16913	16913	
7、使馆												
8、公共场所												
9、单位开放												
10、仓库												
11、其他	48.59	48.59		30	30		9.91	9.91		24544	24544	
四、居住区绿地	**36.38**	**36.38**		**11**	**11**		**8.70**	**8.70**		**14853**	**14853**	
1、楼房居住区	36.38	36.38		11	11		8.70	8.70		14853	14853	
2、平房居住区												
五、生产专用绿地												

林绿化普查总表

人均公共绿地面积	绿地率	实有古树	市树	市花
（平米/人）	（%）	（株）	（株）	（株）
30.96	52.77		77810	153395

绿化覆盖面积（公顷）			绿化覆盖率（%）			实有草坪（平方米）			宿根花卉（株）		
合计	区属	市属	合计	区属	市属	合计	区属	市属	合计	区属	市属
13	14	15	16	17	18	19	20	21	22	23	24
270.16	**270.16**		**55.13**	**55.13**		**427551**	**427551**		**47118**	**47118**	
134.95	**134.95**		**93.93**	**93.93**		**189123**	**189123**		**3919**	**3919**	
11.48	11.48		58.55	58.55		89809	89809		62	62	
123.47	123.47		99.52	99.52		99314	99314		3857	3857	
66.97	**66.97**		**65.52**	**65.52**		**128488**	**128488**		**332**	**332**	
66.97	66.97		65.52	65.52		128488	128488		332	332	
57.71	**57.71**		**38.29**	**38.29**		**88428**	**88428**		**42639**	**42639**	
5.12	5.12		23.63	23.63		12651	12651		1990	1990	
26.06	26.06		61.19	61.19		22150	22150		10939	10939	
9.71	9.71		36.98	36.98		8515	8515		12440	12440	
0.32	0.32		14.04	14.04		1230	1230		29	29	
1.98	1.98		51.43	51.43		5049	5049		3400	3400	
1.89	1.89		34.62	34.62		3680	3680		3133	3133	
12.63	12.63		25.99	25.99		35153	35153		10708	10708	
10.53	**10.53**		**28.94**	**28.94**		**21512**	**21512**		**228**	**228**	
10.53	10.53		28.94	28.94		21512	21512		228	228	

区县名称	行政区面积	建成区面积	建成区人口	人均绿地面积
	(公顷)	(公顷)	(万人)	(平米/人)
顺义县		1290	8.64	47.40

项目分类	调查总面积(公顷)			建成区园林绿地								
				个数			面积(公顷)			树木(株)		
	合计	区属	市属	合计	区属	市属	合计	区属	市属	合计	区属	市属
甲	1	2	3	4	5	6	7	8	9	10	11	12
合计	**1187.52**	**1187.52**		**264**	**264**		**409.52**	**409.52**		**859718**	**859718**	
一、公共绿地	**135.28**	**135.28**		**11**	**11**		**135.28**	**135.28**		**180692**	**180692**	
1、公园	41.44	41.44		3	3		41.44	41.44		48325	48325	
2、街头绿地	93.84	93.84		8	8		93.84	93.84		132367	132367	
3、居住区花园												
4、开放单位												
二、道路绿化	**252.99**	**252.99**		**31**	**31**		**117.72**	**117.72**		**234254**	**234254**	
1、道路	233.81	233.81		31	31		106.81	106.81		227434	227434	
2、河岸	19.18	19.18					10.91	10.91		6820	6820	
3、街巷												
4、片林												
5、放射线												
三、单位专用绿地	**460.82**	**460.82**		**189**	**189**		**92.21**	**92.21**		**257182**	**257182**	
1、工厂	246.63	246.63		40	40		47.72	47.72		105805	105805	
2、机关	85.35	85.35		85	85		15.17	15.17		70270	70270	
3、学校	44.78	44.78		20	20		12.84	12.84		48664	48664	
4、部队	37.35	37.35		2	2		9.34	9.34		9002	9002	
5、医院	6.66	6.66		7	7		1.51	1.51		4015	4015	
6、宾馆	10.22	10.22		6	6		1.87	1.87		8935	8935	
7、使馆												
8、公共场所	11.59	11.59		12	12		1.26	1.26		2515	2515	
9、单位开放												
10、仓库	7.65	7.65		4	4		0.80	0.80		1797	1797	
11、其他	10.59	10.59		13	13		1.70	1.70		6179	6179	
四、居住区绿地	**338.43**	**338.43**		**33**	**33**		**64.31**	**64.31**		**187590**	**187590**	
1、楼房居住区	139.69	139.69		22	22		37.34	37.34		123034	123034	
2、平房居住区	198.74	198.74		11	11		26.97	26.97		64556	64556	
五、生产专用绿地												

林绿化普查表

人均公共绿地面积	绿地率	实有古树	市树	市花
（平米/人）	（%）	（株）	（株）	（株）
15.66	31.75		22094	269075

绿化覆盖面积（公顷）			绿化覆盖率（%）			实有草坪（平方米）			宿根花卉（株）		
合计	区属	市属	合计	区属	市属	合计	区属	市属	合计	区属	市属
13	14	15	16	17	18	19	20	21	22	23	24
492.75	**492.75**		**38.20**	**38.20**		**917910**	**917910**		**204734**	**204734**	
127.73	**127.73**		**94.42**	**94.42**		**164000**	**164000**		**1140**	**1140**	
33.89	33.89		81.82	81.82		160000	160000		1140	1140	
93.84	93.84		100.00	100.00		4000	4000				
165.75	**165.75**		**65.52**	**65.52**		**231881**	**231881**		**118763**	**118763**	
152.76	152.76		65.34	65.34		231881	231881		118763	118763	
12.99	12.99		67.73	67.73							
118.85	**118.85**		**25.80**	**25.80**		**252571**	**252571**		**68198**	**68198**	
56.55	56.55		22.93	22.93		94652	94652		36833	36833	
21.75	21.75		25.50	25.50		69061	69061		10492	10492	
16.57	16.57		37.00	37.00		45949	45949		9075	9075	
14.56	14.56		38.98	38.98		15065	15065		1500	1500	
2.39	2.39		35.89	35.89		4365	4365		133	133	
2.18	2.18		21.33	21.33		11040	11040		7470	7470	
1.73	1.73		14.92	14.92		3880	3880		758	758	
1.06	1.06		13.86	13.86		1260	1260		110	110	
2.06	2.06		19.45	19.45		7299	7299		1827	1827	
80.42	**80.42**		**23.76**	**23.76**		**269458**	**269458**		**16633**	**16633**	
41.84	41.84		29.95	29.95		269458	269458		10077	10077	
38.58	38.58		19.41	19.41					6556	6556	

区县名称	行政区面积	建成区面积	建成区人口	人均绿地面积
	(公顷)	(公顷)	(万人)	(平米/人)
密云县		579	7.10	21.91

项目分类	调查总面积(公顷)			建成区园林绿地								
				个数			面积(公顷)			树木(株)		
	合计	区属	市属	合计	区属	市属	合计	区属	市属	合计	区属	市属
甲	1	2	3	4	5	6	7	8	9	10	11	12
合计	**569.61**	**569.61**		**328**	**328**		**155.58**	**155.58**		**629115**	**629115**	
一、公共绿地	**37.65**	**37.65**		**5**	**5**		**37.65**	**37.65**		**31664**	**31664**	
1、公园	36.54	36.54		1	1		36.54	36.54		30126	30126	
2、街头绿地	1.11	1.11		4	4		1.11	1.11		1538	1538	
3、居住区花园												
4、开放单位												
二、道路绿化	**130.62**	**130.62**		**92**	**92**		**48.59**	**48.59**		**68054**	**68054**	
1、道路	123.59	123.59		29	29		47.39	47.39		67367	67367	
2、河岸												
3、街巷	7.03	7.03		63	63		1.20	1.20		687	687	
4、片林												
5、放射线												
三、单位专用绿地	**311.20**	**311.20**		**215**	**215**		**59.83**	**59.83**		**507492**	**507492**	
1、工厂	108.22	108.22		44	44		20.16	20.16		404996	404996	
2、机关	123.14	123.14		112	112		26.18	26.18		75984	75984	
3、学校	45.03	45.03		39	39		6.90	6.90		13747	13747	
4、部队	0.55	0.55		2	2		0.18	0.18		297	297	
5、医院	8.55	8.55		5	5		3.81	3.81		7768	7768	
6、宾馆	2.27	2.27		3	3		0.28	0.28		1274	1274	
7、使馆												
8、公共场所												
9、单位开放												
10、仓库	23.44	23.44		10	10		2.32	2.32		3426	3426	
11、其他												
四、居住区绿地	**90.14**	**90.14**		**16**	**16**		**9.51**	**9.51**		**21905**	**21905**	
1、楼房居住区	46.99	46.99		7	7		5.18	5.18		15870	15870	
2、平房居住区	43.15	43.15		9	9		4.33	4.33		6035	6035	
五、生产专用绿地												

园林绿化普查表

人均公共绿地面积	绿地率	实有古树	市树	市花
（平米/人）	（%）	（株）	（株）	（株）
5.30	26.87		12193	406289

绿化覆盖面积（公顷）			绿化覆盖率（%）			实有草坪（平方米）			宿根花卉（株）		
合计	区属	市属	合计	区属	市属	合计	区属	市属	合计	区属	市属
13	14	15	16	17	18	19	20	21	22	23	24
162.46	**162.46**		**29.55**	**29.55**		**399453**	**399453**		**37343**	**37343**	
29.00	**29.00**		**77.01**	**77.01**		**231781**	**231781**		**7924**	**7924**	
28.16	28.16		77.07	77.07		225948	225948		4976	4976	
0.83	0.83		74.77	74.77		5833	5833		2948	2948	
53.79	**53.79**		**41.18**	**41.18**		**41225**	**41225**				
52.41	52.41		42.41	42.41		41225	41225				
1.38	1.38		19.63	19.63							
65.23	**65.23**		**20.96**	**20.96**		**105942**	**105942**		**17625**	**17625**	
21.22	21.22		19.61	19.61		77289	77289		248	248	
29.06	29.06		23.60	23.60		16754	16754		10590	10590	
7.86	7.86		17.46	17.46		6058	6058		3563	3563	
0.22	0.22		40.00	40.00							
3.93	3.93		45.96	45.96		5231	5231		3196	3196	
0.31	0.31		13.66	13.66		610	610		28	28	
2.63	2.63		11.2	11.22							
14.44	**14.44**		**16.02**	**16.02**		**20505**	**20505**		**11794**	**11794**	
10.10	10.10		21.49	21.49		20505	20505		10794	10794	
4.34	4.34		10.06	10.06					1000	1000	

北京市城市

区县名称	行政区面积	建成区面积	建成区人口	人均绿地面积
	(公顷)	(公顷)	(万人)	(平米/人)
延庆县		442	4.70	31.11

项目分类	调查总面积(公顷)			建成区园林绿地								
				个数			面积(公顷)			树木(株)		
	合计	区属	市属	合计	区属	市属	合计	区属	市属	合计	区属	市属
甲	1	2	3	4	5	6	7	8	9	10	11	12
合计	**441.74**	**441.74**		**181**	**181**		**146.21**	**146.21**		**317233**	**317233**	
一、公共绿地	**66.51**	**66.51**		**7**	**7**		**66.51**	**66.51**		**102741**	**102741**	
1、公园	60.27	60.27		2	2		60.27	60.27		78775	78775	
2、街头绿地	5.86	5.86		4	4		5.86	5.86		23206	23206	
3、居住区花园	0.38	0.38		1	1		0.38	0.38		760	760	
4、开放单位												
二、道路绿化	**98.24**	**98.24**		**22**	**22**		**30.96**	**30.96**		**115927**	**115927**	
1、道路	96.17	96.17		22	22		30.96	30.96		115927	115927	
2、河岸												
3、街巷	2.07	2.07										
4、片林												
5、放射线												
三、单位专用绿地	**181.63**	**181.63**		**143**	**143**		**42.20**	**42.20**		**93414**	**93414**	
1、工厂	62.33	62.33		21	21		25.14	25.14		25585	25585	
2、机关	72.96	72.96		80	80		10.81	10.81		42879	42879	
3、学校	24.80	24.80		14	14		3.12	3.12		1920	1920	
4、部队	0.02	0.02		1	1		0.01	0.01		80	80	
5、医院	6.03	6.03		7	7		1.56	1.56		1527	1527	
6、宾馆	2.40	2.40		2	2		0.82	0.82		4488	4488	
7、使馆												
8、公共场所	7.09	7.09		17	17		0.67	0.67		15635	15635	
9、单位开放												
10、仓库	6.00	6.00		1	1		0.06	0.06		1300	1300	
11、其他							0.01	0.01				
四、居住区绿地	**95.36**	**95.36**		**9**	**9**		**6.54**	**6.54**		**5151**	**5151**	
1、楼房居住区	79.55	79.55		7	7		5.04	5.04		4117	4117	
2、平房居住区	15.81	15.81		2	2		1.50	1.50		1034	1034	
五、生产专用绿地												

园林绿化普查表

人均公共绿地面积	绿地率	实有古树	市树	市花
（平米/人）	（%）	（株）	（株）	（株）
14.15	33.08		29669	26391

绿化覆盖面积（公顷）			绿化覆盖率（%）			实有草坪（平方米）			宿根花卉（株）		
合计	区属	市属	合计	区属	市属	合计	区属	市属	合计	区属	市属
13	14	15	16	17	18	19	20	21	22	23	24
153.18	**153.17**		**34.74**	**34.74**		**188821**	**188821**		**12648**	**12648**	
66.51	**66.51**		**100.00**	**100.00**		**37224**	**37224**		**3310**	**3310**	
60.27	60.27		100.00	100.00		32000	32000		3110	3110	
5.86	5.86		100.00	100.00		2250	2250		200	200	
0.38	0.38		100.00	100.00		2974	2974				
32.71	**32.71**		**33.29**	**33.29**		**50421**	**50421**				
32.71	32.71		33.29	33.29		50421	50421				
44.59	**44.59**		**24.54**	**24.54**		**84905**	**84905**		**9338**	**9338**	
25.22	25.22		40.46	40.46		60488	60488		3860	3860	
11.64	11.64		15.94	15.94		23435	23435		2978	2978	
4.40	4.40		17.74	17.74		150	150		300	300	
1.60	1.60		26.4	26.4		232	232				
0.96	0.96		39.80	39.80		600	600		2200	2200	
0.69	0.69		9.73	9.73							
0.08	0.08		1.33	1.33							
9.37	**9.37**		**9.83**	**9.83**		**16271**	**16271**				
6.36	6.36		8.00	8.00		16271	16271				
3.01	3.01		19.04	19.04							

图二

北京市城市公共绿地主要指标

	1995年	1990年	增减(＋.－)	增减(%)
实有公共绿地面积(公顷)	5016	4289	727	16.95
城近郊区	4066	3627	439	12.10
远郊区县	950	662	288	43.50
人均公共绿地(平方米/人)	7.48	6.38	1.10	17.24
城近郊区	7.08	6.15	0.93	15.12
远郊区县	9.84	8.10	1.74	21.48

北京市城市公共绿地面积

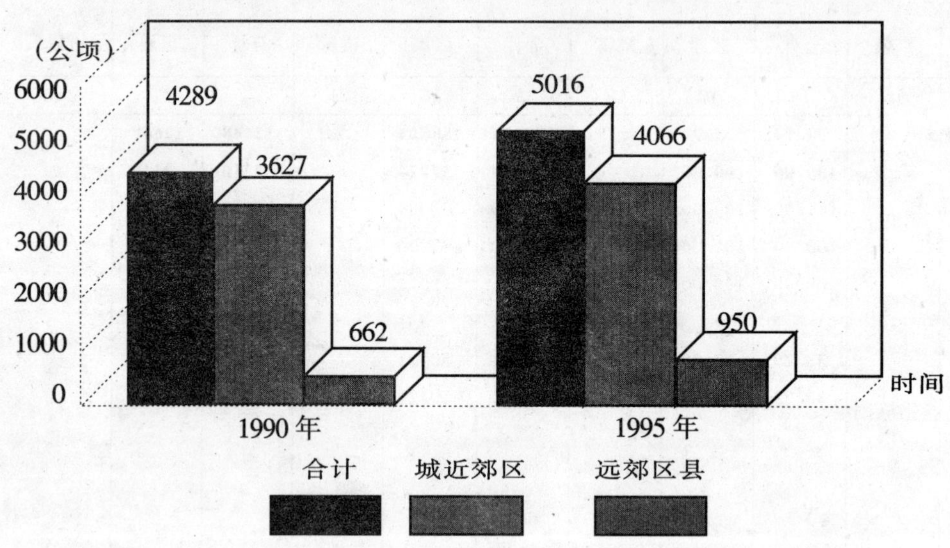

北京市城市人均公共绿地面积

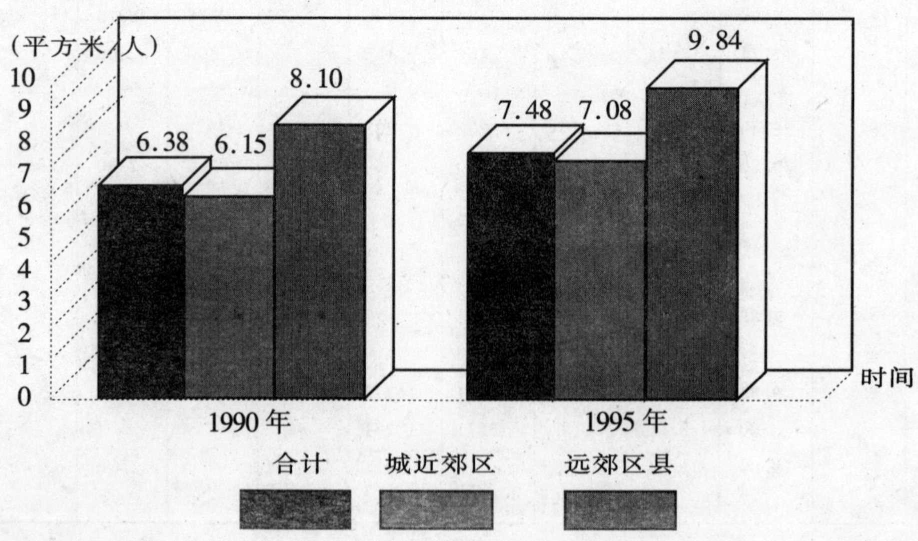

图三

8644143 8644143 17914140 17914140

北京园林绿地面积分类

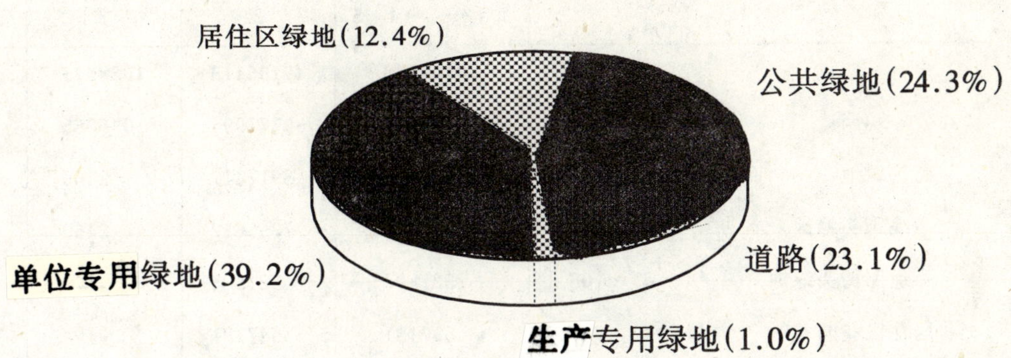

北京市公共绿地面积分类

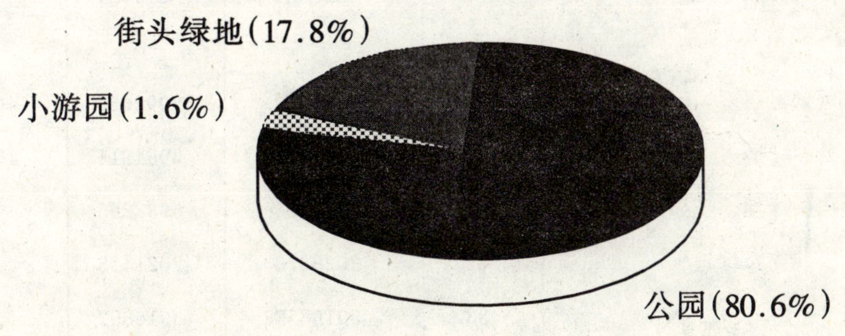

北京市城市公共

（按类别

分类名称	单位数	总面积（平方米）	规划已批面积	规划未批面积	水面积
甲		1=2+3=4+5	2	3	4
合　　计	**450**	**50164638**	**49106113**	**1058525**	**8129406**
公　　园	107	40428059	39371994	1056065	8054252
街头绿地	261	8919877	8917417	2460	68764
纯街头绿地	153	7398072	7395612	2460	68764
道路街头绿地	108	1521805	1521805		
居住区花园	75	587181	587181		
单位开放绿地	7	229521	229521		6390
城近郊区	**320**	**40664171**	**40013460**	**650711**	**7569074**
公　　园	85	36958494	36307783	650711	7561922
街头绿地	156	2979152	2979152		762
纯街头绿地	48	1457347	1457347		762
道路街头绿地	108	1521805	1521805		
居住区花园	72	497004	497004		
单位开放绿地	7	229521	229521		6390
远郊区县	**130**	**9500467**	**9092653**	**407814**	**560332**
公　　园	22	3469565	3064211	405354	492330
街头绿地	105	5940725	5938265	2460	68002
纯街头绿地	82	2023873	2021413	2460	60188
片林	23	3916852	3916852		7814
居住区花园	3	90177	90177		

绿地面积汇总表

分组）

陆地面积					绿化覆盖面积（平方米）	绿化覆盖率（%）	绿化面积占陆地面积（%）
合计	绿化面积	建筑占地面积	铺装面积	其它面积			
5=6+7+8+9	6	7	8	9	10	11	12=6/5
42035232	**35731038**	**1803410**	**2325116**	**2175668**	**36373533**	**72.51**	**85.00**
32373807	26366219	1688895	2186606	2132087	26888981	66.51	81.44
8851113	8660956	43874	107723	38560	8762745	98.24	97.85
7329308	7167594	39068	84086	38560	7234691	97.79	97.79
1521805	1493362	4806	23637		1528054	100.41	98.13
587181	579396	331	5201	2253	582975	99.28	98.67
223131	124467	70310	25586	2768	138832	60.49	55.78
33095097	**27103227**	**1716844**	**2124423**	**2150603**	**27373995**	**67.32**	**81.89**
29396572	23631053	1617521	2037466	2110532	23831310	64.48	80.39
2978390	2857444	28941	56955	35050	2910979	97.71	95.94
1456585	1364082	24135	33318	35050	1382925	94.89	93.65
1521805	1493362	4806	23637		1528054	100.41	98.13
497004	490263	72	4416	2253	492874	99.17	98.64
223131	124467	70310	25586	2768	138832	60.49	55.78
8940135	**8627810**	**86566**	**200693**	**25066**	**8999538**	**94.73**	**96.51**
2977235	2735165	71374	149140	21556	3057671	88.13	91.80
5872723	5803512	14933	50768	3510	5851766	98.50	98.82
1963685	1894474	14933	50768	3510	1934914	95.60	96.48
3909038	3909038				3916852	100.00	100.00
90177	89133	259	785		90101	99.92	98.84

北京市城市公共

（按类别

分类名称	单位数	实有树						
		总计	乔木					灌
			合计	常绿乔木		落叶乔木		合计
				小计	其中:侧柏	小计	其中:国槐	
甲		1=2+7+10	2=3+5	3	4	5	6	7
合　　计	**450**	**8513010**	**3247847**	**1178660**	**720836**	**2069187**	**94348**	**1735162**
公　　园	107	6826620	2410099	980221	619679	1429878	41076	1316757
街头绿地	261	1674607	834682	197239	100920	637443	53181	416392
纯街头绿地	153	1271782	788675	180348	100132	608327	48784	303451
道路街头绿地	108	402825	46007	16891	788	29116	4397	112941
居住区花园	75	2275	647	224		423	15	1327
单位开放绿地	7	9508	2419	976	237	1443	76	686
城近郊区	**320**	**7166356**	**2393232**	**1043721**	**638318**	**1349511**	**45567**	**1446107**
公　　园	85	6432110	2226134	940509	595366	1285625	37821	1230002
街头绿地	156	723568	164266	102098	42715	62168	7655	214684
纯街头绿地	48	320743	118259	85207	41927	33052	3258	101743
道路街头绿地	108	402825	46007	16891	788	29116	4397	112941
居住区花园	72	1170	413	138		275	15	735
单位开放绿地	7	9508	2419	976	237	1443	76	686
远郊区县	**130**	**1346654**	**854615**	**134939**	**82518**	**719676**	**48781**	**289055**
公　　园	22	394510	183965	39712	24313	144253	3255	86755
街头绿地	105	951039	670416	95141	58205	575275	45526	201708
纯街头绿地	82	334349	184444	16067	1860	168377	7230	76675
片　　林	23	616690	485972	79074	56345	406898	38296	125033
居住区花园	3	1105	234	86		148		592

绿地树木汇总表

分组）

木		（株）				实有绿篱		实有草坪（平方米）		实有宿根花卉	
木		其它									
常绿灌木	落叶灌木	合计	月季	攀缘	竹子	长度（米）	数量（株）	数量	其中：冷季型	面积（平方米）	数量（株）
8	9	10	11	12	13	14	15	16	17	18	19
309933	**1425229**	**3530001**	**954722**	**700303**	**1874976**	**268048**	**999194**	**6839271**	**2170464**	**355592**	**2607462**
159333	1157424	3099764	692416	575222	1832126	181774	560502	5182297	1892831	293341	2219894
150303	266089	423533	260329	124540	38664	84532	430135	1628554	263133	61386	387568
123737	179714	179656	132429	38758	8469	41769	202409	751408	48334	19289	128163
26566	86375	243877	127900	85782	30195	42763	227726	877146	214799	42097	255294
112	1215	301	187	114		712	3457	9108			
185	501	6403	1790	427	4186	1030	5100	19312	14500	865	4111
203106	**1243001**	**3327017**	**803417**	**669882**	**1853718**	**226649**	**751304**	**5709307**	**2032045**	**328262**	**2450342**
145054	1084948	2975974	606447	552532	1816995	165987	458266	4420597	1755302	274018	2108381
57820	156864	344618	195162	116919	32537	59082	285048	1264398	262243	53379	341961
31254	70489	100741	67262	31137	2342	16319	57322	387252	47444	11282	82556
26566	86375	243877	127900	85782	30195	42763	227726	877146	214799	42097	255294
47	688	22	18	4		550	2890	5000			
185	501	6403	1790	427	4186	1030	5100	19312	14500	865	4111
106827	**182228**	**202984**	**151305**	**30421**	**21258**	**41399**	**247890**	**1129964**	**138419**	**27330**	**157120**
14279	72476	123790	85969	22690	15131	15787	102236	761700	137529	19323	111513
92483	109225	78915	65167	7621	6127	25450	145087	364156	890	8007	45607
18953	57722	73230	59482	7621	6127	23542	126007	300054	890	7776	44835
73530	51503	5685	5685			1908	19080	64102		231	772
65	527	279	169	110		162	567	4108			

北京市城市公共

（按行政

单位名称	单位数	总 面 积（平方米）	规 划 已批面积	规 划 未批面积	水面积
甲		1=2+3=4+5	2	3	4
合 计	**450**	**50164638**	**49106113**	**1058525**	**8121592**
城近郊区	**320**	**40664171**	**40013460**	**650711**	**7569074**
东城区	38	1583886	1517229	66657	187774
西城区	29	2772573	2772573		802736
崇文区	9	3245740	3245740		364975
宣武区	26	1054603	1054603		195959
朝阳区	63	7220432	7220432		1265493
海淀区	60	13686560	13686560		4344273
丰台区	69	5361047	4999993	361054	358769
石景山区	26	5739330	5516330	223000	49095
远郊区县	**130**	**9500467**	**9092653**	**407814**	**552518**
门头沟区	9	623120	623120		1275
房山区	19	948329	948329		7945
通 县	15	1869636	1869636		58793
昌平县	15	1239395	1236935	2460	11549
大兴县	23	776701	776701		59277
平谷县	8	212226	212226		53941
怀柔县	18	1436659	1436659		73544
顺义县	11	1352777	1352777		80360
密云县	5	376517	376517		85554
延庆县	7	665107	259753	405354	120280

绿地面积汇总表

区分组）

陆地面积					绿化覆盖面积（平方米）	绿化覆盖率（%）	绿化面积占陆地面积（%）
合计	绿化面积	建筑占地面积	铺装面积	其它面积			
5=6+7+8+9	6	7	8	9	10	11	12=6/5
42043046	**35738852**	**1803410**	**2325116**	**2175668**	**36373533**	**72.51**	**85.01**
33095097	**27103228**	**1716844**	**2124423**	**2150602**	**27373995**	**67.32**	**81.89**
1396112	1000365	163626	131888	100233	1114328	70.35	71.65
1969837	1434165	171604	311068	53000	1573711	56.76	72.81
2880765	2310339	301114	241903	27409	2574372	79.32	80.20
858644	710824	62086	85734		803599	76.20	82.78
5954939	3773697	433601	424787	1322854	3753987	51.99	63.37
9342287	7936130	439108	514629	452420	7598118	55.52	84.95
5002278	4554429	67824	273358	106667	4508409	84.10	91.05
5690235	5383279	77881	141056	88019	5447471	94.91	94.61
8947949	**8635624**	**86566**	**200693**	**25066**	**8999538**	**94.73**	**96.51**
621845	608516	6082	7247		610194	97.93	97.86
940384	889090	10723	38971	1600	918934	96.90	94.55
1810843	1759809	36582	5813	8639	1826201	97.68	97.18
1227846	1197143	6801	18902	5000	1201059	96.91	97.49
717424	671530	8870	36724	300	709863	91.39	93.60
158285	146317	4797	7129	42	151417	71.35	92.44
1363115	1333114	1211	22675	6115	1349494	93.93	97.80
1272417	1234184	5033	30200	3000	1277319	94.42	97.00
290963	279734	1186	10043		289950	77.01	96.14
544827	516187	5281	22989	370	665107	100.00	94.74

北京市城市公共

（按行政

单位名称	单位数	实有树						
		总计	乔木					灌
			合计	常绿乔木		落叶乔木		合计
				小计	其中:侧柏	小计	其中:国槐	
甲		1=2+7+10	2=3+5	3	4	5	6	7
总　计	**450**	**8513010**	**3247847**	**1178660**	**720836**	**2069187**	**94348**	**1735162**
城近郊区	**320**	**7166356**	**2393232**	**1043721**	**638318**	**1349511**	**45567**	**1446107**
东城区	38	196413	28552	16350	6271	12202	1192	23334
西城区	29	302494	44899	24281	4818	20618	2972	61121
崇文区	9	190952	65452	41390	11375	24062	1865	37667
宣武区	26	293682	27735	13822	1002	13913	1601	86060
朝阳区	63	1072946	346256	51781	9297	294475	15453	294938
海淀区	60	2721759	397490	174401	84020	223089	7493	471161
丰台区	69	1438939	799111	347044	308625	452067	11885	303972
石景山区	26	949171	683737	374652	212910	309085	3106	167854
远郊区县	**130**	**1346654**	**854615**	**134939**	**82518**	**719676**	**48781**	**289055**
门头沟区	9	42757	32502	10926	5723	21576	2674	6902
房山区	19	69832	47367	20661	15882	26706	598	12780
通　县	15	445228	304312	34419	24033	269893	12357	116235
昌平县	15	205478	96070	19003	9423	77067	6309	54824
大兴县	23	113639	28680	6696	1267	21984	1132	31786
平谷县	8	35633	26820	897	4	25923	1803	2951
怀柔县	18	118990	86894	35481	25153	51413	22733	9909
顺义县	11	180692	125997	3052	436	122945	899	33631
密云县	5	31664	13134	2425	540	10709	97	17285
延庆县	7	102741	92839	1379	57	91460	179	2752

绿地树木汇总表

区分组）

木		（株）				实有绿篱		实有草坪（平方米）		实有宿根花卉	
木		其它									
常绿灌木	落叶灌木	合计	月季	攀缘	竹子	长度（米）	数量（株）	数量	其中：冷季型	面积（平方米）	数量（株）
8	9	10	11	12	13	14	15	16	17	18	19
309933	**1425229**	**3530001**	**954722**	**700303**	**1874976**	**268048**	**999194**	**6839271**	**2170464**	**355592**	**2607462**
203106	**1243001**	**3327017**	**803417**	**669882**	**1853718**	**226649**	**751304**	**5709307**	**2032045**	**328262**	**2450342**
5294	18040	144527	36981	24030	83516	16652	92802	317087	153666	14602	122490
9349	51772	196474	43203	88305	64966	30670	120863	402440	204048	24018	132170
3605	34062	87833	23225	38972	25636	19179	89425	327740	147419	30671	191821
37114	48946	179887	39348	57662	82877	9047	44053	331197	139088	11188	62397
54321	240617	431752	320299	46221	65232	19420	104453	1237077	402524	25320	135003
49282	421879	1853108	142732	347292	1363084	11017	67127	2034502	727342	162228	1066142
30233	273739	335856	154751	46224	134881	93553	140276	678948	209842	38101	640144
13908	153946	97580	42878	21176	33526	27111	92305	380316	48116	22134	100175
106827	**182228**	**202984**	**151305**	**30421**	**21258**	**41399**	**247890**	**1129964**	**138419**	**27330**	**157120**
640	6262	3353	2563	790		965	2277	70203		4411	7155
3859	8921	9685	5396	3384	905	8544	33210	86662		605	5326
74098	42137	24681	16211	7631	839	9201	35866	90576	17328	6228	12373
8022	46802	54584	42088	876	11620	3186	19668	59851	2000	4486	70788
5562	26224	53173	46509	6075	589	8435	66161	155246	31091	3967	37535
110	2841	5862	3979	1164	719	1857	14057	45298		3294	7650
3711	6198	22187	16301	500	5386	5898	55560	189123		1046	3919
9530	24101	21064	15478	4386	1200	1477	8862	164000	71000	215	1140
855	16430	1245	1130	115		1284	8917	231781		2021	7924
440	2312	7150	1650	5500		552	3312	37224	17000	1057	3310

北京市城市公共绿地

单位名称	单位数	总面积（平方米）	规划已批面积	规划未批面积	水面积
甲		1＝2＋3＝4＋5	2	3	4
合　计	**107**	**40428059**	**39371994**	**1056065**	**8054252**
区属	93	26652905	25596840	1056065	4468026
市属	14	13775154	13775154		3586226
城近郊区	**85**	**36958494**	**36307783**	**650711**	**7561922**
区属	71	23183340	22532629	650711	3975696
市属	14	13775154	13775154		3586226
东城区	7	1281548	1214891	66657	185784
区属	5	998320	931663	66657	147504
市属	2	283228	283228		38280
西城区	10	2392547	2392547		798336
区属	6	850452	850452		352336
市属	4	1542095	1542095		446000
崇文区	4	3194630	3194630		364975
区属	3	1092330	1092330		364975
市属	1	2102300	2102300		
宣武区	4	837141	837141		195875
区属	3	246571	246571		19219
市属	1	590570	590570		176656
朝阳区	20	6749563	6749563		1265493
区属	20	6749563	6749563		1265493

——公园面积汇总表

陆地面积					绿化覆盖面积（平方米）	绿化覆盖率（%）	绿化面积占陆地面积（%）
合计	绿化面积	建筑占地面积	铺装面积	其它面积			
5=6+7+8+9	6	7	8	9	10	11	12=6/5
32373807	**26366218**	**1688895**	**2186606**	**2132088**	**26888981**	**66.51**	**81.44**
22184879	17989574	873036	1421101	1901168	18145184	68.08	81.09
10188928	8376644	815859	765505	230920	8743797	63.71	82.63
29396572	**23631054**	**1617521**	**2037466**	**2110531**	**23831310**	**64.48**	**80.39**
19207644	15254409	801662	1271961	1879612	15087513	65.08	79.42
10188928	8376644	815859	765505	230920	8743797	63.48	82.21
1095764	750088	130598	117613	97465	855075	66.72	68.45
850816	549933	110366	93052	97465	632621	63.36	74.35
244948	200155	20232	24561		222454	78.54	81.71
1594211	1113911	134050	293250	53000	1243707	51.98	72.20
498116	327064	25426	144126	1500	362407	42.61	65.70
1096095	786847	108624	149124	51500	881300	57.15	75.30
2829655	2262847	298814	240585	27409	2523782	79.00	80.00
727355	564269	53764	109322		636553	58.30	77.60
2102300	1698578	245050	131263	27409	1887229	89.80	80.80
641266	500774	58511	81981		590424	70.53	78.09
227352	162070	25301	39981		181285	73.50	65.70
413914	338704	33210	42000		409139	69.28	81.83
5484070	3303528	433601	424787	1322154	3283818	48.65	60.24
5484070	3303528	433601	424787	1322154	3283818	48.65	60.24

单位名称	单位数	总 面 积（平方米）	规 划 已批面积	规 划 未批面积	水面积
甲		1＝2＋3＝4＋5	2	3	4
市属					
海淀区	12	13050062	13050062		4344273
区属	6	3793101	3793101		1418983
市属	6	9256961	9256961		2925290
丰台区	18	4902323	4541269	361054	358186
区属	18	4902323	4541269	361054	358186
市属					
石景山区	10	4550680	4327680	223000	49000
区属	10	4550680	4327680	223000	49000
市属					
远郊区县(区属)	**22**	**3469565**	**3064211**	**405354**	**492330**
门头沟区	1	37120	37120		1200
房山区	4	810998	810998		6468
通　县	3	268447	268447		54188
昌平县	1	166668	166668		10000
大兴县	3	545133	545133		59060
平谷县	1	62678	62678		6120
怀柔县	3	196073	196073		70270
顺义县	3	414335	414335		80360
密云县	1	365417	365417		85124
延庆县	2	602696	197342	405354	119540

续表一

陆地面积					绿化覆盖面积（平方米）	绿化覆盖率（%）	绿化面积占陆地面积（%）
合计	绿化面积	建筑占地面积	铺装面积	其它面积			
5=6+7+8+9	6	7	8	9	10	11	12=6/5
8705789	7327619	437973	488187	452010	6979796	53.48	84.17
2374118	1975259	29230	69630	300000	1636121	43.13	83.20
6331671	5352360	408743	418557	152011	5343675	57.73	84.53
4544137	4106730	66377	265556	105474	4067889	82.98	90.37
4544137	4106730	66377	265556	105474	4067889	82.98	90.37
4501680	4265557	57597	125507	53019	4286819	94.20	94.75
4501680	4265557	57597	125507	53019	4286819	94.20	94.75
2977235	**2735165**	**71374**	**149140**	**21556**	**3057671**	**88.13**	**91.86**
35920	29224	5617	1079		30080	81.03	81.36
804530	768483	6811	27636	1600	790498	97.47	95.52
214259	164156	36327	5137	8639	229590	85.53	76.62
156668	137170	4310	13028	2160	137435	82.46	87.55
486073	445645	7720	32708		481923	88.40	91.68
56558	49788	2119	4609	42	50146	80.00	88.03
125803	112198	844	6646	6115	114805	58.55	89.19
333975	295742	5033	30200	3000	338877	81.79	88.55
280293	271937	1103	7253		281621	77.17	97.02
483156	460822	1490	20844		602696	100.00	95.38

北京市城市公共绿地

单位名称	单位数	实有树 总计	乔木 合计	常绿乔木 小计	常绿乔木 其中:侧柏	落叶乔木 小计	落叶乔木 其中:国槐	灌 合计
甲		1=2+7+10	2=3+5	3	4	5	6	7
合　计	**107**	**6826620**	**2410099**	**980221**	**619679**	**1429878**	**41076**	**1316757**
区属	93	4081464	2089777	791933	524280	1297844	36222	879168
市属	14	2745156	320322	188288	95399	132034	4854	437589
城近郊区	**85**	**6432110**	**2226134**	**940509**	**595366**	**1285625**	**37821**	**1230002**
区属	71	3686954	1905812	752221	499967	1153591	32967	792413
市属	14	2745156	320322	188288	95399	132034	4854	437589
东城区	7	156953	21885	13080	6104	8805	511	10596
区属	5	72580	15930	9017	4713	6913	403	7391
市属	2	84373	5955	4063	1391	1892	108	3205
西城区	10	197704	36022	20674	4204	15348	1570	32856
区属	6	65131	14018	7286	799	6732	771	14878
市属	4	132573	22004	13388	3405	8616	799	17978
崇文区	4	184405	64361	40934	11375	23427	1858	34547
区属	3	103655	19094	8422	567	10672	717	30428
市属	1	80750	45267	32512	10808	12755	1141	4119
宣武区	4	168613	18858	10669	1002	8189	591	38179
区属	3	41571	6044	2614	210	3430	269	13317
市属	1	127042	12814	8055	792	4759	322	24862
朝阳区	20	978619	335206	47310	8794	287896	14596	263227
区属	20	978619	335206	47310	8794	287896	14596	263227

——公园树木汇总表

木					(株)	实有绿篱		实有草坪（平方米）		实有宿根花卉	
木		其　它									
常绿灌木	落叶灌木	合计	月季	攀缘	竹子	长度（米）	数量（株）	数量	其中：冷季型	面积（平方米）	数量（株）
8	9	10	11	12	13	14	15	16	17	18	19
159333	**1157424**	**3099764**	**692416**	**575222**	**1832126**	**181774**	**560502**	**5182297**	**1892831**	**293341**	**2219894**
105699	773469	1112519	595828	184912	331779	150902	430939	3098005	1031383	179189	1871746
53634	383955	1987245	96588	390310	1500347	30872	129563	2084292	861448	114152	348148
145054	**1084948**	**2975974**	**606447**	**552532**	**1816995**	**165987**	**458266**	**4420597**	**1755302**	**274018**	**2108381**
91420	700993	988729	509859	162222	316648	135115	328703	2336305	893854	159866	1760233
53634	383955	1987245	96588	390310	1500347	30872	129563	2084292	861448	114152	348148
1550	9046	124472	22842	18624	83006	6372	33371	226969	136169	10080	84264
1118	6273	49259	21429	14454	13376	3919	17282	163053	92907	8975	77941
432	2773	75213	1413	4170	69630	2453	16089	63916	43262	1105	6323
5422	27434	128826	7353	60483	60990	22913	65482	253493	141259	16649	60529
1277	13601	36235	2090	19253	14892	10089	36644	30004	20598	4333	20032
4145	13833	92591	5263	41230	46098	12824	28838	223489	120661	12316	40497
3457	31090	85497	21202	38691	25604	18179	80683	289606	117639	30671	191821
2850	27578	54133	14435	23712	15986	10770	51421	113492	71245	28674	186607
607	3512	31364	6767	14979	9618	7409	29262	176114	46394	1997	5214
11110	27069	111576	9881	19659	82036	2180	17140	198620	112700	5686	28880
423	12894	22210	1711	8740	11759	120	658	52900	45200	5451	26527
10687	14175	89366	8170	10919	70277	2060	16482	145720	67500	235	2353
48886	214341	380186	280349	41233	58604	12991	61717	991212	393325	19688	91349
48886	214341	380186	280349	41233	58604	12991	61717	991212	393325	19688	91349

单位名称	单位数	实		有				树
		总计	乔木					灌
			合计	常绿乔木		落叶乔木		合计
				小计	其中:侧柏	小计	其中:国槐	
甲		1=2+7+10	2=3+5	3	4	5	6	7
海淀区	12	2606039	377406	166914	83832	210492	5843	437852
区属	6	285621	143124	36644	4829	106480	3359	50427
市属	6	2320418	234282	130270	79003	104012	2484	387425
丰台区	18	1380036	792871	344582	308235	448289	11214	297308
区属	18	1380036	792871	344582	308235	448283	11214	297308
石景山区	8	759741	579525	296346	171820	283179	1638	115437
区属	8	759741	579525	296346	171820	283179	1638	115437
远郊区县	**22**	**394510**	**183965**	**39712**	**24313**	**144253**	**3255**	**86755**
门头沟区	1	4183	3550	2290	2136	1260	517	363
房山区	4	55209	41610	18835	15552	22775	195	8608
通　县	3	35854	12206	3899	3900	8307	455	15766
昌平县	1	40963	5477	1579	474	3898	440	8896
大兴县	3	76905	16799	4523	737	12276	294	12363
平谷县	1	8470	2059	814		1245	120	1238
怀柔县	3	15700	5546	1720	513	3826	205	2153
顺义县	3	48325	12538	2531	436	10007	781	18923
密云县	1	30126	12828	2287	540	10541	96	16672
延庆县	2	78775	71352	1234	25	70118	152	1773

续表一

木		（株）				实有绿篱		实有草坪（平方米）		实有宿根花卉	
木		其它									
常绿灌木	落叶灌木	合计	月季	攀缘	竹子	长度（米）	数量（株）	数量	其中：冷季型	面积（平方米）	数量（株）
8	9	10	11	12	13	14	15	16	17	18	19
39189	398663	1790781	120966	329952	1339863	10332	63861	1614145	600368	156469	1013781
1426	49001	92070	45991	10940	35139	4206	24969	139092	16737	57970	720020
37763	349662	1698711	74975	319012	1304724	6126	38892	1475053	583631	98499	293761
29839	267469	289857	121786	33470	134601	86736	107580	624336	209842	30975	574464
29839	267469	289857	121786	33470	134601	86736	107580	624336	209842	30975	574464
5601	109836	64779	22068	10420	32291	6284	28432	222216	44000	3800	63293
5601	109836	64779	22068	10420	32291	6284	28432	222216	44000	3800	63293
14279	**72476**	**123790**	**85969**	**22690**	**15131**	**15787**	**102236**	**761700**	**137529**	**19323**	**111513**
	363	270	270			379	1200	8500		1911	3850
3049	5559	4991	2290	2308	393	811	3632	27570		433	3800
561	15205	7882	3948	3115	819	3585	13546	52917	17328	6198	11608
5216	3680	26590	14415	555	11620	1237	8153	31050	2000	4476	70762
2220	10143	47743	41327	5917	499	5034	36670	91900	30201	967	7535
100	1138	5173	3573	1000	600	600	4069	42006		2595	4670
690	1463	8001	7679	322		1958	21714	89809		339	62
1551	17372	16864	11278	4386	1200	1477	8862	160000	71000	215	1140
804	15868	626	539	87		484	3058	225948		1154	4976
88	1685	5650	650	5000		222	1332	32000	17000	1035	3110

市顺序号	区顺序号	公园名称	总面积（平方米）	规划已批面积	规划未批面积	水面积
		甲	1＝2＋3＝4＋5	2	3	4
		东城区	**1281548**	**1214891**	**66657**	**185784**
		区属	998320	931663	66657	147504
1	1	地坛公园	430476	373619	56857	1325
2	2	青年湖公园	169800	160000	9800	61100
3	3	柳荫公园	174665	174665		62725
4	4	南馆公园	26174	26174		
5	5	劳动人民文化宫	197205	197205		22354
		市属	283228	283228		38280
6	6	中山公园	238326	238326		38280
7	7	东单公园	44902	44902		
		西城区	**2392547**	**2392547**		**798336**
		区属	850452	850452		352336
8	1	北滨河公园	79900	79900		2000
9	2	人定湖公园	92000	92000		10336
10	3	月坛公园	79652	79652		
11	4	南礼士路公园	22900	22900		
12	5	什刹海公园	540000	540000		340000
13	6	青年宫	36000	36000		
		市属	1542095	1542095		446000
14	7	北海公园	677098	677098		390000
15	8	景山公园	230000	230000		
16		北京动物园	861898	861898		56000
	9	其中：西城区界内	561898	561898		56000

——公园面积明细表

陆地面积					绿化覆盖面积（平方米）	绿化覆盖率（%）	绿化面积占陆地面积（%）
合计	绿化面积	建筑占地面积	铺装面积	其它面积			
5=6+7+8+9	6	7	8	9	10	11	12=6/5
1095764	**750088**	**130598**	**117613**	**97456**	**855075**	**66.72**	**68.45**
850816	549933	110366	93052	97465	632621	63.36	64.64
429151	249646	65555	42408	71542	277786	64.53	58.17
108700	70630	10342	17928	9800	100677	59.29	64.98
111940	81113	4595	12782	13450	89224	51.08	72.46
26174	22144	2530	1500		25074	95.80	84.60
174851	126400	27344	18434	2673	139860	70.92	72.29
244948	200155	20232	24561		222454	78.54	81.71
200046	160870	18592	20584		177552	74.50	80.42
44902	39285	1640	3977		44902	100.00	87.49
1594211	**1113911**	**134050**	**293250**	**53000**	**1243707**	**51.98**	**72.20**
498116	327064	25426	144126	1500	362407	42.61	65.66
77900	72051	1199	4650		75051	93.93	92.49
81664	65830	1614	14220		69930	76.01	80.67
79652	52904	4001	22745		75971	95.38	66.42
22900	16578	212	6110		21755	95.00	72.40
200000	94700	10700	94600		94700	17.54	47.35
36000	25000	7700	1800	1500	25000	69.44	69.44
1096095	786847	108624	149124	51500	881300	57.15	71.79
287098	180887	44369	61842		238399	35.29	63.00
230000	148651	5809	24040	51500	167800	72.96	64.63
805898	676841	64557	64500		463860	48.09	83.99
505898	399890	52508	53500		414530	73.77	79.05

市顺序号	区顺序号	公园名称	总面积（平方米）	规划已批面积	规划未批面积	水面积
		甲	1=2+3=4+5	2	3	4
17	10	双秀公园	73099	73099		
		崇文区	**3194630**	**3194630**		**364975**
		区属	1092330	1092330		364975
18	1	龙潭湖公园	492000	492000		194700
19	2	北京游乐园	495505	495505		113300
20	3	龙潭西湖公园	104825	104825		56975
		市属	2102300	2102300		
21	4	天坛公园	2102300	2102300		
		宣武区	**837141**	**837141**		**195875**
		区属	246571	246571		19219
22	1	宣武艺园	73663	73663		3344
23	2	万寿公园	47000	47000		
24	3	大观园	125908	125908		15875
		市属	590570	590570		176656
24	5	陶然亭公园	590570	590570		176656
		朝阳区	**6749563**	**6749563**		**1265493**
		区属	6749563	6749563		1265493
26	1	团结湖公园	123247	123247		54000
27	2	日坛公园	206200	206200		4700
28	3	红领巾公园	404160	404160		209920
29		元大都城垣遗址公园	804205	804205		
	4	其中：朝阳区界内	433544	433544		
30	5	朝阳公园	3562840	3562840		748667
31	6	中华民族园	153180	153180		23000
32	7	窖洼湖公园	427600	427600		21667
33	8	立水桥公园	73333	73333		20000

续表一

陆地面积					绿化覆盖面积（平方米）	绿化覆盖率（%）	绿化面积占陆地面积（%）
合计	绿化面积	建筑占地面积	铺装面积	其它面积			
5=6+7+8+9	6	7	8	9	10	11	12=6/5
73099	57419	5938	9742		60501	82.77	78.55
2829655	**2262847**	**298814**	**240585**	**27409**	**2523782**	**79.00**	**80.00**
727355	564269	53764	109322		636553	58.27	77.58
297300	239932	28878	28490		245000	49.80	80.70
382205	287623	23802	70780		336853	67.98	75.25
47850	36714	1084	10052		54700	52.18	76.73
2102300	1698578	245050	131263	27409	1887229	89.77	80.80
2102300	1698578	245050	131263	27409	1887229	89.77	80.80
641266	**500774**	**58511**	**81981**		**590424**	**70.53**	**78.09**
227352	162070	25301	39981		181285	73.52	71.29
70319	55582	5587	9150		64722	87.86	79.04
47000	33920	2400	10680		33920	72.17	72.17
110033	72568	17314	20151		82643	65.64	65.95
413914	338704	33210	42000		409139	69.28	81.83
413914	338704	33210	42000		409139	69.28	81.83
5484070	**3303528**	**433601**	**424787**	**1322154**	**3283818**	**48.65**	**60.24**
5484070	3303528	433601	424787	1322154	3283818	48.65	60.24
69248	46138	7000	15466	644	59453	48.24	66.63
201500	153976	4663	35227	7634	178579	86.60	76.41
194240	139803	6726	29250	18461	138360	34.14	71.97
804205	659338	40652	51857	52358	707745	88.01	81.99
433544	364790	16463	39943	12348	404733	93.35	84.14
2814172	1011283	332673	187149	1283067	813930	22.84	35.93
130180	98050	16730	15400		103380	67.49	74.96
405933	381708	525	23700		385274	90.10	94.03
53333	48433	200	4700		62553	85.30	90.81

市顺序号	区顺序号	公园名称	总面积（平方米）	规划已批面积	规划未批面积	水面积
		甲	1=2+3=4+5	2	3	4
34	9	桃花公园	83333	83333		3000
35	10	北苑公园	106600	106600		40000
36	11	个　园	90000	90000		4000
37	12	黄渠公园	77600	77600		8000
38	13	碧玉公园	307000	307000		20000
39	14	四得公园	167000	167000		13875
40	15	清洋湖公园	100000	100000		46600
41	16	焦化厂公园	28414	28414		5000
42	17	丽都公园	62666	62666		4000
43	18	姜庄钓鱼公园	180000	180000		28000
44	19	北辰中心公园	107846	107846		1064
45	20	亚运村西花园	55000	55000		10000
		市属				
		海淀区	**13050062**	**13050062**		**4344273**
		区属	3793101	3793101		1418983
46	1	玲珑公园	71060	71060		3365
47	2	会城门公园	25137	25137		318
48	3	圆明园	3500000	3500000		1400000
49	4	碧水风荷	56904	56904		8800
50	5	四季公园	66700	66700		
51	6	西山公园	73300	73300		6500
		市属	9256961	9256961		2925290
52	7	紫竹院公园	473500	473500		158884
53	8	玉渊潭公园	1407900	1407900		614700

续表二

陆地面积					绿化覆盖面积（平方米）	绿化覆盖率（%）	绿化面积占陆地面积（%）
合计	绿化面积	建筑占地面积	铺装面积	其它面积			
5=6+7+8+9	6	7	8	9	10	11	12=6/5
80333	74950	933	4450		76900	92.30	93.30
66600	59700	100	6800		89544	84.00	89.64
86000	75000	4000	7000		76200	84.67	87.21
69600	64755	230	4615		65765	84.75	93.04
287000	280100	1700	5200		280100	91.24	97.60
153125	134005	5900	13220		145000	86.83	81.51
53400	47100	300	6000		72160	72.16	88.20
23414	18181	1698	3535		22645	79.70	77.65
58666	49314	3760	5592		53000	84.58	84.06
152000	112300	30000	9700		112300	62.39	73.88
106782	100942		5840		100942	93.60	94.53
45000	43000		2000		43000	78.18	95.56
8705789	**7327619**	**437973**	**488187**	**452010**	**6979796**	**53.48**	**84.17**
2374118	1975258	29230	69630	300000	1636121	43.13	83.20
67695	51634	2079	13982		54033	76.04	76.27
24819	17539	1515	5765		24620	97.94	70.67
2100000	1733000	25000	42000	300000	1380000	39.43	82.52
48104	46185	536	1383		47568	87.59	96.01
66700	63700		3000		66700	100.00	95.50
66800	63200	100	3500		63200	86.22	94.61
6331671	5352361	408743	418557	152010	5343675	57.73	84.53
314616	265645	22785	26186		306875	64.81	84.43
793200	493583	97170	90447	112000	505738	35.92	62.23

市顺序号	区顺序号	公园名称	总面积（平方米）	规划已批面积	规划未批面积	水面积
		甲	1＝2＋3＝4＋5	2	3	4
54	9	颐和园	2901300	2901300		2133000
55	10	香山公园	1726900	1726900		8690
56	11	碧云寺	76700	76700		200
57	12	北京植物园	2000000	2000000		9816
(16)		北京动物园	861898	861898		56000
	13	其中海淀区界内	300000	300000		
(29)		元大都城垣遗址公园	804205	804205		
	14	其中海淀区界内	370661	370661		
		丰台区	**4902323**	**4541269**	**361054**	**358186**
		区属	4902323	4541269	361054	358186
58	1	丰台花园	100000	100000		9600
59	2	南苑公园	117566	117566		12225
60	3	长辛店公园	67280	67280		
61	4	万芳亭公园	142071		142071	3375
62	5	莲花池公园	378219	378219		200799
63	6	鹰山公园	799920	633937	165983	3000
64	7	云岗街心公园	21040	21040		185
65	8	森林公园	1331790	1331790		
66	9	桃园花园	18870	18870		760
67	10	万泉寺公园	86580	86580		6000
68	11	益泽公园	104280	104280		5000
69	12	世界公园	520000	467000	53000	42000
70	13	花乡御公园	35500	35500		2500
71	14	石榴庄公园	124006	124006		12700
72	15	富海公园	106671	106671		1382
73	16	槐房钓鱼公园	75004	75004		34668
74	17	南宫苑公园	120060	120060		10672

续表三

陆地面积					绿化覆盖面积（平方米）	绿化覆盖率（%）	绿化面积占陆地面积（%）
合计	绿化面积	建筑占地面积	铺装面积	其它面积			
5＝6＋7＋8＋9	6	7	8	9	10	11	12＝6/5
768300	539049	135831	93420		629555	21.70	70.16
1718210	1589230	60350	68630		1648451	95.46	92.49
76500	54000	8540	13960		61359	80.00	70.59
1990184	1839355	47829	103000		1839355	91.97	92.42
805898	676841	64557	64500		463860	48.09	83.99
300000	276951	12049	11000		49330	16.44	92.32
804205	659338	40652	51857	52358	707745	80.01	81.99
370661	294548	24189	11914	40010	303012	81.75	79.47
4544137	**4106730**	**66377**	**265556**	**105474**	**4067889**	**82.98**	**90.37**
4544137	4106730	66377	265556	105474	4067889	82.98	90.37
90400	76277	4257	9866		79900	79.90	84.38
105341	97768	2246	5327		104047	88.50	92.81
67280	62962	711	3607		62962	93.58	93.58
138696	118362	6734	13600		125162	88.10	85.34
177420	152191	1229	24000		152191	40.24	85.78
796920	775798	5018	5452	10652	775798	96.98	97.35
20855	16608	299	3816	132	20557	97.70	79.64
1331790	1321489	180	9257	864	1331790	100.00	99.23
18110	15676	783	1651		17524	92.86	86.56
80580	65980	600	14000		65980	76.21	81.88
99280	90080	4700	4500		90080	86.38	90.73
478000	267046	14760	130000	66194	267046	51.36	55.87
33000	28500	1000	2500	1000	28500	80.28	86.36
111306	100000	600	8000	2706	99600	80.32	89.84
105289	72098	6600	6600	20000	5900	5.53	68.47
40336	35000	710	3400	1226	29950	39.93	86.77
109388	109058	330			109058	90.84	99.70

市顺序号	区顺序号	公园名称	总面积（平方米）	规划已批面积	规划未批面积	水面积
		甲	1＝2＋3＝4＋5	2	3	4
75	18	花乡公园	753466	753466		13320
		石景山区	**4550680**	**4327680**	**223000**	**49000**
		区属	4550680	4327680	223000	49000
76	1	八大处公园	2530000	2530000		7150
77	2	法海寺公园	1180000	1180000		1900
78	3	银杏宝宝乐园	6660	6660		600
79	4	古城公园	23310	23310		1800
80	5	雕塑公园	36630	36630		5000
81	6	石景山游乐园	266640	266640		15150
82	7	希望公园	98000		98000	9900
83	8	八角公园	125000		125000	3500
84	9	松林公园	212440	212440		
85	10	四海公园	72000	72000		4000
		门头沟区	**37120**	**37120**		**1200**
86	1	黑山公园	37120	37120		1200
		房山区	**810998**	**810998**		**6468**
87	1	迎宾公园	73370	73370		760
88	2	朝曦公园	17628	17628		508
89	3	燕山公园	160000	160000		4350
90	4	白水寺公园	560000	560000		850
		通　县	**268447**	**268447**		**54188**
91	1	西海子公园	140007	140007		53336
92	2	漫春园	23400	23400		852
93	3	齐天乐园	105040	105040		

续表四

陆地面积					绿化覆盖面积（平方米）	绿化覆盖率（%）	绿化面积占陆地面积（%）
合计	绿化面积	建筑占地面积	铺装面积	其它面积			
5=6+7+8+9	6	7	8	9	10	11	12=6/5
740146	701846	15620	19980	2700	701846	93.15	94.83
4501680	**4265557**	**57597**	**125507**	**53019**	**4286819**	**94.20**	**94.75**
4501680	4265557	57597	125507	53019	4286819	94.2	94.8
2522850	2408171	32972	42313	39394	2408171	95.18	95.45
1178100	1174299	1166	2635		1171668	99.29	99.68
6060	4023	421	1616		5150	77.33	66.39
21510	13266	1730	6514		18780	80.57	61.67
31630	23752	880	6998		31060	84.79	75.09
251490	201135	10091	40264		215979	81.00	79.98
88100	74210	3290	10600		74210	75.72	84.23
121500	101154	3863	3163	13320	96037	76.83	82.25
212440	204783	1048	6304	305	205000	96.50	96.40
68000	60764	2136	5100		60764	84.39	89.36
35920	**29224**	**5617**	**1079**		**30080**	**81.03**	**81.36**
35920	29224	5617	1079		30080	83.30	81.30
804530	**768483**	**6811**	**27636**	**1600**	**790498**	**97.47**	**95.52**
72610	68999	400	3211		70223	95.71	95.03
17120	12708	602	3810		15361	87.15	74.23
155650	130387	5487	19776		148525	92.83	83.77
559150	556389	322	839	1600	556389	99.36	99.51
214259	**164156**	**36327**	**5137**	**8639**	**229590**	**85.53**	**76.62**
86671	63328	18206	5137		128763	91.93	73.07
22548	21354	1194			21354	91.29	94.70
105040	79474	16927		8639	79473	75.66	75.66

市顺序号	区顺序号	公园名称	总面积（平方米）	规划已批面积	规划未批面积	水面积
		甲	1＝2＋3＝4＋5	2	3	4
		昌平县	**166668**	**166668**		**10000**
94	1	昌平公园	166668	166668		10000
		大兴县	**545133**	**545133**		**59060**
95	1	团河行宫遗址公园	333500	333500		42669
96	2	黄村儿童游乐园	65633	65633		8391
97	3	康庄公园	146000	146000		8000
		平谷县	**62678**	**62678**		**6120**
98	1	人民公园	62678	62678		6120
		怀柔县	**196073**	**196073**		**70270**
99	1	城南公园	44670	44670		
100	2	水上公园	118684	118684		70270
101	3	体育公园	32719	32719		
		顺义县	**414335**	**414335**		**80360**
102	1	顺义公园	243335	243335		43356
103	2	怡园	52000	52000		1004
104	3	卧龙公园	119000	119000		36000
		密云县	**365417**	**365417**		**85124**
105	1	白河郊野公园	365417	365417		85124
		延庆县	**602696**	**197342**	**405354**	**119540**
106	1	香水苑公园	101338	101338		12000
107	2	妫水河公园	501358	96004	405354	107540

续表五

陆　地　面　积					绿化覆盖面积（平方米）	绿　化覆盖率（%）	绿化面积占陆地面积（%）
合　　计	绿化面积	建筑占地面　积	铺　装面　积	其它面积			
5=6+7+8+9	6	7	8	9	10	11	12=6/5
156668	137170	4310	13028	2160	137435	82.46	87.55
156668	137170	4310	13028	2160	137435	82.46	87.55
486073	**445645**	**7720**	**32708**		**481923**	**88.40**	**91.68**
290831	282511	1674	6646		300511	90.11	97.14
57242	40534	2333	14375		52307	79.70	70.81
138000	122600	3713	11687		129105	88.43	88.84
56558	**49788**	**2119**	**4609**	**42**	**50146**	**80.00**	**88.03**
56558	49788	2119	4609	42	50146	80.00	88.03
125803	**112198**	**844**	**6646**	**6115**	**114805**	**58.55**	**89.19**
44670	42000	155	2515		42481	95.10	94.02
48414	44553	689	2481	691	46679	39.33	92.03
32719	25645		1650	5424	25645	78.38	78.38
333975	**295742**	**5033**	**30200**	**3000**	**338877**	**81.79**	**88.55**
199979	175979	4000	20000		202960	83.41	88.00
50996	45446	350	5200		49600	95.38	89.12
83000	74317	683	5000	3000	86317	72.54	89.54
280293	**271937**	**1103**	**7253**		**281621**	**77.07**	**97.02**
280293	271937	1103	7253		281621	77.10	97.02
483156	**460822**	**1490**	**20844**		**602696**	**100.00**	**95.38**
89338	82774	1420	5144		101338	100.00	92.65
393818	378048	70	15700		501358	100.00	96.00

北京市城市公共绿地

市顺序号	区顺序号	公园名称	实有树 总计	乔木 合计	常绿乔木 小计	常绿乔木 其中:侧柏	落叶乔木 小计	落叶乔木 其中:国槐	灌 合计
		甲	1=2+7+10	2=3+5	3	4	5	6	7
		东城区	**156953**	**21885**	**13080**	**6104**	**8805**	**511**	**10596**
		区属	72580	15930	9017	4713	6913	403	7391
1	1	地坛公园	35970	7289	4983	3623	2306	24	2088
2	2	青年湖公园	10466	3917	1887	125	2030	285	2061
3	3	柳荫公园	15472	2621	692	173	1929	41	1677
4	4	南馆公园	7083	755	343	40	412	45	619
5	5	劳动人民文化宫	3589	1348	1112	752	236	8	946
		市属	84373	5955	4063	1391	1892	108	3205
6	6	中山公园	77510	3063	2241	917	822	49	1844
7	7	东单公园	6863	2892	1822	474	1070	59	1361
		西城区	**197704**	**36022**	**20674**	**4204**	**15348**	**1570**	**32856**
		区属	65131	14018	7286	799	6732	771	14878
8	1	北滨河公园	4653	2997	1728	363	1269	157	1619
9	2	人定湖公园	3954	2435	976	302	1459	210	852
10	3	月坛公园	17127	3393	2613	55	780	24	2217
11	4	南礼士路公园	1588	557	192		365	58	700
12	5	什刹海公园	37430	4413	1760	69	2653	296	9384
13	6	青年宫	379	223	17	10	206	26	106
		市属	132573	22004	13388	3405	8616	799	17978
14	7	北海公园	29925	5607	3468	1187	2139	274	3866
15	8	景山公园	15883	6822	5656	1488	1166	124	4439

——公园树木明细表

木					（株）	实有绿篱		实有草坪（平方米）		实有宿根花卉	
木		其它									
常绿灌木	落叶灌木	合计	月季	攀缘	竹子	长度（米）	数量（株）	数量	其中：冷季型	面积（平方米）	数量（株）
8	9	10	11	12	13	14	15	16	17	18	19
1550	**9046**	**124472**	**22842**	**18624**	**83006**	**6372**	**33371**	**226969**	**136169**	**10080**	**84264**
1118	6273	49259	21429	14454	13376	3919	17282	163053	92907	8975	77941
145	1943	26593	13190	10197	3206	1089	4939	82236	45990	1070	3940
494	1567	4488	1760	1978	750	390	2103	51520	44120	125	1251
264	1413	11174	3200	1120	6854	80	260	21720		7120	71200
187	432	5709	3241	1018	1450	900	5600	2737	2737	460	1048
28	918	1295	38	141	1116	1460	4380	4840	60	200	502
432	2773	75213	1413	4170	69630	2453	16089	63916	43262	1105	6323
365	1479	72603	448	2687	69468	2111	14962	50352	30465	862	2691
67	1294	2610	965	1483	162	342	1127	13564	12797	243	3632
5422	**27434**	**128826**	**7353**	**60483**	**60990**	**22913**	**65482**	**253493**	**141259**	**16649**	**60529**
1277	13601	36235	2090	19253	14892	10089	36644	30004	20598	4333	20032
131	1488	37	30	7		1313	4363	830			
98	754	667	267	400		445	2225				
178	2039	11517	810	1095	9612	1700	8500	14495	14256	540	1087
63	637	331		161	170	270	810	8976	6092		
786	8598	23633	983	17540	5110	6361	20746	5703	250	3783	18915
21	85	50		50						10	30
4145	13833	92591	5263	41230	46098	12824	28838	223489	120661	12316	40497
1232	2634	20452	683	3610	16159	8374	3490	39408	26354	2260	10792
539	3900	4622	202	300	4120	1243	6215	57090	21040	6676	6338

市顺序号	区顺序号	公园名称	实	有					树
			总计	乔木					灌
				合计	常绿乔木		落叶乔木		合计
					小计	其中:侧柏	小计	其中:国槐	
		甲	1=2+7+10	2=3+5	3	4	5	6	7
16		北京动物园	79303	10805	4749	785	6056	568	7542
	9	其中:西城区	72944	8009	3260	730	4749	365	7174
17	10	双秀公园	13821	1566	1004		562	36	2499
		崇文区	**184405**	**64361**	**40934**	**11375**	**23427**	**1858**	**34547**
		区属	103655	19094	8422	567	10672	717	30428
18	1	龙潭公园	63200	8646	3335	380	5311	206	21107
19	2	北京游乐园	26494	9038	4420	75	4618	502	4313
20	3	龙潭西湖公园	13961	1410	667	112	743	9	5008
		市属	80750	45267	32512	10808	12755	1141	4119
21	4	天坛公园	80750	45267	32512	10808	12755	1141	4119
		宣武区	**168613**	**18858**	**10669**	**1002**	**8189**	**591**	**38179**
		区属	41571	6044	2614	210	3430	269	13317
22	1	宣武艺园	19620	2473	1080	2	1393	147	10168
23	2	万寿西宫	5667	1302	651	157	651	34	1025
24	3	大观园	16284	2269	883	51	1386	88	2124
		市属	127042	12814	8055	792	4759	322	24862
25	4	陶然亭公园	127042	12814	8055	792	4759	322	24862
		朝阳区	**978619**	**335206**	**47310**	**8794**	**287896**	**14596**	**263227**
		区属	978619	335206	47310	8794	287896	14596	263227
26	1	团结湖公园	12172	2372	1256	13	1116	103	3918
27	2	日坛公园	25993	5422	3051	347	2371	270	11199
28	3	红领巾公园	9648	5220	1279	37	3941	379	2409
29		元大都城垣遗址公园	86182	27910	14969	1486	12941	1533	41030
	4	其中:朝阳区	67569	18322	8683	533	9639	1176	34090
30	5	朝阳公园	484071	238812	18658	7409	220154	7844	130896
31	6	中华民族园	62584	3626	806	34	2820	44	11375

续表一

木					(株)	实有绿篱		实有草坪（平方米）		实有宿根花卉	
木		其它									
常绿灌木	落叶灌木	合计	月季	攀缘	竹子	长度（米）	数量（株）	数量	其中：冷季型	面积（平方米）	数量（株）
8	9	10	11	12	13	14	15	16	17	18	19
1742	5800	60756	2629	36641	21686	2875	18719	94699	75792	931	3162
1708	5466	57761	2359	35621	19781	2707	13849	92024	73117	906	3062
666	1833	9756	2019	1699	6038	500	5284	34967	150	2474	20305
3457	**31090**	**85497**	**21202**	**38691**	**25604**	**18179**	**80683**	**289606**	**117639**	**30671**	**191821**
2850	27578	54133	14435	23712	15986	10770	51421	113492	71245	28674	186607
2434	18673	33447	10820	9827	12800	5720	29632	45082	9312	23793	142760
292	4021	13143	1988	11070	85	4831	20250	53360	46883	1344	8064
124	4884	7543	1627	2815	3101	219	1539	15050	15050	3537	35783
607	3512	31364	6767	14979	9618	7409	29262	176114	46394	1997	5214
607	3512	31364	6767	14979	9618	7409	29262	176114	46394	1997	5214
11110	**27069**	**111576**	**9881**	**19659**	**82036**	**2180**	**17140**	**198620**	**112700**	**5686**	**28880**
423	12894	22210	1711	8740	11759	120	658	52900	45200	5451	26527
230	9938	6979	800	4970	1209	70	418	26000	26000	1621	14447
75	950	3340	640		2700	50	240	21400	19200	530	1080
118	2006	11891	271	3770	7850			5500		3300	11000
10687	14175	89366	8170	10919	70277	2060	16482	145720	67500	235	2353
10687	14175	89366	8170	10919	70277	2060	16482	145720	67500	235	2353
48886	**214341**	**380186**	**280349**	**41233**	**58604**	**12991**	**61717**	**991212**	**393325**	**19688**	**91349**
48886	214341	380186	280349	41233	58604	12991	61717	991212	393325	19688	91349
455	3463	5882	1780	1132	2970	334	1383	30000	5000	318	4219
164	11035	9372	6633	1602	1137	4299	16769	59425	40469	240	1826
200	2209	2019	697	1319	3	888	3779	19477		83	249
23199	17831	17242	9736	7006	500	1470	5119	260295	7000	3906	35347
21018	13072	15157	8531	6126	500	270	1619	170925	7000	2809	25265
10980	119916	114363	104009	10344	10	2086	7024	186657	165000	12918	26520
3753	7622	47583	2883	2782	41918	187	748	80897		176	2840

市顺序号	区顺序号	公园名称	实有树						
			总计	乔木					灌
				合计	常绿乔木		落叶乔木		合计
					小计	其中:侧柏	小计	其中:国槐	
		甲	1=2+7+10	2=3+5	3	4	5	6	7
32	7	窑洼湖公园	107176	25489	5423	300	20066	1319	11917
33	8	立水桥公园	5139	3309	538		2771	300	1645
34	9	北苑公园	16364	1093	112		981	355	271
35	10	小红门公园	7830	3330	830		2500	645	1470
36	11	个　　园	6310	4290	680	40	3610		720
37	12	黄渠公园	1502	920	172	10	748	35	582
38	13	碧玉公园	3843	2600	688	45	1912	135	1243
39	14	四得公园	19290	8890	1830		7060	1500	400
40	15	清羊湖公园	13983	1731	296		1435		4696
41	16	焦化厂公园	5248	640	137	5	503	5	1759
42	17	丽都公园	12954	1983	498		1485	261	1438
43	18	姜庄垂钓公园	44216	3129	755	9	2374	30	22327
44	19	北辰中心公园	59909	2510	1139	12	1371	195	16572
45	20	北辰高级花园别墅	12818	1518	479		1039		4300
		海淀区	**2606039**	**377406**	**166914**	**83832**	**210492**	**5843**	**437852**
		区属	285621	143124	36644	4829	106480	3359	50427
46	1	玲珑园	44797	2411	595		1816	732	4866
47	2	会城门	2552	1163	615	4	548	80	1190
48	3	圆明园	226897	136497	34065	4515	102432	2213	43000
59	4	碧水风荷	7927	955	371	30	584	104	721
50	5	四季公园	1658	1038	738	200	300	150	320
51	6	西山公园	1790	1060	260	80	800	80	330
		市属	2320418	234282	130270	79003	104012	2484	387425

续表二

木	（株）					实有绿篱		实有草坪（平方米）		实有宿根花卉	
木		其它									
常绿灌木	落叶灌木	合计	月季	攀缘	竹子	长度（米）	数量（株）	数量	其中：冷季型	面积（平方米）	数量（株）
8	9	10	11	12	13	14	15	16	17	18	19
2381	9536	69770	69770			160	800	70000			
	1645	185		185		10	50	21000			
	271	15000	15000					2800			
	1470	3030	3030					25000			
20	700	1300	1300					14000		600	1000
30	552							30349			
1200	43							20000			
	400	10000	10000					6000			
192	4504	7556	3956		3600			8070			
221	1538	2849	2789	60		662	4543	6500	4000	10	34
294	1144	9533	2733	3600	3200	876	5260	42000		120	1149
2070	20257	18760	13000	3660	2100	198	1618	76256	50000	308	4763
5608	10964	40827	32738	4923	3166	3021	18124	78856	78856	1106	12484
300	4000	7000	1500	5500				43000	43000	1000	11000
39189	**398663**	**1790781**	**120966**	**329952**	**1339863**	**10332**	**63861**	**1614145**	**600368**	**156469**	**1013781**
1426	49001	92070	45991	10940	35139	4206	24969	139092	16737	57970	720020
343	4523	37520	37000	511	9	1110	9570	43800	8200	7650	116880
23	1167	199	140	29	30	696	3899	537	537		
850	42150	47400	2000	10400	35000	1400	8500	23570	8000	50000	600000
	721	6251	6251					46185		170	1312
120	200	300	300			1000	3000	10000			
90	240	400	300		100			15000		150	1500
37763	349662	1698711	74975	319012	1304724	6126	38892	1475053	583631	98499	293761

市顺序号	区顺序号	公园名称	实有树							
			总计	乔木						灌
				合计	常绿乔木		落叶乔木		合计
					小计	其中:侧柏	小计	其中:国槐	
		甲	1=2+7+10	2=3+5	3	4	5	6	7
52	7	紫竹院公园	914812	7263	3205	141	4058	93	15113
53	8	玉渊潭公园	188859	17190	5611	1524	11579	235	21740
54	9	颐和园	418161	28822	17335	9106	11487	368	11989
55	10	香山公园	244859	104521	81241	63130	23280	661	103623
56	11	碧云寺	9178	1036	930	703	106	33	207
57	12	北京植物园	519577	63066	14173	3391	48893	534	227445
(16)		北京动物园	79303	10805	4749	785	6056	568	7542
	13	其中海淀区	6359	2796	1489	55	1307	203	368
(29)		元大都城垣遗址公园	86182	27910	14969	1486	12941	1533	41030
	14	其中海淀区	18613	9588	6286	953	3302	357	6940
		丰台区	**1380036**	**792871**	**344582**	**308235**	**448289**	**11214**	**297308**
		区属	1380036	792871	344582	308235	448289	11214	297308
58	1	丰台花园	57201	3709	1463	4	2246	203	11713
59	2	南苑花园	13858	4597	2571	243	2026	101	2091
60	3	长辛店公园	15845	6117	3240	1364	2877	201	7153
64	4	万芳亭公园	18932	6096	1576	56	4520	451	7921
62	5	莲花池公园	8381	5259	2244	2	3015	192	2085
63	6	鹰山公园	320814	200323	87711	83693	112612	191	59479
64	7	云岗街公园	1644	787	256	1	531		479
65	8	森林公园	417703	413921	227948	220052	185973	1052	960
66	9	桃园花园	9375	557	275	3	282	11	2004
67	10	万泉亭公园	13565	2071	482		1589	360	807
68	11	益泽公园	12007	1836	362	58	1474	110	4171
69	12	世界公园	81070	16079	5896	84	10183	3542	19335
70	13	花乡公园	313050	115050	5150	2150	109900	3500	160000
71	14	花乡玉公园	9000	4000	2000	5	2000	500	1000

续表三

木			(株)			实有绿篱		实有草坪（平方米）		实有宿根花卉	
木		其它									
常绿灌木	落叶灌木	合计	月季	攀缘	竹子	长度（米）	数量（株）	数量	其中：冷季型	面积（平方米）	数量（株）
8	9	10	11	12	13	14	15	16	17	18	19
3463	11650	892436	533	11753	880150	46	240	171175	152875	565	9530
3947	17793	149929	10977	20572	118380	925	6611	229065	229065	20690	187630
343	11646	377350	4605	239005	133740	717	4303	209000	166800	71	255
6753	96870	36715	2212	20258	14245			61788	26880	570	3431
18	189	7935		3608	4327			7453	5036	200	772
21024	206421	229066	55173	21916	151977	3070	19368	704527	300	75281	81961
1742	5800	60956	2629	36641	21686	2875	18719	94699	75792	931	3162
34	334	3195	270	1020	1905	168	4870	2675	2675	25	100
23199	17831	17242	9736	7006	500	1470	5119	260295	7000	3906	35343
2181	4759	2085	1205	880		1200	3500	89370		1097	10082
29839	**267469**	**289857**	**121786**	**33470**	**134601**	**86736**	**107580**	**624336**	**209842**	**30975**	**574464**
29839	267469	289857	121786	33470	134601	86736	107580	624336	209842	30975	574464
319	11394	41779	11809	3370	26600	2857	8572	62100	3850	3181	21867
225	1866	7170	63	1807	5300	484	2206	24153		506	4552
46	7107	2575	2075	500		65	314	5000		216	3246
1323	6598	4915	3584	615	716		273	23470	970	5458	312672
126	1959	1037	600	200	237	50	150	34000		33	300
699	58780	61012	600	2012	58400	1853	2647	11250	3750	1560	5136
53	426	378	378			547	2715	12671	2720		
	960	2822	2822			513	2565	29500			
420	1584	6814	200	374	6240	150	900	14646	6103	112	450
	807	10687	5500	4387	800			25000	3300	100	80
3050	1121	6000	3000	3000				80130		4000	3640
10450	8885	45656	19426	8137	18093	76096	65749	164916	156149	4783	43476
10000	150000	38000	30000	4000	4000	2000	10000	20000	20000	9306	165045
500	500	4000	2000	2000		500	3000	6000	6000	500	2000

市顺序号	区顺序号	公园名称	实有树						
			总计	乔木					灌
				合计	常绿乔木		落叶乔木		合计
					小计	其中:侧柏	小计	其中:国槐	
		甲	1=2+7+10	2=3+5	3	4	5	6	7
72	14	石榴庄公园	41559	4239	582		3657	135	7080
73	15	富海公园	10700	2106	463	157	1643	285	1994
74	16	槐房钓鱼公园	16828	2790	1293	220	1497	110	8210
75	17	南宫苑公园	16149	2948	936	98	2012	178	641
		石景山区	**759741**	**579525**	**296346**	**171820**	**283179**	**1638**	**115437**
		区属	759741	579525	296346	171820	283179	1638	115437
76	1	八大处公园	398807	332123	141744	99225	190379	815	59470
77	2	法海寺公园	217302	181824	103347	72412	78477	52	35258
78	3	银杏宝宝乐园	799	160	75		85		366
79	4	古城公园	1941	652	269		383	7	631
80	5	雕塑公园	3491	813	299		514	48	1167
81	6	石景山游乐园	20474	7483	1530	4	5953	516	3631
82	7	希望公园	12655	1195	439		756		1460
83	8	八角公园	6071	4611	53		4558		1460
84	9	松林公园	74841	48647	48164	79	483		674
85	10	四海公园	23360	2017	426	100	1591	200	11320
		门头沟区	**4183**	**3550**	**2290**	**2136**	**1260**	**517**	**363**
86	1	黑山公园	4183	3550	2290	2136	1260	517	363
		房山区	**55209**	**41610**	**18835**	**15552**	**22775**	**195**	**8608**
87	1	迎宾公园	3344	1608	729	136	879	90	1574
88	2	朝曦公园	5426	492	122	41	370	12	4238
89	3	燕山公园	15343	8880	1717	540	7163	93	2330
90	4	白水寺公园	31096	30630	16267	14835	14363		466

续表四

木		（株）				实有绿篱		实有草坪（平方米）		实有宿根花卉	
木		其　　它									
常绿灌木	落叶灌木	合计	月季	攀缘	竹子	长度（米）	数量（株）	数量	其中：冷季型	面积（平方米）	数量（株）
8	9	10	11	12	13	14	15	16	17	18	19
2014	5066	30240	19000	240	11000	700	2800	45000			
94	1900	6600	3500	700	2400	300	1830	15000	7000		
208	8002	5828	5160	168	500	308	1540	16500			
300	341	12560	12000	260	300	40	1500	35000		1220	12000
5601	**109836**	**64779**	**22068**	**10420**	**32291**	**6284**	**28432**	**222216**	**44000**	**3800**	**63293**
5601	109836	64779	22068	10420	32291	6284	28432	222216	44000	3800	63293
197	59273	7214	410	3649	3155	177	772	13000		435	8079
174	35084	220	20	200				25600		60	370
7	359	273	41	32	200	296	1545	899			
38	593	658	264	94	300	1060	5251	2596		20	88
174	993	1511	508	803	200	1741	8615	11703		15	180
258	3373	9360	4430	4580	350	1855	5565	86004		1330	40900
	1460	10000	10000			700	3500	5000		440	2640
980	480							16650		200	1000
	674	25520	434		25086						
3773	7547	10023	5961	1062	3000	455	3184	60764	44000	1300	10036
	363	**270**	**270**			**379**	**1200**	**8500**		**1911**	**3850**
	363	270	270			379	1200	8500		1911	3850
3049	**5559**	**4991**	**2290**	**2308**	**393**	**811**	**3632**	**27570**		**433**	**3800**
42	1532	162	162					7022			
2393	1845	696	260	413	23	458	3632	13358		433	1300
148	2182	4133	1868	1895	370	353		6190			2500
466								1000			

市顺序号	区顺序号	公园名称	实有树						
			总计	乔木					灌
				合计	常绿乔木		落叶乔木		合计
					小计	其中:侧柏	小计	其中:国槐	
		甲	1=2+7+10	2=3+5	3	4	5	6	7
		通　县	**35854**	**12206**	**3899**	**3900**	**8307**	**455**	**15766**
91	1	西海子公园	9884	4265	1593	3559	2672	219	2962
92	2	漫春园	11525	3606	1254		2352		5064
93	3	齐天乐园	14445	4335	1052	341	3283	236	7740
		昌平县	**40963**	**5477**	**1579**	**474**	**3898**	**440**	**8896**
94	1	昌平公园	40963	5477	1579	474	3898	440	8896
		大兴县	**76905**	**16799**	**4523**	**737**	**12276**	**294**	**12363**
95	1	团河行宫遗址公园	16745	10954	2810	578	8144	42	2131
96	2	黄村儿童乐园	27474	2301	607	68	1694	135	3265
97	3	康庄公园	32686	3544	1106	91	2438	117	6967
		平谷县	**8470**	**2059**	**814**		**1245**	**120**	**1238**
98	1	人民公园	8470	2059	814		1245	120	1238
		怀柔县	**15700**	**5546**	**1720**	**513**	**3826**	**205**	**2153**
99	1	城南公园	2534	1808	841	513	967	196	615
100	2	水上公园	9806	2719	636		2083	9	777
101	3	体育公园	3360	1019	243		776		761
		顺义县	**48325**	**12538**	**2531**	**436**	**10007**	**781**	**18923**
102	1	顺义公园	24326	3966	1441	300	2525	164	12760
103	2	怡　园	11614	2987	790	130	2197	317	3663
104	3	卧龙公园	12385	5585	300	6	5285	300	2500
		密云县	**30126**	**12828**	**2287**	**540**	**10541**	**96**	**16672**
105	1	白河郊野公园	30126	12828	2287	540	10541	96	16672
		延庆县	**78775**	**71352**	**1234**	**25**	**70118**	**152**	**1773**
106	1	香水苑公园	9945	2768	515	25	2253	152	1527
107	2	妫水河公园	68830	68584	719		67865		246

续表五

木		（株）				实有绿篱		实有草坪（平方米）		实有宿根花卉	
木		其它									
常绿灌木	落叶灌木	合计	月季	攀缘	竹子	长度（米）	数量（株）	数量	其中：冷季型	面积（平方米）	数量（株）
8	9	10	11	12	13	14	15	16	17	18	19
561	**15205**	**7882**	**3948**	**3115**	**819**	**3585**	**13546**	**52917**	**17328**	**6198**	**11608**
410	2552	2657	1533	1072	52	2594	9988	14000	4988		
151	4913	2855	825	1343	687	721	2558	11917		98	3868
	7740	2370	1590	700	80	270	1000	27000	12340	6100	7740
5216	**3680**	**26590**	**14415**	**555**	**11620**	**1237**	**8153**	**31050**	**2000**	**4476**	**70762**
5216	3680	26590	14415	555	11620	1237	8153	31050	2000	4476	70762
2220	**10143**	**47743**	**41327**	**5917**	**499**	**5034**	**36670**	**91900**	**30201**	**967**	**7535**
267	1864	3660		3610	50	846	7611	300			
409	2856	21908	19959	1710	239	1669	12655	20600	201	382	3440
1544	5423	22175	21368	597	210	2519	16404	71000	30000	585	4095
100	**1138**	**5173**	**3573**	**1000**	**600**	**600**	**4069**	**42006**		**2595**	**4670**
100	1138	5173	3573	1000	600	600	4069	42006		2595	4670
690	**1463**	**8001**	**7679**	**322**		**1958**	**21714**	**89809**		**339**	**62**
87	528	111	111			29	174	28802		3	20
103	674	6310	5988	322		1479	15292	36215		336	42
500	261	1580	1580			450	6248	24792			
1551	**17372**	**16864**	**11278**	**4386**	**1200**	**1477**	**8862**	**160000**	**71000**	**215**	**1140**
460	12300	7600	6250	1050	300	1216	7296	150000	70000	50	250
421	3242	4964	1428	3036	500	241	1446	2000		100	510
670	1830	4300	3600	300	400	20	120	8000	1000	65	380
804	**15868**	**626**	**539**	**87**		**484**	**3058**	**225948**		**1154**	**4976**
804	15868	626	539	87		484	3058	225948		1154	4976
88	**1685**	**5650**	**650**	**5000**		**222**	**1332**	**32000**	**17000**	**1035**	**3110**
33	1494	5650	650	5000		222	1332	32000	17000	1035	3110
55	191										

北京市城市公共绿地

单位名称	单位数	总面积（平方米）	规划已批面积	规划未批面积	水面积
甲		1=2+3=4+5	2	3	4
合　计	**153**	**7398072**	**7395612**	**2460**	**68764**
城近郊区	**48**	**1457347**	**1457347**		**762**
东城区	6	26423	26423		
西城区	2	59200	59200		
崇文区					
宣武区	8	157454	157454		84
朝阳区	1	40663	40663		
海淀区	13	242155	242155		
丰台区	10	91294	91294		583
石景山区	8	840158	840158		95
远郊区县	**105**	**5940725**	**5938265**	**2460**	**68002**
纯街头小计	82	2023873	2021413	2460	60188
门头沟区	6	169375	169375		75
房山区	15	137331	137331		1477
通　县	9	74555	74555		4605
昌平县	9	328366	325906	2460	1549
大兴县	18	140771	140771		217
平谷县	6	134108	134108		47821
怀柔县	4	73882	73882		3274
顺义县	8	938442	938442		
密云县	4	11100	11100		430
延庆县	3	15943	15943		740
片林小计	23	3916852	3916852		7814
门头沟区	2	416625	416625		
通　县	2	1522834	1522834		
昌平县	5	744361	744361		
大兴县	1	8200	8200		
平谷县	1	15440	15440		
怀柔县	11	1166704	1166704		7814
延庆县	1	42688	42688		

——纯街头绿地面积汇总表

陆地面积（平方米）					绿化覆盖面积（平方米）	绿化覆盖率（%）	绿化面积占陆地面积（%）
合计	绿化面积	建筑占地面积	铺装面积	其它面积			
5=6+7+8+9	6	7	8	9	10	11	12=6/5
7329308	**7167594**	**39068**	**84086**	**38560**	**7234691**	**97.79**	**97.79**
1456585	**1364082**	**24135**	**33318**	**35050**	**1382925**	**94.89**	**93.65**
26423	25684		739		26880	101.73	97.20
59200	53682	200	5318		56790	95.93	90.68
157370	150042	3575	3753		153167	97.28	95.34
40663	40663				40663	100	100
242155	227914	435	13756	50	233230	96.31	94.12
90711	85544	1375	3792		75772	82.99	94.30
840063	780553	18550	5960	35000	796423	94.79	92.92
5872723	**5803512**	**14933**	**50768**	**3510**	**5851766**	**98.50**	**98.82**
1963685	1894474	14933	50768	3510	1934914	95.60	96.48
169300	162667	465	6168		163489	96.52	96.08
135854	120607	3912	11335		128436	93.52	88.78
69950	69307	87	556		70053	93.96	99.08
326817	315612	2491	5874	2840	319263	97.23	96.57
140554	135088	1150	4016	300	137143	97.42	96.11
86287	81089	2678	2520		85831	64.00	93.98
70608	54212	367	16029		67985	92.02	76.78
938442	938442				938442	100	100
10670	7797	83	2790		8329	75.04	73.07
15203	9653	3700	1480	370	15943	100	63.49
3909038	3909038				3916852	100	100
416625	416625				416625	100	100
1522834	1522834				1522834	100	100
744361	744361				744361	100	100
8200	8200				8200	100	100
15440	15440				15440	100	100
1158890	1158890				1166704	100	100
42688	42688				42688	100	100

北京市城市公共绿地

单位名称	单位数	实有树							
		总计	乔木						灌
			合计	常绿乔木		落叶乔木			合计
				小计	其中:侧柏	小计	其中:国槐		
甲		1=2+7+10	2=3+5	3	4	5	6		7
合计	**153**	**1271782**	**788675**	**180348**	**100132**	**608327**	**48784**		**303451**
城近郊区	**48**	**320743**	**118259**	**85207**	**41927**	**33052**	**3258**		**101743**
东城区	6	5262	1056	413	4	643	73		2176
西城区	2	8783	2187	507	240	1680	1155		1925
崇文区									
宣武区	8	91437	6168	2245	0	3923	801		43312
朝阳区	1	11459	1514	763	114	751	495		4354
海淀区	13	28761	9437	3761	129	5676	343		9675
丰台区	10	40033	4438	2053	358	2385	275		4272
石景山区	8	135008	93459	75465	41082	17994	116		36029
远郊区县	**105**	**951039**	**670416**	**95141**	**58205**	**575275**	**45526**		**201708**
纯街头小计	82	334349	184444	16067	1860	168377	7230		76675
门头沟区	6	16983	10361	3136	587	7225	2157		3539
房山区		14623	5757	1826	330	3931	403		4172
通　县	9	49223	13379	4118	133	9261	18		19124
昌平县	9	45600	10497	3031	141	7466	1943		7109
大兴县	18	35124	10271	2173	530	8098	838		19423
平谷县	6	19899	17497	83	4	17414	1683		1713
怀柔县	4	16906	2683	928	103	1755	42		5722
顺义县	8	132367	113459	521		112938	118		14708
密云县	4	1538	306	138		168	1		613
延庆县	3	2086	234	113	32	121	27		552
片林小计	23	616690	485972	79074	56345	406898	38296		125033
门头沟区	2	21591	18591	5500	3000	13091			3000
通　县	2	359806	278626	26348	20000	252278	11884		81180
昌平县	5	118915	80096	14393	8808	65703	3926		38819
大兴县	1	1610	1610			1610			
平谷县	1	7264	7264			7264			
怀柔县	11	86384	78665	32833	24537	45832	22486		2034
延庆县	1	21120	21120			21120			

——纯街头绿地树木汇总表

木				（株）		实有绿篱		实有草坪（平方米）		实有宿根花卉	
木		其它									
常绿灌木	落叶灌木	合计	月季	攀缘	竹子	长度（米）	数量（株）	数量	其中：冷季型	面积（平方米）	数量（株）
8	9	10	11	12	13	14	15	16	17	18	19
123737	**179714**	**179656**	**132429**	**38758**	**8469**	**41769**	**202409**	**751408**	**48334**	**19289**	**128163**
31254	**70489**	**100741**	**67262**	**31137**	**2342**	**16319**	**57322**	**387252**	**47444**	**11282**	**82556**
793	1383	2030	1578	452		1362	6791	9505	161	103	646
291	1634	4671	3775	896		138	414	42325	18895	417	5004
25901	17411	41957	23359	17757	841	1311	6637	102480	16388	5502	33517
322	4032	5591	4521	1070		409	1229	28057		1198	10779
284	9391	9649	5451	4177	21	147	736	165497	12000	2017	17640
310	3962	31323	24838	6205	280	3303	20667	31213		1845	13170
3353	32676	5520	3740	580	1200	9649	20848	8175		200	1800
92483	**109225**	**78915**	**65167**	**7621**	**6127**	**25450**	**145087**	**364156**	**890**	**8007**	**45607**
18953	57722	73230	59482	7621	6127	23542	126007	300054	890	7776	44835
640	2899	3083	2293	790		586	1077	61703		2500	3305
810	3362	4694	3106	1076	512	7733	29578	59092		172	1526
477	18647	16720	12194	4506	20	5454	21753	36525		30	765
2576	4533	27994	27673	321		1949	11515	28801		10	26
3342	16081	5430	5182	158	90	3401	29491	63346	890	3000	30000
10	1703	689	406	164	119	1257	9988	3292		699	2980
2766	2956	8501	2937	178	5386	2032	14766	35212		476	3085
7979	6729	4200	4200					4000			
51	562	619	591	28		800	5859	5833		867	2948
302	250	1300	900	400		330	1980	2250		22	200
73530	51503	5685	5685			1908	19080	64102		231	772
	3000										
73045	8135										
230	38589										
255	1779	5685	5685			1908	19080	64102		231	772

北京市城市公共绿地

市顺序号	区顺序号	绿地名称	总面积（平方米）	规划已批面积	规划未批面积	水面积	陆
							合计
		甲	1=2+3=4+5	2	3	4	5=6+7+8+9
		东城区(区属)	**26423**	**26423**			**26423**
1	1	北小街北口绿地	1329	1329			1329
2	2	安贞桥东侧绿地	4200	4200			4200
3	3	安贞桥西侧绿地	10800	10800			10800
4	4	55中门前绿地	2054	2054			2054
5	5	菖蒲河绿地	3062	3062			3062
6	6	坝桥金色	4978	4978			4978
		西城区(区属)	**59200**	**59200**			**59200**
7	1	马甸三八林	8200	8200			8200
8	2	马甸片林绿地	51000	51000			51000
		崇文区(区属)					
		宣武区(区属)	**157454**	**157454**		**84**	**157370**
9	1	西滨河绿地	39507	39507		84	39423
10	2	南滨河绿地	36873	36873			36873
11	3	内滨河绿地	5766	5766			5766
12	4	莲花河西绿带	43928	43928			43928
13	5	莲花河东绿带	16710	16710			16710
14	6	天宁寺塔前	2770	2770			2770
15	7	翠芳园	8800	8800			8800
16	8	广安门顺城路	3100	3100			3100
		朝阳区(区属)	**40663**	**40663**			**40663**
17	1	二环路绿地	40663	40663			40663
		海淀区(区属)	**242155**	**242155**			**242155**
18	1	秀慧园	94784	94784			94784
19	2	滨河绿地	53069	53069			53069
20	3	木樨地	6725	6725			6725
21	4	东冉村小煤厂	2700	2700			2700

——纯街头绿地面积明细表

地　面　积（平方米）				绿化覆盖面积（平方米）	绿　化覆盖率（%）	绿化面积占陆地面积（%）
绿化面积	建筑占地面　积	铺　装面　积	其它面积			
6	7	8	9	10	11	12＝6/5
25684		**739**		**26880**	**101.73**	**97.20**
1156		173		1269	95.48	87.00
4200				4200	100	100
10800				10800	100.00	100.00
2030		24		2360	114.90	98.83
2520		542		3273	106.89	82.30
4978				4978	100.00	100.00
53682	**200**	**5318**		**56790**	**95.94**	**90.68**
7560		640		7790	95.00	92.20
46122	200	4678		49000	96.08	90.44
150042	**3575**	**3753**		**153167**	**97.28**	**95.34**
35092	1975	2356		36342	91.99	89.01
35273	1600			37946	102.91	95.66
5766				5766	100.00	100.00
43928				45028	102.50	100.00
16710				16710	100.00	100.00
2363		407		2475	89.35	85.31
7810		990		5800	65.91	88.75
3100				3100	100.00	100.00
40663				**40663**	**100.00**	**100.00**
40663				40663	100.00	100.00
227914	**435**	**13756**	**50**	**233230**	**96.31**	**94.12**
90334		4450		90334	95.31	95.31
50794		2275		50794	95.71	95.71
6427	248		50	7275	108.18	95.57
2700				1500	55.56	100.00

市顺序号	区顺序号	绿地名称	总面积（平方米）	规划已批面积	规划未批面积	水面积	陆
							合计
		甲	1＝2＋3＝4＋5	2	3	4	5＝6＋7＋8＋9
22	5	东冉村木材加工厂	3500	3500			3500
23	6	祁家豁子	11506	11506			11506
24	7	体院绿地	15000	15000			15000
25	8	纺织机械厂绿地	6380	6380			6380
26	9	小营绿地	19349	19349			19349
27	10	广济桥绿地	10857	10857			10857
28	11	清河街绿地	525	525			525
29	12	双榆叠翠	15535	15535			15535
30	13	白果园	2225	2225			2225
		丰台区	**91294**	**91294**		**583**	**90711**
31	1	冷冻厂	17549	17549			17549
32	2	二十二亩地	19000	19000			19000
33	3	三建料库	11000	11000			11000
34	4	卢沟桥绿地	1400	1400			1400
35	5	六一八厂绿地	4300	4300			4300
36	6	木樨园三角地	11050	11050			11050
37	7	长辛店火车站	1140	1140			1140
38	8	大三角地	3499	3499			3499
39	9	丰南路	10800	10800			10800
40	10	万源路花园	11556	11556		583	10973
		石景山区(区属)	**840158**	**840158**		**95**	**840063**
41	1	老山绿地	476000	476000			476000
42	2	骨灰堂绿地	69000	69000			69000
43	3	八宝山绿地	212000	212000			212000
44	4	亚疗桥头绿地	4671	4671			4671
45	5	西黄村三角地	12987	12987			12987
46	6	工疗绿地	10000	10000		95	9905
47	7	小青山绿地	30000	30000			30000
48	8	老山居住区绿地	25500	25500			25500

续表一

地 面 积（平方米）				绿化覆盖面积（平方米）	绿化覆盖率（%）	绿化面积占陆地面积（%）
绿化面积	建筑占地面积	铺装面积	其它面积			
6	7	8	9	10	11	12＝6/5
3500				1750	50.00	100.00
9589		1917		11506	100.00	83.34
14000		1000		15000	100.00	93.33
6380				6380	100.00	100.00
17506	127	1716		20264	104.73	90.47
9971		886		11063	101.90	91.84
525				600	114.29	100.00
14025	60	1450		14575	93.82	90.28
2163		62		2189	98.38	97.21
85544	**1375**	**3792**		**75772**	**82.99**	**94.30**
14600		2949		9576	54.57	83.2
19000				12522	65.91	100.00
11000				11840	107.64	100.00
1400				1450	103.57	100.00
4200	100			4570	108.81	97.67
11050				11250	101.81	100.00
1140				1140	100.00	100.00
3499				3499	100.00	100.00
10800				10800	100.00	100.00
8855	1275	843		9125	78.96	80.70
780553	**18550**	**5960**	**35000**	**796423**	**94.79**	**92.92**
453000			23000	460000	96.64	95.17
49800	13600	3600	2000	50400	73.04	72.17
202000			10000	210000	99.06	95.28
4671				4671	100.00	100.00
9237	3750			9237	71.12	71.12
8705	1200			8705	87.05	87.88
30000				30000	100.00	100.00
23140		2360		23410	91.80	90.75

市顺序号	区顺序号	绿地名称	总面积（平方米）	规划已批面积	规划未批面积	水面积
		甲	1＝2＋3＝4＋5	2	3	4
		远郊区县（纯街头）				
		门头沟区	**169375**	**169375**		**75**
49	1	滨河绿地	141317	141317		
50	2	河滩街心绿地	6664	6664		75
51	3	龙泉宾馆绿地	14452	14452		
52	4	水闸桥头绿地	2700	2700		
53	5	葡萄咀绿地	2817	2817		
54	6	其它绿地	1425	1425		
		房山区	**137331**	**137331**		**1477**
55	1	燕华绿地	16398	16398		400
56	2	青年园	16179	16179		177
57	3	双泉河绿地	13320	13320		
58	4	永乐园	6431	6431		
59	5	迎宾亭	3404	3404		
60	6	碧桃园	3310	3310		
61	7	东环岛	1809	1809		
62	8	北关环岛	2826	2826		
63	9	铁塔公园	16675	16675		
64	10	永安桥绿地	10092	10092		
65	11	良乡北关环岛	10100	10100		
66	12	前进绿地	8592	8591		
67	13	凤皇亭绿地	16863	16863		900
68	14	月季园	10000	10000		
69	15	中心绿岛	1333	1333		
		通县	**74555**	**74555**		**4605**
70	1	滨河绿地	4607	4607		
71	2	玉带路三角地	2130	2130		
72	3	玉桥西路三角地	1628	1628		

续表二

陆地面积（平方米）					绿化覆盖面积（平方米）	绿化覆盖率（%）	绿化面积占陆地面积（%）
合计	绿化面积	建筑占地面积	铺装面积	其它面积			
5=6+7+8+9	6	7	8	9	10	11	12=6/5
169300	**162667**	**465**	**6168**		**163489**	**96.57**	**96.08**
141317	137869		3448		138717	98.16	97.56
6589	3404	465	2720		4803	72.07	51.66
14452	14452				14452	100.00	100.00
2700	2700				2700	100.00	100.00
2817	2817				2817	100.00	100.00
1425	1425						
135854	**120607**	**3912**	**11335**		**128436**	**93.52**	**88.78**
15998	13062	1019	1917		14859	90.61	81.65
16002	12807	376	2819		13600	84.06	80.03
13320	11027	330	1963		11527	86.54	82.78
6431	6178	171	82		6179	96.08	96.07
3404	3263	81	60		3275	96.21	95.86
3310	3230		80		3310	100.00	97.58
1809	1809				1809	100.00	100.00
2826	2826				2826	100.00	100.00
16675	15666	1009			16265	97.54	93.95
10092	10092				10092	100.00	100.00
10100	10100				10100	100.00	100.00
8591	7102	105	1384		7859	91.47	82.67
15963	13790	783	1390		16080	95.36	86.40
10000	8360		1640		9360	93.60	83.60
1333	1295	38			1295	97.14	97.14
69950	**69307**	**87**	**556**		**70053**	**93.96**	**99.08**
4607	4607				3826	83.05	100.00
2130	2130				2130	100.00	100.00
1628	1628				1628	100.00	100.00

市顺序号	区顺序号	绿地名称	总面积（平方米）	规划已批面积	规划未批面积	水面积
		甲	1=2+3=4+5	2	3	4
73	4	漪春园	6399	6399		3375
74	5	万春园	15087	15087		80
75	6	新华大街绿地	1244	1244		
76	7	三期绿地	3152	3152		
77	8	青年园	21008	21008		1150
78	9	环岛绿地	19300	19300		
		昌平县	**328366**	**325906**	**2460**	**1549**
79	1	昌平游乐园	16460	14000	2460	900
80	2	西关花园	6693	6693		649
81	3	西大三角树木园	5803	5803		
82	4	西关环岛	236000	236000		
83	5	水关环岛	2800	2800		
84	6	永安环岛	1500	1500		
85	7	凉水河环岛	1200	1200		
86	8	城角环岛	34600	34600		
87	9	自行车赛场绿地	23310	23310		
		大兴县	**140771**	**140771**		**217**
88	1	黄村街心公园	16000	16000		
89	2	南苗圃	28900	28900		
90	3	花圃	4000	4000		
91	4	南三角绿地	3963	3963		217
92	5	西三角绿地	1912	1912		
93	6	防疫站绿地	1246	1246		
94	7	建委绿地	1644	1644		

续表三

陆地面积（平方米）					绿化覆盖面积（平方米）	绿化覆盖率（%）	绿化面积占陆地面积（%）
合计	绿化面积	建筑占地面积	铺装面积	其它面积			
5=6+7+8+9	6	7	8	9	10	11	12=6/5
3024	2989	35			3288	51.38	98.84
15007	14723	52	232		14723	97.59	98.11
1244	1060		184		1060	85.21	85.21
3152	3152				3152	100.00	100.00
19858	19718		140		20946	99.79	99.29
19300	19300				19300	100.00	100.00
326817	**315612**	**2491**	**5874**	**2840**	**319263**	**97.23**	**96.57**
15560	7214	2350	3336	2660	8477	51.50	46.36
6044	4358	141	1365	180	5573	83.27	72.10
5803	4631		1172		5803	100.00	79.80
236000	236000				236000	100.00	100.00
2800	2800				2800	100.00	100.00
1500	1500				1500	100.00	100.00
1200	1200				1200	100.00	100.00
34600	34600				34600	100.00	100.00
23310	23310				23310	100.00	100.00
140554	**135088**	**1150**	**4016**	**300**	**137143**	**97.42**	**96.11**
16000	12660	540	2500	300	13000	81.25	79.13
28900	28840	60			28900	100.00	99.79
4000	3940	60			3940	98.50	98.50
3746	3024	304	418		3813	96.21	80.75
1912	1912				1912	100.00	100.00
1246	1246				1246	100.00	100.00
1644	1407		237		1644	100.00	85.58

市顺序号	区顺序号	绿地名称	总面积（平方米）	规划已批面积	规划未批面积	水面积
		甲	1=2+3=4+5	2	3	4
95	8	五中绿地	1828	1828		
96	9	三小绿地	1238	1238		
97	10	宾馆绿地	2709	2709		
98	11	小乐园	4692	4692		
99	12	兴华路环岛	1256	1256		
100	13	西黄村环岛	4998	4998		
101	14	政府憩园	1054	1054		
102	15	街心公园绿地	1327	1327		
103	16	清真寺绿地	290	290		
104	17	重机公司绿地	806	806		
105	18	京开西侧绿地	62908	62908		
		平谷县	**134108**	**134108**		**47821**
106	1	儿童乐园	3958	3958		
107	2	街心公园	2159	2159		85
108	3	府前公园	3243	3243		
109	4	车站南绿地	1000	1000		
110	5	兴谷绿地	18676	18676		
111	6	新开街绿地	105072	105072		47736
		怀柔县	**73882**	**73882**		**3274**
112	1	祝福绿地	1300	1300		172
113	2	迎宾绿地	5085	5085		200
114	3	城北绿地	64067	64067		2725
115	4	街心绿地	3430	3430		177
		顺义县	**938442**	**938442**		
116	1	大东庄绿地	62031	62031		

续表四

陆地面积（平方米）					绿化覆盖面积（平方米）	绿化覆盖率（%）	绿化面积占陆地面积（%）
合计	绿化面积	建筑占地面积	铺装面积	其它面积			
5=6+7+8+9	6	7	8	9	10	11	12=6/5
1828	1828				1828	100.00	100.00
1238	1134		104		1188	95.96	91.60
2709	2219	105	385		2709	100.00	81.91
4692	4620	72			4620	98.47	98.47
1256	1256				1256	100.00	100.00
4998	4998				4998	100.00	100.00
1054	969	9	76		1054	100.00	91.94
1327	1031		296		1031	77.69	77.69
290	290				290	100.00	100.00
806	806				806	100.00	100.00
62908	62908				62908	100.00	100.00
86287	**81089**	**2678**	**2520**		**85831**	**64.00**	**93.98**
3958	3221	322	415		3221	81.38	81.38
2074	1778	19	277		2201	101.94	85.73
3243	2876	115	252		2876	88.68	88.68
1000	906		94		1000	100.00	90.60
18676	18676				18676	100.00	100.00
57336	53632	2222	1482		57857	55.06	93.54
70608	**54212**	**367**	**16029**		**67985**	**92.02**	**76.78**
1128	706		422		1289	99.15	62.60
4885	4000	158	727		5085	100.00	81.89
61342	46860	170	14312		58749	91.70	76.39
3253	2646	39	568		2862	83.44	81.34
938442	**938442**				**938442**	**100.00**	**100.00**
62031	62031				62031	100.00	100.00

市顺序号	区顺序号	绿地名称	总面积（平方米）	规划已批面积	规划未批面积	水面积
.		甲	1＝2＋3＝4＋5	2	3	4
117	2	复兴绿地	106720	106720		
118	3	北兴绿地	25346	25346		
119	4	卧龙环岛绿地	117334	117334		
120	5	减河绿地	240001	240001		
121	6	中心广场绿地	225334	225334		
122	7	七分干绿地	152276	152276		
123	8	五里仓环岛绿角	9400	9400		
		密云县	**11100**	**11100**		**430**
124	1	街心绿地	6600	6600		430
125	2	新西路环岛	1200	1200		
126	3	新东路环岛	1200	1200		
127	4	滨河路三角地	2100	2100		
		延庆县	**15943**	**15943**		**740**
128	1	红绿灯绿地	480	480		
129	2	东大沟绿地	2143	2143		
130	3	儿童游乐园绿地	13320	13320		740
		远郊区县（片林）				
		门头沟区	**416625**	**416625**		
131	1	滨河绿地	283305	283305		
132	2	葡萄咀绿地	133320	133320		
		房山区				
		通县	**1522834**	**1522834**		
133	1	环城绿地	476002	476002		
134	2	京郊隔离带	1046832	1046832		

续表五

陆地面积（平方米）					绿化覆盖面积（平方米）	绿化覆盖率（%）	绿化面积占陆地面积（%）
合计	绿化面积	建筑占地面积	铺装面积	其它面积			
5=6+7+8+9	6	7	8	9	10	11	12=6/5
106720	106720				106720	100.00	100.00
25346	25346				25346	100.00	100.00
117334	117334				117334	100.00	100.00
240001	240001				240001	100.00	100.00
225334	225334				225334	100.00	100.00
152276	152276				152276	100.00	100.00
9400	9400				9400	100.00	100.00
10670	**7797**	**83**	**2790**		**8329**	**75.04**	**73.07**
6170	3497	83	2590		3609	54.68	58.68
1200	1200				1200	100.00	100.00
1200	1200				1200	100.00	100.00
2100	1900		200		2320	110.47	90.48
15203	**9653**	**3700**	**1480**	**370**	**15943**	**100.00**	**63.49**
480	480				480	100.00	100.00
2143	2143				2143	100.00	100.00
12580	7030	3700	1480	370	13320	100.00	55.88
416625	**416625**				**416625**	**100.00**	**100.00**
283305	283305				283305	100.00	100.00
133320	133320				133320	100.00	100.00
1522834	**1522834**				**1522834**	**100.00**	**100.00**
476002	476002				476002	100.00	100.00
1046832	1046832				1046832	100.00	100.00

市顺序号	区顺序号	绿地名称	总面积（平方米）	规划已批面积	规划未批面积	水面积
		甲	1=2+3=4+5	2	3	4
		昌平	**744361**	**744361**		
135	1	城镇北山	376188	376188		
136	2	东大三角	53360	53360		
137	3	自行车赛场	26813	26813		
138	4	水库路	188000	188000		
139	5	园区	100000	100000		
		大兴县	**8200**	**8200**		
140	1	童车二厂西侧	8200	8200		
		平谷县	**15440**	**15440**		
141	1	北二环	15440	15440		
		怀柔县	**1166704**	**1166704**		**7814**
142	1	石厂路东	41000	41000		
143	2	石厂环岛	82000	82000		
144	3	迎宾环岛	99269	99269		
145	4	东环路	49800	49800		
146	5	开放路大桥	26313	26313		
147	6	东环路北环岛	36938	36938		7814
148	7	中富乐环岛	33566	33566		
149	8	跃进桥	14018	14018		
150	9	付坎至进水闸	607800	607800		
151	10	龙山	69000	69000		
152	11	东西担子山	107000	107000		
		延庆县	**42688**	**42688**		
153	1	京张公路绿地	42688	42688		

续表六

陆地面积					绿化覆盖面积（平方米）	绿化覆盖率（%）	绿化面积占陆地面积（%）
合计	绿化面积	建筑占地面积	铺装面积	其它面积			
5=6+7+8+9	6	7	8	9	10	11	12=6/5
744361	**744361**				**744361**	**100.00**	**100.00**
376188	376188				376188	100.00	100.00
53360	53360				53360	100.00	100.00
26813	26813				26813	100.00	100.00
188000	188000				188000	100.00	100.00
100000	100000				100000	100.00	100.00
8200	**8200**				**8200**	**100.00**	**100.00**
8200	8200				8200	100.00	100.00
15440	**15440**				**15440**	**100.00**	**100.00**
15440	15440				15440	100.00	100.00
1158890	**1158890**				**1166704**	**100.00**	**100.00**
41000	41000				41000	100.00	100.00
82000	82000				82000	100.00	100.00
99269	99269				99269	100.00	100.00
49800	49800				49800	100.00	100.00
26313	26313				26313	100.00	100.00
29124	29124				36938	100.00	100.00
33566	33566				33566	100.00	100.00
14018	14018				14018	100.00	100.00
607800	607800				607800	100.00	100.00
69000	69000				69000	100.00	100.00
107000	107000				107000	100.00	100.00
42688	**42688**				**42688**	**100.00**	**100.00**
42688	42688				42688	100.00	100.00

北京市城市公共绿地

市顺序号	区顺序号	绿地名称	实有树						
			总计	乔木					灌
				合计	常绿乔木		落叶乔木		合计
					小计	其中:侧柏	小计	其中:国槐	
		甲	1=2+7+10	2=3+5	3	4	5	6	7
		东城区(区属)	**5262**	**1056**	**413**	**4**	**643**	**73**	**2176**
1	1	北小街北口绿地	1457	65	41		24		1063
2	2	安贞桥东侧绿地	881	156	68		88	38	75
3	3	安贞桥西侧绿地	818	428	152		276	6	388
4	4	55 中门前绿地	862	109	16	4	93	26	157
5	5	菖蒲河绿地	452	163	104		59	3	178
6	6	坝桥金色绿地	792	135	32		103		315
		西城区(区属)	**8783**	**2187**	**507**	**240**	**1680**	**1155**	**1925**
7	1	马甸三八林	2615	331	118	11	213	135	194
8	2	马甸片林	6168	1856	389	229	1467	1020	1731
		崇文区(区属)							
		宣武区(区属)	**91437**	**6168**	**2245**		**3923**	**801**	**43312**
9	1	西滨河公园	15740	1109	311		798	54	5939
10	2	南滨河公园	18725	2193	1086		1107	127	4415
11	3	内滨河公园	9269	201	118		83		468
12	4	莲花河西绿带	9673	1680	468		1212	377	4203
13	5	莲花河东绿带	3530	539	103		436	118	881
14	6	天宁寺绿地	145	56	15		41		89
15	7	翠芳园绿地	6726	311	129		182	125	1767
16	8	广安门顺城路	27629	79	15		64		25550
		朝阳区(区属)	**11459**	**1514**	**763**	**114**	**751**	**495**	**4354**
17	1	二环路绿地	11459	1514	763	114	751	495	4354
		海淀区(区属)	**28761**	**9437**	**3761**	**129**	**5676**	**343**	**9675**
18	1	秀慧园绿地	9036	2860	1845	69	1015	25	3445
19	2	滨河公园	6228	1922	204	2	1718	204	2416
20	3	木樨地绿地	673	673	464	20	209	10	

——纯街头绿地树木明细表

木		(株)				实有绿篱		实有草坪(平方米)		实有宿根花卉	
木		其它									
常绿灌木	落叶灌木	合计	月季	攀缘	竹子	长度(米)	数量(株)	数量	其中:冷季型	面积(平方米)	数量(株)
8	9	10	11	12	13	14	15	16	17	18	19
793	**1383**	**2030**	**1578**	**452**		**1362**	**6791**	**9505**	**161**	**103**	**646**
696	367	329	329			254	684	161	161		
15	60	650	650			232	1276				
47	341	2		2		595	3868	4946			
5	152	596	146	450		210	750				
25	153	111	111			71	213				
5	310	342	342					4398		103	646
291	**1634**	**4671**	**3775**	**896**		**138**	**414**	**42325**	**18895**	**417**	**5004**
27	167	2090	1520	570				7560			
264	1467	2581	2255	326		138	414	34765	18895	417	5004
25901	**17411**	**41957**	**23359**	**17757**	**841**	**1311**	**6637**	**102480**	**16388**	**5502**	**33517**
116	5823	8692	1215	6697	780	102	816	24853	14263	650	5277
542	3873	12117	11804	313				35273	625	1786	8025
15	453	8600	1710	6890		44	177	5766		252	2023
1365	2838	3790	3790			766	3448	20962		614	5529
193	688	2110	340	1709	61	119	1066	10026		700	6663
	89					80	480	1500	1500		
130	1637	4648	2500	2148				1000			
23540	2010	2000	2000			200	650	3100		1500	6000
322	**4032**	**5591**	**4521**	**1070**		**409**	**1229**	**28057**		**1198**	**10779**
322	4032	5591	4521	1070		409	1229	28057		1198	10779
284	**9391**	**9649**	**5451**	**4177**	**21**	**147**	**736**	**165497**	**12000**	**2017**	**17640**
25	3420	2731	710	2000	21			83477		620	4960
37	2379	1890	1890					31346	12000	270	2160

市顺序号	区顺序号	绿地名称	实	有					树
			总计	乔木					灌
				合计	常绿乔木		落叶乔木		合计
					小计	其中:侧柏	小计	其中:国槐	
		甲	1=2+7+10	2=3+5	3	4	5	6	7
21	4	东冉村小煤厂	134	134	134				
22	5	东冉村木材加工厂	183	183	183				
23	6	祁家豁子绿地	1361	221	40		181		261
24	7	体院绿地	1304	775	160		615		493
25	8	纺织机械厂绿地	894	694	232	36	462	60	200
26	9	小营绿地	5231	901	203		698	38	1645
27	10	广济桥绿地	2098	387	97		290	6	553
28	11	清河街绿地	100	13	10		3		37
29	12	双榆叠翠绿地	1312	592	152		440		510
30	13	白果园	207	82	37	2	45		115
		丰台区(区属)	**40033**	**4438**	**2053**	**358**	**2385**	**275**	**4272**
31	1	冷冻厂绿地	2778	691	226	47	465		2087
32	2	二十二亩地	9397	709	196	49	513	45	63
33	3	三建料库绿地	10662	732	370		362	80	330
34	4	卢沟桥绿地	175	175	166	63	9	9	
35	5	八一八厂绿地	452	383	273	197	110	1	69
36	6	木樨园三角地	3701	604	194		410	101	143
37	7	长辛店大车站	234	13	3		10	1	121
38	8	大三角地	4683	134	53		81	26	119
40	10	万源路花园	3389	596	341	2	255	12	914
39	9	丰南路绿地	4562	401	231		170		426
		石景山区(区属)	**135008**	**93459**	**75465**	**41082**	**17994**	**116**	**36029**
41	1	老山绿地	51790	51790	43675	28845	8115		
42	2	骨灰堂绿地	10226	9986	9328	2737	658	60	240
43	3	八宝山绿地	56342	27502	20470	8700	7032		28840
44	4	亚疗桥头绿地	900	546	297		249		354
45	5	西黄村三角地	459	234	116		118	56	225
46	6	工疗绿地	1993	83	27		56		80
47	7	小青山绿地	9120	2860	1300	800	1560		5000

续表一

木	（株）					实有绿篱		实有草坪（平方米）		实有宿根花卉	
木		其它									
常绿灌木	落叶灌木	合计	月季	攀缘	竹子	长度（米）	数量（株）	数量	其中：冷季型	面积（平方米）	数量（株）
8	9	10	11	12	13	14	15	16	17	18	19
	261	879	879			123	616	9589			
25	468	36	36					13500		67	531
	200										
120	1525	2685	835	1850		24	120	10670		275	3627
	553	1158	881	277				5079		20	85
	37	50		50				260			
20	490	210	210					11000		681	6130
57	58	10	10					576		84	147
310	**3962**	**31323**	**24838**	**6205**	**280**	**3303**	**20667**	**31213**		**1845**	**13170**
37	2050					1077	3230	7300		520	3700
	63	8625	8625					4177		370	3000
8	322	9600	9600					6300			
						57	144				
	69					175	1020	320			
	143	2954	2954					7000		610	6000
22	99	100	100			200	600	800		250	100
41	78	4430	1950	2480				3141			
202	712	1879	1574	25	280	834	10873	2175		95	370
	426	3735	35	3700		960	4800				
3353	**32676**	**5520**	**3740**	**580**	**1200**	**9649**	**20848**	**8175**		**200**	**1800**
						7500	15000				
	240										
	28840										
70	284										
	225										
38	42	1830	230	400	1200						
3000	2000	1260	1260			600	1200				

市顺序号	区顺序号	绿地名称	实有树						
			总计	乔木					灌
				合计	常绿乔木		落叶乔木		合计
					小计	其中:侧柏	小计	其中:国槐	
		甲	1=2+7+10	2=3+5	3	4	5	6	7
48	8	老山居住区绿地	4178	458	252		206		1290
		远郊区县(纯街头)							
		门头沟区	**16983**	**10361**	**3136**	**587**	**7225**	**2157**	**3539**
49	1	滨河绿地	14043	9566	2763	587	6803	2069	2476
50	2	河滩街头绿地	509	137	47		90	31	316
51	3	龙泉宾馆绿地	1017	259	92		167	57	100
52	4	水闸桥头绿地	187	150	50		100		37
53	5	葡萄咀绿地	816	200	160		40		300
54	6	其他绿地	411	49	24		25		310
		房山区	**14623**	**5757**	**1826**	**330**	**3931**	**403**	**4172**
55	1	燕华绿地	2237	447	193	31	254	36	339
56	2	青年园绿地	1949	629	295	111	334	15	756
57	3	双泉河绿地	934	565	176	61	389	63	325
58	4	永乐园绿地	478	179	81	28	98	35	262
59	5	迎宾亭绿地	428	187	51	42	136	68	241
60	6	碧桃园绿地	339	79	25		54		260
61	7	东环岛绿地	1017	1	1				216
62	8	北关环岛绿地	780						510
63	9	铁塔公园绿地	1913	1903	642		1261		10
64	10	永安桥绿地	252	252			252		
65	11	良乡北关环岛绿地	100	100	100				
66	12	前进绿地	799	294	71		223	3	445
67	13	凤凰亭绿地	1112	902	141	22	761	79	180
68	14	月季园绿地	1892	219	50	35	169	104	235
69	15	中心绿岛	393						393
		通　县	**49223**	**13379**	**4118**	**133**	**9261**	**18**	**19124**
70	1	滨河绿地	6159	959	382		577		5200
71	2	玉带路三角地	1919	586	27		559		1333
72	3	玉桥西路三角地	1325	550	250		300		335

续表二

木			（株）			实有绿篱		实有草坪（平方米）		实有宿根花卉	
木		其它									
常绿灌木	落叶灌木	合计	月季	攀缘	竹子	长度（米）	数量（株）	数量	其中：冷季型	面积（平方米）	数量（株）
8	9	10	11	12	13	14	15	16	17	18	19
245	1045	2430	2250	180		1549	4648	8175		200	1800
640	**2899**	**3083**	**2293**	**790**		**586**	**1077**	**61703**		**2500**	**3305**
540	1936	2001	1369	632		165	540	58896		2500	3305
	316	56	56			29	87	2807			
	100	658	500	158		392	450				
	37										
	300	316	316								
100	210	52	52								
810	**3362**	**4694**	**3106**	**1076**	**512**	**7733**	**29578**	**59092**		**172**	**1526**
99	240	1451	251	750	450	1180	3540	8453		81	810
42	714	564	369	175	20	1292	3876	5256		36	354
34	291	44	8	10	26	1153	3459	5034			
130	132	37		21	16	663	5346	5311			
187	54					294	2937	2954			
30	230					56	336	2719			
16	200	800	800					1409			
200	310	270	270			267	1600	1916			
	10										
								10100			
36	409	60	60			464	1392	6980		10	35
2	178	30	10	20		850	2550	2778		20	95
26	209	1438	1338	100		1354	4062	5044		25	232
8	385					160	480	1138			
477	**18647**	**16720**	**12194**	**4506**	**20**	**5454**	**21753**	**36525**		**30**	**765**
	5200							3000			
	1333					262	1501	2000			
	335	440	440					1268			

市顺序号	区顺序号	绿地名称	实有树						
			总计	乔木					灌
				合计	常绿乔木		落叶乔木		合计
					小计	其中:侧柏	小计	其中:国槐	
		甲	1=2+7+10	2=3+5	3	4	5	6	7
73	4	漪春园绿地	1956	298	152		146		322
74	5	万春园绿地	6058	588	207		381		4870
75	6	新华大街绿地	643	151	32		119		54
76	7	三期绿地	1717	557	368		189		600
77	8	青年园	9498	5448	2499	133	2949	18	1940
78	9	环岛绿地	19948	4242	201		4041		4470
		昌平县	**45600**	**10497**	**3031**	**141**	**7466**	**1943**	**7109**
79	1	昌平游乐园	2626	283	42		241	115	1123
80	2	西关花园	2341	367	112	5	255	136	998
81	3	西大三角树木园	758	462	169		293	160	173
82	4	西关环岛	25550	4238	1070	111	3168	1532	1312
83	5	水关环岛	1405	5	5				1400
84	6	永安环岛	600						600
85	7	凉水河环岛	3920	1920	1320		600		
86	8	城角环岛	4664	1130	111		1019		34
87	9	自行车赛场街头	3736	2092	202	25	1890		1469
		大兴县	**35124**	**10271**	**2173**	**530**	**8098**	**838**	**19423**
88	1	黄村街心公园	1745	590	229		361		329
89	2	南苗圃	18958	4181	106		4075	524	13434
90	3	花圃	1560	277	255		22		3
91	4	南三角绿地	536	89	65		24	8	191
92	5	西三角绿地	117	36	22		14	2	76
93	6	防疫站绿地	198	72	51		21	14	22
94	7	建委绿地	266	53	47		6		42
95	8	五中绿地	56	25	21		4		31
96	9	三小绿地	49	13	3		10		36
97	10	宾馆绿地	1035	80	30		50		84
98	11	小乐园绿地	401	276	71	51	205		36
99	12	兴华路环岛	3	3	3				

续表三

木		（株）				实有绿篱		实有草坪（平方米）		实有宿根花卉	
木		其 它									
常绿灌木	落叶灌木	合计	月季	攀缘	竹子	长度（米）	数量（株）	数量	其中：冷季型	面积（平方米）	数量（株）
8	9	10	11	12	13	14	15	16	17	18	19
1	321	1336		1316	20	2788	9758	1250		20	502
	4870	600	600			1195	4182	12707			
8	46	438		438		119	312	858			
	600	560	560					500			
47	1893	2110	68	2042		443	3251	2512		10	263
421	4049	11236	10526	710		647	2749	12430			
2576	**4533**	**27994**	**27673**	**321**		**1949**	**11515**	**28801**		**10**	**26**
50	1073	1220	1000	220		500	4500	600			
76	922	976	916	60		1112	5668	1101		10	26
5	168	123	82	41		337	1347				
362	950	20000	20000					20000			
1400								2100			
600								1000			
		2000	2000					1000			
34		3500	3500					3000			
49	1420	175	175								
3342	**16081**	**5430**	**5182**	**158**	**90**	**3401**	**29491**	**63346**	**890**	**3000**	**30000**
50	279	826	810	16		130	900	12000			
3033	10401	1343	1343								
3		1280	1280							3000	30000
6	185	256	239	17		153	1376	300			
	76	5		5		207	1868	100			
	22	104	104			206	1854	100			
	42	171	171			283	2544	300			
	31					152	1368	1467			
1	35							1111			
9	75	871	755	60	56			2141			
12	24	89	89								
								1096			

市顺序号	区顺序号	绿地名称	实	有				树	
			总计	乔	木				灌
				合计	常绿乔木		落叶乔木		合计
					小计	其中:侧柏	小计	其中:国槐	
		甲	1=2+7+10	2=3+5	3	4	5	6	7
100	13	西黄村环岛	173	92	92				81
101	14	政府憩园	119	12	9		3		17
102	15	街心公园绿地	25	25	25				
103	16	清真寺绿地	21	8	4		4	2	11
104	17	重机公司绿地	28	12	8		4	4	16
105	18	京开西侧绿地	9834	4427	1132	479	3295	284	5014
		平谷县	**19899**	**17497**	**83**	**4**	**17414**	**1683**	**1713**
106	1	儿童乐园	392	38	5		33	1	130
107	2	街头公园	443	66	34	1	32		59
108	3	府前公园	266	60	18		42		163
109	4	车站南绿地	197	55	23		32		38
110	5	兴谷绿地	1645	345			345		1300
111	6	新开街绿地	16956	16933	3	3	16930	1682	23
		怀柔县	**16906**	**2683**	**928**	**103**	**1755**	**42**	**5722**
112	1	祝福绿地	135	23	6	1	17		48
113	2	迎宾绿地	6210	193	47		146		133
114	3	城北绿地	10015	2359	830	99	1529	42	5262
115	4	街心绿地	546	108	45	3	63		279
		顺义县	**132367**	**113459**	**521**		**112938**	**118**	**14708**
116	1	大东庄绿地	7445	7445			7445		
117	2	复兴绿地	11456	11456			11456		
118	3	北兴绿地	4011	4011			4011		
119	4	卧龙环岛绿地	13046	12986			12986		60
120	5	减河绿地	22930	22930	77		22853		
121	6	中心广场绿地	46811	36811	350		36461		10000
122	7	七分干绿地	17420	17420			17420		
123	8	五里仓环岛绿角	9248	400	94		306	118	4648
		密云县	**1538**	**306**	**138**		**168**	**1**	**613**
124	1	街心绿地	1071	170	77		93	1	424
125	2	新西路环岛	277	26	22		4		110
126	3	新东路环岛	10	10	10				
127	4	滨河路三角地	180	100	29		71		79
		延庆县	**2086**	**234**	**113**	**32**	**121**	**27**	**552**
128	1	红绿灯绿地	417	17	17				

续表四

木	（株）					实有绿篱		实有草坪（平方米）		实有宿根花卉	
木		其它									
常绿灌木	落叶灌木	合计	月季	攀缘	竹子	长度（米）	数量（株）	数量	其中：冷季型	面积（平方米）	数量（株）
8	9	10	11	12	13	14	15	16	17	18	19
81						274	2466	2329			
11	6	90	56		34	45	250	890	890		
						140	1256	892			
	11	2	2					280			
	16					57	514	300			
136	4878	393	333	60		1754	15095	40040			
10	**1703**	**689**	**406**	**164**	**119**	**1257**	**9988**	**3292**		**699**	**2980**
8	122	224	167	57		158	1264	180		12	47
	59	318	190	34	94	439	3944	700		251	1255
	163	43	18		25	550	3850	2412			
2	36	104	31	73		80	720			436	1678
	1300										
	23					30	210				
2766	**2956**	**8501**	**2937**	**178**	**5386**	**2032**	**14766**	**35212**		**476**	**3085**
25	23	64	64			142	1350	200		5	5
46	87	5884	495	19	5370	581	4074	1430		140	192
2669	2593	2394	2238	156		658	4928	32082		287	2832
26	253	159	140	3	16	651	4414	1500		44	56
7979	**6729**	**4200**	**4200**					**4000**			
	60										
4000	6000										
3979	669	4200	4200					4000			
51	**562**	**619**	**591**	**28**		**800**	**5859**	**5833**		**867**	**2948**
51	373	477	450	27		261	914	2633		167	673
	110	141	141			120	1320	800		200	775
						145	1740	500		500	1500
	79	1		1		274	1885	1900			
302	**250**	**1300**	**900**	**400**		**330**	**1980**	**2250**		**22**	**200**
		400	400					400		22	200

市顺序号	区顺序号	绿地名称	实有树							
			总计	乔木						灌
				合计	常绿乔木		落叶乔木			合计
					小计	其中:侧柏	小计	其中:国槐	
		甲	1=2+7+10	2=3+5	3	4	5	6	7
129	2	东大沟绿地	202	80	38	2	42	2	122
130	3	儿童游乐园绿地	1467	137	58	30	79	25	430
		远郊区县(片林)							
		门头沟区	**21591**	**18591**	**5500**	**3000**	**13091**		**3000**
131	1	滨河绿地	12000	9000	2500		6500		3000
132	2	葡萄咀绿地	9591	9591	3000	3000	6591		
		房山区							
		通县	**359806**	**278626**	**26348**	**20000**	**252278**	**11884**	**81180**
133	1	环城绿地	61806	61806			61806		
134	2	京郊隔离带	298000	216820	26348	20000	190472	11884	81180
		昌平县	**118915**	**80096**	**14393**	**8808**	**65703**	**3926**	**38819**
135	1	城镇北山绿地	58223	58223	10500	8500	47723	1800	
136	2	东大三角绿地	4189	4189	141	33	4048	2126	
137	3	自行车赛场绿地	2893	2893			2893		
138	4	水库路绿地	47110	9791	3342		6449		37319
139	5	园区绿地	6500	5000	410	275	4590		1500
		大兴县	**1610**	**1610**			**1610**		
140	1	童车二厂西侧绿地	1610	1610			1610		
		平谷县	7264	7264			7264		
141	1	北二环(内)绿地	7264	7264			7264		
		怀柔县	**86384**	**78665**	**32833**	**24537**	**45832**	**22486**	**2034**
142	1	石厂路东绿地	2712	1845	209		1636		867
143	2	石厂环岛	4754	4212	978	377	3234	27	384
144	3	迎宾环岛	9484	3868	638	22	3230	310	647
145	4	东环路绿地	1349	1349	92		1257		
146	5	开放路大桥绿地	3889	3889	69		3820		
147	6	东环路北环岛	3317	3214	539	30	2675		103
148	7	中富乐环岛	5217	4626	558	51	4068	1800	33
149	8	跃进桥绿地	1052	1052	157	157	895	4	
150	9	付坎至进水闸绿地	9117	9117	4500	4500	4617		
151	10	龙山绿地	19455	19455	19400	19400	55		
152	11	东西担子山绿地	26038	26038	5693		20345	20345	
		延庆县	**21120**	**21120**			**21120**		
153	1	京张公路绿地	21120	21120			21120		

续表五

木	（株）					实有绿篱		实有草坪（平方米）		实有宿根花卉	
木		其它									
常绿灌木	落叶灌木	合计	月季	攀缘	竹子	长度（米）	数量（株）	数量	其中：冷季型	面积（平方米）	数量（株）
8	9	10	11	12	13	14	15	16	17	18	19
2	120					150	900				
		900	500	400		180	1080	1850			
	3000										
	3000										
73045	8135										
73045	8135										
230	38589										
	37319										
230	1270										
255	**1779**	**5685**	**5685**			**1908**	**19080**	**64102**		**231**	**772**
5	862					47	470				
36	348	158	158			800	8000	43772			
214	433	4969	4969			498	4980	20330		231	772
	103					117	1170				
	33	558	558			446	4460				

北京市城市公共绿地

单位名称	单位数	总面积（平方米）	规划已批面积	规划未批面积	水面积	陆 合计
甲		1=2+3=4+5	2	3	4	5=6+7+8+9
城近郊区	**108**	**1521805**	**1521805**			**1521805**
区属	65	927857	927857			927857
市属	43	593948	593948			593948
东城区	20	173204	173204			173204
区属	5	51003	51003			51003
市属	15	122201	122201			122201
西城区	14	192914	192914			192914
区属	5	85571	85571			85571
市属	9	107343	107343			107343
崇文区	5	51110	51110			51110
区属	5	51110	51110			51110
市属						
宣武区	14	60008	60008			60008
区属	13	57682	57682			57682
市属	1	2326	2326			2326
朝阳区	18	305705	305705			305705
区属	8	121895	121895			121895
市属	10	183810	183810			183810
海淀区	27	351895	351895			351895
区属	19	173627	173627			173627
市属	8	178268	178268			178268
丰台区	3	47472	47472			47472
区属	3	47472	47472			47472
市属						
石景山区	7	339497	339497			339497
区属	7	339497	339497			339497
市属						

——道路街头绿地面积汇总表

地面积				绿化覆盖面积（平方米）	绿化覆盖率（%）	绿化面积占陆地面积（%）
绿化面积	建筑占地面积	铺装面积	其它面积			
6	7	8	9	10	11	12=6/5
1493362	**4806**	**23637**		**1528054**	**100.41**	**98.13**
899414	4806	23637		934106	100.67	96.93
593948				593948	100.00	100.00
172682	72	450		172682	99.70	99.70
50481	72	450		50481	98.98	98.98
122201				122201	100.00	100.00
192914				192914	100.00	100.00
85571				85571	100.00	100.00
107343				107343	100.00	100.00
47492	2300	1318		50590	98.98	92.92
47492	2300	1318		50590	98.98	92.92
60008				60008	100.00	100.00
57682				57682	100.00	100.00
2326				2326	100.00	100.00
305705				305705	100.00	100.00
121895				121895	100.00	100.00
183810				183810	100.00	100.00
338509	700	12686		343004	97.47	96.20
160241	700	12686		164736	94.88	92.29
178268				178268	100.00	100.00
47472				47472	100.00	100.00
47472				47472	100.00	100.00
328580	1734	9183		355679	104.77	96.78
328580	1734	9183		355679	104.77	96.78

北京市城市公共绿地

单位名称	单位数	实有树						
		总计	乔木					灌
			合计	常绿乔木		落叶乔木		合计
				小计	其中:侧柏	小计	其中:国槐	
甲		1=2+7+10	2=3+5	3	4	5	6	7
城近郊区	**108**	**402825**	**46007**	**16891**	**788**	**29116**	**4397**	**112941**
区属	65	247700	29547	10287	559	19260	2989	76935
市属	43	155125	16460	6604	229	9856	1408	36006
东城区	20	32321	4895	2449	16	2446	531	10399
区属	5	15299	1693	833		860	332	5287
市属	15	17022	3202	1616	16	1586	199	5112
西城区	14	88254	4911	2495	284	2416	233	25789
区属	5	58369	2009	1058	99	951	72	18635
市属	9	29885	2902	1437	185	1465	161	7154
崇文区	5	6547	1091	456		635	7	3120
区属	5	6547	1091	456		635	7	3120
市属								
宣武区	14	33632	2709	908		1801	209	4569
区属	13	33175	2651	889		1762	209	4506
市属	1	457	58	19		39		63
朝阳区	18	82868	9536	3708	389	5828	362	27357
区属	8	29967	4217	1584	389	2633	72	18510
市属	10	52901	5319	2124		3195	290	8847
海淀区	27	86959	10647	3726	59	6921	1307	23634
区属	19	32099	5668	2318	31	3350	549	8804
市属	8	54860	4979	1408	28	3571	758	14830
丰台区	3	18870	1802	409	32	1393	396	2392
区属	3	18870	1802	409	32	1393	396	2392
市属								
石景山区	7	53374	10416	2740	8	7676	1352	15681
区属	7	53374	10416	2740	8	7676	1352	15681

——道路街头绿地树木汇总表

木		(株)				实有绿篱		实有草坪(平方米)		实有宿根花卉	
木		其它									
常绿灌木	落叶灌木	合计	月季	攀缘	竹子	长度(米)	数量(株)	数量	其中：冷季型	面积(平方米)	数量(株)
8	9	10	11	12	13	14	15	16	17	18	19
26566	**86375**	**243877**	**127900**	**85782**	**30195**	**42762**	**227726**	**877146**	**214799**	**42097**	**255294**
11198	65737	141218	76528	64623	67	30004	146619	497780	81219	30152	153387
15368	20638	102659	51372	21159	30128	12758	81107	379366	133580	11945	101907
2906	7493	17027	11923	4804	300	8468	50460	77313	16836	4101	36514
2199	3088	8319	6527	1792		492	2056	13279	1828	464	2951
707	4405	8708	5396	3012	300	7976	48404	64034	15008	3637	33563
3496	22293	57554	30905	26649		6969	51767	90611	29894	6405	63592
2632	16003	37725	14710	23015		5038	33851	39651	25610	2228	25654
864	6290	19829	16195	3634		1931	17916	50960	4284	4177	37938
148	2972	2336	2023	281	32	1000	8742	38134	29780		
148	2972	2336	2023	281	32	1000	8742	38134	29780		
103	4466	26354	6108	20246		5556	20276	30097	10000		
98	4408	26018	5820	20198		5301	19411	28624	10000		
5	58	336	288	48		255	865	1473			
5113	22244	45975	35429	3918	6628	6019	41507	217808	9199	4434	32875
243	18267	7240	6380	860		3549	28507	83994	625	636	5545
4870	3977	38735	29049	3058	6628	2470	13000	133814	8574	3798	27330
9809	13825	52678	16315	13163	23200	538	2530	254860	114974	3742	34721
887	7917	17627	15871	1756		412	1608	125775	9260	3409	31645
8922	5908	35051	444	11407	23200	126	922	129085	105714	333	3076
84	2308	14676	8127	6549		3514	12029	23398		5281	52510
84	2308	14676	8127	6549		3514	12029	23398		5281	52510
4907	10774	27277	17070	10172	35	10698	40415	144925	4116	18134	35082
4907	10774	27277	17070	10172	35	10698	40415	144925	4116	18134	35082

北京市城市公共绿地

市顺序号	区顺序号	绿地名称	总面积（平方米）	规划已批面积	规划未批面积	水面积
		甲	1=2+3=4+5	2	3	4
		东城区	**173204**	**173204**		
		区属	51003	51003		
1	1	桃花岭北官厅	7050	7050		
2	2	和平北路小花园	3300	3300		
3	3	工体北路小花园	5400	5400		
4	4	潘家坡绿地	8910	8910		
5	5	百花深处绿地	26343	26343		
		市属	122201	122201		
6	6	安东绿地	5658	5658		
7	7	安西绿地	2600	2600		
8	8	苏东绿地	8586	8586		
9	9	水泡子绿地	22125	22125		
10	10	北筒子河绿地	7635	7635		
11	11	景山绿地	11828	11828		
12	12	正义路绿地	13074	13074		
13	13	美术馆绿地	3572	3572		
14	14	历史博物馆	12382	12382		
15	15	天安门绿地	4633	4633		
16	16	东单头条绿地	3459	3459		
17	17	天安门东翼绿地	7006	7006		
18	18	十条绿地	2364	2364		
19	19	建国门三角绿地	8964	8964		
20	20	古观象台地	8315	8315		

——道路街头绿地面积明细表

陆地面积					绿化覆盖面积（平方米）	绿化覆盖率（%）	绿化面积占陆地面积（%）
合计	绿化面积	建筑占地面积	铺装面积	其它面积			
5=6+7+8+9	6	7	8	9	10	11	12=6/5
173204	**172682**	**72**	**450**		**172682**	**99.7**	**99.7**
51003	50481	72	450		50481	98.98	98.98
7050	7050				7050	100.00	100.00
3300	2778	72	450		2778	84.18	84.18
5400	5400				5400	100.00	100.00
8910	8910				8910	100.00	100.00
26343	26343				26343	100.00	100.00
122201	122201				122201	100.00	100.00
5658	5658				5658	100.00	100.00
2600	2600				2600	100.00	100.00
8586	8586				8586	100.00	100.00
22125	22125				22125	100.00	100.00
7635	7635				7635	100.00	100.00
11828	11828				11828	100.00	100.00
13074	13074				13074	100.00	100.00
3572	3572				3572	100.00	100.00
12382	12382				12382	100.00	100.00
4633	4633				4633	100.00	100.00
3459	3459				3459	100.00	100.00
7006	7006				7006	100.00	100.00
2364	2364				2364	100.00	100.00
8964	8964				8964	100.00	100.00
8315	8315				8315	100.00	100.00

市顺序号	区顺序号	绿地名称	总面积（平方米）	规划已批面积	规划未批面积	水面积
		甲	1=2+3=4+5	2	3	4
		西城区	**192914**	**192914**		
		区属	85571	85571		
21	1	月坛北街绿地	1400	1400		
22	2	南礼士路绿地	1000	1000		
23	3	西滨河街头绿地	4423	4423		
24	4	北二环绿掩壕痕	31369	31369		
25	5	西便门绿地	47379	47379		
		市属	107343	107343		
26	6	经委三角地	19045	19045		
27	7	二里沟绿地	4940	4940		
28	8	三里河绿地	33426	33426		
29	9	木樨地东绿地	21000	21000		
30	10	新街口三角地	7687	7687		
31	11	和平门绿地	2420	2420		
32	32	广电部绿地	7688	7688		
33	13	北筒子河绿地	7635	7635		
34	14	天安门西绿地	3502	3502		
		崇文区	**51110**	**51110**		
		区属	51110	51110		
35	1	安乐林绿地	7000	7000		
36	2	马家堡绿地	5800	5800		
37	3	滨河公园绿地	26600	26600		
38	4	安化楼绿地	5995	5995		
39	5	广渠春晓绿地	5715	5715		
		市属				
		宣武区	**60008**	**60008**		
		区属	57682	57682		

续表一

陆地面积					绿化覆盖面积（平方米）	绿化覆盖率（%）	绿化面积占陆地面积（%）
合计	绿化面积	建筑占地面积	铺装面积	其它面积			
5=6+7+8+9	6	7	8	9	10	11	12=6/5
192914	**192914**				**192914**	**100.00**	**100.00**
85571	85571				85571	100.00	100.00
1400	1400				1400	100.00	100.00
1000	1000				1000	100.00	100.00
4423	4423				4423	100.00	100.00
31369	31369				31369	100.00	100.00
47379	47379				47379	100.00	100.00
107343	107343				107343	100.00	100.00
19045	19045				19045	100.00	100.00
4940	4940				4940	100.00	100.00
33426	33426				33426	100.00	100.00
21000	21000				21000	100.00	100.00
7687	7687				7687	100.00	100.00
2420	2420				2420	100.00	100.00
7688	7688				7688	100.00	100.00
7635	7635				7635	100.00	100.00
3502	3502				3502	100.00	100.00
51110	**47492**	**2300**	**1318**		**50590**	**98.98**	**92.92**
51110	47492	2300	1318		50590	98.98	92.92
7000	3382	2300	1318		6480	92.6	48.3
5800	5800				5800	100.00	100.00
26600	26600				26600	100.00	100.00
5995	5995				5995	100.00	100.00
5715	5715				5715	100.00	100.00
60008	**60008**				**60008**	**100.00**	**100.00**
57682	57682				57682	100.00	100.00

市顺序号	区顺序号	绿地名称	总面积（平方米）	规划已批面积	规划未批面积	水面积
		甲	1=2+3=4+5	2	3	4
40	1	北纬路	1240	1240		
41	2	太平街	1376	1376		
42	3	白纸坊东街	4619	4619		
43	4	右安门内大街	5733	5733		
44	5	白广路大街	12380	12380		
45	6	南菜（大观）园路	5852	5852		
46	7	菜园街	3000	3000		
47	8	红莲南路	1098	1098		
48	9	广外大街	5520	5520		
49	10	马连道路	1200	1200		
50	11	手帕口北街	3644	3644		
51	12	广内大街	9200	9200		
52	13	南滨河路	2820	2820		
		市属	2326	2326		
53	14	宣武门绿地	2326	2326		
		朝阳区	**305705**	**305705**		
		区属	121895	121895		
54	1	工体路绿地	9869	9869		
55	2	东大桥三角地绿地	6045	6045		
56	3	白家庄绿地	2152	2152		
57	4	和平街绿地	13352	13352		
58	5	坝桥金色绿地	76967	76967		
59	6	亮马河绿地	4235	4235		
60	7	燕莎绿地	6375	6375		
61	8	大望路绿地	2900	2900		

续表二

陆地面积					绿化覆盖面积（平方米）	绿化覆盖率（%）	绿化面积占陆地面积（%）
合计	绿化面积	建筑占地面积	铺装面积	其它面积			
5＝6＋7＋8＋9	6	7	8	9	10	11	12＝6/5
1240	1240				1240	100.00	100.00
1376	1376				1376	100.00	100.00
4619	4619				4619	100.00	100.00
5733	5733				5733	100.00	100.00
12380	12380				12380	100.00	100.00
5852	5852				5852	100.00	100.00
3000	3000				3000	100.00	100.00
1098	1098				1098	100.00	100.00
5520	5520				5520	100.00	100.00
1200	1200				1200	100.00	100.00
3644	3644				3644	100.00	100.00
9200	9200				9200	100.00	100.00
2820	2820				2820	100.00	100.00
2326	2326				2326	100.00	100.00
2326	2326				2326	100.00	100.00
305705	**305705**				**305705**	**100.00**	**100.00**
121895	121895				121895	100.00	100.00
9869	9869				9869	100.00	100.00
6045	6045				6045	100.00	100.00
2152	2152				2152	100.00	100.00
13352	13352				13352	100.00	100.00
76967	76967				76967	100.00	100.00
4235	4235				4235	100.00	100.00
6375	6375				6375	100.00	100.00
2900	2900				2900	100.00	100.00

市顺序号	区顺序号	绿地名称	总面积（平方米）	规划已批面积	规划未批面积	水面积
		甲	1＝2＋3＝4＋5	2	3	4
		市属	183810	183810		
62	9	小关绿地	66372	66372		
63	10	新源里绿地	28700	28700		
64	11	百花园绿地	25190	25190		
65	12	东花园绿地	3770	3770		
66	13	东坝河绿地	18115	18115		
67	14	酒仙桥绿地	6180	6180		
68	15	安贞西北角绿地	10980	10980		
69	16	土城环岛绿地	10599	10599		
70	17	朝阳绿地	8535	8535		
71	18	建外花园路绿地	5369	5369		
		海淀区	**351895**	**351895**		
		区属	173627	173627		
72	1	三角地绿地	12565	12565		
73	2	红领巾绿地	6467	6467		
74	3	海淀影剧院绿地	1178	1178		
75	4	儿童乐园绿地	7072	7072		
76	5	老虎洞绿地	1025	1025		
77	6	海淀南路北侧绿地	19700	19700		
78	7	洩水湖公园	5812	5812		
79	8	工业学院绿地	5800	5800		
80	9	民族学院绿地	5630	5630		
81	10	农影绿地	7890	7890		
82	11	海淀体育馆北绿地	11364	11364		
83	12	紫薇入画	37631	37631		
84	13	清华东路绿地	16200	16200		

续表三

陆地面积					绿化覆盖面积（平方米）	绿化覆盖率（%）	绿化面积占陆地面积（%）
合计	绿化面积	建筑占地面积	铺装面积	其它面积			
5=6+7+8+9	6	7	8	9	10	11	12=6/5
183810	183810				183810	100.00	100.00
66372	66372				66372	100.00	100.00
28700	28700				28700	100.00	100.00
25190	25190				25190	100.00	100.00
3770	3770				3770	100.00	100.00
18115	18115				18115	100.00	100.00
6180	6180				6180	100.00	100.00
10980	10980				10980	100.00	100.00
10599	10599				10599	100.00	100.00
8535	8535				8535	100.00	100.00
5369	5369				5369	100.00	100.00
351895	**338509**	**700**	**12686**		**343004**	**97.47**	**96.20**
173627	160241	700	12686		164736	94.88	92.29
12565	9120	300	3145		9120	72.58	72.58
6467	5320		1147		5320	82.26	82.26
1178	1178				1178	100.00	100.00
7072	6538		534		6538	92.45	92.45
1025	1025				1025	100.00	100.00
19700	19700				19700	100.00	100.00
5812	5231		581		5231	90.00	90.00
5800	5230		570		5230	90.17	90.17
5630	5100		530		5100	90.59	90.59
7890	7800		90		7800	98.86	98.86
11364	8464		2900		8464	74.48	74.48
37631	35922	400	1309		37631	100.00	95.46
16200	15000		1200		16200	100.00	92.59

市顺序号	区顺序号	绿地名称	总面积（平方米）	规划已批面积	规划未批面积	水面积
		甲	1＝2＋3＝4＋5	2	3	4
85	14	小天鹅绿地	8300	8300		
86	15	上地商服绿地	7012	7012		
87	16	香山路绿地	4694	4694		
88	17	香山南路绿地	2879	2879		
89	18	滨角园绿地	6500	6500		
90	19	南滨河绿地	5908	5908		
		市属	178268	178268		
91	20	滨河绿地	13524	13524		
92	21	翠微烟雨绿地	41911	41911		
93	22	马甸绿地	16708	16708		
94	23	公主坟绿地	72420	72420		
95	24	清河三角地	19310	19310		
96	25	西黄庄三角地	1050	1050		
97	26	西三旗环岛绿地	6703	6703		
98	27	小营环岛绿地	6642	6642		
		丰台区	**47472**	**47472**		
		区属	47472	47472		
99	1	西南三环路街头绿地	44600	44600		
100	2	北区主干道	1222	1222		
101	3	云岗西里绿地	1650	1650		
		石景山区	**339497**	**339497**		
		区属	339497	339497		
102	1	石景山路绿地	211002	211002		
103	2	人民渠绿地	30000	30000		
104	3	绿波流霞	14051	14051		
105	4	十四院小山绿地	10810	10810		
106	5	八角北路绿地	21842	21842		
107	6	七角园绿地	34790	34790		
108	7	杨庄绿地	17002	17002		

续表四

陆地面积					绿化覆盖面积（平方米）	绿化覆盖率（%）	绿化面积占陆地面积（%）
合计	绿化面积	建筑占地面积	铺装面积	其它面积			
5=6+7+8+9	6	7	8	9	10	11	12=6/5
8300	7620		680		8300	100.00	91.81
7012	7012				7012	100.00	100.00
4694	4694				5600	100.00	100.00
2879	2879				2879	100.00	100.00
6500	6500				6500	100.00	100.00
5908	5908				5908	100.00	100.00
178268	178268				178268	100.00	100.00
13524	13524				13524	100.00	100.00
41911	41911				41911	100.00	100.00
16708	16708				16708	100.00	100.00
72420	72420				72420	100.00	100.00
19310	19310				19310	100.00	100.00
1050	1050				1050	100.00	100.00
6703	6703				6703	100.00	100.00
6642	6642				6642	100.00	100.00
47472	**47472**				**47472**	**100.00**	**100.00**
47472	47472				47472	100.00	100.00
44600	44600				44600	100.00	100.00
1222	1222				1222	100.00	100.00
1650	1650				1650	100.00	100.00
339497	**328580**	**1734**	**9183**		**355679**	**104.77**	**96.78**
339497	328580	1734	9183		355679	104.77	96.78
211002	210002	1000			232000	109.95	99.53
30000	30000				30000	100.00	100.00
14051	12299	682	1070		13375	95.9	87.53
10810	10480		330		10580	97.87	96.95
21842	19269		2573		21187	97.00	88.22
34790	33200		1590		33051	95.00	95.43
17002	13330	52	3620		15486	91.08	78.40

北京市城市公共绿地

市顺序号	区顺序号	绿地名称	实	有				树	
			总计	乔木					灌
				合计	常绿乔木		落叶乔木		合计
					小计	其中:侧柏	小计	其中:国槐	
		甲	1=2+7+10	2=3+5	3	4	5	6	7
		东城区	**32321**	**4895**	**2449**	**16**	**2446**	**531**	**10399**
		区属	15299	1693	833	0	860	332	5287
1	1	桃一北官厅	1582	213	137		76	12	629
2	2	和平北路小花园	266	92	65		27	3	128
3	3	工体北路子花园	345	159	50		109	8	62
4	4	潘家坡绿地	3129	312	164		148	24	384
5	5	百花深处绿地	9977	917	417		500	285	4084
		市属	17022	3202	1616	16	1586	199	5112
6	6	安东绿地	772	165	60		105		38
7	7	安西绿地	109	66	34		32	2	41
8	8	苏东绿地	1944	182	112		70		272
9	9	水泡子绿地	4403	286	122		164	75	1601
10	10	北筒子河绿地	374	313	106		207	94	61
11	11	景山绿地	405	198	73		125		207
12	12	正义路绿地	655	307	175	15	132	16	331
13	13	美术馆绿地	335	191	47		144		79
14	14	历史绿地	1088	324	224		100	2	658
15	15	天安门绿地	2234	404	404		0		640
16	16	东单头条绿地	671	69	40	1	29		126
17	17	天安门两翼绿地	474	209	31		178		136
18	18	十条绿地	520	115	65		50	6	162
19	19	建国门三角绿地	1999	252	67		185	3	327

——道路街头绿地树木明细表

木		（株）				实有绿篱		实有草坪（平方米）		实有宿根花卉	
木		其它									
常绿灌木	落叶灌木	合计	月季	攀缘	竹子	长度（米）	数量（株）	数量	其中：冷季型	面积（平方米）	数量（株）
8	9	10	11	12	13	14	15	16	17	18	19
2906	**7493**	**17027**	**11923**	**4804**	**300**	**8468**	**50460**	**77313**	**16836**	**4101**	**36514**
2199	3088	8319	6527	1792		492	2056	13279	1828	464	2951
36	593	740	205	535				738		59	419
20	108	46	45	1		238	1226	946		81	729
13	49	124	124							40	627
28	356	2433	2280	153		53	159	3820	1273	119	375
2102	1982	4976	3873	1103		201	671	7775	555	165	801
707	4405	8708	5396	3012	300	7976	48404	64034	15008	3637	33563
7	31	569	530	39		350	1050	3337		530	4770
	41	2	2			166	14807	2495			
	272	1490	272	1218				6234		2675	25100
11	1590	2516	1946	570		186	505	9963		377	3393
	61										
	207					726	2619	4542			
64	267	17	17			71	213	10660	10660		
	79	65		65		464	1438	1530	1530		
416	242	106	106			1491	7656	6684	568		
	640	1190	1190			2042	6950	2460			
14	112	476	476								
	136	129	129			858	8170	2378			
121	41	243	243			750	2380	2380	750	15	100
33	294	1420		1120	300	229	687	5790	1500		

市顺序号	区顺序号	绿地名称	实有树						
			总计	乔木					灌
				合计	常绿乔木		落叶乔木		合计
					小计	其中:侧柏	小计	其中:国槐	
.		甲	1=2+7+10	2=3+5	3	4	5	6	7
20	20	古观象台绿地	1039	121	56		65	1	433
		西城区	**88254**	**4911**	**2495**	**284**	**2416**	**233**	**25789**
		区属	58369	2009	1058	99	951	72	18635
21	1	月坛北街绿地	83	49	38		11		34
22	2	南礼士路绿地	80	28	21		7		47
23	3	西滨河绿地	332	135	96	12	39		164
24	4	北二环绿掩壕痕	6232	1091	573		518	64	3462
25	5	西便门绿地	51642	706	330	87	376	8	14928
		市属	29885	2902	1437	185	1465	161	7154
26	6	经委三角地	4155	668	426	185	242	1	690
27	7	二里沟绿地	839	208	90		118		159
28	8	三里河绿地	17991	892	371		521	32	4731
29	9	花园式林荫道	4755	558	332		226	61	670
30	10	新街口三角地	279	108	18		90	6	171
31	11	和平门绿地	162	44	15		29		83
32	12	中央电视台绿地	1229	48	33		15		551
33	13	北简子河绿地	377	295	133		162	61	82
34	14	天安门两翼绿地	98	81	19		62		17
		崇文区	**6547**	**1091**	**456**		**635**	**7**	**3120**
		区属	6547	1091	456		635	7	3120
35	1	安乐林绿地	1214	226	130		96	7	126
36	2	马家堡绿地	118	4			4		114
37	3	滨河公园绿地	3559	550	181		369		2456
38	4	安化楼绿地	840	178	86		92		194

续表一

木			（株）			实有绿篱		实有草坪（平方米）		实有宿根花卉	
木		其它									
常绿灌木	落叶灌木	合计	月季	攀缘	竹子	长度（米）	数量（株）	数量	其中：冷季型	面积（平方米）	数量（株）
8	9	10	11	12	13	14	15	16	17	18	19
41	392	485	485			643	1929	5581		40	200
3496	**22293**	**57554**	**30905**	**26649**		**6969**	**51767**	**90611**	**29894**	**6405**	**63592**
2632	16003	37725	14710	23015		5038	33851	39651	25610	2228	25654
4	30					65	205	1600			
1	46	5		5		92	336	288			
12	152	33	33			140	321	2767			
468	2994	1679	1679					13526	5600	1687	20244
2147	12781	36008	12998	23010		4741	32989	21470	20010	541	5410
864	6290	19829	16195	3634		1931	17916	50960	4284	4177	37938
175	515	2797	1965	832		28	90	8225			
10	149	472	298	174				773		160	1440
94	4637	12368	9950	2418		281	1731	24089		3672	33048
162	508	3527	3527			776	7870	6614	4284	345	3450
1	170					120	360	2657			
	83	35	35			133	665	1710			
392	159	630	420	210		360	1800	5620			
30	52										
	17					233	5400	1272			
148	**2972**	**2336**	**2023**	**281**	**32**	**1000**	**8742**	**38134**	**29780**		
148	2972	2336	2023	281	32	1000	8742	38134	29780		
8	118	862	750	80	32	120	480	500			
18	96							4354			
117	2339	553	533	20		705	7650	29780	29780		
5	189	468	450	18		175	613				

市顺序号	区顺序号	绿地名称	实			有			树
			总计	乔木					灌
				合计	常绿乔木		落叶乔木		合计
					小计	其中:侧柏	小计	其中:国槐	
		甲	1=2+7+10	2=3+5	3	4	5	6	7
39	5	广渠春晓绿地	816	133	59		74		230
		市属							
		宣武区	**33632**	**2709**	**908**		**1801**	**209**	**4569**
		区属	33175	2651	889		1762	209	4506
40	1	北纬路	266	58	18		40	5	170
41	2	太平街	531	138	19		119		379
42	3	白纸坛东街	337	86	46		40	5	241
43	4	右安门内大街	845	273	191		82	4	318
44	5	白广路大街	10802	314	172		142		1162
45	6	南菜(大观)园路	12253	483	142		341		436
46	7	菜园街	320	156	75		81		164
47	8	红莲南街	508	93	76		17		15
48	9	广外大街	636	263	29		234	195	173
49	10	马连道路	801	207	22		185		112
50	11	手帕口街	387	121	37		84		106
51	12	广内大街	2880	400	62		338		1230
52	13	滨河南路	2609	59			59		
		市属	457	58	19		39		63
53	14	宣武门绿地	457	58	19		39		63
		朝阳区	**82868**	**9536**	**3708**	**389**	**5828**	**362**	**27357**
		区属	29967	4217	1584	389	2633	72	18510
54	1	工体北路绿地	2859	221	78		143		512
55	2	东大桥三角地绿地	295	278	168		110		17
56	3	白家庄绿地	114	67	36		31	1	23

续表二

木		（株）				实有绿篱		实有草坪（平方米）		实有宿根花卉	
木		其它									
常绿灌木	落叶灌木	合计	月季	攀缘	竹子	长度（米）	数量（株）	数量	其中：冷季型	面积（平方米）	数量（株）
8	9	10	11	12	13	14	15	16	17	18	19
	230	453	290	163				3500			
103	**4466**	**26354**	**6108**	**20246**		**5556**	**20276**	**30097**	**10000**		
98	4408	26018	5820	20198		5301	19411	28624	10000		
	170	38	38			124	372				
	379	14	6	8							
21	220	10	10			384	1152				
	318	254	74	180		1080	3356	4435	800		
14	1148	9326	26	9300		3166	11302	360			
27	409	11334	2834	8500		60	200	4605			
	164					133	400	384			
14	1	400		400							
	173	200	200			210	2110	5520			
22	90	482	132	350				1200			
	106	160		160		144	519	100			
	1230	1250	1250					9200	9200		
		2550	1250	1300				2820			
5	58	336	288	48		255	865	1473			
5	58	336	288	48		255	865	1473			
5113	**22244**	**45975**	**35429**	**3918**	**6628**	**6019**	**41507**	**217808**	**9199**	**4434**	**32875**
243	18267	7240	6380	860		3549.5	28507	83994	625	636	5545
161	351	2126	2066	60		119	582	625	625	280	2040
8	9					32	128				
	23	24	24			31.50	95				

市顺序号	区顺序号	绿地名称	实有树						
			总计	乔木					灌
				合计	常绿乔木		落叶乔木		合计
					小计	其中:侧柏	小计	其中:国槐	
		甲	1=2+7+10	2=3+5	3	4	5	6	7
57	4	和平街绿地	896	434	229	31	205	12	412
58	5	坝桥金色绿地	23770	2759	929	315	1830	7	17181
59	6	亮马河绿地	487	67	42		25	2	60
60	7	燕沙绿地	315	10	10				305
61	8	大望路绿地	1231	381	92	43	289	50	
		市属	52901	5319	2124		3195	290	8847
62	9	小关绿地	14193	1649	818		831	136	2601
63	10	新源里绿地	5830	819	443		376	51	1492
64	11	西花园绿地	4748	570	186		384	20	790
65	12	东花园绿地	6056	162	43		119		577
66	13	东坝河绿地	3473	872	151		721	9	1087
67	14	酒仙桥绿地	622	191	92		99	23	338
68	15	安贞西北角绿地	8560	406	98		308		1654
69	16	土城环岛绿地	7647	115	46		69		
70	17	朝阳绿地	558	292	103		189	47	231
71	18	建外花园路绿地	1214	243	144		99	4	77
		海淀区	**86959**	**10647**	**3726**	**59**	**6921**	**1307**	**23634**
		区属	32099	5668	2318	31	3350	549	8804
72	1	三角地绿地	666	213	60		153	20	170
73	2	红领巾绿地	665	160	73		87	19	471
74	3	海淀影剧院绿地	542	18	15		3		124
75	4	儿童乐园绿地	800	232	118		114	3	428
76	5	老虎洞绿地	167	50	20		30	2	117
77	6	海淀南路北侧绿地	3695	876	475		401	134	1128

续表三

木		（株）				实有绿篱		实有草坪（平方米）		实有宿根花卉	
木		其它									
常绿灌木	落叶灌木	合计	月季	攀缘	竹子	长度（米）	数量（株）	数量	其中：冷季型	面积（平方米）	数量（株）
8	9	10	11	12	13	14	15	16	17	18	19
57	355	50	50			1473	4419	3898			
5	17176	3830	3830			861	14873	70457		323	3205
12	48	360	360					3577		33	300
	305					993	8170	5437			
		850	50	800		40	240				
4870	3977	38735	29049	3058	6628	2470	13000	133814	8574	3798	27330
1087	1514	9943	9900	43		541	2675	45570		471	1370
1133	359	3519	3486	19	14	796	2786	19690		1391	3640
327	463	3388	3385	3		191	723	20200			
472	105	5317	3384	1933				2300		121	1800
383	704	1514	1500	14				14484		1247	14970
202	136	93		93		61	427	2750			
1191	463	6500	6500			393	4806	9828			
		7532		918	6614			6856	5500	383	3830
75	156	35		35		488	1583	5671		4	36
	77	894	894					6465	3074	181	1684
9809	**13825**	**52678**	**16315**	**13163**	**23200**	**538**	**2530**	**254860**	**114974**	**3742**	**34721**
887	7917	17627	15871	1756		412	1608	125775	9260	3409	31645
12	158	283	280	3				8153		20	200
56	415	34	11	23				5320		43	430
35	89	400	400			36	108	1020			
9	419	140	50	90				6448		36	356
8	109										
93	1035	1691	1691			32	96	18200		1332	13319

市顺序号	区顺序号	绿地名称	实有树						
			总计	乔木					灌
				合计	常绿乔木		落叶乔木		合计
					小计	其中:侧柏	小计	其中:国槐	
		甲	1=2+7+10	2=3+5	3	4	5	6	7
78	7	洩水湖公园	495	211	141		70	3	104
79	8	工业学院绿地	429	195	33		162		234
80	9	民族学院绿地	1607.	112	89	13	23		1315
81	10	农影绿地	633	317	76		241		256
82	11	海淀体育馆北绿地	790	247	134		113		103
83	12	紫薇入画	11280	1306	284		1022	269	1959
84	13	清华东路绿地	3782	349	201		148	5	595
85	14	小天鹅绿地	714	405	141		264	70	309
86	15	上地商服绿地	380	75	45		30		305
87	16	香山路绿地	2036	234	194		40		162
88	17	香山南路绿地	223	91	79	18	12		82
89	18	滨角园绿地	2157	392	92		300	24	915
90	19	南滨河绿地	1038	185	48		137		27
		市属	54860	4979	1408	28	3571	758	14830
91	20	滨河绿地	1377	398	78		311	6	773
92	21	翠微烟雨绿地	32975	2233	617	27	1616	503	6025
93	22	马甸绿地	2727	268	92		176	10	620
94	23	公主坟绿地	13515	1150	485	1	665	239	4282
95	24	清河三角地	1302	903	118		785		204
96	25	西黄庄三角地	7	7	6		1	1	
97	26	西三旗环岛绿地	2957	29	12		17		2928
98	27	小营环岛绿地							
		丰台区	**18870**	**1802**	**409**	**32**	**1393**	**396**	**2392**
		区属	18870	1802	409	32	1393	396	2392

续表四

木			（株）			实有绿篱		实有草坪（平方米）		实有宿根花卉	
木		其它									
常绿灌木	落叶灌木	合计	月季	攀缘	竹子	长度（米）	数量（株）	数量	其中：冷季型	面积（平方米）	数量（株）
8	9	10	11	12	13	14	15	16	17	18	19
	104	180	180			65	530	150			
15	219							760	760	8	80
100	1215	180	180					5100			
25	231	60	60			180	550	1720			
10	93	440	440					8464		40	400
30	1929	8015	8015			42	210	33029	3700	1748	15730
32	563	2838	2838			57	114	13800		14	70
47	262							6586		58	360
209	96							4800	4800	60	600
28	134	1640		1640				4600			
12	70	50	50					2025		50	100
165	750	850	850					300			
1	26	826	826					5300			
8922	5908	35051	444	11407	23200	126	922	129085	105714	333	3076
353	420	215	83	132		71	213	1506			
3000	3025	24717	93	1424	23200	55	709	33041	31521	279	2404
145	475	1839		1839				10900	10900		
2624	1656	8085	73	8012				60238	56651	54	672
	204	195	195					11729			
								970			
2800	128							4059			
								6642	6642		
84	**2308**	**14676**	**8127**	**6549**		**3514**	**12029**	**23399**		**5281**	**52510**
84	2308	14676	8127	6549		3514	12029	23399		5281	52510

市顺序号	区顺序号	绿地名称	实有树						
			总 计	乔木					灌
				合计	常绿乔木		落叶乔木		合计
					小计	其中:侧柏	小计	其中:国槐	
		甲	1=2+7+10	2=3+5	3	4	5	6	7
99	1	西南三环路绿地	18540	1713	367	32	1346	396	2364
100	2	北区主干道绿地	153	37	20		17		19
101	3	云岗西里路绿地	177	52	22		30		9
		市属							
		石景山区	**53374**	**10416**	**2740**	**8**	**7676**	**1352**	**15681**
		区属	53374	10416	2740	8	7676	1352	15681
102	1	石景山路绿地	33836	6570	1473	8	5097	1204	9370
103	2	人民渠绿地	3378	490	110		380	50	398
104	3	绿波流霞	2697	406	100		306		883
105	4	十四院小区绿地	1928	759	184		575	10	876
106	5	八角北路绿地	3351	292	83		209		609
107	6	七角园绿地	3911	1254	372		882	65	1557
108	7	杨庄绿地	4273	645	418		227	23	1988

续表五

木		（株）				实有绿篱		实有草坪（平方米）		实有宿根花卉	
木		其它									
常绿灌木	落叶灌木	合计	月季	攀缘	竹子	长度（米）	数量（株）	数量	其中：冷季型	面积（平方米）	数量（株）
8	9	10	11	12	13	14	15	16	17	18	19
84	2280	14463	7914	6549		3419	11553	22326		5281	52510
	19	97	97			95	476	1063			
	9	116	116								
4907	**10774**	**27277**	**17070**	**10172**	**35**	**10698**	**40415**	**144925**	**4116**	**18134**	**35082**
4907	10774	27277	17070	10172	35	10698	40415	144925	4116	18134.3	35082
3944	5426	17896	14055	3841		6279	22118	88800		13597	4168
48	350	2490	850	1610	30	280	1680	4116	4116	83.3	750
31	852	1408	108	1300		605	1816	10979		1127	8958
290	586	293	192	101		236	1180	3106		812	6606
34	575	2450		2450		1760	8820	17110			
223	1334	1100	1000	100		560	1560	10050		2090	12050
337	1651	1640	865	770	5	978	3241	10764		425	2550

北京市城市公共绿地

区县名称	单位数（个）	总 面 积（平方米）	规 划 已批面积	规 划 未批面积
甲		1=2+3=4	2	3
合 计	**75**	**587181**	**587181**	
区属	74	568356	568356	
市属	1	18825	18825	
城近郊区	**72**	**497004**	**497004**	
区属	1	478179	18825	
市属	71	18825	478179	
东城区（区属）	1	1102	1102	
朝阳区（区属）	24	124501	124501	
海淀区（区属）	8	42448	42448	
丰台区	38	319958	319958	
区属	37	301133	301133	
市属	1	18825	18825	
石景山区（区属）	1	8995	8995	
远郊区县（区属）	**3**	**90177**	**90177**	
门头沟区				
房山区				
通 县	1	3800	3800	
昌平县				
大兴县	1	82597	82597	
平谷县				
怀柔县				
顺义县				
密云县				
延庆县	1	3780	3780	

——居住区花园面积汇总表

绿地面积					绿化覆盖面积（平方米）	绿化覆盖率（%）
合计	绿化面积	建筑占地面积	铺装面积	水面积		
4=5+6+7+8	5	6	7	8	9	10
587181	**579396**	**331**	**5201**	**2253**	**582975**	**99.28**
568356	560571	331	5201	2253	564150	99.26
18825	18825				18825	100.00
497004	**490263**	**72**	**4416**	**2253**	**492874**	**99.17**
18825	18825				18825	100.00
478179	471438	72	4416	2253	474049	99.14
1102	1102				1159	105.17
124501	123801			700	123801	99.44
42448	42088			360	42088	99.15
319958	314683	72	4010	1193	317276	99.16
301133	295858	72	4010	1193	298451	99.11
18825	18825				18825	100.00
8995	8589		406		8550	95.05
90177	**89133**	**259**	**785**		**90101**	**99.92**
3800	3512	168	120		3724	98.00
82597	82597				82597	100.00
3780	3024	91	665		3780	100.00

北京市城市公共绿地

单位名称	单位数	实有树						
		总计	乔木					灌
			合计	常绿乔木		落叶乔木		合计
				小计	其中:侧柏	小计	其中:国槐	
甲		1=2+7+10	2=3+5	3	4	5	6	7
合　计	**75**	**2275**	**647**	**224**		**423**	**15**	**1327**
区属	74	2275	647	224		423	15	1327
市属	1	在居住区绿地						
城近郊区	**72**	**1170**	**413**	**138**		**275**	**15**	**735**
区属	71	1170	413	138		275	15	735
市属	1	在居住区绿地						
东城区(区属)	1	122	76	37		39	15	28
和平里七区		122	76	37		39	15	28
朝阳区(区属)	24	在楼间绿地						
海淀区(区属)	8	在楼间绿地						
丰台区	38	在居住区绿地						
区属	37	在居住区绿地						
市属	1	在居住区绿地	(866)	(223)		(643)	(36)	(1175)
石景山区(区属)	1	1048	337	101		236		707
八角路北小区		1048	337	101		236		707
远郊区县(区属)		**1105**	**234**	**86**		**148**		**592**
通　县	1	345	101	54		47		165
大兴县	1	在居住区绿地						
延庆县	1	760	133	32		101		427

——居住区花园树木汇总表

木				(株)		实有绿篱		实有草坪（平方米）		实有宿根花卉	
木		其它									
常绿灌木	落叶灌木	合计	月季	攀缘	竹子	长度（米）	数量（株）	数量	其中：冷季型	面积（平方米）	数量（株）
8	9	10	11	12	13	14	15	16	17	18	19
112	**1215**	**301**	**187**	**114**		**712**	**3457**	**9108**			
112	1215	301	187	114		712	3457	9108			
47	**688**	**22**	**18**	**4**		**550**	**2890**	**5000**			
47	688	22	18	4		550	2890	5000			
	28	18	18			70	280				
	28	18	18			70	280				
(236)	(939)	(7609)	(6137)	(1172)	(300)	(84)	(252)	(18825)	(15472)	(292)	(2928)
47	660	4		4		480	2610	5000			
47	660	4		4		480	2610	5000			
65	**527**	**279**	**169**	**110**		**162**	**567**	**4108**			
15	150	79	69	10		162	567	1134			
50	377	200	100	100				2974			

北京市城市公共绿地

市顺序号	区顺序号	绿地名称	总面积（平方米）	规划已批面积	规划未批面积	绿 合计
		甲	1＝2＋3＝4	2	3	4＝5＋6＋7＋8
		东城区（区属）	**1102**	**1102**		**1102**
1	1	和平里七区	1102	1102		1102
		朝阳区（区属）	**124501**	**124501**		**124501**
2	1	呼家楼北街	3880	3880		3880
3	2	延静里集中绿地	4401	4401		4401
4	3	劲松二区花园	2913	2913		2913
5	4	劲松五区花园	5098	5098		5098
6	5	虎东小区集中绿地	605	605		605
7	6	垡头小区花园	5154	5154		5154
8	7	垡头东区小区花园	4955	4955		4955
9	8	垡头邮局集中绿地	2482	2482		2482
10	9	左家庄春园	5607	5607		5607
11	10	左家庄夏秋园	11360	11360		11360
12	11	左家庄冬园	2620	2620		2620
13	12	和平街十一区	4995	4995		4995
14	13	酒仙桥高家园小区	9100	9100		9100
15	14	机场燕翔东里花园	1650	1650		1650
16	15	机场宿舍 157 北小区	4241	4241		4241
17	16	机场梨园及二幼周围	4924	4924		4924
18	17	机场俱乐部东西侧	3024	3024		3024
19	18	机场东平里小区	1448	1448		1448
20	19	机场南平里小区	1749	1749		1749

——居住区花园面积明细表

地面积				绿化覆盖面积（平方米）	绿化覆盖率（%）
绿化面积	建筑占地面积	铺装面积	水面积		
5	6	7	8	9	10
1102				**1159**	**105.00**
1102				1159	105.00
123801			**700.**	**123801**	**99.44**
3880				3880	100.00
4401				4401	100.00
2913				2913	100.00
5098				5098	100.00
605				605	100.00
5114			40	5114	99.22
4755			200	4755	95.96
2482				2482	100.00
5607				5607	100.00
11100			260	11100	97.71
2620				2620	100.00
4995				4995	100.00
9100				9100	100.00
1650				1650	100.00
4241				4241	100.00
4924				4924	100.00
3024				3024	100.00
1448				1448	100.00
1749				1749	100.00

市顺序号	区顺序号	绿地名称	总面积（平方米）	规划已批面积	规划未批面积	绿 合计
		甲	1=2+3=4	2	3	4=5+6+7+8
21	20	西八间北里小区	5060	5060		5060
22	21	机场苹果园小区	2369	2369		2369
23	22	西坝河小区	12730	12730		12730
24	23	安贞西里中心花园	18300	18300		18300
25	24	安苑北里小区花园	5836	5836		5836
		海淀区（区属）	**42448**	**42448**		**42448**
26	1	恩济花园	4148	4148		4148
27	2	牡丹园	11000	11000		11000
28	3	北方交大家属院	6680	6680		6680
29	4	茂林居	2500	2500		2500
30	5	双榆公园	8090	8090		8090
31	6	农科院	1000	1000		1000
32	7	中关村南小区	3710	3710		3710
33	8	中关村黄庄小区	5320	5320		5320
		丰台区	**319958**	**319958**		**319958**
		区属	301133	301133		301133
34	1	北大地小区 1—4 里	1560	1560		1560
35	2	北大地南里	1150	1150		1150
36	3	88352 部队	5540	5540		5540
37	4	二七通信工厂	5483	5483		5483
38	5	六一八厂	1900	1900		1900
39	6	二七机车厂	75573	75573		75573
40	7	二七车辆厂	35738	35738		35738
41	8	粮食局宿舍	1500	1500		1500
42	9	三院院直	10412	10412		10412

续表一

地面积				绿化覆盖面积（平方米）	绿化覆盖率（%）
绿化面积	建筑占地面积	铺装面积	水面积		
5	6	7	8	9	10
5060				5060	100.00
2369				2369	100.00
12730				12730	100.00
18100			200	18100	98.91
5836				5836	100.00
42088			**360**	**42088**	**99.15**
4148				4148	100.00
11000				11000	100.00
6680				6680	100.00
2500				2500	100.00
7790			300	7790	96.29
1000				1000	100.00
3650			60	3650	98.38
5320				5320	100.00
314683	**72**	**4010**	**1193**	**317276**	**99.16**
295858	72	4010	1193	298451	99.11
1560				1560	100.00
1150				1150	100.00
5540				5540	100.00
5483				5483	100.00
1900				1900	100.00
75573				75573	100.00
35738				35738	100.00
1500				1500	100.00
10312			100	10312	99.04

市顺序号	区顺序号	绿地名称	总面积（平方米）	规划已批面积	规划未批面积	绿
						合计
		甲	1=2+3=4+5	2	3	4=5+6+7+8
43	10	六营门小区	4633	4633		4633
44	11	东营房小区	6079	6079		6079
45	12	邮电局宿舍区	7321	7321		7321
46	13	南顶路家委会	4050	4050		4050
47	14	西罗园家委会	1120	1120		1120
48	15	蒲黄榆铁二家委会	1601	1601		1601
49	16	蒲黄榆四里西楼居委会	4900	4900		4900
50	17	银行家委会	1264	1264		1264
51	18	蒲黄榆一里	1811	1811		1811
52	19	蒲安北里	3272	3272		3272
53	20	蒲黄榆怡心园	16800	16800		16800
54	21	蒲黄榆三里居委会	12188	12188		1218
55	22	蒲黄榆二里居委会	2760	2760		2760
56	23	水暖居委会	11282	11282		11282
57	24	刘家窑小区	5100	5100		5100
58	25	城建二公司宿舍	1102	1102		1102
59	26	大井小区	1792	1792		1792
60	27	万柳小区	12277	12277		12277
61	28	西罗园三区	5827	5827		5827
62	29	西罗园十一区	6000	6000		6000
63	30	角门小区	4320	4320		4320
64	31	太平桥房管所	8000	8000		8000
65	32	水利部莲花池宿舍	13567	13567		13567
66	33	大件家属居委会	1131	1131		1131

续表二

地　　面　　积				绿化覆盖面积（平方米）	绿化覆盖率（%）
绿化面积	建筑占地面积	铺装面积	水面积		
5	6	7	8	9	10
4270			363	4270	92.16
5699			380	5699	93.75
7321				7321	100.00
4000			50	4000	98.76
1120				1120	100.00
1601				1601	100.00
4900				4900	100.00
1264				1264	100.00
1811				1811	100.00
3272				3272	100.00
16800				16800	100.00
12188				12188	100.00
2760				2760	100.00
11282				11282	100.00
5100				5100	100.00
1102				1102	100.00
1792				1792	100.00
12277				12277	100.00
5827				5827	100.00
5700			300	5700	95.00
4320				4320	100.00
8000				8000	100.00
13567				13567	100.00
1131				1131	100.00

市顺序号	区顺序号	绿地名称	总面积（平方米）	规划已批面积	规划未批面积	绿
						合计
		甲	1=2+3=4+5	2	3	4=5+6+7+8
67	34	太平桥居委会	4091	4091		4091
68	35	耐火厂南里小区	1365	1365		1365
69	36	南里一居委会	5624	5624		5624
70	37	三院三部	13000	13000		13000
		市属				
71	38	方庄小区花园	18825	18825		18825
		石景山区(区属)	**8995**	**8995**		**8995**
72	1	八角北路花园	8995	8995		8995
		远郊区县				
73	**1**	**通　县**	**3800**	**3800**		**3800**
74	**1**	**大　兴**	**82597**	**82597**		**82597**
75	**1**	**延　庆**	**3780**	**3780**		**3780**

注：居住区花园中的实有树木列在居住区绿地中。

续表三

地面积				绿化覆盖面积（平方米）	绿化覆盖率（%）
绿化面积	建筑占地面积	铺装面积	水面积		
5	6	7	8	9	10
4091				4091	100.00
1365				1365	100.00
5624				5624	100.00
8918	72	4010		1511	88.55
18825				18825	100
8589		**406**		**8550**	**95.05**
8589		406		8550	95.05
3512	**168**	**120**		**3724**	**98.00**
82597				**82597**	**100.00**
3024	**91**	**665**		**3780**	**100.00**

北京市城市公共绿地——

序号	单位名称	单位数	总面积（平方米）	规划已批面积	规划未批面积	水面积	陆
							合计
	甲		1＝2＋3＝4＋5	2	3	4	5＝6＋7＋8＋9
	城近郊区	**7**	**229521**	**229521**		**6390**	**223131**
	东城区	4	101609	101609		1990	99619
	西城区	3	127912	127912		4400	123512

开放单位绿地面积汇总表

地　面　积				绿化覆盖面积（平方米）	绿　化覆盖率（%）	绿化面积占陆地面积（%）
绿化面积	建筑占地面　积	铺　装面　积	其它面积			
6	7	8	9	10	11	12=6/5
124467	**70310**	**25586**	**2768**	**138832**	**60.49**	**55.78**
50809	32956	13086	2768	58532	57.61	51.00
73658	37354	12500		80300	62.78	59.63

北京市城市公共绿地——

序号	单位名称	单位数	实有树						
			总计	乔木					灌
				合计	常绿乔木		落叶乔木		合计
					小计	其中:侧柏	小计	其中:国槐	
	甲		1=2+7+10	2=3+5	3	4	5	6	7
	城近郊区	**7**	**9508**	**2419**	**976**	**237**	**1443**	**76**	**686**
	东城区	4	1755	640	371	147	269	62	135
	西城区	3	7753	1779	605	90	1174	14	551

开放单位绿地树木汇总表

木 (株)						实有绿篱		实有草坪（平方米）		实有宿根花卉	
木		其它									
常绿灌木	落叶灌木	合计	月季	攀缘	竹子	长度（米）	数量（株）	数量	其中：冷季型	面积（平方米）	数量（株）
8	9	10	11	12	13	14	15	16	17	18	19
185	**501**	**6403**	**1790**	**427**	**4186**	**1030**	**5100**	**19312**	**14500**	**865**	**4111**
45	90	980	620	150	210	380	1900	3300	500	318	1066
140	411	5423	1170	277	3976	650	3200	16012	14000	547	3045

北京市城市公共绿地——

市顺序号	区顺序号	绿地名称	总面积（平方米）	规划已批面积	规划未批面积	水面积	陆
							合计
		甲	1＝2＋3＝4＋5	2	3	4	5＝6＋7＋8＋9
		东城区	**101609**	**101609**		**1990**	**99619**
1	1	首都图书馆	27368	27368		1500	25868
2	2	首都博物馆	22000	22000			22000
3	3	雍和宫	39151	39151			39151
4	4	故宫御花园	13090	13090		490	12600
		西城区	**127912**	**127912**		**4400**	**123512**
5	1	恭王府花园	28000	28000		500	27500
6	2	宋庆龄故居	15000	15000		3600	11400
7	3	中少儿活动中心	84912	84912		300	84612

开放单位绿地面积明细表

地面积				绿化覆盖面积（平方米）	绿化覆盖率（%）	绿化面积占陆地面积（%）
绿化面积	建筑占地面积	铺装面积	其它面积			
6	7	8	9	10	11	12=6/5
50809	**32956**	**13086**	**2768**	**58532**	**57.61**	**51.00**
13100	8200	1800	2768	15000	54.81	50.64
11000	9100	1900		15000	68.18	50.00
20352	12170	6629		21932	56.02	51.98
6357	3486	2757		6600	50.42	50.50
73658	**37354**	**12500**		**80300**	**62.78**	**59.63**
21500	6000			22000	78.60	78.18
7400	3000	1000		13000	86.70	64.91
44758	28354	11500		45300	53.3	52.90

北京市城市公共绿地——

序号	绿地名称	实	有					树
		总计	乔木					灌
			合计	常绿乔木		落叶乔木		合计
				小计	其中:侧柏	小计	其中:国槐	
	甲	1＝2＋7＋10	2＝3＋5	3	4	5	6	7
	东城区	**1755**	**640**	**371**	**147**	**269**	**62**	**135**
1	首都图书馆	333	190	69	38	121	20	18
2	首都博物馆	344	155	122	68	33	5	19
3	雍和宫	851	171	67		104	37	80
4	故宫御花园	227	124	113	41	11		18
	西城区	**7753**	**1779**	**605**	**90**	**1174**	**14**	**551**
5	恭王府花园	4169	395	99		296		297
6	宋庆龄故居	980	684	311	90	373	14	76
7	中少儿活动中心	2154	700	195		505		178

开放单位绿地树木明细表

木		（株）				实有绿篱		实有草坪（平方米）		实有宿根花卉	
木		其它									
常绿灌木	落叶灌木	合计	月季	攀缘	竹子	长度（米）	数量（株）	数量	其中：冷季型	面积（平方米）	数量（株）
8	9	10	11	12	13	14	15	16	17	18	19
45	**90**	**980**	**620**	**150**	**210**	**380**	**1900**	**3300**	**500**	**318**	**1066**
8	10	125	70	45	10	250	1250	2700		240	700
9	10	170	150	20				100		18	150
28	52	600	400		200	130	650	500	500		
	18	85		85						60	216
140	**411**	**5423**	**1170**	**277**	**3976**	**650**	**3200**	**16012**	**14000**	**547**	**3045**
130	167	3927	550	1	3376			512		137	2195
10	66	220		20	200	50	200	1500		10	50
	178	1276	620	256	400	600	3000	14000	14000	400	800

北京市建成区外

市顺序号	绿地名称	总面积（平方米）	规划已批面积	规划未批面积	水面积	陆 合计
	甲	1=2+3=4+5	2	3	4	5=6+7+8+9
	朝阳区					
1	洼里银杏公园					
	门头沟区					
2	潭柘寺公园	1211006	1211006			1211006
3	戒台寺公园	44000	44000			44000
	房山区					
4	韩村河公园	100000				
	昌平县					
5	十三陵风景区	1031054	1031054			1031054
6	南口公园	80000				
	顺义县					
7	天竺公园	100000				
8	李各庄公园	167000				
9	木林公园	100000				
10	张镇公园	135000				
	平谷县					
11	兴隆公园					
	怀柔县					
12	慕田峪风景区	8000000				8000000
	延庆县					
13	八达岭风景区	3282800	3282800		30000	3252800

注：建成区外公园未进行全面普查。

公园面积一览表

地面积				绿化覆盖面积（平方米）	绿化覆盖率（%）	绿化面积占陆地面积（%）
绿化面积	建筑占地面积	铺装面积	其它面积			
6	7	8	9	10	11	12＝6/5
1166111	19799	19960	5136	1188247	98.12	96.29
34435	8493	1072		35784	81.33	78.26
845307	101174	84573		880100	85.36	81.98
7200000	14598	82050	703352	7200000	90.00	90.00
2041210	411590	800000		2041210	62.18	62.75

北京市建成区外

市顺序号	绿地名称	实有树：总计	乔木：合计	常绿乔木：小计	常绿乔木：其中：侧柏	落叶乔木：小计	落叶乔木：其中：国槐	灌：合计
	甲	1=2+7+10	2=3+5	3	4	5	6	7
	朝阳区							
1	洼里银杏公园							
	门头沟区							
2	潭柘寺公园	170506	153586	85358	80125	68228	47	4246
3	戒台寺公园	2646	879	435	48	444	38	829
	房山区							
4	韩村河公园							
	昌平县							
5	十三陵风景区	71954	50888	43658	29202	7230	237	14458
6	南口公园							
	顺义县							
7	天竺公园							
8	李各庄公园							
9	木林公园							
10	张镇公园							
	平谷县							
11	兴隆公园							
	怀柔县							
12	慕田峪风景区	2000000	1585000	1101623	3864	483377	100	404500
	延庆县							
13	八达岭风景区	8176411	3974773	2997974	665049	976799		3517208

注：建成区外公园未进行全面普查。

成区外公园树木一览表

木		(株)				实有绿篱		实有草坪（平方米）		实有宿根花卉	
木		其它									
常绿灌木	落叶灌木	合计	月季	攀缘	竹子	长度（米）	数量（株）	数量	其中：冷季型	面积（平方米）	数量（株）
8	9	10	11	12	13	14	15	16	17	18	19
109	4137	12674	18	727	11929			4370		420	609
49	780	938	40	773	125	75	266	3	3844	322	224
7793	6665	6608	6315	277	16	4662	41987	14127	84127		6558
4500	400000	10500	500	10000		90	750	200	140	140	280
8110	3509098	684430	3200	681190	40		21521				6100

图四

北京市城市道路绿地主要指标

	1995 年	1990 年	增减(+.-)	增减(%)
道路绿化总长度(公里)	2181	1717	464	27.02
城近郊区	1761	1460	301	20.62
远郊区县	419	258	161	62.40
道路绿化覆盖率(%)	51.76	29.10	22.66	77.87
城近郊区	52.46	34.46	18.00	52.23
远郊区县	48.17	15.88	32.29	203.34

北京市城市道路绿化长度

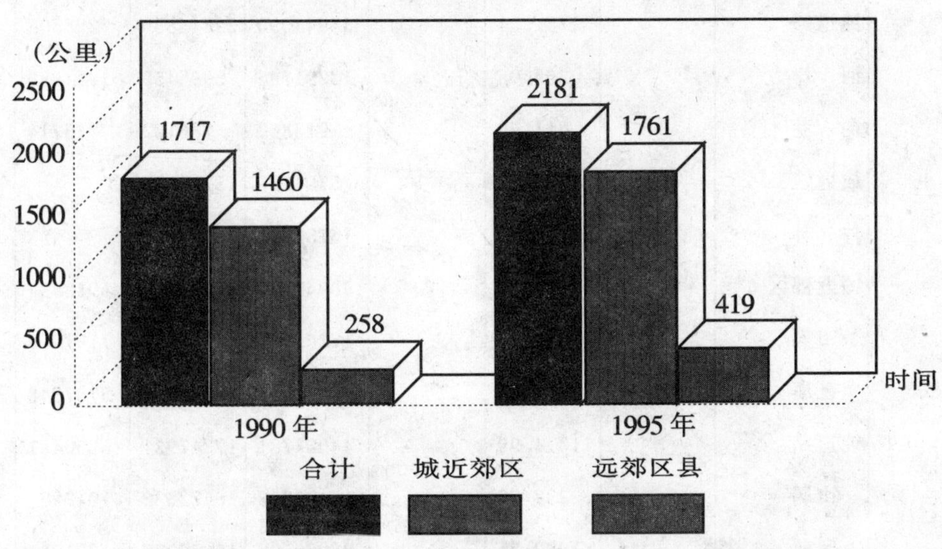

北京市城市道路绿化覆盖率

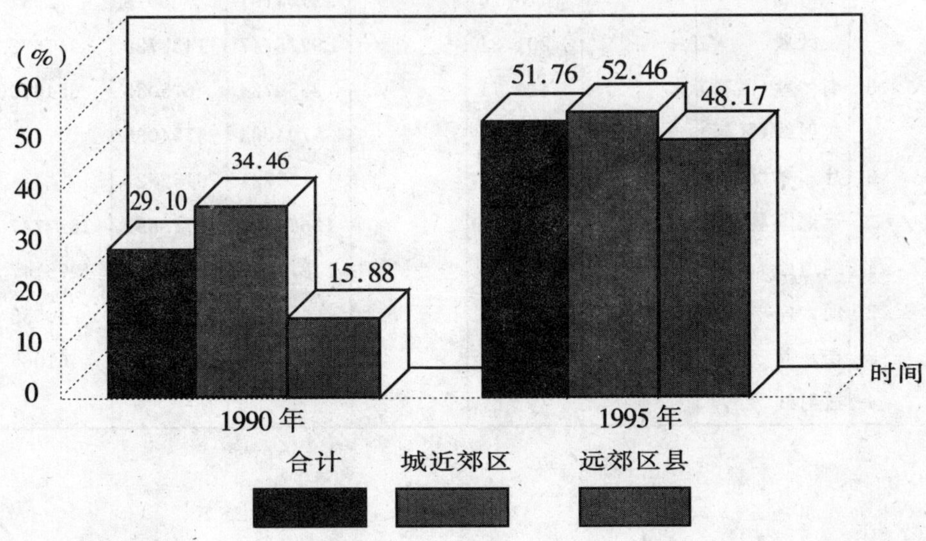

北京市城市道路

（按类别

序号	道路名称	起止地点	道路长度（公里）	路面宽度（米）	道路范围总面积（平方米）	绿化面积			
						合计	行道树	分车带	街头绿地
甲	乙	丙	1	2	3	4	5	6	7
	合　计		**2648.99**		**96098553**	**47623263**	**8996601**	**1962733**	
	纯道路		1751.81		58944090	22844830	7226598	1962733	
	河　岸		265.05		12291796	2095453	1054289		
	街　巷		511.60		2915860	736173	715714		
	放射线		120.53		5794086	5794086			
	片　林				16152721	16152721			
一	**城近郊区**		**2125.70**		**80447250**	**41909611**	**6918854**	**1423317**	
	市属		280.94		17261434	7178710	1121006	587034	
	区属		1844.76		63185816	34730901	5797848	836283	
1	纯道路		1314.99		44067781	17347921	5250451	1423317	
	市属		232.78		15158243	6672632	1048924	587034	
	区属		1082.21		28909538	10675289	4201527	836283	
2	河　岸		249.47		11881938	1939798	1013754		
	市属		48.16		2103191	506078	72082		
	区属		201.31		9778747	1433720	941672		
3	街　巷(区属)		440.71		2550724	675085	654649		
4	放射线(区属)		120.53		5794086	5794086			
5	片　林(区属)				16152721	16152721			
二	**远郊区县**		**523.29**		**15651303**	**5713652**	**2077747**	**539416**	
1	纯道路		436.82		14876309	5496909	1976147	539416	
2	河　岸		15.58		409858	155655	40535		
3	街　巷		70.89		365136	61088	61065		
4	放射线								

绿化面积汇总表

分组）

（平方米）		覆盖面积（平方米）						绿化覆盖率（%）	道路绿化长度（公里）
环岛立交桥绿地	道路两侧绿化带	合计	行道树	分车带	街头绿地	环岛立交桥绿地	道路两侧绿化带		
8	9	10	11	12	13	14	15	16＝10/3	17
1720564	**34943365**	**56406013**	**16969990**	**2183659**		**1721075**	**35531289**	**58.70**	**2180.71**
1718575	11936924	29512811	13711377	2183659		1718675	11899100	50.07	1611.79
1989	1039175	3741693	1923272			2400	1816021	30.44	231.47
	20459	1357588	1335341				22247	46.56	216.92
	5794086	5788151					5788151	99.90	120.53
	16152721	16005770					16005770	99.09	
1479736	**32087704**	**48866744**	**13405212**	**1546464**		**1480247**	**32434821**	**60.74**	**1761.41**
770020	4700650	8157705	1939951	654820		770020	4792914	47.26	274.79
709716	27387054	40709039	11465261	891644		710227	27641907	64.43	1486.62
1477747	9196406	22293850	10289884	1546464		1477847	8979655	50.59	1231.07
770020	4266654	7372733	1820162	654820		770020	4127731	48.64	232.78
707727	4929752	14921117	8469722	891644		707827	4851924	51.61	998.29
1989	924055	3503753	1862332			2400	1639021	29.49	216.44
	433996	784972	119789				665183	37.32	42.01
1989	490059	2718781	1742543			2400	973838	27.80	174.43
	20436	1275220	1252996				22224	49.99	193.37
	5794086	5788151					5788151	99.89	120.53
	16152721	16005770					16005770	99.90	
240828	**2855661**	**7539269**	**3564778**	**637195**		**240828**	**3096468**	**48.17**	**419.30**
240828	2740518	7218961	3421493	637195		240828	2919445	48.53	380.72
	115120	237940	60940				177000	58.05	15.03
	23	82368	82345				23	22.56	23.55

北京市城市道路

（按类别

<table>
<tr><th rowspan="4">序号</th><th rowspan="4">地点名称</th><th colspan="7">实　　有　　树</th></tr>
<tr><th rowspan="3">总　计</th><th colspan="5">乔　　木</th><th>灌</th></tr>
<tr><th rowspan="2">合计</th><th colspan="2">常绿乔木</th><th colspan="2">落叶乔木</th><th rowspan="2">合计</th></tr>
<tr><th>小计</th><th>其中：侧柏</th><th>小计</th><th>其中：国槐</th></tr>
<tr><td>甲</td><td>乙</td><td>1=2+7+10</td><td>2=3+5</td><td>3</td><td>4</td><td>5</td><td>6</td><td>7</td></tr>
<tr><td></td><td>合　计</td><td>8719795</td><td>3516224</td><td>574940</td><td>160348</td><td>2941284</td><td>460169</td><td>1323094</td></tr>
<tr><td></td><td>道　路</td><td>5748088</td><td>1266504</td><td>239610</td><td>19324</td><td>1026894</td><td>220345</td><td>1109101</td></tr>
<tr><td></td><td>河　岸</td><td>258347</td><td>140353</td><td>25188</td><td>18113</td><td>115165</td><td>7399</td><td>33534</td></tr>
<tr><td></td><td>街　巷</td><td>92102</td><td>41651</td><td>3888</td><td>726</td><td>37763</td><td>14520</td><td>8028</td></tr>
<tr><td></td><td>放射线</td><td>1075158</td><td>801068</td><td>52405</td><td>17173</td><td>748663</td><td>140037</td><td>25741</td></tr>
<tr><td></td><td>片　林</td><td>1546100</td><td>1266648</td><td>253849</td><td>105012</td><td>1012799</td><td>77868</td><td>146690</td></tr>
<tr><td>一</td><td>城近郊区</td><td>7419410</td><td>3066494</td><td>471931</td><td>147170</td><td>2594563</td><td>401655</td><td>951428</td></tr>
<tr><td></td><td>市属</td><td>1505989</td><td>296000</td><td>56528</td><td>5572</td><td>239472</td><td>42433</td><td>2387147</td></tr>
<tr><td></td><td>区属</td><td>5913421</td><td>2770494</td><td>415403</td><td>141598</td><td>2355091</td><td>359222</td><td>712681</td></tr>
<tr><td>1</td><td>纯道路</td><td>4465568</td><td>831508</td><td>138279</td><td>7280</td><td>693229</td><td>162213</td><td>738046</td></tr>
<tr><td></td><td>市属</td><td>1449446</td><td>281108</td><td>51171</td><td>2035</td><td>229937</td><td>41633</td><td>229856</td></tr>
<tr><td></td><td>区属</td><td>3016122</td><td>550400</td><td>87108</td><td>5245</td><td>463292</td><td>120580</td><td>508190</td></tr>
<tr><td>2</td><td>河岸</td><td>242488</td><td>127601</td><td>23604</td><td>17014</td><td>103997</td><td>7391</td><td>32947</td></tr>
<tr><td></td><td>市属</td><td>56543</td><td>14892</td><td>5357</td><td>3537</td><td>9535</td><td>800</td><td>8891</td></tr>
<tr><td></td><td>区属</td><td>185945</td><td>112709</td><td>18247</td><td>13477</td><td>94462</td><td>6591</td><td>24056</td></tr>
<tr><td>3</td><td>街　巷（区属）</td><td>90096</td><td>39669</td><td>3794</td><td>691</td><td>35875</td><td>14146</td><td>8004</td></tr>
<tr><td>4</td><td>放射线（区属）</td><td>1075158</td><td>801068</td><td>52405</td><td>17173</td><td>748663</td><td>140037</td><td>25741</td></tr>
<tr><td>5</td><td>片　林（区属）</td><td>1546100</td><td>1266648</td><td>253849</td><td>105012</td><td>1012799</td><td>77868</td><td>146690</td></tr>
<tr><td>二</td><td>远郊区县</td><td>1300385</td><td>449730</td><td>103009</td><td>13178</td><td>346721</td><td>58514</td><td>371666</td></tr>
<tr><td>1</td><td>纯道路</td><td>1282520</td><td>434996</td><td>101331</td><td>12044</td><td>333665</td><td>58132</td><td>371055</td></tr>
<tr><td>2</td><td>河　岸</td><td>15859</td><td>12752</td><td>1584</td><td>1099</td><td>11168</td><td>8</td><td>587</td></tr>
<tr><td>3</td><td>街　巷</td><td>2006</td><td>1982</td><td>94</td><td>35</td><td>1888</td><td>374</td><td>24</td></tr>
<tr><td>4</td><td>放射线</td><td></td><td></td><td></td><td></td><td></td><td></td><td></td></tr>
</table>

绿化树木汇总表

分组）

木		（株）				实有绿篱		实有草坪（平方米）		实有宿根花卉	
木		其它									
常绿灌木	落叶灌木	合计	月季	攀缘	竹子	长度（米）	数量（株）	数量	其中：冷季型	面积（平方米）	数量（株）
8	9	10	11	12	13	14	15	16	17	18	19
242193	**1080901**	**3880477**	**2185563**	**1372184**	**322730**	**444880**	**2860717**	**5344142**	**1456624**	**154775**	**1694597**
206411	902690	3372483	2008050	1271129	93304	431686	2807767	4947828	1456464	147518	1650985
3815	29719	84460	26737	55618	2105	1650	9089	228554		4496	37155
3307	4721	42423	16876	25426	121	5615	19358	13500	160	1211	4267
1780	23961	248349	19038	2111	227200	934	4668				
26880	119810	132762	114862	17900		4995	19835	154260		1550	2190
177447	**773981**	**3401488**	**1763912**	**1322407**	**315169**	**341839**	**2221321**	**4516339**	**1390052**	**142176**	**1570328**
49560	189187	971242	479054	453534	38654	137903	1187743	1749855	785580	41726	397861
127887	584794	2430246	1284858	868873	276515	203936	1033578	2766484	604472	100450	1172467
141753	596293	2896014	1586747	1221524	87743	329124	2172071	4120265	1389892	134919	1526716
49257	180599	938482	467278	432585	38619	137743	1186743	1636393	785580	41134	395821
92496	415694	1957532	1119469	788939	49124	191381	985328	2483872	604312	93785	1130895
3727	29220	81940	26389	55446	105	1171	5389	228314		4496	37155
303	8588	32760	11776	20949	35	160	1000	113462		592	2040
3424	20632	49180	14613	34497	70	1011	4389	114852		3904	35115
3307	4697	42423	16876	25426	121	5615	19358	13500	160	1211	4267
1780	23961	248349	19038	2111	227200	934	4668				
26880	119810	132762	114862	17900		4995	19835	154260		1550	2190
64746	**306920**	**478989**	**421651**	**49777**	**7561**	**103041**	**639396**	**827803**	**66572**	**12599**	**124269**
64658	306397	476469	421303	49605	5561	102562	635696	827563	66572	12599	124269
88	499	2520	348	172	2000	479	3700	240			
	24										

北京市城市道路

（按类别

序号	道路名称	道路条数	道路长度（公里）	路面宽度（米）	道路范围总面积（平方米）	绿化面积			
						合计	行道树	分车带	街头绿地
甲	乙	丙	1	2	3	4	5	6	7
	东城区	**489**	**216.771**		**3560413**	**1183226**	**824661**	**58433**	
	区属	460	188.00		2184745	703347	527434	23806	
	市属	29	28.77		1375668	479879	297227	34627	
1	纯道路	82	72.38		2666895	848426	510373	58433	
	区属	53	45.46		1304732	389059	213146	23806	
	市属	29	26.92		1362163	459367	297227	34627	
2	河岸	1	5.55		80505	47912	27400		
	区属	1	3.70		67000	27400	27400		
	市属	(11)	1.85		13505	20512			
3	街巷	406	138.84		813013	286888	286888		
4	放射线								
5	片林								
	西城区	**545**	**223.38**		**4455137**	**1002840**	**544380**	**66487**	
	区属	509	183.49		2989794	542908	315499	27010	
	市属	36	39.89		1465343	459932	228881	39477	
1	纯道路	170	133.44		3910115	910295	457748	66487	
	区属	135	95.35		2458277	455451	228867	27010	
	市属	35	38.09		1451838	454844	228881	39477	
2	河岸	4	8.84		118542	27885	22302		
	区属	3	7.04		105037	22797	22302		
	市属	1	1.80		13505	5088			
3	街巷(区属)	371	81.10		426480	64660	64330		
4	放射线								
5	片林								

绿化面积汇总表

分组）

（平方米）		覆 盖 面 积 （平方米）						绿 化 覆盖率 （%）	道路 绿化 长度 （公里）	实有 树木 数量 （株）	实有草坪 （平方米）	
环 岛 立交桥 绿 地	道 路 两 侧 绿化带	合计	行道树	分车带	街头 绿地	环 岛 立交桥 绿 地	道 路 两 侧 绿化带				数量	其中： 冷季型
8	9	10	11	12	13	14	15	16＝10/3	17			
56157	**243975**	**1839453**	**1452595**	**69792**		**56157**	**260909**	**51.66**	**134.21**	**257134**	**213489**	**95855**
	152107	1285906	1087444	30924			167538	58.86	105.44	146171	43543	7650
56157	91868	553547	365151	38868		56157	93371	40.24	28.77	110963	169946	88205
56157	223463	1286305	923298	69792		56157	237058	48.23	69.41	218793	185396	95855
	152107	756609	558147	30924			167538	57.99	42.49	111448	37926	7650
56157	71356	529696	365151	38868		56157	69520	38.89	26.92	107345	147470	88205
	20512	59951	36100				23851	74.46	3.65	18462	28093	
		36100	36100					53.88	1.80	14844	5617	
	20512	23851					23851	176.66	1.85	3618	22476	
		493197	493197					60.66	61.15	19879		
51629	**340344**	**1945459**	**1380527**	**110416**		**51629**	**402887**	**43.67**	**153.06**	**234224**	**287346**	**102697**
	200399	1267774	948971	46610			272193	42.40	113.17	147101	134176	46000
51629	139945	677685	431556	63806		51629	130694	46.25	39.89	87123	153170	56697
51629	334431	1732253	1175146	110416		51629	395062	44.30	119.61	209783	277679	102697
	199574	1061568	743590	46610			271368	43.18	81.52	122824	124509	46000
51629	134857	670685	431556	63806		51629	123694	46.20	38.09	86959	153170	56697
	5583	55849	48354				7495	47.11	8.24	7173	3748	
	495	48849	48354				495	46.51	6.44	7009	3748	
	5088	7000					7000	51.83	1.80	164		
	330	157357	157027				330	36.90	25.21	17268	5919	

序号	道路名称	道路条数	道路长度（公里）	路面宽度（米）	道路范围总面积（平方米）	绿化面积			
						合计	行道树	分车带	街头绿地
甲	乙	丙	1	2	3	4	5	6	7
	崇文区	**395**	**173.48**		**2685664**	**779043**	**523156**	**42821**	
	区属	384	153.39		1875420	592467	450019	20120	
	市属	11	20.09		810244	186576	73137	22701	
1	纯道路	44	58.59		1685306	550079	370303	42821	
	区属	38	50.47		1331747	439614	297166	20120	
	市属	6	8.12		353559	110465	73137	22701	
2	河　岸	5	11.97		456685	76111			
	市属	5	11.97		456685	76111			
3	街巷(区)	346	102.92		543673	152853	152853		
4	放射线								
5	片　林								
	宣武区	**391**	**162.74**		**2805955**	**646436**	**303101**	**79551**	
	区属	387	156.74		2410838	521744	285239	34101	
	市属	4	6.00		395117	124692	17862	45450	
1	纯道路	46	48.90		1816734	386935	169484	79551	
	区属	43	45.90		1583617	285423	151622	34101	
	市属	3	3.00		233117	101512	17862	45450	
2	河　岸	3	9.84		346800	108438			
	区属	2	6.84		184800	85258			
	市属	1	3.00		162000	23180			
3	街巷(区)	342	104.00		642421	151063	133617		
4	放射线								
5	片　林								

续表一

(平方米)		覆 盖 面 积 (平方米)						绿化覆盖率(%)	道路绿化长度(公里)	实有树木数量(株)	实有草坪(平方米)	
环岛立交桥绿地	道路两侧绿化带	合计	行道树	分车带	街头绿地	环岛立交桥绿地	道路两侧绿化带				数量	其中：冷季型
8	9	10	11	12	13	14	15	16=10/3	17			
68614	**144452**	**1218443**	**927556**	**42821**		**68614**	**179452**	**45.37**	**110.14**	**191895**	**179444**	**59902**
68614	53714	993812	851364	20120		68614	53714	52.99	91.18	149330	93435	51533
	90738	224631	76192	22701			125738	27.72	18.96	42565	86009	8369
68614	68341	839053	659277	42821		68614	68341	49.79	55.96	141809	115521	59742
68614	53714	725533	583085	20120		68614	53714	54.48	47.84	125674	92623	51373
	14627	113520	76192	22701			14627	32.11	8.12	16135	22898	8369
	76111	111111					111111	24.33	10.84	26430	63111	
	76111	111111					111111	24.33	10.84	26430	63111	
		268279	268279					49.35	43.34	23656	812	160
72900	**190884**	**966655**	**567590**	**81442**		**7300**	**244623**	**34.45**	**106.68**	**177501**	**172519**	**58893**
72900	129504	795976	543790	38723		73000	140463	33.02	100.68	171453	135956	58455
	61380	170679	23800	42719			104160	43.30	6.00	6048	36563	438
72900	65000	489924	270782	81442		73000	64700	26.97	41.30	139673	97889	58893
72900	26800	385205	246982	38723		73000	26500	24.32	38.30	134408	61326	58455
	38200	104719	23800	42719			38200	44.92	3.00	5265	36563	438
	108438	160767					160767	46.36	9.64	12234	68672	
	85258	94807					94807	51.30	6.64	11451	68672	
	23180	65960					65960	40.72	3.00	783		
	17446	315964	296808				19156	49.18	55.74	25594	5958	

序号	道路名称	道路条数	道路长度（公里）	路面宽度（米）	道路范围总面积（平方米）	绿化面积			
						合计	行道树	分车带	街头绿地
甲	乙	丙	1	2	3	4	5	6	7
	朝阳区	**206**	**442.30**		**29771794**	**18943217**	**1707064**	**491462**	
	市属	26	95.40		9042911	4718131	352701	252147	
	区属	180	346.90		20728883	14225086	1354363	239315	
1	纯道路	197	309.15		16042121	7823185	11220809	491462	
	市属	26	95.40		9042911	4718131	352701	252147	
	区属	171	213.75		6999210	3105054	770108	239315	
2	河岸	6	62.95		3295673	686032	584255		
	区属	6	62.95		3295673	686032	584255		
3	街巷								
4	放射线(区属)	3	70.20		3631000	3631000			
5	片林(区属)	(20)			6803000	6803000			
	海淀区	**196**	**414.55**		**18425558**	**8696287**	**1477237**	**411578**	
	市属	21	60.15		2468342	630733	64299	187632	
	区属	175	354.40		15957216	8065554	1412938	223946	
1	纯道路	180	320.10		9881638	3282904	1304134	411578	
	市属	20	59.25		2459072	630550	64116	187632	
	区属	160	260.85		7422566	2652354	1240018	223946	
2	河岸	9	70.35		3463892	345461	172043		
	市属	1	0.90		9270	183	183		
	区属	8	69.45		3454622	345278	171860		
3	街道(区属)	5	1.40		15100	2994	1060		
4	放射线(区属)	2	22.70		953210	953210			
5	片林(区属)	(17)			4111718	4111718			

续表二

（平方米）		覆盖面积（平方米）						绿化覆盖率（%）	道路绿化长度（公里）	实有树木数量（株）	实有草坪（平方米）	
环岛立交桥绿地	道路两侧绿化带	合计	行道树	分车带	街头绿地	环岛立交桥绿地	道路两侧绿化带				数量	其中：冷季型
8	9	10	11	12	13	14	15	16=10/3	17			
457650	**16287041**	**20549520**	**3443943**	**610498**		**457650**	**16037429**	**69.02**	**427.38**	**2689712**	**1158962**	**456123**
415646	3697637	4761340	536600	255157		415646	3553937	52.65	95.40	862384	805063	395810
42004	12589404	15788180	2907343	355341		42004	12483492	76.17	331.98	1827328	353899	60313
457650	5751264	8829284	2226639	610498		457650	5534497	55.04	296.23	1416599	1077607	456123
415646	3697637	4761340	536600	255157		415646	3553937	52.65	95.40	862384	805063	395810
42004	2053627	4067944	1690039	355341		42004	1980560	58.12	200.83	554215	272544	60313
	101777	1433236	1217304				215932	43.49	60.95	53833	20355	
	101777	1433236	1217304				215932	43.49	60.95	53833	20355	
	3631000	3631000					3631000	100.00	70.20	539443		
	6803000	6656000					6656000	97.84		679837	61000	
143809	**6663663**	**9911317**	**2211754**	**573521**		**144220**	**6981822**	**53.79**	**398.51**	**1430051**	**1230013**	**326128**
88825	289977	986290	363143	226569		88825	307753	39.96	60.15	266812	314269	127194
54984	6373686	8925027	1848611	346952		55395	6674069	55.93	338.36	1163239	915744	198934
141820	1425372	4190640	2030799	573521		141820	1444500	42.41	304.06	838825	1177993	326128
88825	289977	985010	361863	226569		88825	307753	40.06	59.25	266690	314269	127194
52995	1135395	3205630	1668936	346952		52995	1136747	43.19	244.81	572135	863724	198934
1989	171429	649419	176215			2400	470804	18.75	70.35	62748	16460	
		1280	1280					13.81	0.90	122		
1989	171429	648139	174935			2400	470804	18.76	69.45	62626	16460	
	1934	6330	4740				1590	41.92	1.40	811		
	953210	953210					953210	100.00	22.70	194207		
	4111718	4111718					4111718	100.00		333460	35560	

序号	道路名称	道路条数	道路长度（公里）	路面宽度（米）	道路范围总面积（平方米）	绿化面积			
						合计	行道树	分车带	街头绿地
甲	乙	丙	1	2	3	4	5	6	7
	丰台区	**272**	**401.10**		**13466684**	**7056863**	**892606**	**261985**	
	市属	10	30.64		1172763	414398	15000	5000	
	区属	262	370.46		12293921	6642465	877606	256985	
1	纯道路	177	292.31		6546268	2963868	828658	261985	
	市属	7	2.00		255583	197763	15000	5000	
	区属	170	290.31		6290685	2766105	813658	256985	
2	河岸	13	69.82		3022495	285690	50055		
	市属	3	28.64		917180	216635			
	区属	10	41.18		2105315	69055	50055		
3	街巷(区属)	79	11.34		105235	14619	13893		
4	放射线(区属)	3	27.63		1209876	1209876			
5	片　林(区属)	(12)			2582810	2582810			
	石景山区	**61**	**91.38**		**5276045**	**3601699**	**646649**	**11000**	
	市属	1	(7.85)		531046	164369	71899		
	区属	60	91.38		4744999	3437330	574750	11000	
1	纯道路	51	80.12		1518704	582229	486942	11000	
	区属	51	80.12		1518704	582229	486942	11000	
2	河岸	2	10.15		1097346	362269	157699		
	市属	1	(7.85)		531046	164369	71899		
	区属	1	10.15		566300	197900	85800		
3	街　巷(区属)	8	1.11		4802	2008	2008		
4	放射线(区属)								
5	片　林(区属)	(20)			2655193	2655193			

注:石景山区河岸市属 7.85 公里已含在区属数字中,故不计入合计。

续表三

（平方米）		覆 盖 面 积 （平方米）						绿 化 覆盖率 （%）	道路 绿化 长度 （公里）	实有 树木 数量 （株）	实有草坪 （平方米）	
环 岛 立交桥 绿 地	道 路 两 侧 绿化带	合计	行道树	分车带	街头 绿地	环 岛 立交桥 绿 地	道 路 两 侧 绿化带				数量	其中：冷季型
8	9	10	11	12	13	14	15	16＝10/3	17			
621977	**5280295**	**8455197**	**2477165**	**36809**		**621977**	**5319246**	**62.79**	**340.87**	**2115177**	**1135827**	**290410**
157763	236635	576253	25000	5000		157763	388490	49.14	25.62	121137	162360	108867
464214	5043660	7878944	2452165	31809		464214	4930756	64.09	315.25	1994040	973467	181543
621977	1251248	4083080	2280437	36809		621977	1143857	62.37	265.00	1436197	1132401	290410
157763	20000	207763	25000	5000		157763	20000	81.29	2.00	104668	159660	108867
464214	1231248	3875317	2255437	31809		464214	1123857	61.60	263.00	1331529	972741	181543
	235635	554340	166850				387490	18.34	42.62	29652	2700	
	216635	368490					368490	40.18	23.62	16469	2700	
	19000	185850	166850				19000	8.83	19.00	13183		
	726	31026	29878				1148	29.48	5.62	2116	726	
	1209876	1203941					1203941	99.51	27.63	·341508		
	2582810	2582810					2582810	100.00		305704		
7000	**2937050**	**3980700**	**944082**	**21165**		**7000**	**3008453**	**75.45**	**90.56**	**323716**	**138739**	**44**
	92470	207280	118509				88771	39.03	(7.85)	8957	25175	
7000	2844580	3773420	825573	21165		7000	2919682	79.52	90.56	314759	113564	44
7000	77287	843311	723506	21165		7000	91640	55.53	79.50	63889	55779	44
7000	77287	843311	723506	21165		7000	91640	55.53	79.50	63889	55779	44
	204570	479080	217509				261571	43.66	10.15	31956	25175	
	92470	207280	118509				88771	39.03	(7.85)	8957	25175	
	112100	271800	99000				172800	48.00	10.15	22999		
		3067	3067					63.87	0.91	772	85	
	2655193	2655242					2655242	100.00		227099	57700	

北京市城市道路

（按行政

道路名称	起止地点	道路长度（公里）	路面宽度（米）	道路范围总面积（平方米）	绿化面积			
					合计	行道树	分车带	街头绿地
甲	丙	1	2	3	4	5	6	7
合　计		**2648.99**		**96098553**	**47623263**	**8996601**	**1962733**	
市属		280.94		17261434	7178710	1121006	587034	
区属		2368.05		78837119	40444553	7875595	1375699	
城近郊区		**2125.70**		**80447250**	**41909611**	**6918854**	**1423317**	
市属		280.94		17261434	7178710	1121006	587034	
区属		1844.76		63185816	34730901	5797848	836283	
东城区		216.77		3560413	1183226	824661	58433	
市属		28.77		1375668	479879	297227	34627	
区属		188.00		2184745	703347	527434	23806	
西城区		223.38		4455137	1002840	544380	66487	
市属		39.89		1465343	459932	228881	39477	
区属		183.49		2989794	542908	315499	27010	
崇文区		173.48		2685665	779043	523156	42821	
市属		20.09		810244	186576	73137	22701	
区属		153.39		1875421	592467	450019	20120	
宣武区		162.74		2805955	646436	303101	79551	
市属		6.00		395117	124692	17862	45450	
区属		156.74		2410838	521744	285239	34101	
朝阳区		442.30		29771794	18943217	1707064	491462	
市属		95.40		9042911	4718131	352701	252147	
区属		346.90		20728883	14225086	1354363	239315	

绿化面积汇总表

区分组）

（平方米）		覆 盖 面 积 （平方米）						绿 化 覆盖率 （%）	道路 绿化 长度 （公里）
环 岛 立交桥 绿 地	道 路 两 侧 绿化带	合计	行道树	分车带	街头 绿地	环 岛 立交桥 绿 地	道 路 两 侧 绿化带		
8	9	10	11	12	13	14	15	16＝10/3	17
1720564	**34943365**	**56406013**	**16969990**	**2183659**		**1721075**	**35531289**	**58.70**	**2180.71**
770020	4700650	8157705	1939951	654820		770020	4792914	47.26	274.79
950544	30242715	48248308	15030039	1528839		951055	30738375	61.20	1905.92
1479736	**32087704**	**48866744**	**13405212**	**1546464**		**1480247**	**32434821**	**60.74**	**1761.41**
770020	4700650	8157705	1939951	654820		770020	4792914	47.26	274.79
709716	27387054	40709039	11465261	891644		710227	27641907	64.43	1486.62
56157	243975	1839453	1452595	69792		56157	260909	51.66	134.21
56157	91868	553547	365151	38868		56157	93371	40.24	28.77
	152107	1285906	1087444	30924			167538	58.85	105.44
51629	340344	1945459	1380527	110416		51629	402887	43.67	153.06
51629	139945	677685	431556	63806		51629	130694	46.25	39.89
	200399	1267774	948971	46610			272193	42.40	113.17
68614	144452	1218443	927556	42821		68614	179452	45.37	110.14
	90738	224631	76192	22701			125738	27.72	18.96
68614	53714	993812	851364	20120		68614	53714	52.99	91.18
72900	190884	966655	567590	81442		73000	244623	34.45	106.68
	61380	170679	23800	42719			104160	43.20	6.00
72900	129504	795976	543790	38723		73000	140463	33.02	100.68
457650	16287041	20549520	3443943	610498		457650	16037429	69.02	427.38
415646	3697637	4761340	536600	255157		415646	3553937	52.65	95.40
42004	12589404	15788180	2907343	355341		42004	12483492	76.17	331.98

道路名称	起止地点	道路长度（公里）	路面宽度（米）	道路范围总面积（平方米）	绿化面积			
					合计	行道树	分车带	街头绿地
甲	丙	1	2	3	4	5	6	7
海淀区		414.55		18425558	8696287	1477237	411578	
市属		60.15		2468342	630733	64299	187632	
区属		354.40		15957216	8065554	1412938	223946	
丰台区		401.10		134666845	7056863	892606	261985	
市属		30.64		1172763	414398	15000	5000	
区属		370.46		122939215	6642465	877606	256985	
石景山区		91.38		5276045	3601699	646649	11000	
市属		(7.85)		531046	164369	71899		
区属		91.38		4744999	3437330	574750	11000	
远郊区县		**523.29**		**15651303**	**5713652**	**2077747**	**539416**	
门头沟区		86.39		778467	209305	181442	23990	
房山区		86.48		2091456	651454	280499	26123	
通　县		67.49		1838145	726845	418774	73479	
昌平县		29.02		1573498	288055	169484	65453	
大兴县		44.72		2065170	948120	338236	33452	
平谷县		42.83		1463912	377860	126775	99888	
怀柔县		24.54		1022180	539287	197171	101164	
顺义县		62.15		2529900	1177207	129330	62095	
密云县		49.92		1306222	485958	207551	24119	
延庆县		29.75		982353	309561	28485	29653	

续表一

(平方米)		覆盖面积(平方米)						绿化覆盖率(%)	道路绿化长度(公里)
环岛立交桥绿地	道路两侧绿化带	合计	行道树	分车带	街头绿地	环岛立交桥绿地	道路两侧绿化带		
8	9	10	11	12	13	14	15	16=10/3	17
143809	6663663	9911317	2211754	573521		144220	6981822	53.79	398.51
88825	289977	986290	363143	226569		88825	307753	39.96	60.15
54984	6373686	8925027	1848611	346952		55395	6674069	55.93	338.36
621977	5280295	8455197	2477165	36809		621977	5319246	62.79	340.87
157763	236635	576253	25000	5000		157763	388490	49.14	25.62
464214	5043660	7878944	2452165	31809		464214	4930756	64.09	315.25
7000	2937050	3980700	944082	21165		7000	3008453	75.45	90.56
	92470	207280	118509				88771	39.03	(7.85)
7000	2844580	3773420	825573	21165		7000	2919682	79.52	90.56
240828	**2855661**	**7539269**	**3564778**	**637195**		**240828**	**3096468**	**48.17**	**419.30**
3850	23	246758	217714	25171		3850	23	31.69	36.64
4789	340043	911571	529455	28166		4789	349161	43.59	75.57
26675	207917	910702	577988	73759		26675	232280	49.54	67.29
4646	48472	618976	378962	115208		4646	120160	39.34	29.02
6000	570432	1180583	564889	33452		6000	576242	57.17	42.35
54382	96815	478568	183549	120879		54382	119758	32.69	36.01
53066	187886	669687	327572	101164		53066	187885	65.52	20.79
60379	925403	1657500	484890	84435		60379	1027796	65.52	50.00
	254288	537862	237996	24119			275747	41.18	36.66
27041	224382	327062	61763	30842		27041	207416	33.29	24.97

北京市城市道路

（按行政

地点名称	实		有				树
	总 计	乔	木				灌
		合计	常绿乔木		落叶乔木		合计
			小计	其中:侧柏	小计	其中:国槐	
甲	1=2+7+10	2=3+5	3	4	5	6	7
合　　计	**8719795**	**3516224**	**574940**	**160348**	**2941284**	**460169**	**1323094**
市属	1505989	296000	56528	5572	239472	42433	238747
区属	7213806	3220224	518412	154776	2701812	417736	1084347
城近郊区	**7419410**	**3066494**	**471931**	**147170**	**2594563**	**401655**	**951428**
市属	1505989	296000	56528	5572	239472	42433	238747
区属	5913421	2770494	415403	141598	2355091	359222	712681
东城区	257134	47514	7519	355	39995	16641	30723
市属	110963	10783	2211	36	8572	3386	8839
区属	146171	36731	5308	319	31423	13255	21884
西城区	234224	55071	10450	410	44621	22630	34362
市属	87123	16841	3137	38	13704	8000	9620
区属	147101	38230	7313	372	30917	14630	24742
崇文区	191895	27241	3767	41	23474	8592	34390
市属	42565	4226	1032		3194	1380	8844
区属	149330	23015	2735	41	20280	7212	25546
宣武区	177501	25603	3316	665	22287	9988	60759
市属	6048	2270	593		1677	181	2790
区属	171453	23333	2723	665	20610	9807	57969
朝阳区	2689712	1481684	107269	12049	1374415	81607	297893
市属	862384	212436	36172	1576	176264	20045	144229

绿化树木汇总表

区分组）

木		（株）				实有绿篱		实有草坪（平方米）		实有宿根花卉	
木		其它									
常绿灌木	落叶灌木	合计	月季	攀缘	竹子	长度（米）	数量（株）	数量	其中：冷季型	面积（平方米）	数量（株）
8	9	10	11	12	13	14	15	16	17	18	19
242193	**1080901**	**3880477**	**2185563**	**1372184**	**322730**	**444880**	**2860717**	**5344142**	**1456624**	**154775**	**1694597**
49560	189187	971242	479054	453534	38654	137933	1187743	1749855	785580	41726	397861
192633	891714	2909235	1706509	918650	284076	306947	1672974	3594287	671044	113049	1296736
177447	**773981**	**3401488**	**1763912**	**1322407**	**315169**	**341839**	**2221321**	**4516339**	**1390052**	**142176**	**1570328**
49560	189187	971242	479054	453534	38654	133670	1187933	1749855	785580	41726	397861
127887	584794	2430246	1284858	868873	276515	208169	1033388	2766484	604472	100450	1172467
9945	20778	178897	90040	88857		21793	106736	213489	95855	15126	109826
2404	6435	91341	50777	40564		12584	64538	169946	88205	8478	72111
7541	14343	87556	39263	48293		9209	42198	43543	7650	6648	37715
7140	27222	144791	52258	91883	650	30114	111803	287346	102697	9334	91662
3302	6318	60662	22081	38553	28	11881	43747	153170	56697	5323	50018
3838	20904	84129	30177	53330	622	18233	68056	134176	46000	4011	41644
7244	27146	130264	73339	56925		9315	33603	179444	59902	4272	45633
375	8469	29495	21295	8200		4016	14392	86009	8369	665	6150
6869	18677	100769	52044	48725		5299	19211	93435	51533	3607	39483
2723	58036	91139	25862	65267	10	19908	139094	172519	58893	5604	134704
218	2572	988	786	202		5922	21546	36563	438	556	4623
2505	55464	90151	25076	65065	10	13986	117548	135956	58455	5048	130081
58218	239675	910135	463828	445489	818	93898	901501	1158962	456123	29298	267027
30569	113660	505719	258066	246903	750	62184	722456	805063	395810	17820	183276

地点名称	实		有				树
		乔	木				灌
	总 计	合计	常绿乔木		落叶乔木		合计
			小计	其中:侧柏	小计	其中:国槐	
甲	1=2+7+10	2=3+5	3	4	5	6	7
区属	1827328	1269248	71097	10473	1198151	61562	153664
海淀区	1430051	694967	102404	14587	592563	185390	182292
市属	266812	32281	7221	147	25060	7702	54572
区属	1163239	662686	95183	14440	567503	177688	127720
丰台区	2115177	513181	99345	21223	413836	65996	241250
市属	121137	11444	1614	329	9830	1725	8940
区属	1994040	501737	97731	20894	404006	64271	232310
石景山区	323716	221233	137861	97840	83372	10811	69759
市属	8957	5719	4548	3446	1171	14	913
区属	314759	215514	133313	94394	82201	10797	68846
远郊区县	**1300385**	**449730**	**103009**	**13178**	**346721**	**58514**	**371666**
门头沟区	22556	13105	3411	785	9694	1106	4434
房山区	128133	68401	13387	6355	55014	10942	14199
通 县	301688	85413	36133	133	49280	6341	84123
昌平县	77521	21166	4669	650	16497	3607	15030
大兴县	179124	27433	3920	499	23513	13883	147906
平谷县	49885	17903	4819	695	13084	3935	12059
怀柔县	123243	25442	9666	330	15776	2346	7314
顺义县	234254	58990	9986	170	49004	9114	44069
密云县	68054	51767	7409	2822	44358	2682	16015
延庆县	115927	80110	9609	739	70501	4558	26517

续表一

木		(株)				实有绿篱		实有草坪（平方米）		实有宿根花卉	
木		其它									
常绿灌木	落叶灌木	合计	月季	攀缘	竹子	长度（米）	数量（株）	数量	其中：冷季型	面积（平方米）	市旋量（株）
8	9	10	11	12	13	14	15	16	17	18	19
27649	126015	404416	205762	198586	68	31714	179045	353899	60313	11478	83751
41777	140515	552792	265202	225084	62506	46462	260938	1230013	326128	14854	163989
11979	42593	179959	82042	60076	37841	16868	107364	314269	127194	4613	46507
29798	97922	372833	183160	165008	24665	29594	153574	915744	198934	10241	117482
28643	212607	1360746	787524	322121	251101	112301	634533	1135827	290410	61747	743321
543	8397	100753	43761	56991	1	24288	212700	159660	108867	3779	33636
28100	204210	1259993	743763	265130	251100	88013	421833	976167	181543	57968	709685
21757	48002	32724	5859	26781	84	8048	33113	138739	44	1941	14166
170	743	2325	246	2045	34	160	1000	25175		492	1540
21587	47259	30399	5613	24736	50	7888	32113	113564	44	1449	12626
64746	**306920**	**478989**	**421651**	**49777**	**7561**	**103041**	**639396**	**827803**	**66572**	**12599**	**124269**
1049	3385	5017	2715	302	2000	4979	22700	27240			
3369	10830	45533	15112	30421		21526	20963	46013		50	2896
18547	65576	132152	123292	8153	707	17935	113273	153427		30	765
2119	12911	41325	41324	1		12857	70118	90524	11024		
988	146918	3785	3593	192		2095	18922	156			
7684	4375	19923	17501	2091	331	19299	155171	58428	727	350	1513
657	6657	90487	88525	1839	123	12328	132419	128488		47	332
24358	19711	131195	121439	5356	4400	6591	39995	231881	4400	12122	118763
3540	12475	272		272		761	6782	41225			
2435	24082	9300	8150	1150		4670	59053	50421	50421		

北京市城市主要

序号	道路名称	起止地点	所在区县	道路长度（公里）	路面宽度（米）	道路范围总面积（平方米）	绿化	
							合计	行道树
	二环路合计	**东起：**				**3660750**	**894357**	**86902**
1	东直门北、南大街	北小街豁口－潘家坡路口	东城园林局	1.80	107	210899	25587	
2	绿化处管东二环	东直门桥－建国门桥	市绿化处	2.77	40	290850	104530	27836
4	朝阳门北大街	东四十条桥－朝阳门桥西	东城园林局	1.04	100	104520	7239	
5	朝阳门南大街	朝阳门桥－雅宝路口西侧	东城园林局	0.97	100	97988	9100	
6	建国门北、南大街	雅宝路口西侧－东便门桥	东城园林局	1.50	100	155483	16995	
7	广渠门南滨河路	东便门桥－广渠门桥	崇文园林局	1.54	40	95185	60814	
8	左安路	左安门桥－蒲黄榆	市绿化处	2.00	40	100000	42180	15000
9	永定门东滨河路	玉蜓桥	丰台园林局	0.50	31	142500	48580	1500
10	永定门东滨河路	玉蜓桥区	崇文园林局				4500	
11	永定门西滨河路	景态桥－陶然桥	崇文园林局	2.60	27	130000	46800	10400
12	朝阳区管东南二环	广渠门桥－右安门桥	朝阳园林局	2.00	37	128750	46781	5758
13	右安门东西滨河路	陶然桥－菜户营	丰台园林局	2.70	38	220800	93750	4050
14	广安门滨河路	菜户营立交桥	市绿化处			70000	70000	
15	广安门滨河路	广安门桥区	宣武园林局	2.50	129	322500	54431	2662
16	广安门滨河路	天宁寺桥区	宣武园林局	2.40		194995	43956	4650
17	西便门滨河路	天宁寺－西便门	西城园林局	0.88	11	20680	1341	1341
18	复兴门北大街	复兴门桥—	市绿化处	3.00	40	184200	52989	1067
19	阜成门南大街	—阜成门桥						
20	阜成门北大街	阜成门桥—	西城园林局	4.06		284200	72750	7713
21	西直门南大街	—西直门桥						
22	德胜门西、东大街	西直门桥—旧鼓楼大街	西城园林局	4.06		357280	41754	2000
23	安定门西大街	鼓楼桥—雍和宫	东城园林局	1.20	58	71630	9703	
24	安定门东大街	雍和宫—北小街豁口	东城园林局	2.20	58	128180	2334	
25	北二环	西直门桥—东直门桥	市绿化处	6.90	39	350110	38243	2925

道路绿化明细表

面积（平方米）			覆盖面积（平方米）					绿化覆盖率（%）	道路绿化长度（公里）	实有树木（株）	实有草坪（平方米）	
分车带	环岛立交桥绿地	道路两侧绿化带	合计	行道树	分车带	环岛立交桥绿地	道路两侧绿化带				小计	其中：冷季型
81006	**367438**	**359011**	**1057406**	**219469**	**103571**	**367438**	**366928**	**28.88**		**788358**	**494801**	**260726**
		25587	25587				25587	12.13	1.80	15154	5466	756
21923	50003	4768	136326	59632	21923	50003	4768	46.87	2.77	58658	73571	40824
		7239	8135				8135	7.78	1.04	3685	1284	
		9100	12012				12012	12.36	0.97	16114	1260	1260
		16995	18768				18768	12.07	1.50	21474	7000	
	60814		60814			60814		63.89	1.54	40739	48254	34903
5000	2180	20000	52180	25000	5000	2180	20000	52.18	2.00	15043	10867	
1500	38000	7580	49080	2000	1500	38000	7580	34.44	0.50	254166	12500	8000
	4500		4500			4500						
5200	3300	27900	46800	10400	5200	3300	27900	36.00	2.60	32478	9391	6207
8035	10979	22009	60193	14395	12810	10979	22009	46.75	2.00	27877	32016	
6300	1500	81900	103200	13500	6300	1500	81900	46.74	2.70	56218	57800	
	70000		70000			70000		100.00		37970	70000	70000
2550	43733	5486	57094	5325	2550	43733	5486	17.70	2.50	68930	32310	32310
5101	29167	5038	48678	9340	5133	29167	5038	24.96	2.40	42173	19845	19845
			3567	3567				17.25	0.88	265		
1610	42036	8276	62799	5930	6300	42036	8533	34.09	3.00	40567	46470	19256
		65037	95817	30780			65037	33.71	4.06	20771	27847	8509
		39754	43254	3500			39754	12.11	4.06	11362	12100	
		9703	9647				9647	13.47		643		
		2334	2334				2334	1.82		746	165	156
23787	11226	305	86621	36100	36855	11226	2440	24.74	6.90	23325	26655	18700

序号	道路名称	起止地点	所在区县	道路长度（公里）	路面宽度（米）	道路范围总面积（平方米）	绿化	
							合计	行道树
	三环路合计	**东起：**		**42.11**		**3529262**	**1068912**	**163398**
1	东三环北路	三元桥—	市局绿化处	5.10	67—76	465953	89253	13500
2	东三环中路	—大北窑						
3	东三环南路	大北窑—分钟寺桥	市绿化处	5.26	53	415540	140429	15494
4	南三环东路	成寿寺桥—刘家窑桥	丰台园林局	1.70	44	149600	35800	5100
5	南三环中路	刘家窑桥—木樨园桥	丰台园林局	1.70	44	149600	60383	5100
6	南三环西路	木樨园桥—草桥	丰台园林局	4.00	44	352000	83000	
7	西三环南路	草桥—莲花桥	丰台园林局	7.95	58	523825	132508	23850
8	西三环中路	莲花桥—航天桥	海淀园林局	1.50	65	120000	25073	15000
9	西三环中路	莲花桥	市绿化处			60000	60000	
10	西三环北路	航天桥—	海淀园林局	8.10	40	735500	213957	72900
11	北三环西路	—蓟门桥						
12	北三环中路	蓟门桥—马甸桥	市绿化处	1.00	49	101600	60468	3177
13	北三环中路	安华桥	朝阳园林局			15445	15445	
14	北三环东路	马甸桥—三元桥	市绿化处	5.80	60—63	440199	152596	9277
	前三门沿线合计	**东起：**		**9.30**		**580159**	**180056**	**55262**
1	崇文门东大街	东便门—崇文门	市绿化处	1.12	22	54734	16684	8423
2	前门东大街	崇文门—前门	市绿化处	1.70	22	137700	43227	13607
3	前门西大街	前门—和平门	市绿化处	0.94	44	85904	27262	10863
4	宣武门东大街	和平门—宣武门	市绿化处	0.79	44	82465	27708	7728
5	宣武门西大街	宣武门—象来街	市绿化处	1.27	36	94076	61129	13858
6	西城管宣武门大街	前门—西便门	西城园林局	3.48		125280	4046	783
	长安街沿线合计	**东起：**		**17.12**		**1443526**	**437093**	**188562**
1	建国路	八王坟—大北窑	市绿化处	1.12	46	105374	106373	81210
2	建国门外大街	大北窑—建国门桥	市绿化处	2.06	46	193228	73010	20570
3	建国门内大街	建国门桥—东单	市绿化处	0.75	13	70452	55178	18913

续表一

面积（平方米）			覆盖面积（平方米）					绿化覆盖率（%）	道路绿化长度（公里）	实有树木（株）	实有草坪（平方米）	
分车带	环岛立交桥绿地	道路两侧绿化带	合计	行道树	分车带	环岛立交桥绿地	道路两侧绿化带				小计	其中：冷季型
171514	**364558**	**369442**	**1072736**	**125753**	**232501**	**360798**	**353684**	**30.40**	**42.11**	**590233**	**645624**	**264453**
15353		60400	94465	18712	15353		60400	20.27	5.10	95582	73589	72279
16190	55583	53162	128582	17617	16190	55583	39192	30.94	5.26	59571	77483	50867
12350	3900	14450	37500	6800	12350	3900	14450	25.07	1.70	30437	17974	7190
11783	26000	17500	62083	6800	11783	26000	17500	41.50	1.70	47907	29418	
25000	1740	56260	98000		40000	1740	56260	27.84	4.00	27481	58680	
23088	59290	26280	208857	56000	69075	59290	24492	39.87	7.95	73624	88657	
7453		2620	10293	220	7453		2620	8.58	1.50	4472	8000	
	60000		60000			60000		100.00		37284	43000	2000
40500	36200	64357	141347	4050	40500	32440	64357	19.22	8.10	76419	109685	24065
2688	35803	18800	61845	4554	2688	35803	18800	60.87	1.00	18148	26333	10407
	15445		15445			15445		100.00		12369	8595	
17109	70597	55613	154319	11000	17109	70597	55613	35.06	5.80	106939	104210	97645
66927		**57867**	**238127**	**68827**	**64196**		**105104**	**41.05**	**9.30**	**30492**	**75814**	**8807**
		8261	13040	4779			8261	23.82	1.12	4236	9415	8369
21477		8143	51839	22219	21477		8143	37.65	1.70	16314	23492	
13488		3211	26934	13266	10457		3211	582810	2582810	31.35	0.94	2488
14845		5135	32641	12661	14845		5135	39.58	0.79	1366	13328	438
17417		29854	61085	13814	17417		29854	64.93	1.27	1855	10747	
		3263	52588	2088			50500	41.98	3.48	4233	6344	
69345		**179186**	**464590**	**189335**	**97089**		**178166**	**32.18**	**17.12**	**105921**	**236418**	**171883**
4866		20297	45099	12686	1618		30795	42.80	1.12	1763	11741	11741
11215		41225	66694	20242	11215		35237	34.52	2.06	4433	34115	24610
		36265	47424	11159			36265	67.31	0.75	11608	23095	15553

序号	道路名称	起止地点	所在区县	道路长度（公里）	路面宽度（米）	道路范围总面积（平方米）	绿化	
							合计	行道树
4	东长安街	东单—文化宫	市绿化处	1.49	60	168370	36064	24760
5	西长安街	南长街—西单	市绿化处	1.50	60	129407	51727	22594
6	复兴门内大街	西单—礼士路	市绿化处	1.45	35	89984	23310	7299
7	复兴门外大街	礼士路—木樨地	市绿化处	1.75	36	147000	1899	1778
8	复兴路	木樨地—玉泉路	市绿化处	7.00	38	539711	89532	11438
	中轴路沿线	**北起：**		**14.17**		**719404**	**306716**	**108689**
1	北辰路	北四环—土城环岛	市绿化处	1.19	45	208487	144030	3330
2	鼓楼外大街	土城环岛—安华桥	市绿化处	0.64	45	45728	17839	1785
3	鼓楼外大街	黄寺大街—鼓楼北桥	东城园林局	1.37	38	81400	29040	9600
4	旧鼓楼大街	北二环—安德里北街	东城园林局	0.80	9	20400	3200	3200
5	地安门外、内大街	鼓楼—景山后街	市绿化处	0.55	13	14960	13030	8030
6	景山东街	景山公园东侧	市绿化处	0.55	13	24310	3493	3493
7	景山西街	景山公园西侧	市绿化处	0.58	9	15950	7830	3190
8	景山后街	景山公园北	市绿化处	0.50	13	21427	10814	6250
9	景山前街	景山公园南	市绿化处	0.37	18	27721	10155	2526
10	前门大街	前门—天桥	市绿化处	1.25	19	35625	11875	11875
11	天坛南大街	天桥路口—	崇文园林局	1.54	27	59136	10280	10280
12	永内大街	—永定门桥头						
13	永内大街	天桥—永定门	市绿化处	1.64	24	60680	21320	21320
14	永外大街	永定门—木樨园	市绿化处	1.70	18	48450	17850	17850
15	永外大街	永定门—南三环	崇文园林局	1.49	27	55130	5960	5960
	东四、东单沿线	**北起：**		**9.26**		**315734**	**83964**	**38750**
1	雍和宫大街	北三环—北新桥	东城园林局	0.90	12	18100	3600	3600
2	东四北大街	北新桥—东四	东城园林局	1.83	6	57600	6800	6800
3	东四南大街	东四—金鱼胡同	东城园林局	0.80	12	18600	1900	1900

续表二

面积（平方米）			覆盖面积（平方米）					绿化覆盖率（%）	道路绿化长度（公里）	实有树木（株）	实有草坪（平方米）	
分车带	环岛立交桥绿地	道路两侧绿化带	合计	行道树	分车带	环岛立交桥绿地	道路两侧绿化带				小计	其中：冷季型
		11304	32144	20840			11304	19.08	1.49	3206	8861	8061
		29133	43775	28746			15029	33.83	1.50	5434	11666	
		16011	21811	5800			16011	24.24	1.45	7827	26616	11828
		121	12692	12087			605	8.63	1.75	396		
53264		24830	194951	77775	84256		32920	36.12	7.00	71254	120324	100090
17448		**180579**	**312245**	**120627**	**17448**		**174170**	**43.40**	**14.17**	**64831**	**116049**	**12480**
9598		131102	144700	4000	9598		131102	69.40	1.19	36666	79242	
3110		12944	18196	2142	3110		12944	39.79	0.64	4079	15470	
4740		14700	25440	6000	4740		14700	31.25	1.37	19049	4908	924
			1200	1200				5.88	0.80	287		
		5000	11289	6289			5000	75.46	0.55	762	3034	
			9732	9732				40.03	0.55	159		
		4640	7231	6000			1231	45.34	0.58	209	1232	1232
		4564	15081	10517			4564	70.38	0.50	878	6376	5776
		7629	9681	5052			4629	34.92	0.37	1015	5787	4548
			15615	15615				43.83	1.25	245		
			10750	10750				18.18	1.54	225		
			33770	33770				55.65	1.64	777		
			3150	3150				6.50	1.70	315		
			6410	6410				11.63	1.49	165		
4400		**40814**	**168914**	**123700**	**4400**		**40814**	**53.50**	**9.26**	**24368**	**25475**	**2400**
			10800	10800				59.67	0.90	201		
			36600	36600				63.54	1.83	478		
			12800	12800				68.82	0.80	175		

序号	道路名称	起止地点	所在区县	道路长度(公里)	路面宽度(米)	道路范围总面积(平方米)	绿化	
							合计	行道树
4	东单北大街	金鱼胡同—东单	东城园林局	1.12	12	33800	5300	5300
5	崇文门内大街	东单—崇文门路口	东城园林局	0.77	21	32700	4600	4600
6	崇文门外大街	崇文门路口—红桥路口	崇文园林局	1.58	12	25280	6320	6320
7	天坛东路	天坛公园东门—玉蜓桥	崇文园林局	1.16	22	58154	32744	6930
8	蒲黄榆路	玉蜓桥—刘家窑转盘	丰台园林局	1.10	37	71500	22700	3300
	西四、西单沿线	**北起:**		**8.40**		**277993**	**88864**	**81144**
1	新街口外大街	北太平庄—新街口豁口	市绿化处	2.00	36	97452	11536	4518
2	新街口北大街	新街口豁口—新街口	市绿化处	0.91	17	22932	8372	8372
3	新街口南大街	新街口—平安里	市绿化处	0.84	13	25404	11424	11424
4	西四北、南大街	平安里—西四	市绿化处	0.95	13	33345	17670	17670
5	西单北大街	西四—西单	市绿化处	1.80	15	50220	23220	23220
6	宣武门内大街	西单—宣武门	市绿化处	0.80	15	26640	11440	11440
7	宣武门外大街	宣武门—菜市口	宣武园林局	1.10	10—20	22000	5202	4500
	其他重要道路							
1	机场高速公路	三元桥—首都机场	市绿化处	16.30	35	3499628	2019530	
2	机场辅路	老候机楼—大山子	市绿化处	13.52	7—11	1180082	1159371	113522
3	机场辅路	大山子—东三环北路	朝阳园林局	4.60	34	165600	40588	12000
4	东直路	三元桥—东直门	市绿化处	2.10	23	180935	17203	13045
5	北四环中路	学院路—健翔桥	市绿化处	1.90	44	164010	96916	4365
6	北四环东路	健翔桥—四元桥	市绿化处	8.06	37—49	736379	220985	18179
7	展览路	北京展览馆—阜外大街	市绿化处	1.50	28	135700	14625	1200
8	三里河路	西外大街—木樨地	市绿化处	4.00	26—34	316432	73869	2366
9	阜成路	甘家口—五棵松路	市绿化处	4.25	34—44	136175	79032	6257
10	阜石路	金安桥—八角东街	石景山园林局	3.70	14	111000	31600	24200
11	石景山路	玉泉路—首钢厂门东侧	石景山园林局	6.88	22	219891	66100	62500

续表三

面积（平方米）			覆盖面积（平方米）					绿化覆盖率（%）	道路绿化长度（公里）	实有树木（株）	实有草坪（平方米）	
分车带	环岛立交桥绿地	道路两侧绿化带	合计	行道树	分车带	环岛立交桥绿地	道路两侧绿化带				小计	其中：冷季型
			14350	14350				42.46	1.12	275		
			18400	18400				56.27	0.77	248		
			8960	8960				35.44	1.58	397		
		25814	36604	10790			25814	62.94	1.16	6369	13620	2400
4400		15000	30400	11000	4400		15000	42.52	1.10	16225	11855	
6878		**842**	**156875**	**142278**	**13755**		**842**	**56.43**	**8.40**	**3102**	**4558**	
6738		280	28815	15060	13475		280	29.57	2.00	965	4558	
			18200	18200				79.37	0.91	159		
			24508	24508				96.47	0.84	259		
			24110	24110				72.30	0.95	397		
			36200	36200				72.08	1.80	493		
			15200	15200				57.06	0.80	252		
140		562	9842	9000	280		562	44.74	1.10	577		
	290823	1728707	2019530			290823	1728707	57.71	16.30	271774	208828	115369
22115		1023734	1301629	235380	22115		1044134	110.30	13.52	82689	23280	
16000	4115	8473	60588	32000	16000	4115	8473	36.59	4.60	25162	26058	3210
4158			32293	22286	10007			17.85	2.10	1127		
23800	41721	27030	99826	7275	23800	41721	27030	60.87	1.90	36666	43256	12517
61209	33316	108281	224621	21815	61209	33316	108281	30.50	8.06	134826	122231	22979
3120		10305	19805	5600	3900		10305	14.59	1.50	2285	19736	
17810		53693	121694	27810	29050		64834	38.46	4.00	7168	20570	6394
33560	6732	32483	107611	34836	33560	6732	32483	79.08	4.25	35950	48619	12599
7400			31600	24200	7400			28.47	3.70	1653	7400	
3600			98985	85220	13765			45.02	6.88	4297		

北京市城市道路绿化

序号	立交桥绿地名称	所在区县
一、	**二环路沿线立交桥绿地**	
1	东直门立交桥绿地	市园林局绿化处
2	东四十条立交桥绿地	市园林局绿化处
3	朝阳门立交桥绿地	市园林局绿化处
4	建国门立交桥绿地	市园林局绿化处
5	东便门立交桥绿地	崇文区园林局
6	广渠门立交桥绿地	崇文区园林局
7	光明立交桥绿地	朝阳区园林局
8	左安门立交桥绿地	市园林局绿化处
9	玉蜓立交桥绿地	丰台区园林局
10	玉蜓立交桥绿地	崇文区园林局
11	陶然立交桥绿地	崇文区园林局
12	右安门立交桥绿地	丰台区园林局
13	菜户营立交桥绿地	市园林局绿化处
14	广安门立交桥绿地	宣武区园林局
15	天宁寺立交桥绿地	宣武区园林局
16	复兴门立交桥绿地	市园林局绿化处
17	阜成门立交桥绿地	市园林局绿化处
18	西直门立交桥绿地(含小立交)	市园林局绿化处
19	德胜门立交桥绿地	市园林局绿化处
20	安定门立交桥绿地	市园林局绿化处
二、	**三环路沿线立交桥绿地**	
1	三元立交桥绿地	市园林局绿化处
2	分钟寺立交桥绿地	市园林局绿化处
3	方庄立交桥绿地	丰台区园林局

主要立交桥绿化明细表

绿化面积（平方米）	覆盖面积（平方米）	绿化覆盖率（%）	实有树木（株）	实有草坪（平方米）	
				小计	其中:冷季型
367438	**367438**	**100.0**	**447912**	**248439**	**136029**
20454	20454	100.0	36987	15840	13720
7357	7357	100.0	4474	6772	
5520	5520	100.0	2728	5388	
16672	16672	100.0	6911	16672	
60814	60814	100.0	40739	48254	34903
10979	10979	100.0	27877	32016	
2180	2180	100.0	9689	1963	
38000	38000	100.0	242125	8000	8000
4500	4500	100.0			
3300	3300	100.0			
1500	1500	100.0			
70000	70000	100.0	37970	70000	70000
43733	43733	100.0			
29167	29167	100.0			
15640	15640	100.0	3510	15640	
11215	11215	100.0	1360	9406	9406
15181	15181	100.0	21308	10533	
5072	5072	100.0	5748	3950	
6154	6154	100.0	6486	4005	
364558	**360798**	**99.0**	**317488**	**266116**	**125237**
47838	47838	100.0	52637	41944	41944
55583	55583	100.0	30879	55093	38867
1900	1900	100.0	8483	1200	

序号	立交桥绿地名称	所在区县
4	东铁匠营立交桥绿地	丰台区园林局
5	刘家窑立交桥绿地	丰台区园林局
6	赵公口立交桥绿地	丰台区园林局
7	木樨园立交桥绿地	丰台区园林局
8	马家堡立交桥(洋桥)绿地	丰台区园林局
9	万柳立交桥绿地	丰台区园林局
10	管头立交桥绿地	丰台区园林局
11	丰益立交桥绿地	丰台区园林局
12	丽泽立交桥绿地	丰台区园林局
13	六里桥立交桥绿地	丰台区园林局
14	莲花立交桥绿地	市园林局绿化处
15	航天立交桥绿地	海淀区园林局
16	紫竹立交桥绿地	海淀区园林局
17	蓟门立交桥绿地	市园林局绿化处
18	马甸立交桥绿地	市园林局绿化处
19	安华立交桥绿地	市园林局绿化处
20	安华立交桥绿地	朝阳区园林局
21	安贞立交桥绿地	市园林局绿化处
三、	**四环路沿线立交桥绿地**	
1	安慧立交桥绿地	市园林局绿化处
2	键翔立交桥绿地	市园林局绿化处
四、	**机场高速公路沿线立交桥绿地**	
1	四元立交桥绿地	市园林局绿化处
2	大山子立交桥绿地	市园林局绿化处
3	北皋立交桥绿地	市园林局绿化处
4	苇沟立交桥绿地	市园林局绿化处
5	林荫立交桥绿地	市园林局绿化处
6	天竺立交桥绿地	市园林局绿化处

续表一

绿化面积（平方米）	覆盖面积（平方米）	绿化覆盖率（%）	实有树木（株）	实有草坪（平方米）	
				小计	其中:冷季型
2000	2000	100.0	8206	1400	
9027	9027	100.0	10188	6340	
2450	2450	100.0	6880	1600	
14523	14523	100.0	15231	3498	
1740	1740	100.0	8599		
5482	5482	100.0	7222	2298	
9010	9010	100.0	849	4055	
4545	4545	100.0	6142	1378	
5388	5388	100.0	8130	1657	
34865	34865	100.0	28684	31480	
60000	60000	100.0	37284	43000	2000
6500	6500	100.0	5300	5300	
29700	25940	87.3	43570	19385	18765
17409	17409	100.0	2509	11826	
18394	18394	100.0	3511	10407	10407
18515	18515	100.0	16987	11660	11660
15445	15445	100.0	12369	8595	
4244	4244	100.0	3828	4000	1594
75037	**75037**	**100.0**	**38204**	**41415**	**34267**
33316	33316	100.0	23010	28898	21750
41721	41721	100.0	15194	12517	12517
290823	**290823**	**100.0**	**96923**	**153945**	**115369**
187157	187157	100.0	36985	107035	104163
10222	10222	100.0	13015	7600	2096
70811	70811	100.0	12922	25200	
9465	9465	100.0	19322	5000	
4965	4965	100.0	6216	4270	4270
8203	8203	100.0	8463	4840	4840

序号	道路名称	起止地点	道路长度（公里）	路面宽度（米）	道路范围总面积（平方米）	绿化面积			
						合计	行道树	分车带	街头绿地
甲	乙	丙	1	2	3	4	5	6	7
	合计		**211.11**		**15425399**	**3734258**	**1203623**		**20268**
1	永引渠道		26.98		2369014	649592	260793		7448
	市属自管	进水闸—甘雨桥	24.50	49—92	1731104	480975	98084		1540
	石景山绿化一队	工程兵—福田桥	(6.60)	45	382800	85800	85800		
	海淀绿化一队	福田桥—五孔桥	(7.50)	6	195000	71500	71500		
	海淀绿化三队	罗道庄绿地				5908			5908
	西城园林局	西滨河—木樨地	2.48	5	50840	5226	5226		
	市园林绿化处	八一湖—木樨地	0.90	10	9270	183	183		
2	京引昆玉段		7.40		503200	129620			11220
	市属自段	颐和园南门——罗道庄	7.40	68	477700	124520			11220
	海淀绿化一队	京引东岸长春桥—罗道庄	(3.40)	6	25500	5100			
3	南长河		6.5		208000	78650			
	市属自管	长河闸—高梁桥	6.5	32	180150	67850			
	海淀区北一队	广源桥—长春桥	(1.15)	8	12650	9200			
	海淀北下关办事处	白颐路—动物园后门	(0.80)	6	15200	1600			
4	双紫支渠		2.6		83200	31200			
	市属自管	紫节制闸——紫竹园公园	2.6	32	73300	29700			
	海淀绿化一队	三虎桥—京引	(0.90)	8	9900	1500			
5	通惠河		14.24		1184800	38383			1600
	市属自管	东便门—普济闸	14.32[illegible]	肖—80	1025960	37580			1600

主要河岸绿化面积明细表

（平方米）		覆 盖 面 积 （平方米）						绿 化 覆盖率 （%）	道路 绿化 长度 （公里）
环 岛 立交桥 绿 地	道 路 两 侧 绿化带	合计	行道树	分车带	街头 绿地	环 岛 立交桥 绿 地	道 路 两 侧 绿化带		
8	9	10	11	12	13	14	15	16＝10/3	17
	2510367	5691605	1790872		24458		3876275	36.89	192.34
	381351	1530291	423083		7958		1099250	64.59	26.98
	381351	1263699	162399		2050		1099250	72.99	24.50
		99000	99000					25.86	(6.60)
		139500	139500					71.54	(7.50)
		5908			5908				
		20904	20904					41.11	2.48
		1280	1280					13.80	(0.90)
	118400	222100			14900		207200	44.13	7.40
	113300	201700			14900		186800	42.22	7.40
	5100	20400					20400	80.00	(3.40)
	78650	156750					156750	75.36	6.50
	67850	146550					146550	81.35	6.50
	9200	8600					8600	67.98	(1.15)
	1600	1600					1600	10.53	(0.80)
	31200	62400					62400	75.00	2.60
	29700	55965					55965	76.35	2.60
	1500	6435					6435	65.00	(0.90)
	36783	83780			1600		82180	7.07	4.71
	35980	80570			1600		78970	7.85	4.71

序号	道路名称	起止地点	道路长度(公里)	路面宽度(米)	道路范围总面积(平方米)	绿化面积			
						合计	行道树	分车带	街头绿地
甲	乙	丙	1	2	3	4	5	6	7
	朝阳绿化一队	东三环—东便门	(1.90)	62	158840	803			
6	二道沟		2.22		75888	16411	8187		
	市属自管	金台路—红领巾出口	1.58	34	53686	7348			
	朝阳绿化一队	针织路—金台路	0.64	34.8	22202	9063	8187		
7	东护(自管)	龙潭闸—东便门	5.26	32.5—42	195935	51700			
8	南护		19.38		446300	131748	11279		
	宣武区园林局	西便门——菜户营桥	3.00	36	108000	64458			
	宣武区园林局	大观园——永定门北岸	3.84	20	76800	20800			
	丰台园林局	右安坝—南站(右岸)	2.70			7700	7700		
	崇文绿化队	龙潭闸—铁路桥	8.34	39	261500	35211			
	朝阳绿化一队	光明桥—左安门	1.50			3579	3579		
9	工体水系(自管)	塔园必胜客	0.40	28	11200	1600			
10	泄洪道(自管)	菜户营(凉水河)	0.79	53	41870	20540			
11	凉水河		55.20		7262800	1440585			
	市属自管	铁路桥—大红门	8.40	92	772800	158585			
	丰台区	洋桥—石榴庄桥下游780m	4.00	23	370000	81000			
	朝阳区	九孔闸上游560m珊瑚桥下1300m	3.70	24	281000	77000			
	大兴区	珊胡桥—新凤河口	10.00	30	892000	251000			
	通县区	新凤河口—榆林庄桥	29.10	30	4947000	873000			
12	莲花河(自管)	三义庵桥—铁路桥	3.00	54	162000	23180			
13	新开渠(自管)	石槽—木楼村	6.03	34	205020	78390			
14	清河自管	安河桥—温榆河口	23.70	68	1611600	900600	900600		

续表一

(平方米)		覆盖面积(平方米)						绿化覆盖率(%)	道路绿化长度(公里)
环岛立交桥绿地	道路两侧绿化带	合计	行道树	分车带	街头绿地	环岛立交桥绿地	道路两侧绿化带		
8	9	10	11	12	13	14	15	16=10/3	17
	803	3210					3210	2.02	(1.90)
	8224	26924	11292				15632	35.48	1.41
	7348	12970					12970	24.16	0.77
	876	13954	11292				2662	62.85	0.64
	51700	92400					92400	47.15	4.40
	120469	145347	15329				130018	32.57	19.38
	64458	74007					74007	68.53	3.00
	20800	20800					20800	27.08	3.84
		11750	11750						2.70
	35211	35211					35211	13.47	8.34
		3579	3579						1.50
	1600	4000					4000	35.71	0.40
	20540	32390					32390	77.36	0.79
	1440585	1557800					1557800	21.45	53.60
	158585	275800					275800	35.69	8.40
	81000	81000					81000	21.89	3.50
	77000	77000					77000	27.40	3.60
	251000	251000					251000	28.14	9.00
	873000	873000					873000	17.65	29.10
	23180	65960					65960	40.72	3.00
	78390	120600					120600	58.82	6.03
		1297794	1297794					80.53	23.70

序号	道路名称	起止地点	道路长度（公里）	路面宽度（米）	道路范围总面积（平方米）	绿化面积			
						合计	行道树	分车带	街头绿地
甲	乙	丙	1	2	3	4	5	6	7
15	土城河自管	龙头—坝河出口	6.10	29	176900	36600			
16	小月河自管	西直门—清河出口	10.20	26—40	335200	61200			
17	大循环	朝阳公园—建国路	9.17	21.5—27	334435	7988	7988		
18	北护	新外地铁大修厂—东直门闸	5.97	33.1—16.1	218037	36271	14776		
	西城园林局	新外地铁大修厂—旧鼓楼外大街	2.27	42.16	95567	8871	8376		
	东城绿化队	旧鼓楼外大街—东直门闸	3.70	33.1	122470	27400	6400		

注：水利局普查数字在全市汇总合计中。

续表二

(平方米)		覆盖面积(平方米)						绿化覆盖率(%)	道路绿化长度(公里)
环岛立交桥绿地	道路两侧绿化带	合计	行道树	分车带	街头绿地	环岛立交桥绿地	道路两侧绿化带		
8	9	10	11	12	13	14	15	16=10/3	17
	36600	85400					85400	48.28	6.10
	61200	142800					142800	42.60	10.20
		12194	12194					3.65	9.17
	21495	52675	31180				21495	24.16	5.97
	495	16575	16080				495	17.34	2.27
	21000	36100	15100				21000	29.48	3.70

北京市城市道路绿化一

序号	地点名称	实有树						
		总计	乔木					灌
			合计	常绿乔木		落叶乔木		合计
				小计	其中:侧柏	小计	其中:国槐	
甲	乙	1=2+7+10	2=3+5	3	4	5	6	7
	合计	**477529**	**147114**	**11613**	**2436**	**135501**	**19980**	**229033**
1	永引渠道	58389	42446	8010	2334	34436	4430	2651
	市属自管	48715	33671	7512	2328	26159	4344	2578
	石景山绿化一队	2608	2608			2608		
	海淀绿化一队	4539	4539			4539		
	海淀绿化三队	1038	185	48		137		27
	西城园林局	1367	1321	450	6	871	86	46
	市园林绿化处	122	122			122		
2	京引昆玉段	8102	3952	300		3652	80	1800
	市属自管	7550	3400	300		3100	80	1800
	海淀绿化一队	552	552			552		
3	南长河	1188	961	11		950	30	29
	市属自管	563	336	11		325	30	29
	海淀绿化一队管段	560	560			560		
	海淀北下关办事处	65	65			65		
4	双紫支渠	2108	608	180		428		
	市属自管	1660	160			160		
	海淀绿化一队管段	448	448	180		268		
5	通惠河	9239	4019	274		3745	722	920
	市属自管	9132	3912	274		3638	722	920
	朝阳绿化一队管段	107	107			107		
6	二道沟	2313	638	96		542	75	975
	市属自管	1986	311	96		215	75	975
	朝阳绿化一队管段	327	327			327		
7	东护(自管)	31896	794	418		376	4	3520

主要河岸绿化树木明细表

木		（株）				实有绿篱		实有草坪（平方米）		实有宿根花卉	
木		其它									
常绿灌木	落叶灌木	合计	月季	攀缘	竹子	长度（米）	数量（株）	数量	其中：冷季型	面积（平方米）	数量（株）
8	9	10	11	12	13	14	15	16	17	18	19
4137	**224896**	**101382**	**28023**	**71254**	**2105**	**1650**	**9437**	**282835**	**26391**	**4516**	**37155**
732	1919	13292	6244	4944	2104	892	6090	57925		3095	24460
731	1847	12466	5418	4944	2104	892	6090	52625		3095	24460
1	26	826	826					5300			
	46										
200	1600	2350	850	1500				300			
200	1600	2350	850	1500				300			
9	20	198	158	40				4100			
9	20	198	158	40				4100			
		1500		1500				800			
		1500		1500				800			
	920	4300		4300				5125			
	920	4300		4300				5125			
	975	700		700				2900			
	975	700		700				2900			
	3520	27582	6950	20632				78300		100	500

序号	地点名称	实	有				树	
			乔	木				灌
		总 计	合计	常绿乔木		落叶乔木		合计
				小计	其中:侧柏	小计	其中:国槐	
甲	乙	1=2+7+10	2=3+5	3	4	5	6	7
8	南护	38007	2991	549		2442		16511
	宣武园林局管段	1629	1326			1326		303
	宣武园林局管段	10125	482	158		324		9643
	丰台园林局管段	14381	243	79		164		1138
	崇文绿化队管段	9556	792	253		539		4514
	朝阳绿化一队管段	2316	148	59		89		913
9	工体水系(自管)	200	200			200		
10	泄洪道(自管)	8518	1342	22		1320	600	125
11	凉水河	259443	57949	113	91	57836	152	195994
	市属自管	10143	4549	113	91	4436	152	94
	丰台区	19300	5300			5300		14000
	朝阳区	8000	2100			2100		5900
	大兴县	48300	8300			8300		40000
	通县	173700	37700			37700		136000
12	莲花河(自管)	783	730			730	30	53
13	新开渠(自管)	1018	1018			1018		
14	清河(自管)	29763	21998	510		21488		305
15	土城河(自管)	2209	719	55		664		990
16	小月河(自管)	3946	3887	49		3838	138	9
17	大循环(朝阳绿化管段)	426	426			426		
18	北护	19981	2436	1026	11	1410	57	5151
	西城园林管段	5137	687	117	11	570		690
	东城绿化队管段	14844	1749	909		840	57	4461

注:水利局普查数字在全市汇总合计中。

续表一

木		（株）				实有绿篱		实有草坪（平方米）		实有宿根花卉	
木		其它									
常绿灌木	落叶灌木	合计	月季	攀缘	竹子	长度（米）	数量（株）	数量	其中：冷季型	面积（平方米）	数量（株）
8	9	10	11	12	13	14	15	16	17	18	19
40	16471	18505	4250	14255		98	490	112200		843	6100
	303							48482	26391		
40	9603					98	490	20190			
	1138	13000		13000				5200			
	4514	4250	4250					35211			
	913	1255		1255				3123			
50	75	7051	150	6900	1			1700			
61	195933	5500	1500	4000				1000			
61	33	5500	1500	4000				1000			
	14000										
	5900										
	40000										
	136000										
	53										
	305	7460	2660	4800		357	1428	2350		34	170
200	790	500	300	200		145	725	6830		13	300
	9	50		50		100	20				
2845	2306	12394	4961	7433		138	604	9305		431	5625
39	651	3760	3010	750		100	414	3688		270	3240
2806	1655	8634	1951	6683		38	190	5617		161	2385

市顺序号	区顺序号	片林名称	绿地总面积（平方米）	绿化面积	水面积
		甲	1＝2＋3＝4＋7	2	3
		合　计	21774274	21543694	230580
		朝阳区	6803000	6656000	147000
		建成区内农口	6803000	6656000	147000
1	1	平房片林	742000	696000	46000
2	2	兴隆片林	606000	594000	12000
3	3	环铁片林	479000	479000	
4	4	金盏片林	534000	534000	
5	5	立水桥片林	20000	20000	
6	6	孙河桥片林	90000	86000	4000
7	7	八里桥片林	133000	133000	
8	8	清河桥片林	7000	7000	
9	9	黑庄户片林	220000	220000	
10	10	辛庄北片林	243000	243000	
11	11	洼里片林	1567000	1507000	60000
12	12	香江片林	400000	400000	
13	13	四元桥片林	30000	30000	
14	14	垈头南片片林	83000	83000	
15	15	古塔片林	200000	193000	7000
16	16	楼辛庄片林	233000	223000	10000
17	17	肖村片林	100000	100000	
18	18	安家楼片林	746000	746000	
19	19	望京片林	170000	162000	8000
20	20	龙门片林	200000	200000	
		海淀区	7535271	7535271	
		建成区内城口	301735	301735	

——片林面积明细表

规划市区内			规划市区外			实有树木数量（株）	实有草坪（平方米）	
绿地总面积	绿化面积	水面积	绿地总面积	绿化面积	水面积		数量	其中：冷季型
4＝5＋6	5	6	7＝8＋9	8	9	10	11	12
16152721	15922141	230580	5621553	5621553		2067518	155260	
6803000	6656000	147000				679837	61000	
6803000	6656000	147000				679837	61000	
742000	696000	46000				72006		
606000	594000	12000				48336	11000	
479000	479000					63472		
534000	534000					42254		
20000	20000					2310		
90000	86000	4000				14702		
133000	133000					20000		
7000	7000					600		
220000	220000					15183		
243000	243000					15654		
1567000	1507000	60000				97697	25000	
400000	400000					50000		
30000	30000					2132		
83000	83000					9021		
200000	193000	7000				16491		
233000	223000	10000				20950		
100000	100000					24173		
746000	746000					83423		
170000	162000	8000				60869	2000	
200000	200000					20564	23000	
4111718	4111718		3423553	3423553		668150	35560	
301735	301735					41509	5560	

市顺序号	区顺序号	片林名称	绿地总面积（平方米）	绿化面积	水面积
		甲	1＝2＋3＝4＋7	2	3
21	1	小月河片林	75641	75641	
22	2	永泰庄片林	57650	57650	
23	3	行政学院西墙外片林	13000	13000	
24	4	阜石路片林	20000	20000	
25	9	万寿庄片林	5980	5980	
26	6	罗道庄京引片林	22866	22866	
27	7	罗道庄永引片林	46500	46500	
28	8	京引东岸片林	51398	51398	
29	9.	厂洼片林	8700	8700	
		建成区内农口	3809983	3809983	
30	10	河清片林	1069973	1069973	
31	11	曙光片林	184289	184289	
32	12	京密引水片林	1126796	1126796	
33	13	小月河片林	117973	117973	
34	14	玉东片林	800000	800000	
35	15	六郎庄片林	256212	256212	
36	16	阜石路片林	135740	135740	
37	17	南旱河片林	119000	119000	
		建成区外	3423553	3423553	
38	18	东北旺片林	797253	797253	
39	19	南沙河片林	2626300	2626300	
		丰台区	4780810	4780810	
		建成区内城口	1700	1700	
40	1	城南片林	1700	1700	
		建成区内农口	2581110	2581110	
41	2	岳各庄片林	200100	200100	

续表一

规划市区内			规划市区外			实有树木数量（株）	实有草坪（平方米）	
绿地总面积	绿化面积	水面积	绿地总面积	绿化面积	水面积		数量	其中：冷季型
4＝5＋6	5	6	7＝8＋9	8	9	10	11	12
75641	75641					13166	5560	
57650	57650					8057		
13000	13000					1360		
20000	20000					3766		
5980	5980					756		
22866	22866					4192		
46500	46500					3447		
51398	51398					6117		
8700	8700					648		
3809983	3809983					291951	30000	
1069973	1069973					84742		
184289	184289					8264		
1126796	1126796					92956		
117973	117973					5739		
800000	800000					60000	30000	
256212	256212					11911		
135740	135740					8430		
119000	119000					19909		
			3423553	3423553		334690		
			797253	797253		105423		
			2626300	2626300		229267		
2582810	2582810		2198000	2198000		492432	1000	
1700	1700					1325		
1700	1700					1325		
2581110	2581110					304379		
200100	200100					17000		

市顺序号	区顺序号	片林名称	绿地总面积（平方米）	绿化面积	水面积
		甲	1=2+3=4+7	2	3
42	3	小瓦窑片林	200100	200100	
43	4	郭庄子片林	240120	240120	
44	5	万泉寺片林	200100	200100	
45	6	菜户营片林	13340	13340	
46	7	太平桥片林	100050	100050	
47	8	草桥片林	333500	333500	
48	9	羊坊片林	266800	266800	
49	10	槐房片林	427000	427000	
50	11	东罗园片林	67000	67000	
51	12	南苑片林	533000	533000	
		建城区外	2198000	2198000	
52	13	太子峪片林	466900	466900	
53	14	长辛店－张家坟	133400	133400	
54	15	李家峪片林	66700	66700	
55	16	京西片林	467000	467000	
56	17	张各庄片林	130000	130000	
57	18	京西南延片林	267000	267000	
58	19	佃起片林	267000	267000	
59	20	千亩片林	400000	400000	
		石景山区	2655193	2571613	83580
		建成区内城口	2655193	2571613	83580
60	1	小瓦窑片林	42000	42000	
61	2	老山东片林	80000	80000	
62	3	老山片林	446700	446700	
63	4	首钢煤制气片林	13900	13900	
64	5	松林公园南片林	26700	26700	

续表二

规划市区内			规划市区外			实有树木数量（株）	实有草坪(平方米)	
绿地总面积	绿化面积	水面积	绿地总面积	绿化面积	水面积		数量	其中：冷季型
4=5+6	5	6	7=8+9	8	9	10	11	12
200100	200100					17000		
240120	240120					18000		
200100	200100					17500		
13340	13340					2000		
100050	100050					9350		
333500	333500					77100		
266800	266800					33862		
427000	427000					43709		
67000	67000					12392		
533000	533000					56466		
			2198000	2198000		186728	1000	
			466900	466900		39561		
			133400	133400		17966		
			66700	66700		8500		
			467000	467000		32400	1000	
			130000	130000		11000		
			267000	267000		25000		
			267000	267000		25201		
			400000	400000		27100		
2655193	2571613	83580				227099	57700	
2655193	2571613	83580				227099	57700	
42000	42000					2685		
80000	80000					2100		
446700	446700					42636		
13900	13900					1500		
26700	26700					1620		

市顺序号	区顺序号	片林名称	绿地总面积（平方米）	绿化面积	水面积
		甲	1=2+3=4+7	2	3
65	6	晋元庄片林	30210	30210	
66	7	阜石路片林	80540	80540	
67	8	首钢东片林	236320	235990	330
68	9	西井南片林	10500	10500	
69	10	刘娘府片林	120000	103350	16650
70	11	NEC 片林	18600	18600	
71	12	希望公园北片林	20000	20000	
72	13	西井北片林	33300	33300	
73	14	特钢北片林	23023	23023	
74	15	金顶山片林	320000	320000	
75	16	潭峪片林	266700	266700	
76	17	南马场片林	300000	300000	
77	18	高井片林	33300	33300	
78	19	陈家沟片林	366700	366700	
79	20	麻峪片林	186700	120100	66600

续表三

规划市区内			规划市区外			实有树木数量（株）	实有草坪（平方米）	
绿地总面积	绿化面积	水面积	绿地总面积	绿化面积	水面积		数量	其中：冷季型
4=5+6	5	6	7=8+9	8	9	10	11	12
30210	30210					3049	7200	
80540	80540					19743		
236320	235990	330				10750	50500	
10500	10500					757		
120000	103350	16650				3150		
18600	18600					650		
20000	20000					2200		
33300	33300					5203		
23023	23023					836		
320000	320000					40980		
266700	266700					17000		
300000	300000					20000		
33300	33300					8450		
366700	366700					32000		
186700	120100	66600				11790		

市顺序号	区顺序号	绿地名称	实有树						
			总计	乔木					灌
				合计	常绿乔木		落叶乔木		合计
					小计	其中:侧柏	小计	其中:国槐	
		甲	1=2+7+10	2=3+5	3	4	5	6	7
		合计	2067518	1767266	328797	139308	1438469	93898	161185
		朝阳区	679837	545034	30981	6228	514053	25037	65641
		建成区内农口	679837	545034	30981	6228	514053	25037	65641
1	1	平房片林	72006	60792	6058	820	54734	4526	9825
2	2	兴隆片林	48336	35952	3746	606	32206	2603	8884
3	3	环铁片林	63472	51882	874	25	51008	20	5000
4	4	金盏片林	42254	38429	5431	276	32998	5750	2625
5	5	立水桥片林	2310	2310	60		2250		
6	6	孙河桥片林	14702	13702	409		13293		1000
7	7	八里桥片林	20000	20000			20000		
8	8	清河桥片林	600	600			600		
9	9	里庄户片林	15183	13383	94		13289		1800
10	10	辛庄北片林	15654	14834	770	250	14064	1100	820
11	11	洼里片林	97697	86624	6093	1332	80531	888	11073
12	12	香江片林	50000	49800	67		49733	290	200
13	13	四元桥片林	2132	2132			2132		
14	14	垡头南片林	9021	8381	111	20	8270	700	640
15	15	古塔片林	16491	16239	1431	1230	14808	460	252
16	16	楼辛庄片林	20950	20413	474		19939	456	537
17	17	肖村片林	24173	20924	1953	943	18971		3249
18	18	安家楼片林	83423	66901	1305	410	65596	6597	11039
19	19	望京片林	60869	8374	1279	267	7095	1479	7495
20	20	龙门片林	20564	13362	826	49	12536	168	1202
		海淀区	668150	650076	97458	20045	552618	45220	9374

——片林树木明细表

木			(株)			实有绿篱		实有草坪（平方米）		实有宿根花卉	
木		其	它								
常绿灌木	落叶灌木	合计	月季	攀缘	竹子	长度（米）	数量（株）	数量	其中：冷季型	面积（平方米）	数量（株）
8	9	10	11	12	13	14	15	16	17	18	19
31880	129305	139067	119967	19100		5054	20135	155260		1550	2190
8799	56842	69162	68662	500				61000		1550	2190
8799	56842	69162	68662	500				61000		1550	2190
1550	8275	1389	1389								
4470	4414	3500	3000	500				11000			
	5000	6590	6590							900	1500
374	2251	1200	1200								
	1000										
30	1770										
20	800										
	11073							25000			
200											
	640										
	252										
	537										
	3249										
165	10874	5483	5483								
1908	5587	45000	45000					2000		650	690
82	1120	6000	6000					23000			
1020	8354	8700	8700					35560			

市顺序号	区顺序号	绿地名称	实	有					树
			总计	乔木					灌
				合计	常绿乔木		落叶乔木		合计
					小计	其中:侧柏	小计	其中:国槐	
		甲	1=2+7+10	2=3+5	3	4	5	6	7
		建成区内城口	41509	34073	16611	3834	17462	1477	2936
21	1	小月河片林	13166	7752	1059		6693	826	914
22	2	永泰庄片林	8057	8057	4265	1005	3792	92	
23	3	行政学院西墙片林	1360	1360	1305		55		
24	4	阜石路片林	3766	3766	3766	1680			
25	5	万寿庄片林	756	566	471		95	29	190
26	6	罗道庄京引片林	4192	2645	2449		196	64	1547
27	7	罗道庄永引片林	3447	3447	2123	1082	1324	376	
28	8	京引东岸片林	6117	5909	890	50	5019	81	208
29	9	厂洼片林	648	571	283	17	288	9	77
		建成区内农口	291951	281313	44261	5946	237052	29478	6438
30	10	清河片林	84742	84742	2935		81807	5791	
31	11	曙光片林	8264	8264	297		7967	2100	
32	12	京密引水片林	92956	92956	12841	168	80115	11310	
33	13	小月河片林	5739	5739			5739	2277	
34	14	玉东绿地片林	60000	50000	15000	480	35000	1500	5800
35	15	六郎庄片林	11911	11273	298	298	10975		638
36	16	阜石路片林	8430	8430			8430	3500	
37	17	南旱河片林	19909	19909	12890	5000	7019	3000	
		建成区外	334690	334690	36586	10265	298104	14265	
38	18	东北旺片林	105423	105423	25000		80423	6600	
39	19	南沙河片林	229267	229267	11586	10265	217681	7665	
		丰台区	492432	403012	81129	30518	321883	21080	34815
		建成区内城口	1325	1325	69	69	1256	1155	
40	1	城南片林	1325	1325	69	69	1256	1155	

续表一

木				（株）		实有绿篱		实有草坪（平方米）		实有宿根花卉	
木		其　　它									
常绿灌木	落叶灌木	合计	月季	攀缘	竹子	长度（米）	数量（株）	数量	其中：冷季型	面积（平方米）	数量（株）
8	9	10	11	12	13	14	15	16	17	18	19
220	2716	4500	4500					5560			
220	694	4500	4500					5560			
	190										
	1547										
	208										
	77										
800	5638	4200	4200					30000			
800	5000	4200	4200					30000			
	638										
5000	29815	54605	40705	13900		4900	19700	1000			

市顺序号	区顺序号	绿地名称	实有树						
			总计	乔木					灌
				合计	常绿乔木		落叶乔木		合计
					小计	其中:侧柏	小计	其中:国槐	
		甲	1=2+7+10	2=3+5	3	4	5	6	7
		建成区内农口	304379	235759	42698	6418	193061	18160	20320
41	2	岳各庄片林	17000	17000			17000		
42	3	小瓦窑片林	17000	17000			17000		
43	4	郭庄子片林	18000	18000			18000		
44	5	万泉寺片林	17500	17500			17500	6178	
45	6	菜户营片林	2000	2000			2000	900	
46	7	太平桥片林	9350	9350			9350		
47	8	草桥片林	77100	45650	7050		38600		1450
48	9	羊坊片林	33862	29322	8086	3100	21236	2056	4540
49	10	槐房片林	43709	42907	26545	3218	16362	2264	802
50	11	东罗园片林	12392	5264	135		5129	940	2828
51	12	南苑片林	56466	31766	882	100	30884	5822	10700
		建成区外	186728	165928	38362	24031	127566	1765	14495
52	13	太子峪片林	39561	38551	14357	6993	24194	245	905
53	14	长辛店－张家坟	17966	17966	2255	1148	15711		
54	15	李家峪片林	8500	8500	4000	4000	4500		
55	16	京西片林	32400	21200	2200	300	19000	1010	5000
56	17	张各庄片林	11000	8110	110	80	8000	510	2890
57	18	京西南延片林	25000	25000	2840	310	22160		
58	19	佃起片林	25201	23701	7100	6100	16601		1500
59	20	千亩片林	27100	22900	5500	5100	17400		4200
		石景山区	227099	169144	119229	82517	49915	2561	51355
		建成区内城口	227099	169144	119229	82517	49915	2561	51355
60	1	小瓦窑片林	2685	2115			2115	200	570
61	2	老山东片林	2100	2100			2100	1137	

续表二

木		（株）				实有绿篱		实有草坪（平方米）		实有宿根花卉	
木		其　　它									
常绿灌木	落叶灌木	合计	月季	攀缘	竹子	长度（米）	数量（株）	数量	其中：冷季型	面积（平方米）	数量（株）
8	9	10	11	12	13	14	15	16	17	18	19
	20320	48300	35600	12700		4850	19400				
	1450	30000	30000								
	4540										
	802					250	1000				
	2828	4300	3600	700		600	2400				
	10700	14000	2000	12000		4000	16000				
5000	9495	6305	5105	1200		50	300	1000			
	905	105	105								
3000	2000	6200	5000	1200		50	300	1000			
	2890										
	1500										
2000	2200										
17061	34294	6600	1900	4700		145	435	57700			
17061	34294	6600	1900	4700		145	435	57700			
	570										

市顺序号	区顺序号	绿地名称	实			有			树
			总计	乔木					灌
				合计	常绿乔木		落叶乔木		合计
					小计	其中:侧柏	小计	其中:国槐	
		甲	1=2+7+10	2=3+5	3	4	5	6	7
62	3	老山片林	42636	18276	2818	838	15458	400	24360
63	4	首钢煤制气片林	1500	1500			1500		
64	5	松林公园南片林	1620	1620	1620				
65	6	晋元庄片林	3049	1647	381		1266	274	1402
66	7	阜石路片林	19743	7303	3363		3940		12440
67	8	首钢东片林	10750	8880	2027		6853		1870
68	9	西井南片林	757	748	255	64	493	96	9
69	10	刘娘府片林	3150	3090	470		2620		60
70	11	NEC 片林	650	450	400		50		200
71	12	希望公园北片林	2200	2200	100		2100		
72	13	西井北片林	5203	854	386		468		2449
73	14	特钢北片林	836	836	199	15	637	184	
74	15	金顶山片林	40980	40480	40000	40000	480		500
75	16	潭峪片林	17000	10800	4500	1300	6300		6200
76	17	南马场片林	20000	20000	20000	6300			
77	18	高井片林	8450	8450	7450		1000		
78	19	陈家沟片林	32000	32000	32000	32000			
79	20	麻峪片林	11790	5795	3260	2000	2535	270	1295

续表三

木 (株)						实有绿篱		实有草坪（平方米）		实有宿根花卉	
木		其它									
常绿灌木	落叶灌木	合计	月季	攀缘	竹子	长度（米）	数量（株）	数量	其中：冷季型	面积（平方米）	数量（株）
8	9	10	11	12	13	14	15	16	17	18	19
	24360										
86	1316					145	435	7200			
11300	1140										
	1870							50500			
	9										
	60										
	200										
1480	969	1900	1900								
	500										
4100	2100										
95	1200	4700		4700							

北京市东城区

（不含

序号	道路名称	起止地点	道路长度（公里）	路面宽度（米）	道路范围总面积（平方米）	绿化面积（平方米）					
						合 计	行道树	分车带	街头绿地	环岛立交桥绿地	道路两侧绿化带
甲	乙	丙	1	2	3	4	5	6	7	8	9
	东城区										
	区属道路										
1	二环路					113261			42303		70958
	其中:纯道路小计					70958					70958
	东二环纯道路					25587					25587
	群绿小计					45371					45371
	北新桥二环					2334					2334
	东四二环					7239					7239
	朝阳门二环					9100					9100
	建国门二环					16995					16995
	安定门二环					9703					9703
	二环路绿地小计					42303			42303		
	百花深处绿地					26343			26343		
	潘家坡绿地					8910			8910		
	桃花岭绿地					7050			7050		
2	工体北路	春秀路一十条立交	0.78	33.8	45100	24610	6200	3100	5400		9910
	其中:纯道路		0.78	33.8	45100	19210	6200	3100			9910
3	东外大街(纯)	春秀路—东直门立交	0.715	23	43000	19306	9100	6273			3933
4	春秀路西侧(纯)	工体北路—东外大街	0.77	12	11550	6950	5700				1250
5	东中街(纯)	东外大街—工体北路	0.3	5	2700	1200	1200				
6	十字坡(纯)	五十五中—东外大街	0.3	7.5	4800	1200	1200				
7	新中街(纯)	五十五中—工体北路	0.3	7.5	5500	1200	1200				
8	东四北大街(纯)	东四—北新桥	1.83	6.2	57600	6800	6800				
9	东内北中街(纯)	东内大街—俄使馆	0.4	9	8100	3200	3200				

道路绿化明细表

街巷）

覆盖面积（平方米）						绿化覆盖率（%）	道路绿化长度（公里）	实有树木数量（株）	实有草坪（平方米）	
合计	行道树	分车带	街头绿地	环岛立交桥绿地	道路两侧绿化带				数量	其中：冷季型
10	11	12	13	14	15	16=10/3	17	18	19	20
118768.48			42303		76483.48	100.00		86729	27508	4009
76483.48					76483.48	107.78		57816	15175	2181
25587					25587	100.00		15154	5466	756
50896.48					50896.48	112.20		42662	9709	1425
2334					2334	100.00		746	165	165
8135					8135	100.00		3685	1284	
12012					12012	132.00		16114	1260	1260
18768					18768	110.40		21474	7000	
9647.48					9647.48	99.40		643		
42303						100.00		14688	12333	1828
26343						100.00		9977	7775	555
8910						100.00		3129	3820	1273
7050						100.00		1582	738	
39500	13182	10218	5400		10700	87.60	0.76	2393	1928	1768
34100	13182	10218			10700	75.60	0.76	2048	1928	1768
19306	9100	6273			3933	44.90	0.695	3962	3909	
6950	5700				1250	60.20	0.72	1045	574	
2400	2400					88.90	0.25	35		
2400	2400					50.00	0.20	104		
5000	5000					90.90	0.30	141		
36600	36600					63.50	1.58	478		
9100	9100					112.30	0.40	248		

序号	道路名称	起止地点	道路长度（公里）	路面宽度（米）	道路范围总面积（平方米）	绿化面积（平方米）					
						合计	行道树	分车带	街头绿地	环岛立交桥绿地	道路两侧绿化带
甲	乙	丙	1	2	3	4	5	6	7	8	9
10	东内南小街(纯)	东内大街—东四十条	0.8	7.6	11100	3200	3200				
11	东内大街(纯)	东直门立交—北新桥	1.48	19.5	61100	8800	8800				
12	雍和宫大街(纯)	北二环—北新桥	0.9	11.8	18100	3600	3600				
13	朝内北小街(纯)	东四十条—朝内大街	1.0	8	12400	4000	4000				
14	东四十条(纯)	东四北大街—十条立交	1.5	21	36900	6000	6000				
15	东四南大街(纯)	东四—金鱼胡同	0.8	12.4	18600	1900	1900				
16	东单北大街(纯)	金鱼胡同—东单	1.12	12.4	33800	5300	5300				
17	崇文门内大街(纯)	崇文门—东单	0.77	20.5	32700	4600	4600				
18	北京站东街(纯)	北京站—二环路	2.13	16	7700	710	710				
19	美术馆后街(纯)	宽街—美术馆东街	0.7	19.6	23800	3500	3500				
20	美术馆东街(纯)	灯市大街—美术馆后街	0.32	20	9600	600	600				
21	沙滩北街(纯)	沙滩后街—沙滩大街	0.15	9.5	3100	600	600				
22	黄城根北街(纯)	地东大街—沙滩北街	1.01	8.2	16200	4000	4000				
23	北河沿大街(纯)	地东大街—沙滩北街	1.01	15	32300	8000	8000				
24	交道口南大街(纯)	交道口—宽街	0.8	19	26500	4400	4400				
25	鼓楼东大街(纯)	鼓楼—交道口	1.01	12.5	28000	5000					
26	交道口东大街(纯)	交道口—北新桥	0.7	12.7	18900	2800					
27	张自忠路(纯)	东四北大街—宽街	0.9	13	21420	3600					
28	地安门东大街(纯)	地安门—宽街	0.68	15.5	16875	2700					
29	安定门内大街(纯)	安定门—交道口	0.88	12.6	19600	3500					
30	国子监街(纯)	安内大街—雍和宫	0.7	5.5	10200	2800					
31	金鱼胡同(纯)	东四北大街—王府井	0.7	18	12600	2240	2240				
32	王府井大街(纯)	东长安街—美术馆	1.75	19	48300	3500	3500				
33	和平东路(纯)	和平北路—北护	1.03	12	41300	13300	4100	4100			5100
34	和平西街(纯)	三环路—和平南街	178	7.2	82300	7605	7605				

续表一

覆盖面积（平方米）						绿化覆盖率（%）	道路绿化长度（公里）	实有树木数量（株）	实有草坪（平方米）	
合计	行道树	分车带	街头绿地	环岛立交桥绿地	道路两侧绿化带				数量	其中：冷季型
10	11	12	13	14	15	16=10/3	17	18	19	20
9600	9600					86.50	0.70	201		
29600	29600					48.40	1.45	670		
10800	10800					59.70	0.85	201		
8000	8000					64.50	0.80	231		
22000	22000					59.60	1.40	418		
12800	12800					68.80	0.70	175		
14350	14350					42.50	1.06	275		
18400	18400					56.30	0.70	248		
3000	3000					39.00	1.00	65		
12500	12500					52.50	0.60	256		
6400	6400					66.70	0.30	63		
1200	1200					38.70	0.12	45		
10600	10600					65.40	1.00	263		
14500	14500					44.90	1.00	589		
15400	15400					58.10	0.70	325		
18100	18100					64.60	0.97	349		
9400	9400					49.70	0.70	187		
14400	14400					67.20	0.85	259		
10800	10800					64.00	0.60	273		
10500	10500					53.60	0.80	352		
11200	11200					109.80	0.67	147		
1600	1600					12.70	0.14	58		
35000	35000					72.50	1.72	416		
25160	6060	4100			15000	60.90	1.01	871	625	625
20600	20600					25.00	1.65	687		

序号	道路名称	起止地点	道路长度(公里)	路面宽度(米)	道路范围总面积(平方米)	绿化面积(平方米)					
						合计	行道树	分车带	街头绿地	环岛立交桥绿地	道路两侧绿化带
甲	乙	丙	1	2	3	4	5	6	7	8	9
35	和平南街(纯)	和平东路—地坛	0.52	7.5	15800	5600	3600				2000
36	和平中街	安外—和平东路	1.4	7.3	40600	5600	5600				
37	兴化路(纯)	和平北路—小黄庄	0.63	5.3	12100	3100	3100				
38	青年沟(纯)	安外—和平街	1.47	14	48500	2370	1400				970
39	小黄庄路(纯)	安外—和平西街	0.89	5	14500	1700	1700				
40	黄寺大街(纯)	西黄寺—安德里北街	1.41	17	25417	15950	14625				1325
41	青年湖南街(纯)	安德路—旧鼓楼外大街	0.76	12.4	10400	1900	1900				
42	青年湖北街(纯)	外馆街—安德里北街	0.56	6.6	6500	2200	2200				
43	安德路(纯)	旧鼓楼外大街—安外	1.23	7.3	29700	10100	7300				2800
44	安德里北街(纯)	旧鼓楼外大街—安外	1.23	9.1	25400	4900	4900				
45	旧鼓楼外大街(纯)	北二环—安德里北街	0.8	8.5	20400	3200	3200				
46	柳荫东街(纯)	安外—青年湖北街	0.186	17	9300	2756	1462	960			334
47	鼓楼外大街(纯)	北二环—黄寺大街	1.37	38.2	81400	29040	9600	4740			14700
48	安外大街南(纯)	北二环—青年沟	1.35	25.2	59270	15494	9534	4633			1327
49	外馆街(纯)	青年湖北街—安外	0.07	14	2200	749	749				
50	和平北路	和平东路—安外	1.47	14.5	81500	50899	10621		2778		37500
	其中纯道路	和平东路—安外	1.47	14.5	81500	48121	10621				37500
51	鼓楼外大街北	安馆街—安华桥	0.423	38.2	25126	17531	8079	1692			7760
52	安外大街北	青年湖—安贞桥	0.710	25.2	17892	7291	4486	2180			625
53	春秀路东侧	工体北路—东外大街	0.77	12	11550	6900	5700				1200
	市属道路		26.92		1362163	459367	297227	34627		56157	71356
54	北二环路	六铺坑—东直门立交	5.90	39	295000	20283	1425	12704		6154	
55	景山前街	北池子北—景山公园	0.19	18	13861	5078	1263				3815
56	景山东街	景山东街—景山后街	0.55	13	24310	3493	3493				
57	东筒子河	东阙门—东华门	0.50	7	10000	5670	5670				

续表二

覆盖面积（平方米）						绿化覆盖率（%）	道路绿化长度（公里）	实有树木数量（株）	实有草坪（平方米）	
合计	行道树	分车带	街头绿地	环岛立交桥绿地	道路两侧绿化带				数量	其中：冷季型
10	11	12	13	14	15	16＝10/3	17	18	19	20
11900	9900				2000	75.30	1.01	2628	2105	
14000	14000					34.50	1.30	429		
6200	6200					51.20	0.63	269		
14970	14000				970	30.90	1.40	621		
14500	14500					100.00	0.89	249		
13245	11920				1325	52.10	1.38	5307	150	150
8680	8680					83.50	0.72	189		
4400	4400					67.70	0.52	103		
18400	15600				2800	62.00	1.18	1177		
12300	12300					60.30	1.20	717		
12000	12000					58.80	0.70	287		
2093	688	960			445	22.50	0.172	340		
25440	6000	4740			14700	31.30	1.20	19049	4908	924
22291	6331	4633			1327	37.60	1.28	2478	1802	442
140	140					6.40	0.07	28		
50178	9900		2778		37500	61.60	1.465	4342	6696	560
47400	9900				37500	58.20	1.465	4076	5750	560
10721	1269	1692			7760	43.00	0.423	4270	7832	
6394	3589	2180			625	39.00	0.610	2949	718	
6900	5700				1200	60.00	0.72	801	700	
529696	365151	38868		56157	69520	38.90	26.92	107345	147470	88205
51599	28500	16945		6154		17.50	5.90	16194	19739	15734
4841	2526				2315	34.90	0.19	453	2551	1950
9732	9732					40.00	0.55	159		
8731	8731					87.30	0.50	334		

序号	道路名称	起止地点	道路长度（公里）	路面宽度（米）	道路范围总面积（平方米）	绿化面积（平方米）					
						合 计	行道树	分车带	街头绿地	环岛立交桥绿地	道路两侧绿化带
甲	乙	丙	1	2	3	4	5	6	7	8	9
58	南池子大街	东安门—东长安街	0.75	9	10275	3375	3375				
59	北池子大街	东安门—景山前街	0.90	9	15480	7200	7200				
60	天安门地区	天安门广场	1.06	30	160109	92849	88807				4042
61	南河沿大街	东华门—沙滩	0.77	15	17325	5775	5775				
62	景山后街	景山东街北—地内大街	0.25	13	10714	5407	3125				2282
63	大华路	东长安街—东交民巷	0.68	7	14960	11070	10170				900
64	东交民巷	崇内大街—公安后街	1.39	8	20289	8964	8964				
65	公安后街	东交民巷—天安门广场	0.19	8	2880	1344	1344				
66	正义路大街	南长街—前门大街	0.79	15	39105	11962	11411				551
67	北京站前街	方巾巷—北京站	0.31	29	18290	9300	9300				
68	北京站西街	崇文门—北京站	0.62	23	20158	4769	4769				
69	北河沿大街	东华门—东长安街	0.98	15	29106	14406	14406				
70	东华门大街	东华门—八面槽	0.75	21	22125	7701	7701				
71	五四大街	美术馆—沙滩	0.63	20	20556	7374	7374				
72	灯市口大街	东四西大街—八面槽	0.53	14	15780	9871	9871				
73	东四西大街	东四—美术馆	0.53	12	17490	676					676
74	台基厂大街	东长安街—前门大街	0.83	12	23157	11061	9003				2058
75	台基厂一条	台基长—大华路	0.37	6	3145	925	925				
76	台基厂二条	台基长—大华路	0.37	6	3330	1010	1010				
77	台基厂三条	台基长—大华路	0.37	8	4625	1665	1665				
78	北京站周围	北京站前			3421	3421	1877				1544
79	东二环路	东便门—东直门	2.77	40	290850	104530	27836	21923		50003	4768
80	前门东大街	崇文门—前门	1.70		17000	8946	5795				3151
81	东长安街	文化宫—东单	1.49	5	168370	36064	24760				11304
82	建内大街	东单—建国门	0.75	13	70452	55178	18913				36265
二	河岸										
83	北护城河		5.55		80505	47912	27400			20512	
	区属		3.7		67000	27400	27400				
	市属		1.85		13505	20512				20512	

续表三

覆 盖 面 积 （平方米）						绿化覆盖率（%）	道路绿化长度（公里）	实有树木数量（株）	实有草坪（平方米）	
合 计	行道树	分车带	街头绿地	环 岛 立交桥 绿 地	道 路 两 侧 绿化带				数量	其中：冷季型
10	11	12	13	14	15	16＝10/3	17	18	19	20
14500	14500					141.10	0.75	182		
18645	18645					120.40	0.90	216		
32026	27984				4042	20.00	1.06	1217	3732	1038
10039	10039					57.90	0.77	218		
7541	5259				2282	70.40	0.25	446	2543	1943
11070	10170				900	74.00	0.68	1283	800	800
24459	24459					120.60	1.39	384		
2880	2880					100.00	0.19	26		
21603	21388				215	55.2	0.79	3046	252	252
11470	11470					62.70	0.31	181		
7244	7244					35.90	0.62	151		
17227	17227					59.20	0.98	580		
13955	13955					63.10	0.75	193		
8805	8805					42.80	0.63	186		
9871	9871					62.60	0.53	123		
676					676	3.90	0.53	68		
11122	9064				2058	48.00	0.83	2131	2050	2050
831	831					26.40	0.37	12		
500	500					15.00	0.37	10		
330	330					7.10	0.37	7		
3142	1598				1544	91.80		105		
136326	59632	21923		50003	4768	46.90	2.77	58658	73571	40824
10963	7812				3151	64.50	1.70	5968	10276	
32144	20840				11304	19.10	1.49	3206	8861	8061
47424	11159				36265	67.30	0.75	11608	23095	15553
59951	36100				23851	74.50	3.65	18462	28093	
36100	36100					53.90	1.80	14844	5617	
23851					23851	176.10	1.85	3618	22476	

北京市西城区

（不含

序号	道路名称	起止地点	道路长度（公里）	路面宽度（米）	道路范围总面积（平方米）	绿化面积（平方米）					
						合计	行道树	分车带	街头绿地	环岛立交桥绿地	道路两侧绿化带
甲	乙	丙	1	2	3	4	5	6	7	8	9
	西城区										
	区属道路：										
1	西便门东街	复兴门南大街—西便门东街	0.23	9	3910	690	690				
2	南礼公园墙外	西二环—南礼士路	0.18	11	2880	513	513				
3	真武庙四条	西便门大街—全国总工会东	0.43	11	9030	1290	1290				
4	东新华街	六部口—西绒线胡同	0.77	12	12320	981	981				
5	西交民巷	人民大会堂路—南新华街	1.16	6	18560	855	855				
6	双栅栏	西长安街—北新华街	0.16	12	1896	474	474				
7	佟麟阁路	复内大街—南二环	0.92	10	16560	2736	2736				
8	新文化街	宣内大街—民族宫南街	1.12	8	20160	1881	1881				
9	赵登禹路(南段)	阜内大街至西长安街	1.75	16	37625	3618	3618				
10	冰窖口	德外大街—新外大街	0.6	16.4	9840	1870	1870				
11	大井胡同	安德路—安德里南街	0.2	15.8	3160	213.8	213.8				
12	安德里中街	旧古楼大街—六铺坑一巷	0.6	27	16200	1889.8	1889.8				
13	六铺坑二巷	安德路—六铺坑小区	0.4	23	10840	1200	1200				
14	六铺坑一巷	安德路—安德里北街	0.5	19.5	9750	1500	1500				
15	德外大街	德胜门—马甸立交桥	1.8	22.7	40860	5400	5400				
16	新康街	新外大街—新德街	0.5	49	24500	1500	1500				
17	新德街	德外大街—新外大街	0.8	17.8	14240	2400	2400				

道路绿化明细表

街巷）

覆 盖 面 积（平方米）						绿化覆盖率（%）	道路绿化长度（公里）	实有树木数量（株）	实有草坪（平方米）	
合 计	行道树	分车带	街头绿地	环 岛 立交桥 绿 地	道 路 两 侧 绿化带				数量	其中：冷季型
10	11	12	13	14	15	16=10/3	17	18	19	20
3600	3600					92.10	0.23	103		
1368	1368					47.50	0.18	58		
7308	7308					80.90	0.43	313		
5232	5232					42.50	0.77	119		
4560	4560					24.60	0.80	105		
1896	1896					100.00	0.16	62		
15504	15504					93.60	0.92	325		
10032	10032					49.80	1.12	251		
14472	14472					38.46	1.75	402		
6408.6	6408.6					65.13	0.60	187		
2370	2370					75.00	0.16	103		
3080	3080					19.00	0.56	112		
8146	8146					75.00	0.4	167		
7605	7605					78.00	0.3	144		
7936	7936					19.42	1.8	494		
4192	4192					17.11	0.5	158		
5875	5875					41.26	0.8	235		

序号	道路名称	起止地点	道路长度（公里）	路面宽度（米）	道路范围总面积（平方米）	绿化面积（平方米）					
						合计	行道树	分车带	街头绿地	环岛立交桥绿地	道路两侧绿化带
甲	乙	丙	1	2	3	4	5	6	7	8	9
18	黄寺大街	德外大街—人定湖北巷	0.8	37	29600	2400	2400				
19	五路通	德外大街—人定湖西门	0.5	14.3	7150	815	815				
20	地安门外大街	地安门—古楼	0.74	27.2	20128	2220	2220				
21	地安门西大街	地安门—平安里	2	30	72500	6000	6000				
22	德内大街	德胜门—地安门西大街	1.72	13.2	22704	5160	5160				
23	西什库大街	西安门—厂桥	1.28	13.5	17280	3840	3840				
24	阜内北街	阜内大街—鲁迅博物馆	0.15	11.5	1748	450	450				
25	赵登禹路（北段）	阜内大街—西直门内大街	1.93	16	34740	5790	5790				
26	西直门外南便线	西二环—三里河路	1.8	21.1	38000	969.8	969.8				
27	鼓楼西大街	德胜门—古楼	1.45	27.2	39440	4350	4350				
28	西直门内大街	西直门—新街口	1.21	22	31434	3630	3630				
29	西直门外大街	西直门—北展广场	1.07	30.85	33009.5	3210	3210				
30	裕民路	中轴路—德清路	1.1	19.9	26290	4214.5	2200				2014.5
31	安德路	旧古楼大街—德外大街	1.1	17	.21450	3221.5	2200				1021.5
32	安德里北街	旧古楼大街—人定湖	0.9	14	10560	1878	1107				771
33	安德里南街	旧古楼外大街—教场口	0.9	22	22320	3171	1851				1320
34	新风街	新街口外大街—德胜门外大街	0.5	17.8	8900	3742	3722				20
35	西皇城根北街	地安门西大街—印刷九厂	0.96	24	27936	6984	1920				5064
36	文津街	西安门大街—305 医院	0.23	13	2990	1072					1072
37	西直门内南小街	西直门内大街—西二环	0.49	18	10045	1972	1032				940
38	车公庄大街	西二环—三里河路	2	56	132000	60800	6000	21600			33200

续表一

覆盖面积（平方米）						绿化覆盖率（%）	道路绿化长度（公里）	实有树木数量（株）	实有草坪（平方米）	
合计	行道树	分车带	街头绿地	环岛立交桥绿地	道路两侧绿化带				数量	其中：冷季型
10	11	12	13	14	15	16=10/3	17	18	19	20
21746	21746					73.47	0.8	389		
1120	1120					15.66	0.42	117		
10374	10374					51.54	0.74	124		
38360	38360					52.91	1.7	606		
19264	19264					84.85	0.89	338		
5940	5940					34.38	0.9	180		
1486	1486					85.01	0.15	71		
13548	13548					39.00	1.13	407		
10640	10640					28.00	1.8	431		
38360	38360					97.26	1.45	440		
24200	24200					76.99	1.2	508		
14400	14400					43.62	1	215		
7684	3600				4084	29.23	1.05	3034	4114	
8795	5895				2900	41.00	1.05	541	200	
4593	3186				1407	43.49	0.88	378		
13843	6325				7518	62.02	0.88	543	800	
2067	2047				20	23.23	0.48	163		
13130	7675				5455	47.00	0.86	4865	5205	5205
1372					1372	45.89	0.23	101		
3215	2275				940	32.01	0.46	618	940	
109600	35200	41200			33200	83.03	1.8	14663	28086	28086

序号	道路名称	起止地点	道路长度（公里）	路面宽度（米）	道路范围总面积（平方米）	绿化面积（平方米）					
						合计	行道树	分车带	街头绿地	环岛立交桥绿地	道路两侧绿化带
甲	乙	丙	1	2	3	4	5	6	7	8	9
39	北礼士路	车公庄—阜外大街	2	18	42000	4530	3800				730
40	百万庄大街	甘家口—西二环	0.9	12	51300	11275.8	6165				5110.8
41	月坛北小街	月坛北街—阜城门外大街	0.46	9	10920	4113.6	1260				2853.6
42	三里河东街	阜城门外大街—长安街	2.2	12	50600	5940	3600				2340
43	月坛南街	三里河路—西二环	1.57	16	64584	6096.8	4770				1326.8
44	二七路	月坛南街—复兴门外大街	0.72	14	16560	4450	1566				2884
45	白云路	复兴门外大街—小马场	0.7	17	14000	8534	2448				6086
46	西皇城根南街	西安门—灵镜胡同	0.86	6	15480	1729	1260				469
47	南二环北侧	前门—西便门	3.48		125280	4046	783				3263
48	月坛北街	西二环至三里河路	1.57	25	89320	18372	3456	5410.4	1400		8105.6
	其中：纯道路		1.57	25	89320	16972	3456	5410.4			8105.6
	街头绿地					1400			1400		
49	南礼士路	阜城门外大街—复兴门外大街	2.4	15	72000	10620.3	5535		1000		4085.3
	其中：纯道路		2.4	15	72000	9620.3	5535				4085.3
	街头绿地					1000			1000		
50	西便门滨河路	西便门—天宁寺	0.88	11	20680	5764	1341		4423		
	其中：纯道路		0.88	11	20680	1341	1341				
	街头绿地					4423			4423		
51	北二环	西直门立交桥—旧古楼大街	4.06		357280	73123	2000		31369		39754
	其中：纯道路		4.06		357280	41754	2000				39754
	街头绿地					31369			31369		
52	西二环	西直门立交桥—阜城门	4.06		284200	120128.78	7713		47378..78		65037
	其中：纯道路		4.06		284200	72750	7713				65037
	街头绿地					47378.78			47378.78		
	区群植道路		34.541		381518	107397.37	95291.37				12106

续表二

覆盖面积（平方米）						绿化覆盖率（%）	道路绿化长度（公里）	实有树木数量（株）	实有草坪（平方米）	
合计	行道树	分车带	街头绿地	环岛立交桥绿地	道路两侧绿化带				数量	其中：冷季型
10	11	12	13	14	15	16＝10/3	17	18	19	20
13440	11500				1940	32.00	1.6	604		
26233.5	12078				14155.5	51.14	0.9	1309	2581.5	
7893.6	5040				2853.6	72.29	0.42	410	2853.6	
22080	19200				2880	43.64	2	527		
20906.8	19080				1826.8	32.37	1.56	1507	1326.8	
12480	9396				3084	75.36	0.7	430	2850	
12725	6500				6225	90.90	0.7	1470	6086	
3980	3360				620	25.71	0.86	269		
52588	2088				50500	41.98	3.40	4233	6344	
33742.4	18432	5410.4	1400		8500	37.78	1.4	3551	7360	2880
32342.4	18432	5410.4			8500	36.26	1.4	3468	5760	2880
1400			1400			100.00		83	1600	
35620	29520		1000		5100	49.47	2.2	2362	2918.3	
34620	29520				5100	48.08	2.2	2282	2630.3	
1000			1000			100.00		80	288	
7999	3576		4423			38.68	0.88	597	2767	
3576	3576					17.29	0.88	265		
4423			4423			100.00		332	2767	
74623	3500		31369		39754	20.89		17594	25626	5600
43254	3500				39754			11362	12100	
31369			31369					6232	13526	5600
143195.78	30780		47378.78		65037	50.40	4	72413	49317	28519
95817	30780				65037	40.50	4	20771	27847	8509
47378.78			47378.78			100.00		51642	21470	20010
206310.25	194314.25				11996	54.10	25.551	41847	14785	1320

序号	道路名称	起止地点	道路长度（公里）	路面宽度（米）	道路范围总面积（平方米）	绿化面积（平方米）					
						合计	行道树	分车带	街头绿地	环岛立交桥绿地	道路两侧绿化带
甲	乙	丙	1	2	3	4	5	6	7	8	9
53-54	西长安街办事处	2条	1.16		23260	3450	3450				
55-81	厂桥办事处	27条	9.874		92685.5	38883	37383				1500
82-84	新街口办事处	2条	1.51		18170	2318	2318				
85-89	福绥境办事处	4条	1.47		15130	10330	10330				
90-96	丰盛办事处	7条	4.59		37311	772	772				
97-101	二龙路办事处	5条	2.678		23769	20195	20195				
102-120	月坛办事处	19条	7.57		104182	16915.5	7155.5				9760
121-123	阜外办事处	3条	0.831		4470	2408	1562				846
124-128	展览路办事处	5条	2.29		25901	6788.37	6788.37				
129-135	德外办事处	9条	2.568		36639.5	5337.5	5337.5				
	市属道路		38.09		1451838	562187	228881	39477	107343	51629	134857
136	阜外大街	甘家口—阜成门立交	1.93	23	58672	7815	4740				3075
137	复兴门外大街	木樨地—礼士路	1.75	36	147000	22898	1778		21000		121
138	三里河路	西外大街—木樨地	4.00	13—22	158216	95822	1967	9050	57411		27394
139	西二环路	复兴门—阜成门	3.00	40	18420	37349	1067	1610		26396	8276
140	平安里西大街	车公庄—官园东墙	0.80	49	42560	3735	485				3250
141	展览路	北展—阜外大街	1.50	28	135700	14625	1200	3120			10305
142	北二环路	西直门小立交—六铺坑	1.00	35	55110	25647	1500	11083	7687	5072	305
143	西直门外大街	二里沟—北展	0.90	20	45000	4850	350				4500
144	新街口外大街	北太平庄—豁口	2.00	36	50000	6216	2508	3428			280
145	昌平路	马甸立交—裕民路	0.40	33	30612	10875	275	10600			
146	皇城根	西四大街—西安门大街	0.17	12	3842	1462	1462				
147	阜城门大街	阜城门—西四	1.31	19	33667	8777	8777				
148	西简子河	西阙门—西华门	0.50	8	9400	6269	5400				869
149	西华门大街	西华门—南长街北口	0.25	9	7275	5025	5025				

覆盖面积（平方米）						绿化覆盖率（%）	道路绿化长度（公里）	实有树木数量（株）	实有草坪（平方米）	
合计	行道树	分车带	街头绿地	环岛立交桥绿地	道路两侧绿化带				数量	其中：冷季型
10	11	12	13	14	15	16＝10/3	17	18	19	20
6900	6900					29.70	1.16	7620	1050	1050
39088	37588				1500	42.20	7.481	9419	440	
5370	5370					29.55	0.483	179		
13866	13866					91.60	0.98	211		
12720	12720					34.10	3.10	1837		
22451	22451					94.50	2.07	434	185	
72345	62695				9650	69.40	5.401	6414	10620	
5157	4329				846	116.00	0.831	3272	270	270
13650.75	13650.75					52.70	1.79	5933		
14744.50	14744.50					40.20	2.255	6528	2220	
778028	431556	63806	107343	51629	123694	53.60	38.09	116844	204130	60981
33927	30852				3075	57.80	1.93	3053	1023	
33692	12087		21000		605	22.90	1.75	5151	6614	4284
124745	16740	15200	57411		35394	78.80	4.00	26421	41187	2900
47159	5930	6300		26396	8533	256.02	3.00	37057	30830	19256
12992	9120				3872	30.50	0.80	628	2578	2578
19805	5600	3900			10305	14.60	1.50	2285	19736	
42709	7600	19910	7687	5072	2440	77.50	1.00	7410	9573	2966
14920	9320				5600	33.20	0.90	1113		
15605	8015	7310			280	31.20	2.00	483	4558	
11400	800	10600				37.20	0.40	1206		
2613	2613					68.00	0.17	42		
25050	25050					74.40	1.31	228		
7169	6300				869	76.30	0.50	184	700	
2910	2910					40.00	0.25	158		

序号	道路名称	起止地点	道路长度（公里）	路面宽度（米）	道路范围总面积（平方米）	绿化面积（平方米）					
						合计	行道树	分车带	街头绿地	环岛立交桥绿地	道路两侧绿化带
甲	乙	丙	1	2	3	4	5	6	7	8	9
150	南长街	西华门—西长安街	0.75	11	15750	7299	7299				
151	北长街	西华门—景山前街	0.81	11	16000	7200	7200				
152	景山后街	景山西街北—地内南口	0.25	13	10713	5407	3125				2282
153	景山前街	北长街北—景山公园前	0.19	18	13860	12712	1263		7635		3814
154	宣东大街	宣武门—和平门	0.79	44	9488	6228	3808		2420		
155	宣西大街	象来街—宣武门	1.27	36	7620	6484	6484				
156	前门西大街	和平门—前门	0.94	44	12220	4295	4295				
157	地内大街	景山后街—地安门	0.55	13	14960	13030	8030				5000
158	景山西街	景山前街—景山后街	0.58	9	15950	7830	3190				4640
159	府右街	西长安街—西安门大街	1.70	17	49300	26350	17850				8500
160	新街口北大街	豁口—新街口	0.91	17	22932	8372	8372				
161	新街口南大街	新街口—平安里	0.84	13	25404	11424	11424				
162	西单北大街	西四—西单	1.80	15	50220	23220	23220				
163	西四北大街	平安里—西四	0.95	13	33345	17670	17670				
164	西长安街	西单—南长街	1.50	60	129407	55229	22594		3502		29133
165	复内大街	礼士路—西单	1.45	35	89984	46638	7299		7688	15640	16011
166	西四东大街	西四—皇城根	0.30	14	5940	1829	1829				
167	宣内大街	宣武门—西单	0.80	15	26640	11440	11440				
168	西安门内大街	丁字街—北海大桥	1.50	21	49200	18924	13430	586			4908
169	人大西侧路	南长街—前门西大街	0.70	28	52910	14720	12526				2194
170	北三环路	马甸立交桥			4521	4521				4521	
(二)	河岸绿化小计		7.04		105037	22797	22302			495	
	区属		7.04		105037	22797	22302			495	
171	永定河引水渠	西滨河—木樨地	1.24	10	50840	5226	5226				
172	北护城河	旧鼓楼外大街—新外地铁大修厂	2.27	16.1	36547	8871	8376				495
173	南长河	白石桥—高梁桥	3.53	5	17650	8700	8700				
	市属										
174	北护城河岸路	德胜门立交—六铺坑	1.80	7	13505	5088					5088

续表四

覆盖面积（平方米）						绿化覆盖率（%）	道路绿化长度（公里）	实有树木数量（株）	实有草坪（平方米）	
合计	行道树	分车带	街头绿地	环岛立交桥绿地	道路两侧绿化带				数量	其中：冷季型
10	11	12	13	14	15	16=10/3	17	18	19	20
16880	16880					107.20	0.75	206		
20880	20880					130.50	0.81	206		
7540	5258				2282	70.40	0.25	432	3833	3833
12475	2526		7635		2314	90.00	0.19	939	3236	2598
8374	5954		2420			88.30	0.79	401	1710	
4556	4556					59.76	1.27	74		
5431	5431					44.44	0.94	131		
11289	6289				5000	75.46	0.55	762	3034	
7231	6000				1231	45.33	0.58	209	1232	1232
27408	24585				2823	55.60	1.70	995	2523	
18200	18200					79.40	0.91	159		
24508	24508					96.50	0.84	259		
36200	36200					72.08	1.80	493		
24110	24110					72.30	0.95	397		
47277	28746		3502		15029	36.53	1.50	5532	12938	
45139	5800		7688	15640	16011	50.16	1.45	12566	47876	11828
2100	2100					35.35	0.30	17		
15200	15200					57.05	0.80	252		
33423	27000	586			5837	67.93	1.50	1258	1603	1603
10590	8396				2194	20.00	0.70	3117	1443	
4521				4521		100.00		3020	7903	7903
48849	48354				495	46.50	6.44	7009	3748	
48849	48354				495	46.50	6.44	7009	3748	
20904	20904					41.10	1.24	1367		
16575	16080				495	45.40	2.2	5137	3688	
11370	11370					64.00	3	505	60	
7000					7000	51.80	1.80	164		

北京市崇文区

（不含

序号	道路名称	起止地点	道路长度（公里）	路面宽度（米）	道路范围总面积（平方米）	绿化面积（平方米）					
						合计	行道树	分车带	街头绿地	环岛立交桥绿地	道路两侧绿化带
甲	乙	丙	1	2	3	4	5	6	7	8	9
	崇文区										
	区属道路：										
1	东南环路	东便门铁路桥—广渠门立交桥	1.54	40	100900	66529.40			5715	60814.40	
	其中纯道路		1.54	40	95185	60814.4				60814.40	
2	崇外大街	崇文门路口—红桥十字路口	1.58	12	25280	6320	6320				
3	东花市大街	羊市口—白桥大街	1.18	8	16520	4320	4320				
4	西花市大街	崇外大街—羊市口	0.6	8	12000	3000	3000				
5	花市斜街	白桥三角地—白桥自由市场	0.66	7	7920	2640	2640				
6	白桥大街	东便门立交桥—广渠门内大街	0.68	10	11560	1360	1360				
7	广渠门内大街	广渠门立交桥—崇外大街	2.09	9	31350	14354.8	8360		5994.8		
	其中纯道路		2.09	9	25355.2	8360	8360				
8	夕照寺大街	广渠门内大街—龙潭路	1.342	12	37576	20130	20130				
9	光明路	光明铁路桥—光明立交桥	0.945	34	50085	14175	10395	3780			
10	体育馆路	光明铁路桥—天坛东门	1.10	34	57420	16720	11000	5720			
11	体育馆西路	法华寺街—龙潭路	1	6	13000	5600	5600				
12	天坛东侧路	天坛公园东门—玉蜓桥	1.155	22	58154.25	32744	6930				25814
13	珠市口大街	前门外大街—磁器口	1.78	8	28480	2000	2000				
14	天坛北路	天坛公园东门—天桥十字路口	1.81	10	50680	14480	10860	3620			
15	左安门大街	光明路—左安门桥	1.49	11	38740	15650	15650				
16	幸福大街	广渠门内大街—体育馆路	1.12	9	25760	8960	8960				

道路绿化明细表

街巷）

覆盖面积（平方米）						绿化覆盖率（%）	道路绿化长度（公里）	实有树木数量（株）	实有草坪（平方米）	
合计	行道树	分车带	街头绿地	环岛立交桥绿地	道路两侧绿化带				数量	其中：冷季型
10	11	12	13	14	15	16=10/3	17	18	19	20
66529.40			5715	60814.40		65.90	1.54	41555	51753.50	34903.50
60814.40				60814.40		63.90	1.54	40739	48253.50	34903.50
8960	8960					35.40	1.58	397		
4750	4750					28.80	1.18	125		
4400	4400					36.70	0.6	126		
3010	3010					38.00	0.66	113		
2060	2060					17.80	0.68	436		
18984.8	12990		5994.8			60.60	2.09	1258		
12990	12990					51.20	2.09	418		
20498	20498					54.60	1.342	1009	3404	
20515	16735	3780				41.00	0.945	9947	3410	
19920	14200	5720				34.70	1.10	3599	4616.70	
5800	5800					44.60	1	1436		
36604.25	10790.25				25814	62.90	1.155	6369	13620	2400
2000	2000					7.00	1	52		
23710	20090	3620				46.80	1.81	698		
21820	21820					56.30	1.49	8233	5720	5720
11184	11184					43.40	1.12	382		

序号	道路名称	起止地点	道路长度（公里）	路面宽度（米）	道路范围总面积（平方米）	绿化面积（平方米）					
						合计	行道树	分车带	街头绿地	环岛立交桥绿地	道路两侧绿化带
甲	乙	丙	1	2	3	4	5	6	7	8	9
17	培新街	幸福大街—安化南里	0.415	6	4980	3021	3021				
18	龙潭路	体育馆西路—龙潭闸	1.72	8	35260	16880	16880				
19	永内东街	永定门桥头—玉蜓桥东侧	2.53	11.2	91404	53340	22240		26600	4500	
	其中纯道路		2.53	11.2	64804	26740	22240			4500	
20	马家堡路	永外西滨河—马家堡铁桥	0.43	24	22446	9070	1470	1800	5800		
	其中纯道路		0.43	24	16646	3270	1470	1800			
21	法华寺街	体育馆西路北口—电车七厂	0.67	6	8710	1340	1340				
22	福光路	幸福大街付食店—铁路桥	0.55	5	4950	1200	1200				
23	京津铁路	永定门火车站—东便门立交桥	8.24	12.30	206000	49440	49440				
24	京古铁路	东便门立交桥—忠实里道口	0.65	12.30	16250	3900	3900				
25	永内大街	天桥十字路口—永定门桥头	1.54	27.40	59136	10280	10280				
26	永外大街	永定门桥头—南三环	1.49	27	55130	5960	5960				
27	琉璃井东街	安乐林路—京津铁路	0.78	5	10608	3120	3120				
28	琉璃井路	琉璃井路口—沙子口	0.87	6.20	10614	3480	3480				
29	沙宝路	安乐林路—火柴厂	1	9.40	24900	7000	7000				
30	革新里南路	永外大街—马家堡	0.90	11	15300	1600	1600				
31	旧马家堡路	永外西滨河—马家堡路口	0.43	8.5	5805	1290	1290				
32	民主北街	安乐林路—桃杨路	0.98	6	16660	4800	4800				
33	李村中街	安乐林路口—京津铁路	0.65	6	6500	2500	2500				
34	桃杨路	民主北街—李村中街	1.08	6	15120	2160	2160				
35	安乐林路	蒲黄榆路口—沙子口	1.82	12.7	52234	30660	23660		7000		
	其中纯道路		1.82	12.7	45234	23660	23660				

续表一

覆盖面积（平方米）						绿化覆盖率（%）	道路绿化长度（公里）	实有树木数量（株）	实有草坪(平方米)	
合计	行道树	分车带	街头绿地	环岛立交桥绿地	道路两侧绿化带				数量	其中：冷季型
10	11	12	13	14	15	16=10/3	17	18	19	20
3681	3681					73.90	0.415	169		
20692	20692					58.70	1.72	3722	3108	2142
57110	26010		26600	4500		62.50	2.53	10566	29780	29780
30510	26010			4500		47.10	2.53	1857		
9420	1820	1800	5800			42.00	0.43	1975	4354	
3620	1820	1800				21.70	0.43	1857		
1480	1480					17.00	0.20	31		
1250	1250					25.30	0.20	30		
68880	68880					33.40	8.24	2300		
7750	7750					47.70	0.65	481		
10750	10750					18.20	1.54	225		
6410	6410					11.60	1.49	165		
4020	4020					37.90	0.78	87		
5395	5395					50.80	0.87	119		
8477	8477					34.00	1	173		
2052	2052					13.40	0.45	32		
1325	1325					22.80	0.43	25		
6780	6780					40.70	0.98	108		
3875	3875					59.60	0.65	103		
2268	2268					15.00	0.5	38		
30140	23660		7000			57.70	1.82	2898	1600	
23660	23660					52.30	1.82	1684	1100	

序号	道路名称	起止地点	道路长度（公里）	路面宽度（米）	道路范围总面积（平方米）	绿化面积（平方米）					
						合 计	行道树	分车带	街头绿地	环岛立交桥绿地	道路两侧绿化带
甲	乙	丙	1	2	3	4	5	6	7	8	9
36	天坛南路	桃杨路—火柴厂宿舍	0.75	13.5	20625	3000	3000				
37	安乐林中街	安乐林路—刘家窑	0.3	10	4800	900	900				
38	南　厢	景态桥—陶然桥	2.6	27	13000	46800	10400	5200		3300	27900
	市属道路		8.12		353559	110465	73137	22701			14627
39	前门大街	前门—天桥	1.25	19	35625	11875	11875				
40	前门环路	前门周围	0.71	27	33370	8455	5857	1224			1374
41	永内大街	天桥—永定门	1.64	24	60680	21320	21320				
42	永外大街	永定门—木樨园	1.70	18	48450	17850	17850	—			
43	前门东大街	前门—崇文门	1.70	22	120700	34281	7812	21477			4992
44	崇文门东大街	崇文门—东便门	1.12	22	54734	16684	8423				8261
	市属河岸		11.968		456685	76111					76111
45	通惠河	东便门—面粉厂桥(右)	1.0	35	35000	2700					2700
46	东　护	广渠门—东便门桥	1.53	74.5	113985	29880					29880
47	东　护	广渠门—龙潭闸(右)	1.1	42	46200	12320					12320
48	南　护	龙潭闸—永定门(右)	4.875	39	174925	14350					14350
49	南　护	南站—铁路桥(右)	3.463	25	86575	16861					16861

续表二

覆盖面积（平方米）						绿化覆盖率（%）	道路绿化长度（公里）	实有树木数量（株）	实有草坪（平方米）	
合计	行道树	分车带	街头绿地	环岛立交桥绿地	道路两侧绿化带				数量	其中：冷季型
10	11	12	13	14	15	16＝10/3	17	18	19	20
5500	5500					26.70	0.75	734		
1323	1323					27.6	0.30	27		
46800	10400	5200		3300	27900	36	2.60	32478	9391	6207
113520	76192	22701			14627	32.10	8.12	16135	22898	8369
15615	15615					43.80	1.25	245		
7069	4471	1224.			1374	21.20	0.71	216	267	
33770	33770					55.70	1.64	777		
3150	3150					6.50	1.70	315		
40876	14407	21477			4992	33.90	1.70	10346	13216	
13040	4779				8261	238	1.12	4236	9415	8369
111111					111111	24.33	10.838	26430	63111	
4500					4500	12.90	0.3	4.01	1500	
53400					53400	46.85	1.2	14132	21600	
22000					22000	47.62	1.0	2641	8800	
14350					14350	8.20	4.875	4396	14389	
16861					16861	19.48	3.463	4860	16822	

北京市宣武区
（不含

序号	道路名称	起止地点	道路长度（公里）	路面宽度（米）	道路范围总面积（平方米）	绿化面积（平方米）					
						合计	行道树	分车带	街头绿地	环岛立交桥绿地	道路两侧绿化带
甲	乙	丙	1	2	3	4	5	6	7	8	9
	宣武区										
	纯道路		48.9		1816734	386935	169484	79551		72900	65000
	区属		45.9		1583617	285423	151622	34101		72900	16800
	市属		3		233117	101512	17862	45450			38200
	河岸		9.84		346800	108438					108438
	区属		6.84		184800	85258					85258
	市属		3.0		162000	23180					23180
	区属道路										
1	南纬路	永定门内大街—禄长街	0.6	9.5/20.5	12300	5414	5000				414
2	北纬路	天桥南大街（东）—虎坊路	1.1	12/20	22000	7530	7200				330
3	东泾路	永安路（北）—南纬路南巷	0.7	10/19	13300	6596	6000				596
4	西泾路	永安路（北）—北纬路（南）	0.3	13/23	6900	1290	1290				
5	永安路	天桥南大街（北）—虎坊路（西）	1.1	12/28	30800	10229	9000				1229
6	虎坊路	珠市口西大街（北）—北纬路（南）	0.7	28/49	34300	9800	9510				290
7	南新华街	前门西大街（北）—珠市口西街（南）	1.1	12/14	15400	212	128				84
8	骡马市大街	南新华街（东）—宣武门外大街（西）	0.8	27/41	32800	1842	1750				92
9	永内西街	永定门内大街（东）—太平街（西）	0.9	16/37	33300	6800	4200	2600			
10	太平街	北纬路—永定门西街	1.2	14/27.5	33000	9574	6300	1800			1474

道路绿化明细表

街巷）

覆盖面积（平方米）						绿化覆盖率（%）	道路绿化长度（公里）	实有树木数量（株）	实有草坪（平方米）	
合计	行道树	分车带	街头绿地	环岛立交桥绿地	道路两侧绿化带				数量	其中：冷季型
10	11	12	13	14	15	16＝10/3	17	18	19	20
489924	270782	81442		73000	64700	27.00	41.3	139673	97889	58893
385205	246982	38723		73000	26500	24.00	38.3	134408	61326	58455
104719	23800	42719			38200	44.90	3	5265	36563	438
160767					160767	46.40	9.6412234	68672		
94807					94807	46.40	6.64	11451	68672	
65960					65960	51.00	3.00	783		
6414	6000				414	52.10	0.5	100		
11130	10800				330	50.60	0.9	262		
7796	7200				596	58.60	0.6	367		
3450	3450					50.00	0.2	86		
11496	10267				1229	37.30	0.9	490		
11600	11310				290	33.80	0.6	314		
516	432				84	3.40	0.5	27		
3592	3500				92	11.00	0.7	174		
10900	7000	3900				32.70	0.7	305		
15074	11200	2400			1474	45.70	0.7	353		

序号	道路名称	起止地点	道路长度(公里)	路面宽度(米)	道路范围总面积(平方米)	绿化面积(平方米)					
						合计	行道树	分车带	街头绿地	环岛立交桥绿地	道路两侧绿化带
甲	乙	丙	1	2	3	4	5	6	7	8	9
11	陶然亭路	太平街(东)—自新路(西)	1.2	11/21.5	25800	6729	3800	1200			1729
12	里仁街	育新街(东)—右安门大街(西)	0.9	7/11	9900	2784	1035				1749
13.	白纸坊东街	自新路(东)—右安门内大街(西)	0.8	7/21.5	17200	4250	2400	1050			800
14.	白纸坊西街	右安门内大街(东)—广安门南顺城根	1.1	10/18	19800	6106	4200				1960
15.	右安门内大街	南横西街(南)—右安门东城根(北)	2	12/22	44000	6892	5400				1492
16.	牛街	广安门大街(北)—南横西街(南)	0.6	7/11	6600	980	780				200
17.	白广路大街	广安门内大街(北)—白纸坊西街(南)	1.2	8.5/28.5	34200	8800	8800				
18.	南菜(大观)园路	白纸坊西街(北)—右安门西城根(南)	0.8	9.5/19.5	15600	4500	4500				
19.	菜园街	枣林前街(北)—白纸坊西街(南)	0.6	5.5/12.5	7500	1400	1400				
20.	槐柏树街	长椿街(东)—西便门内大街(西)	0.8	6.5/12.5	10000	3424	3100				324
21.	长椿街	宣武门西大街(北)—广安门西大街(南)	1.1	9/14	15400	4320	4000				320
22.	广内大街	宣武门外大街(东)—广安门顺城根(西)	2	48.5/70	140000	10875	9000	1875			
23.	宣外大街	宣武门西大街(北)—广安门内大街(南)	1.1	10/20	22000	5202	4500	140			562
24.	西珠市口大街	前门大街(东)—南新华街(西)	1.1	15/20	22000	816	816				
25.	万明路	珠市口西大街(北)—永安路(南)	0.3	11/15	4500	656	656				
26.	育新街	陶然亭路(北)—右安门东城根(南)	0.8	5/8	6400	949	825				124
27.	长椿里(艺园东门外)	宣武艺园(南)—市府大楼	0.15	8/15	2250	1086	600				486
28.	半步桥	白纸坊东街(北)—右安门内大街(西)	0.9	6/11	9900	1525	1125				400
29.	教子胡同	广安门西大街(北)—南横西街(南)	0.6	6/10	6000	1614	1500				114
30.	自新路	官菜园上街(北)—里仁街(南)	0.6	5/8	4800	750	750				
31.	南线阁路	广安门内大街(北)—枣林前街(南)	0.6	5.5/11.5	6900	1200	1200				
32.	粉房琉璃街	骡马市大街(北)—南横东街(南)	0.6	4/6	3600	1800	1800				
33.	南滨河路	陶然亭桥(东)—大观园石桥(西)	2.7	16/22	59400	500	500				

续表一

覆盖面积（平方米）						绿化覆盖率（%）	道路绿化长度（公里）	实有树木数量（株）	实有草坪（平方米）	
合计	行道树	分车带	街头绿地	环岛立交桥绿地	道路两侧绿化带				数量	其中：冷季型
10	11	12	13	14	15	16=10/3	17	18	19	20
9079	4550	2800			1729	35.20	1.0	958	438	
7149	5400				1749	72.00	0.7	261	559	
6800	4000	2000			800	39.50	0.8	342		
8206	6300				1906	41.40	0.9	872		
10492	9000				1492	23.80	1.8	346		
3720	3520				200	56.40	0.3	125		
13200	13200					38.60	1.1	369		
6000	6000					38.50	0.8	275		
1750	1750					23.30	0.4	76		
5924	5600				324	59.20	0.8	349		
6320	6000				320	41.00	0.5	502		
9075	7200	1875				6.50	1.8	340	1875	
9842	9000	280			562	44.70	0.9	577		
3960	3960					18.00	0.9	99		
3200	3200					71.10	0.3	80		
1349	1225				124	21.10	0.8	110		
1386	900				486	61.60	0.15	80		
6400	6000				400	64.60	0.8	223		
5114	5000				114	85.20	0.5	134		
1500	1500					31.30	0.4	38		
2400	2400					34.80	0.6	145		
3000	3000					83.30	0.6	194		
1665	1665					2.80	2.1	74		

序号	道路名称	起止地点	道路长度（公里）	路面宽度（米）	道路范围总面积（平方米）	绿化面积（平方米）					
						合计	行道树	分车带	街头绿地	环岛立交桥绿地	道路两侧绿化带
甲	乙	丙	1	2	3	4	5	6	7	8	9
34.	红莲南路	莲花河西岸—马连道路	0.8	16	23286	3222	2622				600
35.	马连道南街	马连道路—红莲北里15楼西侧	0.39	13/6	5070	1360	1360				
36.	广外大街	湾子口—广安门立交桥	2.32	53/39	121800	21200	10600	6360		4240	
37.	小马厂路	京周公路—手帕口北街	0.8	9/5	6940	2400	2400				
38.	马连道路	湾子口—红莲南路	1.46	22	35978	5950	5950				
39.	手帕口北街	京周公路—二机床桥口	0.9	16.6/11	14940	2640	2640				
40.	青年湖路	白纸坊桥—广安门车站南门	0.7	8/18	9400	400	400				
41.	广安门南顺城街	南线里街—59路大观园站	1.75		39658	1770	1770				
42.	西厢广安门桥区		2.5	129	322500	54431	2662	2550		43733	5486
43.	西厢天宁寺桥区		2.4		194995	43956	4650	5101		29167	5038
	市属纯道路		3.00		233117	101512	17862	45450			38200
44	宜东大街	和平门—宣武门	0.79	44	72977	23900	3920	14845			5135
45	宜西大街	宣武门—象来街	1.27	36	86456	54645	7374	17417			29854
46	前门西大街	和平门—前门	0.94	44	73684	22967	6568	13188			3211
47	西护城河		3.0	36	108000	64458					64458
	西护城河（西岸）	天宁寺桥—菜户营桥	2.265		33516	32823					32823
	西护城河（西岸）	天宁寺桥—飞霞子桥	0.4			4140					4140
	西护城河（东岸）	飞霞小桥—区规划局门前	0.6			5903					5903
		区规划局门前—大观园小石桥	2.4		43200	21592					21592
48	南护城河北岸		3.84	20	76800	20800					20800
49	莲花河	三义庵桥—铁路桥	3	54	16200	23180					23180

续表二

覆盖面积（平方米）						绿化覆盖率（%）	道路绿化长度（公里）	实有树木数量（株）	实有草坪(平方米)	
合计	行道树	分车带	街头绿地	环岛立交桥绿地	道路两侧绿化带				数量	其中：冷季型
10	11	12	13	14	15	16=10/3	17	18	19	20
2700	2400				300	11.60	0.8			
1950	1950					38.00	0.4			
21200	10600	6360		隔离带 4240		17.40	2.12			
4940	4940					71.00	0.5	116		
14000	14000					38.90	1.4	282		
4200	4200					28.10	0.42	98		
960	960					10.00	0.08	43		
5900	5900					14.00	1.2	236		
57094	5325	2550		43733	5486	18.00	2.40	68930	32310	32310
48779	9340	5133		29267	5038	25.00	2.40	42173	19847	1984
104719	23800	42719			38200	44.90	3.00	5265	36563	438
26687	6707	14845			5135	36.60	0.79	1127	13328	438
56529	9258	17417			29854	65.40	1.27	1781	10747	
21503	7835	10457			3211	29.20	0.94	2357	12488	
74007					74007	68.50	2.8	1326	48482	
40116					40116	129.00	2.265	452	26391	
4940					4940		0.3	8	3340	
7103					7103		0.5	39	4703	
21848					21848		50.6	827	14048	
20800					20800	59.00	3.84	10125	20190	
65960					65960	40.70	6	783		

北京市朝阳区
（不含放

序号	道路名称	起止地点	道路长度（公里）	路面宽度（米）	道路范围总面积（平方米）	绿化面积（平方米）					
						合计	行道树	分车带	街头绿地	环岛立交桥绿地	道路两侧绿化带
甲	乙	丙	1	2	3	4	5	6	7	8	9
	朝阳区										
	纯道路		309.15		16042121	7823185	1122809	491462		457650	5751264
	市属		95.4		9042911	4718131	352701	252147		415646	3697637
	区属		213.75		6999210	3105054	770108	239305		42004	2053627
	河岸		62.95		3295673	686032	584255				101777
	区属		62.95		3295673	686032	584255				101777
	其中纯道路		144.79		4728766	1373645	533670	231537		42004	566434
1.	惠新东街	北四环—小关东路	1.25	33	60500	17596	3786	5810			8000
2.	樱花东街	北三环—土城南路	0.7	30	20650	8340	2640	3300			2400
3.	樱花西街	北三环—土城南路	0.7	43	46900	15280	3500	4080			7700
4.	和平里北街	和平里十字路口—铁桥	0.9	17.5	21150	5400	3600	1800			
5.	中日南路	樱花东街—服装学院	0.6	12	9180	1800	1800				
6.	土城南路	北中轴路—服装学院	2.1	12	39900	6574	6574				
7.	东土城路	和平里北街—河边	1	21	2800	6580	3760				
8.	小关东路	北苑路—太阳宫南路	3.7	10	51800	1764	1764				
9.	青年沟路	和平里东—火车站	0.69	19	20769	2760	2760				
10.	小关西路	北苑路—德清公路	2.3	10	32200	12288	12288				
11.	太阳宫南路	三环—小关东路	1	6	16000	3920	3920				
12.	曝光西路	东三环—铁桥	1.4	31.5	55172	11495	4851	3790			2854
13	左家庄西街	曝光西路—造纸厂	1.3	15	16250	2600	2600				
14	大屯路	北苑路—德清公路	4.0	23.3	160711	55607	30054	3740			21213
15	北苑路	小关—立水桥	7.6	6	121600	23300	23300				
16	南湖渠路	太阳宫路—采广营西路	3.4	6	61540	12120	12120				
17	枣子营路	六里屯东路—煤气用具厂	1.9	6	26600	6692	6692				

道路绿化明细表

射线、片林）

覆盖面积（平方米）						绿化覆盖率（%）	道路绿化长度（公里）	实有树木数量（株）	实有草坪（平方米）	
合计	行道树	分车带	街头绿地	环岛立交桥绿地	道路两侧绿化带				数量	其中：冷季型
10	11	12	13	14	15	16=10/3	17	18	19	20
8829284	2226639	610498		457650	5534497	55.04	296.23	1416599	1077607	456123
4761340	536600	255157		415646	3553937	52.70	95.40	862384	805063	395820
4067944	1690039	355341	42004	1980560	58.1	200.83	554215	272544	60313	60313
1433236	1217304				215932	43.50	60.95	53833	20355	
1433236	1217304				215932	43.50	60.95	53833	20355	
2169969	1328262	346419		42004	456509	45.90	134.62	349417	226831	54458
36088	16468	11620			8000	59.10	1.16	15302		
17300	8300	6600			2400	83.77	0.66	950		
24260	8400	8160			7700	51.70	0.7	1446	751	
9650	8300	1350				45.60	0.9	649		
8420	8420					91.70	0.6	201		
24536	24536					61.50	2.04	656		
14100	11280				2820	50.40	1	540		
15876	15876					30.60	2.7	98		
13800	13800					66.40	0.68	172		
40320	40320					125.00	2.24	369		
23520	23520					147.00	0.98	89		
14224	7580	3790			2854	25.80	0.76	1726		
6500	6500					40.00	1.3	181		
65983	39058	5712			21213	41.10	3.72	2317	1973	197
44800	44800					36.80	4.48	953		
36500	36500					59.30	2.28	380		
22400	22400					84.20	1.4	315		

序号	道路名称	起止地点	道路长度（公里）	路面宽度（米）	道路范围总面积（平方米）	绿化面积（平方米）					
						合计	行道树	分车带	街头绿地	环岛立交桥绿地	道路两侧绿化带
甲	乙	丙	1	2	3	4	5	6	7	8	9
18	煤气用具厂路	东三环—煤气用具厂	1.80	6	21600	3705	3705				
19	三里屯路	亮马河南路—工体北路	1.30	17.2	50959	31514	7050				24464
20	三里屯东街	东五街—东外大街	0.24	12.0	4848	1824	672				1152
21	三里屯东一街	东三街—挪威使馆	0.13	10	2145	780	780				
22	三里屯东二街	东三街—苏丹使馆	0.10	6	1290	680	680				
23	三里屯东三街	东三环—三里屯路	0.50	16.2	10000	1900	1900				
24	三里屯东四街	东三环—三里屯路	0.50	16.6	10150	1850	1850				
25	三里屯东五街	东三环—三里屯路	0.50	9.1	10600	6050	4250				1800
26	三里屯东六街	东三环—三里屯路	0.50	9	12550	8050	4800				3250
27	三里屯中街	东三环—东外大街	0.35	12	5110	910	910				
28	三里屯中街	东四街—东三街	0.13	12.3	1950	339	339				
29	三里屯北小街	亮马河南路—东外大街	0.50	15.4	11600	6261	4644				1617
30	三里屯西六街	新东路—三里屯路	0.41	16	10250	3610	1300				2310
31	三里屯六横街	亮马河南路—东六街	0.15	7	3090	2040	1440				600
32	新源南街	新东路—东三环	0.95	27.2	28310	2700	2700				
33	新工八号路	三里屯路—新东路	0.24	12	7934	3470	1178				2292
34	东外大街	青秀路—三环路	1.60	43.8	111085	38575	4810	18119			15646
35	顺源街	新源街—东三环	0.51	18.3	15402	6069	1530				4539
36	新源街	亮马河—机场路	0.94	21.3	31916	15089	2370				12719
37	新东路	左家庄—三里屯	2.05	41	101316	15595	3637	3714			8244
38	澳北街	新东路—东外大街	0.41	14.5	7175	1230	1230				
39	机场附线	东三环北路—大山子	4.60	33.8	165600	40588	12000	16000		4115	8473
40	安立路	成府路—大屯路	0.75	45.6	49390	14740	2250	3750			8740
41	大屯南路	安立路—北苑路	0.78	28	25542	2095	2095				
42	小营路	北四环—旅游学院	0.5	14	13500	3890	1440				2450

续表一

覆 盖 面 积 （平方米）						绿化覆盖率（%）	道路绿化长度（公里）	实有树木数量（株）	实有草坪（平方米）	
合 计	行道树	分车带	街头绿地	环岛立交桥绿地	道路两侧绿化带				数量	其中：冷季型
10	11	12	13	14	15	16＝10/3	17	18	19	20
18200	18200					84.30	1.3	195		
38394	13930				24464	75.30	1.24	3515	1119	
5472	4320				1152	112.87	0.24	2029		
2080	2080					97.00	0.13	31		
704	704					54.60	0.1	28		
5000	5000					50.00	0.5	132	246	
9000	9000					88.70	0.5	157		
8500	8500					80.20	0.5	5178	420	
12250	9000				3250	97.60	0.5	1788	2232	
4200	4200					82.20	0.35	98	320	
2210	2210					113.33	0.13	53		
10487	8816				1671	90.40	0.46	425		
6793	4483				2310	66.30	0.4	1751	130	
2310	1710				600	74.80	0.15	1034	48	
5400	5400					19.10	0.92	242		
3874	2647				1227	48.80	0.24	830		
52544	15390	24900			12254	47.30	1.36	10203	15980	1013
9733	4794				4939	60.50	0.48	252		
19197	6478				12719	60.14	0.89	490	5133	5133
31524	19566	3714			8244	31.10	1.75	16161	7174	
3116	3116					43.43	0.41	121		
60588	32000	16000		4115	8473	36.60	4.0	25162	26058	3210
17950	5387	6877			5686	36.30	0.64	9101		
3441	3441					13.50	0.62	168		
5330	2880			2450		39.48	0.48	335		

序号	道路名称	起止地点	道路长度（公里）	路面宽度（米）	道路范围总面积（平方米）	绿化面积（平方米）					
						合计	行道树	分车带	街头绿地	环岛立交桥绿地	道路两侧绿化带
甲	乙	丙	1	2	3	4	5	6	7	8	9
43	中轴路（安华桥）	三环路—四环路				15445				15445	
44	和平里东街	和平里北街—北三环	1	32.2	58977	26739	7325	3572	13352		2490
	其中纯道路		1	32.2	43450	13387	7325	3572			2490
45	西坝河路	华夏出版社—民族职高	2.45	19.6	128851	87999	7032		76967		4000
	其中纯道路	华夏出版社—民族职高	2.45	19.6	48001	11032	7032				4000
46	亮马河南路	东三环—春秀路	1.63	14	38374	16179	6115		4235		5829
	其中纯道路	东三环—春秀路	1.63	14	34139	11953	6115				5829
47	亮马桥路	东三环—酒仙桥	2.7	30	62535	17539	9200	1964	6375		
	其中纯道路	东三环—酒仙桥	2.7	30	56160	11164	9200	1964			
48	工体北路	东三环—工体西路	1.4	41	84630	38810	8964	4806	9869		15171
	其中纯道路	东三环—工体西路	1.4	41	84630	28941	8964	4806			15171
49	朝阳大街东段	呼家楼—东大桥	0.9	11.52	37426	14585	2960		6045		5580
	其中纯道路	呼家楼—东大桥	0.9	11.52	37426	8540	2960				5580
50	姚家园路	东三环—六里屯南街	0.9	14	36450	14232	2175		2152		9905
	其中纯道路	东三环—六里屯南街	0.9	14	36450	12080	2175				9905
51	土城北路	德清路—安立路	1.974	16	78092	46500					46500
52	东大桥路	东大桥永安里	1.4	32	82040	29146	8658	12805			7683
53	工体东路	东大桥—三里屯	1.05	34.6	62475	15604	2758	6295			6551
54	工体西路	工体北路—工体南路	0.7	12	33810	17919	2333				15586
55	工体南路	工体西路—工体东路	0.55	22	18892	9052	1514				7538
56	俱乐部路	工体南路—朝外大街	0.35	12	9345	1008	1008				
57	朝外大街西段	东大桥—朝阳门	1.3	38.2	67860	3469	910	2559			
58	芳草地西街	日坛北路—朝外大街	0.5	9	11124	5753	1386				4367
59	日坛北路	东大桥路—日坛西路	0.8	9.2	21050	11232	3600				7632
60	日坛西路	日坛北路—建外大街	1	13	40200	34400	3806				30594

续表二

覆盖面积（平方米）						绿化覆盖率（%）	道路绿化长度（公里）	实有树木数量（株）	实有草坪（平方米）	
合计	行道树	分车带	街头绿地	环岛立交桥绿地	道路两侧绿化带				数量	其中：冷季型
10	11	12	13	14	15	16=10/3	17	18	19	20
15445				15445		100.00		12369	8595	
48633	22321	10470	13352		2490	82.50	0.94	1692	6601	
35281	22321	10470			2490	81.20	0.94	796	2703	
94877	12862		76967		5048	68.60	2.34	24980	70457	
17910	12862				5048	37.30	2.34	1210		
20804	10740		4235		5829	54.20	1.6	5214	11077	3500
10569	10740				5829	48.50	1.6	4727	7500	3500
24139	15800	1964	6375			38.60	1.9	1042	5437	
17764	15800	1964				31.60	1.9	727		
60667	18888	13334	9869		18576	71.68	1.4	5626	5901	625
50798	18888	13334			18576	60.02	1.4	2767	5276	
30005	11700		6045		12260	80.17	0.9	986	2762	1300
23960	11700				12260	64.02	0.9	691	2762	1300
27713	12544		2152		13017	76.03	0.9	9654	4284	1274
25561	12544				13017	70.12	0.9	9540	4284	1274
4897					4897	6.23	1.885	6122		
62914	27316	25610			9988	77.00	1.4	7709	14040	10144
37228	8516	18885			9827	60.00	1.05	3531	8797	3556
20574	9330				11244	61.00	0.7	3561	4870	4000
10709	3725				6984	56.68	0.55	2278	1475	
3564	3564					38.14	0.35	99		
7210	2980	4230				10.62	1.3	422		
9393	6840				2553	84.44	0.5	619		
18604	9264				9340	88.38	0.8	553	2100	
39057	15120				23937	97.16	1	2311	5706	

序号	道路名称	起止地点	道路长度（公里）	路面宽度（米）	道路范围总面积（平方米）	绿化面积（平方米）					
						合计	行道树	分车带	街头绿地	环岛立交桥绿地	道路两侧绿化带
甲	乙	丙	1	2	3	4	5	6	7	8	9
61	秀水南街	日坛西路—秀水东街	0.74	7	14430	5644	2380				3264
62	秀水东街	建外—日坛东一街	0.86	7	14574	3922	2257				1665
63	日坛东一街	秀水东街—日坛东路	0.24	7	4248	1264	614				650
64	日坛东二街	秀水东街—日坛东路	0.24	7	4728	2283	503				1780
65	光华路	幼儿师范—日坛西路	0.3	15	9450	4846	808				4038
66	光华路	日坛西路—东大桥路	0.8	15	22400	6350	2208				4142
67	光华路	东大桥路—东三环	1	15	30050	2639	2310				329
68	日坛东路	日坛北路—秀水南街	0.88	9	17600	3389	2123				1266
69	秀水北街	秀水东街—西土圣庙	0.95	9	20250	5017	2550				2467
70	建华路	光华路—建外大街	0.45	13	10980	1980	1126				854
71	秀水街	秀水北街—建外大街	0.3	7	4560	828	828				
72	西土圣庙路	光华路—秀水北街	0.16	9	3872	974	345				629
73	工体东停车场	工体东路北段路东			11049	11049					11049
74	工体北停车场	工体北路西段			15721	15721					15721
75	光华木材厂北门	光华木材厂北门外	0.18	5	2070	798	798				
76	关东店北街	东三环—东大桥	0.5	12	13850	1220	1220				
77	百家庄路	东三环—工体东路	1	12	27100	3218	2408				810
78	南三里屯路	关东店北街—百家庄路	0.45	9	8685	1547	1547				
79	雅宝路	二环路—日坛西路	0.45	8	14360	5290	1330				3960
80	朝阳路	呼家楼—十里堡	4.6	29	279660	120245	16154	16896			87195
81	朝阳路	十里堡—青年路	1	22.6	44200	10608	3120				7488
82	朝阳路	青年路—大黄庄	1.95	22.6	59670	8300	8300				
83	团结湖路	朝阳北路—农展南路	1.3	12	42770	7517	2475				5042
84	六里屯南街	姚家园路—南头	0.15	12	4410	1236	465				771
85	针织路	朝阳路—二道河	0.7	15	26320	9529	1293				8236

续表三

覆 盖 面 积 （平方米）						绿化覆盖率（%）	道路绿化长度（公里）	实有树木数量（株）	实有草坪（平方米）	
合 计	行道树	分车带	街头绿地	环岛立交桥绿地	道路两侧绿化带				数量	其中：冷季型
10	11	12	13	14	15	16＝10/3	17	18	19	20
9340	7050				2290	65.00	0.74	344	280	
13774	12480				1294	94.51	0.86	1085		
4248	3598				650	100.00	0.24	1232		
4713	3698				1015	99.00	0.24	2188	290	
2472	808				1664	26.00	0.3	2129	2386	
15836	11200				4636	71.00	0.8	2051	3675	315
11417	11088				329	38.00	1	1069	190	
12586	11320				1266	72.00	0.88	2843	2656	
16821	14354				2467	83.00	0.95	3132	2498	45
4334	3480				854	40.00	0.45	1317	670	
4560	4560					100.00	0.3	117		
814	736				78	21.00	0.16	72		
9440					9440	85.00		288		
5760					5760	37.00		144		
2070	2070					100.00	0.18	144		
5810	5810					42.00	0.5	127		
14367	13617				750	53.00	1	320		
2760	2760					32.00	0.45	92		
8230	4900				3330	57.00	0.45	241		
171548	58462	50688			62398	61.00	4.6	7746	15575	
10515	5970				4545	24.00	1	524		
9780	9780					16.00	1.95	326		
17644	12602				5042	41.00	1.3	574	2521	
2631	1860				771	60.00	0.15	5263	100	
14910	6990				7920	57.00	0.7	497		

序号	道路名称	起止地点	道路长度（公里）	路面宽度（米）	道路范围总面积（平方米）	绿化面积（平方米）					
						合计	行道树	分车带	街头绿地	环岛立交桥绿地	道路两侧绿化带
甲	乙	丙	1	2	3	4	5	6	7	8	9
86	金台路	延静寺路—红庙	0.8	20	32920	3534	1803	1731			
87	延静寺路	针织路—金台路	0.7	15	14700	3960	3960				
88	光华路	东三环—西大望路	1.25	15.6	43875	5424	1224				4200
89	青年路	朝阳路—姚家园路	2.4	6	42000	10896	10896				
90	六里屯东路	六里屯南街—青年路	2.7	7	45900	6400	6400				
91	高碑店北街	朝阳路—建国路	0.9	9	25200	6390	6390				
92	西大望路	红庙—八王坟	0.8	20.6	34400	5349	1775	1785			1789
93	农展南路	东三环—东头	2	38.6	144600	49053	3580	17295			28178
94	外二环	广渠门—右安门	2	36.5	128750	46781	5758	8035		10979	22009
95	劲松路	光明桥—东三环	1.1	20	64240	14085	2294	4339			7452
96	劲松东路	劲松桥—化工南路	1.3	36.6	77610	11384	2595	8789			
97	西大望路	八王坟—化工路西口	1.5	20.6	62010	10565	3055	2297			5213
98	化工南路	化工路西口—工业大学	1.5	7	25500	3390	3390				
99	广渠门外大街	广渠门—双井	1.1	26	46200	3680	1280	2400			
100	广渠路	双井—大郊亭	2.6	21.4	93220	13405	6479				6926
101	广渠路东段	大郊亭—半壁店	3.2	7	48000	12620	12620				
102	化工路	大郊亭—焦化厂	6.7	14	249960	80314	80314				
103	百子湾路	东三环—建筑木材厂	4	6.2	60000	13235	13235				
104	周庄西路	南三环—周庄	1.3	8	20800	6640	6640				
105	左安路	左安门—南三环	1.4	7	19600	3066	3066				
106	劲松南路	外二环—劲松医院	0.5	12.2	12300	4297	1770				2527
107	双桥东路	朝阳路环岛—建国路	0.16	30	7872	1147	515	632			
108	双桥路	三间房—建国路	0.4	15	13424	3430	2833	597			
109	朝阳路	大黄庄—八里桥	7.5	29	433500	116460	20283	70637		11465	14075

续表四

覆 盖 面 积 (平方米)						绿化覆盖率(%)	道路绿化长度(公里)	实有树木数量(株)	实有草坪(平方米)	
合 计	行道树	分车带	街头绿地	环岛立交桥绿地	道路两侧绿化带				数量	其中：冷季型
10	11	12	13	14	15	16＝10/3	17	18	19	20
8687	8210	477				26.00	0.8	366		
10560	10560					72.00	0.7	263		
25719	13464				12255	59.00	1.25	707		
13476	13476					32.00	2.4	435		
10240	10240					22.00	2.7	420		
8018	8018					32.00	0.9	296		
13579	6600	5190			1789	39.00	0.8	446		
42124	10740	17295			14089	29.00	2	11898	9878	9878
60193	14395	12810		10979	22009	47.00	2	2787	32016	
21835	9176	5207			7452	34.00	1.1	1088	6537	
18055	3114	14941				23.00	1.3	1013	6638	
15644	8040	7260			344	25.00	1.5	742	710	
2034	2034					8.00	1.5	226		
18690	6450	12240				40.00	1.1	623		
23670	19200				4470	25.00	2.6	789		
15420	15420					32.00	3.2	514		
129500	129500					52.00	6.7	4156		
20460	20460					34.00	4	682		
9720	9720					47.00	1.3	324		
5280	5280					27.00	1.4	176		
5458	5310				148	44.00	0.5	251		
555	495	60				7.00	0.16	935		
3133	2608	525				23.00	0.4	380		
135862	60849	56510		11465	7038	31.00	7.5	94927	10519	

序号	道路名称	起止地点	道路长度（公里）	路面宽度（米）	道路范围总面积（平方米）	绿化面积（平方米）					
						合 计	行道树	分车带	街头绿地	环岛立交桥绿地	道路两侧绿化带
甲	乙	丙	1	2	3	4	5	6	7	8	9
110	朝阳路	管庄—老八里桥	2.2	7	33000	8440	8440				
111	二环路绿地	幼儿师范—歌剧院			40663	40663			40663		
1	朝外小计		1.21		20908	5289	3225				2064
112	市场街		0.36	16.70	6012	1890	900				990
113	神路街		0.59	10	5900	1615	1585				30
114	日坛新路		0.26	34.60	8996	1784	740				1044
	呼家楼小计		1.64		318494	5260	5260				
115	呼家楼北街	针织路北口—东三环路	0.58	12	12760	1740	1740				
116	关东店南街	朝阳路(关东店)—光华路	0.72	6	15099	2160	2160				
117	东大桥斜街	东大桥路口—朝阳医院西北角	0.34	5	3990.40	1360	1360				
	八里庄小计		1.4	8	22400	11200	248				
118	朝阳三柏路	朝阳路—壁板厂	1.4	8	22400	11200	248				
119	建外小计		1.061		17277	8906	2885.50				6020.50
5—1	建华南路	建外大街—砖厂胡同	0.455	8	11823	7186	1165.50				6020.50
120	永安里中街	建华西路—通惠河桥	0.606	6	5454	1720	1720				
	团结湖小计		3.237		85820	40414	12036				28378
121	团结湖北路	物资局门口—电研所两侧	0.70	6.50	14350	9525	2100				7425
122	团结湖中路	团结湖路—水堆子东路	0.554	7	17174	13296	1662				11634
123	团结湖南路	团结湖路—水堆子东路	0.52	7	11960	8220	1560				6660
124	团结湖北四条路	团结湖北路—姚家园路	0.168	6.5	2604	1512	504				1008
125	水堆子东路	朝阳北路—城建学校门口	0.395	7	8232	2980	2610				370
126	朝阳北路	九路汽车总站—团结湖路	0.9	15.2	31500	4881	3600				1281
	三里屯小计：		0.6		29875	2242.5	2142.5				100
127	三里屯南路	工体北路—白象左路	0.6	9	29875	2242.5	2142.5				100
	小关小计：		1.76		40849	12980	8720				4260

续表五

覆盖面积（平方米）						绿化覆盖率（%）	道路绿化长度（公里）	实有树木数量（株）	实有草坪（平方米）	
合计	行道树	分车带	街头绿地	环岛立交桥绿地	道路两侧绿化带				数量	其中：冷季型
10	11	12	13	14	15	16=10/3	17	18	19	20
4890	4890					15.00	2.2	163		
40663			40663			100.00		11459	28057	
13104	11040				2064	62.60	1.21	1041	1020	
4830	3840				990	80.30	0.36	157		
4050	4020				30	68.60	0.59	124		
4224	3180				1044	47.00	0.26	760	1020	
11030.40	11030.40					34.60	1.64	5369		
5880	5880					46.00	0.58	5241		
2880	2880					19.10	0.72	62		
2270.40	2270.40					56.90	0.34	66		
14300					14300	63.83	1.40	248		
14300					14300	63.83	1.40	248		
12814	6793.50				6020.50	71.20	1.04	1019	900	
9517	3496.50				6020.50	80.50	0.45	851	900	
3297	3297					60.50	0.59	168		
75091	35726				39365	87.50	3.237	8764	13088	
12250	3240				9010	85.30	0.70	5127	5460	
15824	3760				12064	92.10	0.554	492	5851	
10920	2730				8190	91.30	0.52	463	517	
1932	644				1288	74.20	0.168	1854		
7865	5632				2233	95.50	0.395	193		
26300	19720				6580	83.50	0.9	635	1260	
6727.5	6527.5				200	22.50	0.6	238		
6727.5	6527.5				200	22.50	0.6	238		
13930	12160				1770	34.10	1.46	7098		

序号	道路名称	起止地点	道路长度（公里）	路面宽度（米）	道路范围总面积（平方米）	绿化面积（平方米）					
						合计	行道树	分车带	街头绿地	环岛立交桥绿地	道路两侧绿化带
甲	乙	丙	1	2	3	4	5	6	7	8	9
128	小关东街		0.43	7.3	5719	1550	1450				100
129	高原路		0.53	10	11130	5830	1670				4160
130	安苑路		0.80	30	24000	5600	5600				
	酒仙桥小计：		10.657		206839.9	94450.9	53514.4				40936.5
131	球场路	401路总站—酒仙桥东路	0.23	7.5	4830	3105	3105				
132	红霞中路	酒仙桥六街—十一街坊付食店	0.376	9	6202	3047.5					3047.5
133	三光路	王爷坟环岛—机场路	0.451	6	16687	5412	2000				3412
134	万红路	王爷坟环岛—联运站	0.418	5.5	6395.4	4096.4	4096.4				
135	酒仙桥东路	联运站—星火站	3.963	6	39630	15852	15852				
136	红霞路	酒仙桥南路—酒仙桥大街	0.686	9.5	9765	3440	1802				1638
137	彩虹路	酒仙桥北路—机场付线	0.6	14	22800	14760	6360				8400
138	酒仙桥南路	商场路口—十星居	0.507	15	17491.5	6084	1521				4563
139	酒仙桥大街	跃进桥—酒仙桥桥头	0.87	9	23055	8700	8700				
140	酒仙桥北路	酒仙桥大街—电机总厂商店	0.95	15.3	34312	11500	3500				8000
141	酒仙桥中路	酒仙桥大街—酒仙桥东路	0.8	6	16000	11200	4160				7040
142	桥台东路	酒仙桥大街—酒仙桥东路北侧	0.806	6	9672	7254	2418				4836
	机场小计		5.25		100576	36777	7911	3906			24960
143	南平街	林燕楼—体育馆	0.53	5.5	12455	3506	3506				
144	西平街	157士西—天竺苗圃	0.45	5.5	6300	1840	1840				
145	机场南路	机场道口—南涪池	1.16	8	25750	3906		3906			
146	小天竺路	天竺路口—副食商店	0.69	7	7245	225	225				
147	机场付路	机场道口—3号楼	2.42	10.5	49126	27300	2340				24960
	潘家园小计		2.96		99560	59500	47400				12100
148	潘家园路	东三环路口—外二环路	1.21	26	43560	35500	23400				12100
149	劲松桥南路	劲松桥医院—华威人行天桥	0.8	22	25600	6000	6000				

续表六

覆盖面积（平方米）						绿化覆盖率（%）	道路绿化长度（公里）	实有树木数量（株）	实有草坪（平方米）	
合计	行道树	分车带	街头绿地	环岛立交桥绿地	道路两侧绿化带				数量	其中：冷季型
10	11	12	13	14	15	16=10/3	17	18	19	20
1650	1550				100	29.90	0.43	1743		
6680	5010				1670	60.00	0.53	5195		
5600	5600					23.30	0.5	160		
155574.6	104443				51131.5	75.21	10.657	11179	5775	855
3880	3880					80.30	0.23	100		
4645					4645	74.90	0.376	350	418	418
11275	4128				7147	67.60	0.451	257		
6395.4	6395.4					100.00	0.418	122		
35667	35667					90.00	3.963	485		
8788.5	4765				4023.5	90.00	0.686	402	437	437
14760	6360				8400	64.70	0.6	837		
13993.2	8993.2				5000	80.00	0.507	353	500	
16138.5	16138.5					70.00	0.87	408		
16600	7600				9000	48.40	0.95	5687	4300	
13760	5680				8080	86.00	0.8	1759	120	
9672	4836				4836	100.00	0.806	419		
41962	8330	5050			28582	41.60	4.44	5592	2080	
3012	3012					24.18	0.51	1492	880	
1880	1880					29.80	0.42	120		
5050		5050				19.60	0.96	505		
658	658					9.10	0.15	46		
31302	2750				28582	63.90	2.4	3429	1200	
66000	53900				12100	66.29	2.96	20351	7500	5000
36500	24400				12100	83.79	1.21	19551	500	
6500	6500					25.39	0.8	200		

序号	道路名称	起止地点	道路长度（公里）	路面宽度（米）	道路范围总面积（平方米）	绿化面积（平方米）					
						合计	行道树	分车带	街头绿地	环岛立交桥绿地	道路两侧绿化带
甲	乙	丙	1	2	3	4	5	6	7	8	9
150	华威路	劲松南路路口—368路总站	0.95	22	30400	18000	18000				
	香河园小计		3.076		66691.4	25688	16188.2				9499.3
151	七圣路	北三环路—西坝河桥	0.6	23.6	14160	6340	2500				3800
152	七对南路	西坝河桥—皇家大饭店	0.46	17	7820	3722	3722				
153	中兴中街	朝阳商场—三环路	0.414	19.3	7990.2	4222.8	621				3601.8
154	柳芳街	柳芳东口—坝河南路	0.42	18.2	7644	2688	630				2058
155	左家庄西街	香河园电影院—人事部宿舍	1.182	24.6	29077.2	8715.2	8715.2				
	六里屯小计		1.892		30353.6	17076.4	11820				5256.4
156	红领巾公园路	金台路口—红领巾公园	1.2	5.7	18840	10200	6600				3600
157	甜水园路	红领巾公园—姚家园路	0.4	6	7084	4680	4680				
158	姚家园路	朝阳区检察院—区农业银行	0.09	10	1440	540	540				
159	北京画院路	六里屯西口—北京画院	0.202	6.6	2989.6	1656.4					1656.4
	麦子店小计		3.52		59980	14750	14750				
160	枣营路北段	北至亮河路南—亮马河桥	0.27	5	5940	900	900				
161	农展北路西段	西至三环路东—华农商场	0.35	10	9450	5950	5940				
162	农展北路东段	西至华农商场东—煤气用具厂	1.2	6.5	18000	3500	3500				
163	东远二场路	西至三环路东—市政一公司	0.32	7	5120	2880	2880				
164	东方南路	西至三环路东—东方联午团	0.25	8	3000	1000	1000				
165	枣营北路	南至家展北路北—亮马河桥	0.38	10	9120	520	520				
166	枣营路南段	北至亮马河桥南—枣营商店	0.75	5	9350	（在改造）					
	太阳宫小计		5.28		57220	29820	21120				8700
167	二大四小队路	十字口路—北四环	1.03	5	9270	4120	4120				
168	龙道村路	太阳宫路—北四环	1.4	5	12600	5600	5600				
169	太北村路	太阳宫路—到利康	1.15	5	10350	4600	4600				
170	十字口村路	饮料厂—太阳宫路	0.7	5	10500	7000	2800				4200

续表七

覆盖面积（平方米）						绿化覆盖率（%）	道路绿化长度（公里）	实有树木数量（株）	实有草坪(平方米)	
合计	行道树	分车带	街头绿地	环岛立交桥绿地	道路两侧绿化带				数量	其中：冷季型
10	11	12	13	14	15	16＝10/3	17	18	19	20
23000	23000					75.65	0.95	600		
31149.4	21649.6				9499.8	46.70	3.076	5159	250	
7240	3400				3840	51.10	0.6	3953		
4924	4924					62.90	0.46	114		
4885.2	1283.4				3601.8	61.10	0.414	333		
3612	1554				2058	47.30	0.42	555	250	
10488.2	10488.2					36.10	1.182	204		
20500	15100				5400	67.53	1.892	2022	1100	
12800	9200				3600	67.94	1.2	447	300	
5100	5100					71.99	0.4	166		
800	800					55.55	0.09	68		
1800					1800	60.20	0.202	1341	800	
16150	16150					26.90	2.05	8013	2900	
900	900					15.15	0.2	85		
7350	7350					78.00	0.35	180		
3500	3500					19.44	0.8	3164		
2880	2880					56.25	0.32	4177	2900	
1000	1000					33.33	0.25	355		
520	520					5.70	0.13	52		
57069				8700	99.7	5.28	5065	1850		
11039	11039					119.10	1.03	679		
15000	15000					119.05	1.4	5.2		
11350	11350					109.70	1.05	664		
7300	3100				4200	69.50	0.7	2106		

序号	道路名称	起止地点	道路长度（公里）	路面宽度（米）	道路范围总面积（平方米）	绿化面积（平方米）					
						合计	行道树	分车带	街头绿地	环岛立交桥绿地	道路两侧绿化带
甲	乙	丙	1	2	3	4	5	6	7	8	9
171	西坝河路	三环路—太阳宫路	1.00	6	14500	8500	4000				4500
172	昌平路	裕民路口—西三旗	5.10	32	207800	32625	825	31800			
173	机场高速公路	三元桥—天竺道口	16.30	35	3499628	2041415			21885	290823	1728707
174	机场辅路	大山子—老候机楼	13.52	7—11	1180082	1159371	113522	22115			1023704
175	东直路	东直门—三元桥	2.10	23	180935	137465	13045	4158	120262		
176	京顺路	三元桥—孙河	13.25	25	370364	33864	33864				
177	广西路	酒仙桥—王爷坟	1.50	10—15	66700	37570	4500		6180		26890
178	将台路	六公坟—将台东口	1.23	12	33817	18970	5522				13448
179	香河园路	东直门—三元桥	1.90	10—36	55368	11301	5173	3742			2386
180	慧忠路	左慧路—安慧北里	1.24	29	60849	22545	2873				19672
181	鼓楼外大街	土城环岛—安华桥	0.64	45	45728	17839	1785	3110			12944
182	北辰路	四环丁字口—土城环岛	1.19	45	208487	154629	3330	9598	10599		131102
183	北四环路东段	键翔桥—四元桥	8.06	37—49	736379	220985	18179	61209		33316	108291
184	东三环	三元桥—大北窑	5.10	67—76	465953	89253	13500	15353			60400
185	北三环东段	马甸桥—三元桥	5.90	60—63	440199	152596	9277	17109		70597	55613
186	安立路	安慧桥—慧忠路	0.51	48	34290	9195	983	2326			5886
187	安定路	安贞桥—安慧桥	1.95	48	129281	35880	4305	7485	10980		13110
188	北辰东路	北四环—慧忠路	0.64	26	38314	21930	1620				20310
189	安贞路	北土城—外馆斜街	1.34	20	52182	25382	2681	21071			330
190	安苑路	场馆东门	0.20	21	4663	443	443				
191	东北郊林带	新万寿—环铁	3.35		359640	359640					359640
192	建外大街	建国门立交—大北窑	2.06	46	193228	78379	20570	11215	5369		41225
193	东南三环	大北窑—分钟寺立交	5.26	53	415540	84846	15494	16190			53162
194	建国路	大北窑—八王坟	1.12	46	105374	106373	81210	4866			20297
195	京津塘高速路	分钟寺—高速公路	1.96	60	137200	20000		20000			

续表八

覆盖面积（平方米）						绿化覆盖率（%）	道路绿化长度（公里）	实有树木数量（株）	实有草坪（平方米）	
合计	行道树	分车带	街头绿地	环岛立交桥绿地	道路两侧绿化带				数量	其中：冷季型
10	11	12	13	14	15	16=10/3	17	18	19	20
12380	7880				4500	85.30	1	1104	1850	
34200	2400	31800				16.50	5.10	2095		
2041415			21885	290823	1728707	58.30	16.30	281303	225612	115369
1301629	235380	22115			1044134	110.30	13.52	82689	23280	
152555	22286	10007	120262			84.30	2.10	25898	35460	
95000	95000					25.70	13.25	2763		
47420	14350		6180		26890	71.10	1.50	7299	24750	507
30050	16602				13448	88.90	1.23	4988	4205	
25858	19321	4151			2386	46.70	1.90	4806	2300	
23120	3448				19672	38.00	1.34	3219	16661	16661
18196	2142	3110			12944	39.80	0.64	4079	15470	
155299	4000	9598	10599		131102	74.50	1.19	44313	86098	5500
284621	21815	61209		33316	108281	30.50	8.06	134826	122231	22979
94465	13712	15353			60400	20.30	5.10	95582	73589	72279
154319	11000	17109		7097	55613	35.10	5.80	106939	104210	97645
10192	1980	2326			5886	29.70	0.51	9300	4827	4827
43500	11925	7485	10980		13110	33.60	1.95	24647	20760	
22254	1944				20310	58.10	0.64	2586	11182	11182
25919	3218	21971			830	49.70	1.34	23048	11850	
532	532					11.40	0.20	50		
205000					205000	57.00	3.35	10539		
72063	20242	11215	5369		35237	37.30	2.06	5647	40580	27684
72999	17617	16190			39192	17.60	5.26	28692	22390	12000
45099	12686	1618			30795	42.80	1.12	1763	11741	11741
20000		20000				14.60	1.96		20000	

序号	道路名称	起止地点	道路长度（公里）	路面宽度（米）	道路范围总面积（平方米）	绿化面积（平方米）					
						合计	行道树	分车带	街头绿地	环岛立交桥绿地	道路两侧绿化带
甲	乙	丙	1	2	3	4	5	6	7	8	9
196	东二环路	朝阳绿地			8535	8535			8535		
197	北四环西段	健翔立交桥			20910	20910				20910	
二	河岸绿化小计		14.08		657616	69894	68215				1679
198	西坝河河岸	重庆饭店—职高	0.7	24	34580	17780	17780				
199	亮马河河岸	东城交界—三环	1.67	48.6	107559	34260	34260				
200	通惠河	大北窑—东便门	1.9	62	158840	803					803
201	二道沟	针织路—金台路	0.638	34.8	22202	9063	8187				876
	循环水	朝阳公园—朝阳路	7.3	27	277400	5860	5860				
	循环水	朝阳路—建国路	1.87	21.5	57035	2128	2128				
	坝河首段	东直门首闸至	0.88		17600	7920					7920
		重庆饭店桥	0.45		22050	4050					4050
	通惠河	东便门—面粉厂桥左岸	1	35	35000						
		面粉厂桥——热	3	70	210000						
		一热—铁路桥左岸	3	40	120000	23280					23280
		一热—铁路桥右岸	3	40	120000						
		铁路桥—高碑店间	1	18	165600	3600			1600		2000
		高碑店间—普济间	6.24	80	499200	8000					8000
	二道河	金台西路—金台路	0.661	31	20491						
		金台路—延静寺桥	0.579	34	19686	6948					6948
		延静寺桥—红领巾出口	1	34	34000	200					200
	大循环	热电厂—红领巾进口	2.49								
		红领巾出口—高碑店湖	3.74								

续表九

覆 盖 面 积（平方米）						绿化覆盖率（%）	道路绿化长度（公里）	实有树木数量（株）	实有草坪（平方米）	
合 计	行道树	分车带	街头绿地	环 岛 立交桥 绿 地	道 路 两 侧 绿化带				数量	其中：冷季型
10	11	12	13	14	15	16＝10/3	17	18	19	20
8535			8535			100.00		558	5671	
20910				20910		100.00		7647	6010	6010
82456	76584				5872	12.50	14.08	18877		
12600	12600					36.40	0.7	15893		
40500	40500					37.70	1.67	2124		
3210					3210	2.00	1.9	107		
13952	11290				2662	63.00	0.638	327		
8204	8204					3.00	7.3	293		
3990	3990					7.00	1.87	133		
12320					12320					
6300					6300					
49470						41.20	2.91	7148	2825	
6600			1600		5000	4.00	0.5	583	800	
20000					20000	4.00	1	1000		
11970					11970	60.80	0.57	1246	2900	
1000					1000	2.90	0.2	40		

序号	道路名称	起止地点	道路长度（公里）	路面宽度（米）	道路范围总面积（平方米）	绿化面积（平方米）					
						合计	行道树	分车带	街头绿地	环岛立交桥绿地	道路两侧绿化带
甲	乙	丙	1	2	3	4	5	6	7	8	9
202	东护	龙潭间—广渠门右岸	1.10	32.50	35750	9500					9500
	南护	肿瘤医院—龙潭湖左岸	1.05								
	土城河	龙头—坝河出口	6.10	29.00	170800	36600					36600
203	清河河道	10＋120—23＋270	13.58	86.00	1167880		576040				
	立交桥合计				415646	415645				415645	
1	健翔立交桥	在北四环西段			20910	20910				20910	
2	三元立交桥	在北三环			47838	47838				47838	
3	四元立交桥	在机场高速公路			187157	187157				187157	
4	大山子立交桥	在机场高速公路			10222	10222				10222	
5	北皋立交桥	在机场高速公路			70811	70811				70811	
6	苇沟立交桥	在机场高速公路			9465	9465				9465	
7	林荫立交桥	在机场高速公路			4965	4965				4965	
8	天竺立交桥	在机场高速公路			8203	8203				8203	
9	安慧立交桥	在北四环东段			33316	33316				33316	
10	安贞立交桥	在北三环			4244	4244				4244	
11	安华立交桥	在北三环			18515	18515				18515	

续表十

覆盖面积（平方米）						绿化覆盖率（%）	道路绿化长度（公里）	实有树木数量（株）	实有草坪（平方米）	
合计	行道树	分车带	街头绿地	环岛立交桥绿地	道路两侧绿化带				数量	其中：冷季型
10	11	12	13	14	15	16=10/3	17	18	19	20
17000					17000	47.60	1.00	5123	7000	
85400					85400	50.00	12.20	2209	6830	
1140720	1140720					98.00	27.50	15524		
415645				415645		100.00		201032	246457	198327
20910				20910		100.00		7647	6010	6010
47838				47838		100.00		52637	41944	41944
187157				187157		100.00		36985	107035	104163
10222				10222		100.00		13015	7600	2096
70811				70811		100.00		12922	25200	
9465				9465		100.00		19322	5000	
4965				4965		100.00		6216	4270	4270
9203				9203		100.00		8463	4840	4840
33316				33316		100.00		23010	28898	21750
4244				4244		100.00		3828	4000	1594
18515				18515		100.00		16987	11660	11660

北京市海淀区

（不含街巷、

序号	道路名称	起止地点	道路长度（公里）	路面宽度（米）	道路范围总面积（平方米）	绿化面积（平方米）					
						合计	行道树	分车带	街头绿地	环岛立交桥绿地	道路两侧绿化带
甲	乙	丙	1	2	3	4	5	6	7	8	9
	海淀区										
	区属道路										
1	万泉河路总计				171032	110548	21600		19032		69916
	万泉河路	苏州桥—万泉河红绿灯	4	22	152000	91516	21600				69916
	三角地				12565	12565			12565		
	红领巾绿地				6467	6467			6467		
2	芙蓉里北路总计				24244	19564	4000		11364		4200
	芙蓉里北路	体育馆—三角地东小桥	0.4	20	12880	8200	4000				4200
	馆北				11364	11364			11364		
3	北大南路	中关村—老虎洞路口	0.75	14	25500	7200	7200				
4	知春路	黄庄红绿灯—学院路	3	38	146400	50535	27000	8400			15135
5	东翠路		0.9	24	21600	8100	8100				
6	造纸厂路	西上坡—万泉河路	0.5	14	10300	2500	2500				
7	海淀路总计		2.75	30.5	134750	51163	21600	9400	1178	803	18182
	海淀路	成府路口—中友公司	2.75	30.5	134750	49985	21600	9400		803	18182
	影剧院绿地					1178			1178		
	合计		17.7		465586	206326	74604	10725	5812	320	114865
8	圆明园东路	清华西门—体育学院	3	19.5	105000	30450	9000	4950			16500
9	圆明园西路	西苑转盘—肖家河路	1.1	8	75770	56520					56520
10	成府路西段	成府路口—清华南路	1.6	14	28800	17245	6340	5775			5130

道路绿化明细表

放射线、片林）

覆盖面积（平方米）						绿化覆盖率（%）	道路绿化长度（公里）	实有树木数量（株）	实有草坪（平方米）	
合计	行道树	分车带	街头绿地	环岛立交桥绿地	道路两侧绿化带				数量	其中：冷季型
10	11	12	13	14	15	16＝10/3	17	18	19	20
105140	32000		14440		58700	61.50		15356	76774	2100
90700	32000				58700	59.70	4	14025	63301	2100
9120			9120			72.60		666	8153	
5320			5320			82.70		665	5320	
14064	2280		8464		3320	58.00		1361	9764	1300
5600	2280		8		3320	43.50	0.4	571	1300	1300
8464			8464			74.50		790	8464	
21600	21600					84.70	0.75	467		
56115	18000	18000			20115	38.30	3	18334	24900	
780	780					3.60	0.9	260		
1640	1640					15.90	0.5	164		
54633	21270	13200	1178	803	18182	34.80	2.75	4168	23897	
53455	21270	13200		803	18182		2.75	3626	22877	
1178			1178			100.00		542	1020	
260402	123626	33080	5231	320	98145	55.90	14.7	29633	43160	2850
76500	30000	30000			16500	72.80	3	6982	15000	
39700					39700	52.40	1.1	5052		
14155	5945	3080			5130	49.10	1.6	1024	4682	

序号	道路名称	起止地点	道路长度(公里)	路面宽度(米)	道路范围总面积(平方米)	绿化面积(平方米)					
						合计	行道树	分车带	街头绿地	环岛立交桥绿地	道路两侧绿化带
甲	乙	丙	1	2	3	4	5	6	7	8	9
11	区委东路总计				30868	15147	7200		5812		2135
	区委东路	中关村邮局至海淀商场	0.72	22	25056	9335	7200				2135
	泄水湖公园					5812			5812		
12	海淀南大街	黄庄口—教育局	0.6	12.5	7500	2935	2400				535
13	成府东路	清华西门—兰旗营	1.25	9	32125	21500	9000				12500
14	中直路	西苑—中直	0.31	8	7595	3720	3720				
15	清华西路	清华西门—万泉河路口	1.8	24.5	53940	34353	14384				19969
16	西苑北路	西苑红绿灯—转盘	0.32	19	15488	4456	2560				1576
17	东北旺路	运河—加汽厂铁路	7	9.5	108500	20000	20000				
	合　计		13.79		229027	74637	64055		7072		3510
18	宫德寺路	厢红旗—玉泉山路	0.8	7	16000	3200	3200				
19	玉泉山路	万安公墓—清龙桥	4.7	8	63450	14100	14100				
20	颐和园东路总计		1.15	23	39597	17907	9600		7072		1235
	颐和园东路	万泉河路口—颐和园	1.15	23	32525	10835	9600				1235
	儿童乐园					7072			7072		
21	苏州街	海淀南路口—红领巾绿地	0.33	29	12045	5245	2970				2275
22	六郎庄路	海淀西上坡—颐和园	2.5	6—12	24500	4500	4500				
23	科学院路	中关村—海淀	2.15	16	44985	20305	20305				
24	中关村北一街	旱冰场—中关园	0.4	14	9600	2400	2400				
25	人大南路	海淀路—海淀锅炉厂	0.7	6	7000	2100	2100				
26	大泥湾路	人大对面—燕山酒店	0.16	7	2400	1280	1280				
27	三师路	大华衬衫厂—苏州街	0.9	5	9450	3600	3600				
	合　计		10.24		210200	85919	47046	9205			29668
28	巴沟路	妇产医院—长河桥	2	20	48000	20950					12950
29	农大路	肖家河桥—东北旺路	2.8	8	36400	9800	9800				
30	北大东路	圆明园—北大小东门	0.365	8	5400	1096	1096				
31	北宫门路总计				11650	6630	4300	1500			830
	北宫门路	北宫门—加油站	0.5	10	11650	5800	4300	1500			
	北宫门路(街道)	北宫门—加油站				830					830

续表一

覆 盖 面 积（平方米）						绿化覆盖率（%）	道路绿化长度（公里）	实有树木数量（株）	实有草坪（平方米）	
合 计	行道树	分车带	街头绿地	环岛立交桥绿地	道路两侧绿化带				数量	其中：冷季型
10	11	12	13	14	15	16＝10/3	17	18	19	20
11041	3575		5231		2235			1124	1671	
5810	3575				2235	31.90	0.72	629	1521	
5231			5231			90.00		495	150	
6535	6000				535	87.10	0.6	326		
28912	16412				12500	90.00	1.25	6388	3958	
5599	5599					73.70	0.31	126		
24864	4895				19969	46.10	1.8	6292	16969	2850
5096	3200				1576	32.90	0.32	736	880	
48000	48000					44.20	4	1583		
127427	117379		6538		3510	55.60	13.79	4991	8472	
14814	14814					92.50	0.8	357		
39700	39700					62.60	4.7	937		
16973	9200		6538		1235	42.90		1545	7272	
10435	9200				1235	32.10	1.15	745	824	
6538			6538			92.40		800	6448	
3925	1650				2275	32.60	0.33	592	1200	
12000	12000					48.90	1.5	371		
21500	21500					47.80	2.15	625		
3200	3200					33.30	0.4	81		
6300	6300					90.00	0.7	160		
2400	2400					100.00	0.16	71		
6615	6615					70.00	0.9	252		
93284	51001	13205			29078	44.40	10.24	15295	20856	
12950	4000				8950	27.00	2	1175	6468	
9800	9800					26.90	28	490		
2190	2190					40.60	0.365	131		
10130	4650	4500			980	86.90		817		
9150	4650	4500				78.50	0.5	246		
980					980		0.3	571	450	

序号	道路名称	起止地点	道路长度（公里）	路面宽度（米）	道路范围总面积（平方米）	绿化面积（平方米）					
						合计	行道树	分车带	街头绿地	环岛立交桥绿地	道路两侧绿化带
甲	乙	丙	1	2	3	4	5	6	7	8	9
32	岭南路	实验小学—岭南饭店	0.975	15	26350	15099	9750				5349
33	颐和园路总计				37500	19044	7800	1125			10119
	颐和园路	西苑转盘—北宫门	1.5	10—14.5	37500	16234	7800	1125			7309
	颐和园路（街道）	转盘—北宫门				2810					2810
34	北大西路	老虎洞—虹桥	1	11—34	35000	10000	3000	6580			420
35	空军总院	阜成路—京引边	1.1	6	9900	3300	3300				
	合　计		23.1		425884	105100	60225		7573	5700	31602
36	香山路总计		6.55		189730	41661	18825		4694		18142
	香山路	安河桥—厢红旗	1.5	6.5	43500	6000	6000				
	香山路	厢红旗—万安公墓	3.55	6—12	113230	5325	5325				
	香山路	万安公墓—香山	1.5	6—12	3300	10000	7500				2500
	香山路（街道）	安河桥—娘娘府				15642					15642
	香山路（街道）	娘娘府—万安公墓				4694			4694		
37	香山南路总计		6.9		85679	23579	20700		2879		
	香山南路	卧佛寺路口—福日桥	6.9	8—9.4	82800	20700	20700				
	香山南路街道					2879			2879		
38	闵庄路	中坞—香山南路	4.5	8	49500	13500	13500				
39	滨河路	颐和园南门—车道沟	5.15	8	100975	26360	7200			5700	13460
40	北洼路	466 医院—八里庄路口	1.5	6—13	23011	4500	4500				
41	海淀西大街总计				3125	1245	225		1025		
	海淀西大街	老虎洞—图书城	0.15	14	2100	225	225				
	老虎洞					1025			1025		
42	水源三厂	西三环—北洼路	0.71	6	8520	1320	1320				
43	杏石口路	小煤厂—三辛庄	5.8	7	75400	34800	34800				
44	兰靛厂路	兰靛厂东路—空军学院	0.6	6	5400	1800	1800				
45	海淀南路总计		1.33		67368	38915	9045	3520	19700		6650
	海淀南路	妇产医院—黄庄路口	1.33	24—33	67368	19215	9045	3520			6650
	海淀南路北侧绿地					19700			19700		

续表二

覆盖面积（平方米）						绿化覆盖率（%）	道路绿化长度（公里）	实有树木数量（株）	实有草坪（平方米）	
合计	行道树	分车带	街头绿地	环岛立交桥绿地	道路两侧绿化带				数量	其中：冷季型
10	11	12	13	14	15	16=10/3	17	18	19	20
6324	975				5349	24.00	0.975	2931	4970	
19980	8736	1125			10119	53.30		4947	465	
17170	8736	1125			7309	53.00	1.5	372		
2810					2810		0.8	4575	465	
23110	11850	7580			3680	66.00	1	4718	8953	
8800	8800					88.9	1.1	86		
228099	17996		8479	5700	33960	53.56	23.1	23746	7662	
85960	59860		5600		20500	45.30	6.55	17391	5637	
39150	39150					90.00	1.5	513		
10710	10710					9.50	3.55	654		
12500	10000				2500	54.80	1.5	900		
18000					18000			13288	1037	
5600			5600					2036	4600	
62909	60030		2879			73.14	6.9	1938	2025	
60030	60030					72.50	6.9	1715		
2879			2879					213	2025	
44550	44550					90.00	4.5	1340		
34680	15520			5700	13460	34.30	5.15	3077		
12600	12600					54.80	1.5	341		
1745	720		1025			55.80		185		
720	720					34.30	0.15	18		
1025			1025			100.00		167		
2640	2640					31.00	0.71	88		
58000	58000					76.90	5.8	1468		
5130	5130					95.00	0.6	318		
44390	11000	7040	19700		6650	65.90	1.33	5847	21921	
24690	11000	7040			6650	36.64	1.33	2152	3721	
19700			19700			100.00		3695	18200	

序号	道路名称	起止地点	道路长度（公里）	路面宽度（米）	道路范围总面积（平方米）	绿化面积（平方米）					
						合计	行道树	分车带	街头绿地	环岛立交桥绿地	道路两侧绿化带
甲	乙	丙	1	2	3	4	5	6	7	8	9
46	兰靛厂北路	巴沟口—长春桥	1.2	10	11700	1950	1950				
47	增光路总计		1.11		29209	12031	6140				5891
	增光路东段	甘家口商场—钢丝厂	0.26	8	2600	1040	1040				
	增光路西段	西三环—紫玉饭店	0.85	15.1	26609	5100	5100				
	增光路（街道）	西三环—紫竹院南路口				5891					5891
48	西北三环总计		8.1	40	735500	213957	77600	42478		29522	64357
	西北三环路		8.1	40	648000	177757	72900	40500			64357
	航天桥环岛				7500	6500				6500	
	紫竹桥				80000	297000	4700	1978		23022	
49	首体南路	白石桥红绿灯—车公庄	0.65	28	19500	7662	3900	2600			1162
50	二里沟路	首体南路口— 二里沟东口	0.7	9	8400	2100	2100				
51	李四光路	民族学院墙外	0.65	6.5	12675	8825	375				8450
52	钢丝厂西段	车公庄—增光路口	0.3	6	2700	900	900				
53	白石桥路总计		2.75	33.5	150313	71688	16500	9800	19320		26068
	白石桥路	中友公司—白石桥	2.75	33.5	130993	52368	16500	9800			26068
	工业学院绿地					5800			5800		
	民族学院绿地					5630			5630		
	农影绿地					7890			7890		
54	中苑路	高梁桥—小学校	0.24	24	7440	4344	1920	1260			1164
55	车公庄路	西三环路—二里沟路	2.6	32	101400	81380	13000	39000			29380
56	大柳树路	西外—学院南路口	2.3	24	6900	19567	13200				6367
57	索家坟路总计		2.95	10	37666	22350	17985				4365
	索家坟路总计	学院路—小西天	2.95	10	37666	17700	17700				
	索家坟（街道）	新外大街—西直门粮店	0.27	6	2125	405					405
58	工会路	增光路—阜成路	0.5	12	9000	1350	1350				
59	学院南路总计		4.92		229671	89139	39885	14280	3970		31004
	学院南路东段	土城红灯—小西天	1.65	29	94926	23100	16500	6600			
	学院南路中段	土城红灯—魏公村	1.92	29	96000	21465	13785	7680			
	学院南路西段	魏公村红绿灯— 苏州桥红绿灯	1.35	21	38745	21166	9600				11566
	学院南路（街道）	白颐路—四道口铁道	1.32			7158					7158
	学院南路（街道）	铁道—新外大街	1.43	10		16250			3970		12280

续表三

覆盖面积（平方米）						绿化覆盖率（%）	道路绿化长度（公里）	实有树木数量（株）	实有草坪（平方米）	
合计	行道树	分车带	街头绿地	环岛立交桥绿地	道路两侧绿化带				数量	其中：冷季型
10	11	12	13	14	15	16＝10/3	17	18	19	20
5120	5120					43.80	1.2	441		
14900	9009				5891	51.00		2625	4477	
1820	1820					70.00	0.36	133		
5100	5100					19.20	0.85	164		
7980	2089				5891	100.00		2328	4477	
141347	4990	42478		29522	64357	19.40	8.1	76491	109685	24065
108907	4050	40500			64357	17.00	8.1	32921	85000	
6500				6500		86.70			5300	5300
25940	940	1978		23022		32.40		43570	19385	18765
14950	9850	3600			1500	76.70	0.65	2189	350	
8400	8400					100.00	0.7	151		
8900	450				8450	70.20	0.65	1843	4050	
1300	1300					48.10	0.3	125		
120000	41012	33600	18130		27258	79.80	2.75	13189	30080	760
101870	41012	33600			27258	76.90	2.75	10520	22500	
5230			5230			90.20		429	760	760
5100			5100			90.60		1607	5100	
7800			7800			98.90		633	1720	
3384	960	1260			1164	45.50	0.24	467	2124	
91380	20000	42000			29380	90.00	2.6	5403	32971	20500
16367	10000				6367	23.70	2.3	2777	5676	
32450	31550				900	86.00	2.95	402		
31450	31550					83.80	2.95	402		
900					900	19.40	0.27	44		
2120	2120					23.60	0.5	53		
177716	81540	60360	3970		31846	77.30	4.92	22494	32990	244
70000	3500	35000				87.00	1.65	1333	6600	
58400	33040	25360				69.20	1.92	8336	6800	
25066	13500				11566	64.60	1.35	4067	8940	
8000					8000		1.32	6973	7158	244
16250			3970		12280		1.43	1785	3492	

序号	道路名称	起止地点	道路长度（公里）	路面宽度（米）	道路范围总面积（平方米）	绿化面积（平方米）					
						合　计	行道树	分车带	街头绿地	环岛立交桥绿地	道路两侧绿化带
甲	乙	丙	1	2	3	4	5	6	7	8	9
60	索家坟北路				19600	6345	2385				3960
	索家坟北路	办事处—学院南路	0.66	10	19600	2100	2100				
	索家坟北路（街道）	办事处—学院南路	0.66			4245	285				3960
61	学清路	清河—清华东路	2.86	36.4	121540	67655	17160				50495
62	双清路	清河—清华园	3.6	8.5	72160	24364	18000				6364
63	清华东路	北沙滩—双清路	2.6	12	92880	29700	7500		16200		6000
64	花园路北延北段	成府路—清华东路	0.8	25.5	32400	18400	7600				10800
65	新外北延	北三环—成府路	2.45	45	134750	41682	24500	12250		1257	3675
66	土城北路	花园路—学知口	0.94	34	78300	51139	9430	3583	37631		495
67	安宁庄北路	东北旺路—丝绸厂	0.4	10	13200	9200	2400				6800
68	聋哑学校路	德昌路—花园路	0.9	6	9000	2000	2000				
69	西三旗东路	西三旗环岛—东小口路西	3.4	37	153000	55406	30600	12400			12400
70	西三旗建中路	华都啤酒厂—	1.8	38	82800	37543	16200	6800		7543	7000
71	体院南路	体院南门—体院西路	0.27	10.5	5130	2663	810				1853
72	体院西路	体院南路—上地信息大道	1	27	43000	21965	6000	3465			12500
73	东北旺路东段	小营环岛—陶瓷厂路	1.4	31	57400	26600	14000				12600
74	清河毛纺厂路	德昌路—清毛门口—东北旺路	1.58	15	49343	23730	7110				16620
	其中：专业队					20410	7110				13300
	街道					3320					3320
75	货场路	五道口—清华园车站	1.3	6	14300	2600	2600				
76	陶瓷厂路	东北旺路—安宁庄路	1.4	7	33180	13400	8400				5000
	其中：专业队					8400	8400				
	街道					5000					5000

续表四

覆盖面积（平方米）						绿化覆盖率（%）	道路绿化长度（公里）	实有树木数量（株）	实有草坪（平方米）	
合计	行道树	分车带	街头绿地	环岛立交桥绿地	道路两侧绿化带				数量	其中：冷季型
10	11	12	13	14	15	16＝10/3	17	18	19	20
13500	1140				12360	68.90		864	360	
8400					8400	42.85	0.66	204		
5100	1140				3960			660	360	
82655	32160				50495	68.00	2.86	11821	39480	
59364	53000				6364	82.30	3.6	3957	2000	
62200	40000		16200		6000	67.00	2.6	5753	19800	
13200	2400				10800	40.70	0.8	2154	4916	
29432	9800	14700		1257	3675	21.80	2.45	8616	12178	5518
47910	2800	6984	37631		495	61.20	0.94	12465	37000	3700
5572	2000				3572	42.20	0.4	294		
5000	5000					55.60	0.5	262		
29900	5100	12400			12400	19.50	3.4	32485	21589	21589
24043	2700	6800		7543	7000	29.00	1.8	6558	10462	4162
2253	400				1853	43.90	0.27	817	1200	
18965	3000	3465			12500	44.10	1	1221	13230	
21000	8400				12600	36.60	1.4	9483	4500	
29260	12640				16620	59.30	1.58	2214	1536	
25940	12640				13300		1.58	319	1336	
3320					3320			1895	200	
5490	5490					38.00	1.3	183		
29862	24862				5000	90.00	1.4	1527	1228	
24862	24862							829		
5000					5000			698	1228	

序号	道路名称	起止地点	道路长度（公里）	路面宽度（米）	道路范围总面积（平方米）	绿化面积（平方米）					
						合计	行道树	分车带	街头绿地	环岛立交桥绿地	道路两侧绿化带
甲	乙	丙	1	2	3	4	5	6	7	8	9
77	汽车修理厂路	德昌路—汽车修理厂	0.6	6	13320	3600	1800				1800
78	安宁庄西路	西三旗环岛—铁道	1.7	7	41650	8500	8500				
79	四环路西段	学知口—货场路	1.4	8	35600	16000					16000
80	学院路(二队)	小月河—清华东路	2.8	24	114610	23270					23270
	学院路(绿化处)	小月河—清华东路	2.8	24	114610	19270	7800				11470
	学院路小计	小月河—清华东路	2.8	24	114610	42540	7800				34740
81	昌平路(二队)	马甸立交—西三旗	11	32	267708	2612					2612
	昌平路(绿化处)	马甸立交—西三旗	11	32	267708	78011	1356	44000	32655		
	昌平路小计	马甸立交—西三旗	11	32	267708	80623	1356	44000	32655		2612
82	成府路(二队)	九十三中—清华园铁道	3	10	81200	11560					11560
	成府路(绿化处)	九十三中—清华园铁道	3	10	81200	46135					46135
	成府路小计	九十三中—清华园铁道	3	10	81200	57695					57695
83	羊坊店路	复兴大街—莲花池路	1.36	19.7	49776	16569	9394				7175
						9394	9394				
						7175					7175
84	羊坊店西路	复兴大街—铁路医院路	0.9	18.6	32535	21620	7680				13940
						7680	7680				
						13940					13940
85	铁路医院路	羊坊店西路—羊坊店路	0.324	14.55	7500	4178	2689				1489
						2689	2689				
						1489					1489

续表五

覆盖面积（平方米）						绿化覆盖率（%）	道路绿化长度（公里）	实有树木数量（株）	实有草坪（平方米）	
合计	行道树	分车带	街头绿地	环岛立交桥绿地	道路两侧绿化带				数量	其中：冷季型
10	11	12	13	14	15	16＝10/3	17	18	19	20
6264	5400				864	47	0.6	336		
27200	27200					65.3	1.7	996		
16000					16000	44.9	0.6	4425	2600	
19868					19868	17.3	1.1	1075		
27070	15600				11470	23.6	2.8	4993	7717	
46938	15600				31338	41	2.8	6068	7717	
2612					2612	0.98	11	2127	1274	
80003	3348	44000	32655			29.9	11	8088	22430	6642
82615	3348	44000	32655		2612	30.9	11	10215	23704	6642
4756					4756	5.9	1.1	258		
46135					46135	56.8	3	4657	5172	
50891					50891	62.7	3	4915	5172	
24255	17080				7175	48.73	1.22	3681	7175	
17080	17080					34.31	1.22	381		
7175					7175	14.42	1.22	3300	7175	
28340	14400				13940	87.11	0.9	15859	13940	13940
14400	14400					44.26	0.9	363		
13940					13940	42.85	0.9	15496	13940	13940
5377	3888				1489	71.69	0.32	8565	1489	1489
3888	3888					51.84	0.32	161		
1489					1489	19.85	0.32	8404	1489	1489

序号	道路名称	起止地点	道路长度(公里)	路面宽度(米)	道路范围总面积(平方米)	绿化面积(平方米)					
						合计	行道树	分车带	街头绿地	环岛立交桥绿地	道路两侧绿化带
甲	乙	丙	1	2	3	4	5	6	7	8	9
86	彩科路	玉渊潭南路—复兴大街	0.42	17.5	13020	6920	2520				4400
						1260	1260				
						5660	1260				4400
87	北蜂窝路(东西段)	羊坊店路—会城门公园	1.15	10.5	20090	8240	8240				
88	北蜂窝路(南北段)	复兴大街—莲花池路	1.1	24.8	28160	7000	7000				
89	三环路	航天桥—莲花池桥	1.5	65	120000	25073	15000	7453			2620
90	西翠路	复兴大街—铁道	1.12	17	42953	23900	10864				13036
						13700	10864				2836
						10200					10200
91	万寿路	翠微园—复兴大街	2.45	19.8	96798	67495	24500				42995
						29812	24500				5312
		翠微园				2856					2856
						34827					34827
92	玉渊潭南路西沿	万寿路北段—万寿路6号	0.9	15	24327	21076	4573				16503
						5118	3813				1305
						15958	760				15198
93	金沟河路	玉泉路北段—五棵松路	1.79	13	44660	10335	10335				
94	丰台路	复兴大街—铁道	1.16	24.8	45244	26824	10604				16220
						10604	10604				
						16220					16220
95	翠微路	翠微园—铁道	2.52	13	91660	46843	19094				27749
						28806	19094				9712
		翠微园				14717					14717
		羊坊店—万寿路街道				3320					3320

续表六

覆盖面积（平方米）						绿化覆盖率（%）	道路绿化长度（公里）	实有树木数量（株）	实有草坪（平方米）	
合计	行道树	分车带	街头绿地	环岛立交桥绿地	道路两侧绿化带				数量	其中：冷季型
10	11	12	13	14	15	16=10/3	17	18	19	20
9400	5000				4400	72.2	0.42	9950	4400	4400
2500	2500					19.2	0.42	46		
6900	2500				4400	53	0.42	9904	4400	4400
14540	14540					72.37	1.03	340		
7800	7800					27.7	0.70	101		
10293	220	7453			2620	8.58	1.5	4472	8000	
32124	17920				14204	74.79	1.12	6821	4590	
21924	17920				4004	51.04	1.12	432		
10200					10200	23.75	1.12	6389	4590	
80335	34100				46235	82.99	2.45	10231	36642	
42652	34100				8552	44.06	2.45	1428		
2856					2856	2.95	2.45	236	1815	
34827					34827	35.98	2.45	8567	34827	
22858	4860				17998	93.96	0.9	4794	8976	
6900	4100				2800	28.36	0.9	271		
15958	760				15198	65.6	0.9	4523	8976	
17820	17820					39.9	1.59	327		
38440	22220				16220	84.96	1.16	9640	16220	
22220	22220					49.11	1.16	269		
16220					16220	35.85	1.16	9371	16220	
56670	25684				30986	61.83	2.52	15549	16140	3215
38633	25684				12949	42.15	2.52	1160		
14717					14717	16.06	2.52	2208	12925	
3320					3320	3.62	2.52	12181	3215	3215

序号	道路名称	起止地点	道路长度(公里)	路面宽度(米)	道路范围总面积(平方米)	绿化面积(平方米)					
						合计	行道树	分车带	街头绿地	环岛立交桥绿地	道路两侧绿化带
甲	乙	丙	1	2	3	4	5	6	7	8	9
96	太平路	玉泉路南段—万寿路	3.54	16	115736	79574	30664				48910
						33584	30664				2920
						45990					45990
97	万翠路	万寿路—翠徽路	1.07	12	12840	698	698				
98	京引滨河路	阜成路桥—车道沟桥	1.57	12.5	23550	6690	3140				3550
99.	彩石路	北太平路—太平路	0.89	14	22250	6850	3560				3290
						3560	3560				
						3290					3290
100	北太平路	玉泉路南段—丰台路	2.02	13.4	50175	19781	14834				4947
						12389	12389				
						7392	2445				4947
101	玉泉路	模式口路—石槽桥村	4.08	18	105400	61485	26980				34505
						26980	26980				
		万寿路、八里庄街道				34505					34505
102	永定路	模式口—复兴大街	2.68	14.7	79958	31614	22990				8624
						27190	22990				4200
						4424					4424
103	玉渊潭南路	万寿路北段—果脯厂	3.37	19.4	99752	40344	24264		8300		7780
						27470	24264				3206
		小天鹅				8300			8300		
						4574					4574
104	八里庄西段	东翠路—西翠路	0.28	27.3	9044	4300	2800				1500
105	西翠路北段	恩济里小区西口—阜石路	0.845	27	29575	8040	7050				990
106	阜石路	五棵松路—晋元庄	6.2	25	186000	52111	31200	15391			5520

续表七

覆盖面积（平方米）						绿化覆盖率（%）	道路绿化长度（公里）	实有树木数量（株）	实有草坪(平方米)	
合计	行道树	分车带	街头绿地	环岛立交桥绿地	道路两侧绿化带				数量	其中：冷季型
10	11	12	13	14	15	16＝10/3	17	18	19	20
101682	48160				53522	87.86	3.54	26527	43969	
55692	48160				7532	48.12	3.54	1525		
45990					45990	39.74	3.54	25002	43969	
185	185					1.44	0.155	35		
10165	6615				3550	43.162	1.57	874		
17530	14240				3290	78.79	0.89	707	2632	
14240	14240					64.00	0.89	122		
3290					3290	14.79	0.89	585	2632	
26231	21284				4947	52.28	1.82	2065	4224	
18839	18839					37.55	1.82	493		
7392	2445				4947	14.73	1.82	1572	4224	
71713	37208				34505	68.04	3.93	16934	27705	
37208	37208					35.30	3.93	616		
34505					34505	32.74	3.93	16318	27705	
42495	28562				13983	53.15	2.68	5742	2238	
38066	28562				9504	47.61	2.68	672		
4429					4429	5.54	2.68	5070	2238	
21569	5381		8300		7888	21.62	3.37	21074	12430	4574
8695	5381				3314	8.72	3.37	4629	1270	
8300			8300			8.32	3.37	714	6586	
4574					4574	4.59	3.37	15731	4574	4574
1876	376				1500	20.74	0.28	586	1370	
1666	676				990	5.63	0.85	371	700	
20141	2000	15391			2750	10.83	6.2	9906	13500	

序号	道路名称	起止地点	道路长度（公里）	路面宽度（米）	道路范围总面积（平方米）	绿化面积（平方米）					
						合计	行道树	分车带	街头绿地	环岛立交桥绿地	道路两侧绿化带
甲	乙	丙	1	2	3	4	5	6	7	8	9
107	田村路	五孔桥—石景山区界	5.7	12.8	131100	22800	22800				
108	万寿西街	万寿路北段—居民区	0.49	11	10208	5432	2952				2480
109	永定路南段	太平路—工程兵南墙	0.35	12	8673	4712	1216				3496
110	永定路北段	太平路—复兴路	1.12	14	16830	6132	6132				
111	空军总医院西侧路	阜成路—运河边	0.5	5	3500	1000	1000				
112	阜成路北二街	增光路—阜成路	0.4	5.6	3040	210	210				
113	二里沟小学东路	二里沟小学东门—三里河路	0.35	6	2800	222	222				
114	阜成路南二街	阜成路—玉渊潭公园北门	0.56	7	7124	1929	820				1109
115	阜成路北一街	甘家口商场南路—阜成路	0.32	6	4096	824	225				599
116	旧铁道路	首体南路—三里河路	0.45	12.7	10400	2013	342				1671
117	紫竹院南路北段	紫竹院路—车公庄路	0.7	11.4	16520	2611	1140				1471
118	阜成路北三街	增光路—阜成路	0.35	8	5775	3142	1050				2092
119	紫竹院南路南段	车公庄路—阜成路	0.43	6	3655	504	504				
120	甘家口商场路	甘家口小区—三里河路	0.36	6	2540	325	325				
121	阜成路南一街	阜成路—海军钓鱼台干休所	0.2	5	2096	1396	300				1094
122	五棵松路	亮甲店路口—西村小区道口	0.375	10	11250	11250	8085				3165
	五棵松路市属	西苇庄—五棵松	5.5	9—17	102960	5100	5100				
	五棵松路小计				114210	16350	13185				3165
123	苏州街路	广源闸桥—紫竹桥	0.48	10.1	8640	4700	1645				3055
124	兰靛7大街	兰靛7小学—7西门	1.539	5.7	24162.3	15300	4500				10800
125	昆明湖南路支线	兰靛7西门—西苇庄	0.668	5.7	5544.4	1736.8	1736.8				

续表八

覆盖面积（平方米）						绿化覆盖率（%）	道路绿化长度（公里）	实有树木数量（株）	实有草坪（平方米）	
合计	行道树	分车带	街头绿地	环岛立交桥绿地	道路两侧绿化带				数量	其中：冷季型
10	11	12	13	14	15	16＝10/3	17	18	19	20
37680	37680					28.74	5.3	1265		
7736	4320				3416	75.78	0.36	346		
4712	1216				3496	54.30	0.30	6171	3648	
6132	6132					36.40	1.02	204		
3400	3400					97.10	0.5	157		
2100	2100					69.10	0.21	70		
2220	2220					79.20	0.3	74		
3322	2213				1109	46.70	0.36	1840	150	
1877	1157				720	45.80	0.28	205	120	
4161	2490				1671	39.90	0.4	829	1671	
5573	4102				1471	33.40	0.63	1526	638	
3952	1860				2092	68.40	0.3	1330	2092	
429	429					11.70	0.4	1392		
1980	1980					78.00	0.26	72		
1596	500				1096	76.10	0.2	188	150	
11250	8085				3165	100.00	0.375	427		
86800	86800					84.30	5.5	3154		
98050	94885				3165	85.85		3581		
5405	2350				3055	62.50	0.47	570		
24162.3	13362.3				10800	100.00	1.5	346		
3340	3340					60.20	0.668	302		

序号	道路名称	起止地点	道路长度（公里）	路面宽度（米）	道路范围总面积（平方米）	绿化面积（平方米）					
						合计	行道树	分车带	街头绿地	环岛立交桥绿地	道路两侧绿化带
甲	乙	丙	1	2	3	4	5	6	7	8	9
126	兰靛厂胡同	7北街—7胡同	0.665	5	5054	1729	1729				
127	大慧寺路	白颐路—高梁桥斜街	1.02	16	27030	14342	3632				10710
128	六〇一路	大慧寺路—学院南路	0.56	7	6720	2800					2800
129	四道口路	北三环路—高梁桥斜街	1.925	6	30800	3819	2336				1483
130	皂君庙路（清华南路）	学院南路—北三环路	1.12	18	30240	16350	6540				9810
131	净土寺路	四道口路—铁路线	0.18	12	4860	3230	680				2550
132	奶粉7路	学院南路—铁附门口	0.51	6	9180	1384					1384
133	电视台路	电视台门口—监察部东墙	0.34	8	6120	995	680				315
134	七省市路	201电话局—玩具七厂	0.24	8	2880	960					960
135	专利局路	专利局南门—儿影墙外	0.31	4	3100	1240					1240
136	科南路	三环路—土城路	1.942	18	58260	34956	19420				15536
137	中关村南路东段	海中路口—清华东路	0.722	22.5	27075	5435	3610				1825
138	中关村南路西段	白颐路—科南路交叉口	0.51	19.5	12495	2963	1530				1433
139	科学院南路	动物所路口—海中路口	0.42	24.6	15876	4916	2100				2816
140	新都路东段	轮胎7路口—五机床路北口	0.8	7.1	25520	16820	2000				14840
141	五机床路	315路点站—五机床门口	0.55	7	10175	3519.8					3519.8
142	二炮路	东北旺路—清河面包厂	0.2	6.3	2925	1025	500				525
143	二小路	清毛南门—二小门口	0.5	5	5000	800	500				
144	上地信息路	上地南路—西北旺路	2.4	50	120000	62798	4800	11936	7012	7850	31200
145	开拓路	四街—信息路终点	1.34	20	26800	10720					10720
146	创业路	三街—信息路终点	2.0	2.0	40000	4848					4848
147	四街	上地东路—西路	0.562	21	11802	4496					4496
148	五街	上地东路—西路	0.486	21	10206	3888					3888

续表九

覆盖面积（平方米）						绿化覆盖率（%）	道路绿化长度（公里）	实有树木数量（株）	实有草坪（平方米）	
合计	行道树	分车带	街头绿地	环岛立交桥绿地	道路两侧绿化带				数量	其中：冷季型
10	11	12	13	14	15	16=10/3	17	18	19	20
2660	2660					52.60	0.665	89		
14790	4080				10710	54.70	0.908	3245	10400	
2800					2800	41.70	0.56	2416	1400	
7627	4672				2955	24.80	1.155	794	520	
17000	7190				9810	56.20	1.09	1665	9810	9810
3230	680				2550	66.50	0.17	1230	2550	2550
2614					2614	28.50	0.2	353		
2015	1360				655	33.00	0.225	446	250	
1920					1920	66.00	0.24	383		
1240					1240	40.00	0.31	1477	640	
38565	2100				17565	66.00	1.942	4279	19800	19800
3525	1700				1825	13.00	0.7	3126	3258	3258
3442	1020				2422	27.50	0.233	208		
5571	840				4731	35.10	0.42	1410	1080	1080
17864	3200				14664	70.00	0.8	895		
3819.8					3819.8	37.50	0.55	263		
1165	640				525	39.80	0.2	107	425	425
1300	1300					26.00	0.4	126		
62798	4800	11936	7012	7850	31200	52.00	2.4	14225	40558	40558
10720					10720	40.00	1.34	712	8352	8352
4848					4848	12.00	2.0	385	364	364
4496					4496	38.00	0.562	319	4167	4167
3888					3888	28.00	0.356	181	2667	2667

序号	道路名称	起止地点	道路长度（公里）	路面宽度（米）	道路范围总面积（平方米）	绿化面积（平方米）					
						合计	行道树	分车带	街头绿地	环岛立交桥绿地	道路两侧绿化带
甲	乙	丙	1	2	3	4	5	6	7	8	9
149	六街	上地东路—西路	0.482	21	10122	3856					3856
150	七街	上地东路—西路	0.374	21	7854	2992					2992
151	八街	上地东路—西路	0.484	21	10164	3872					3872
152	西路	上地东路—西路	2.42	8	19360	3900					3900
153	买卖街路	香山橡胶厂—香山公园东门	1.6	13	27200	12800	9600				3200
154	清河一街	清河一街南口—清河一街北口	0.28	3	1960	560					560
155	清河二街	清河南大街—毛纺路	0.5	6.5	7000	500					500
156	清河三街	滨河路—敬老院	0.3	5.5	3300	674					674
157	清河四街	学院路北口—清河大桥	0.2	5.3	2400	600	400				200
158	铁附南路	铁附大门—铁附四墙	0.12	4	440	660	660				
	市属道路		59.25		2459072	808818	64116	187632	178268	88825	289977
159	复兴路	木樨地—玉泉路	7.00	38	539711	131443	11438	53264	41911		24830
160	五棵松路	西黄庄—五棵松	5.50	9—17	102960	5100	5100				
161	阜成路	甘家口—五孔桥	4.25	34—44	136175	79032	6257	33560		6732	32483
162	三里河路	二里沟—甘家口	4.00	13—22	158216	18982	399	8760	13521		26299
163	坞村路	昆明湖路—玉泉山路	3.20	6	51200	1446	1446				
164	昆明湖南路	车道沟桥—昆明湖路	3.50	13	99900	25000	1725		1050		22225
165	紫竹院路	白石桥—车道沟桥	3.00	36	172000	16142	675	13050			2417
166	西直门外大街	白石桥—北展	0.50	20	42500	14330	230				14100
167	花园北路	学院路—花园路	1.00	9	15310	3846	2358				1488
168	学院路	小月河—清华东路	2.80	24	114610	19270	7800				11470
169	北四环西段	健翔立交—学院路	1.90	44	164010	76006	4365	23800		20811	27030
170	西士城路	明光村—小月河	2.10	15	143980	59523	8523				51000
171	西直门北路	西小立交—明光村	1.40	25	48010	6996	4296				2700

续表十

覆盖面积（平方米）						绿化覆盖率（%）	道路绿化长度（公里）	实有树木数量（株）	实有草坪（平方米）	
合计	行道树	分车带	街头绿地	环岛立交桥绿地	道路两侧绿化带				数量	其中：冷季型
10	11	12	13	14	15	16＝10/3	17	18	19	20
3856					3856	38.09	0.362	187	757	757
2992					2992	38.09	0.206	112		
3872					3872	38.09	0.484	258		
3900					3900	20.14	1.48	530		
12800	9600				3200	47.10	1.6	740		
840					840	42.90	0.28	181		
550					550	7.90	0.5	136		
3000	3000					90.91	0.3	381		
800	600				200	33.00	0.2	66		
1140	1140					100.00	0.12	47		
1163278	361863	226569	105848	161245	307753	47.3	59.25	321550	443354	232908
236862	77775	84256	41911		32920	43.90	7.00	104229	153365	131611
86800	86800					84.30	5.50	3154		
107611	34836	33560		6732	32483	79.00	4.25	35950	48619	12599
67884	11070	13850	13524		29440	42.90	1.82	5109	13976	3494
24100	24100					47.10	3.20	1016		
62220	34500		1050		26670	62.30	3.50	14546	970	
28967	13500	13050			2417	16.80	3.00	43690	10372	
20790	4590				16200	48.90	0.50	614		
7776	6288				1488	50.80	1.00	360		
27070	15600				11470	23.60	2.80	4993	7717	
78916	7275	23800		20811	27030	48.10	1.90	29019	37246	6507
65205	14205				51000	45.30	2.10	6461	20057	
11292	8592				2700	23.50	1.40	614	1334	

序号	道路名称	起止地点	道路长度（公里）	路面宽度（米）	道路范围总面积（平方米）	绿化面积（平方米）					
						合计	行道树	分车带	街头绿地	环岛立交桥绿地	道路两侧绿化带
甲	乙	丙	1	2	3	4	5	6	7	8	9
172	花园路北延南段	四环路—北医南路	0.60	23	24360	10251	1251				9000
173	新街口外大街	北太平庄—豁口	2.00	36	47452	5320	2010	3310			
174	昌平路	马甸立交—西三旗	11.00	32	267708	78011	1356	44000	32655		
175	花园路	北三环—北医南路	1.50	21	45750	6910	1710	5200			
176	北三环路	蓟门立交—马甸立交桥	1.00	49	101600	72655	3177	2688	16708	31282	18800
177	东升路（成府路）	九十三中—清华园铁道	3.00	10	81200	46135					46135
178	西三环段	公主坟绿地和莲花桥			102420	102420			72420	30000	
	铁路：		11		172500	35000	35000				
179	大台线		2	6.2	24000	4000	4000				
180	京包线		9	7	148500	31000	31000				
	河岸区属										
181	新开渠	石槽—木楼村	6.03	17	102510	39195					39195
182	小月河	西直门—清河出口	10.2	40	335200	61200					61200
183	清河	安河桥—下清河缺水	10.12	86	879320	384560	384560				
184	万泉河	妇产医院—清河入口处	9.8	25	245000	58800					58800
185	南长河	长河闸—高梁桥	6.5	32	208000	87850	9200			650	78000
						9200	9200				
						78650				650	78000
186	京密引水渠昆玉段	颐和园南门—罗道庄	7.4	68	503200	130000	5100		6500		118400
						6500			6500		
						5100	5100				

覆盖面积（平方米）						绿化覆盖率（%）	道路绿化长度（公里）	实有树木数量（株）	实有草坪(平方米)	
合计	行道树	分车带	街头绿地	环岛立交桥绿地	道路两侧绿化带				数量	其中：冷季型
10	11	12	13	14	15	16＝10/3	17	18	19	20
11085	2085				9000	45.50	0.60	9132	7500	
13210	7045	6165				27.80	2.00	482		
80003	3348	44000	32655			29.90	11.00	8088	22430	6642
10900	5700	5200				23.80	1.50	1558	3028	
74032	4554	2688	16708	31282	18800	72.90	1.00	17855	29330	13404
46135					46135	56.80	3.00	4657	5172	
102420			72420	30000		100.00		30023	82238	58651
10000	10000					5.8	8.5	1250		
1904	1904					7.90	1.5	238		
8096	8096					5.60	7	1012		
60300					60300	58.80	6.03	510		
142800					142800	42.60	10.2	3946		
384560					384560	44.20	10.12	49994	2350	
60800					60800	24.80	9.8	1920		
165350	8600			750	156000	79.50	6.5	1123	4100	
8600	8600							560		
156750				750	156000			563	4100	
234100	20400		6500		207200	46.50	7.4	8102	300	
6500			6500					2157		
20400	20400							552		

序号	道路名称	起止地点	道路长度（公里）	路面宽度（米）	道路范围总面积（平方米）	绿化面积（平方米）					
						合计	行道树	分车带	街头绿地	环岛立交桥绿地	道路两侧绿化带
甲	乙	丙	1	2	3	4	5	6	7	8	9
						118400					118400
187	双紫支渠	双紫节制闸—紫竹院公园	2.6	32	83200	32700	1500				31200
						1500	1500				
						31200					31200
188	永定河	五孔桥—福田大墓桥	7.5	92	52440	205794	71500				134294
						71500	71500				
						134294					134294
	永定河	五孔桥—甘雨桥	9.3	64	595200	157587			5908	1339	150340
						5908			5908		
						151679				1339	150340
181—189	纯河岸绿化		69.45		3467030	345278	171860			1989	171429
186—189	河岸街头绿地				12408	12408			12408		
189	永定河河岸路		0.90	10	9270	183	183				

续表十二

覆盖面积（平方米）					绿化覆盖率（%）	道路绿化长度（公里）	实有树木数量（株）	实有草坪(平方米)	
合计	行道树	分车带	街头绿地	环岛立交桥绿地	道路两侧绿化带				数量	其中：冷季型
10	11	12	13	14	15	16＝10/3	17	18	19	20
207200					207200			5393	300	
68835	6435				62400	82.70	2.6	2108	800	
6435	6435							448		
62400					62400			1660	800	
273794	139500				134294	52.20	7.5	29349	7620	
139500	139500							4539		
134294					134294			24810	7620	
270008			5908	1650	262450	45.40	9.3	8769	6890	
5908			5908					1038	5300	
264100				1650	262450			7731	1590	
648139	559495			2400	86244	18.70	69.45	62626	16460	
12408			12408			100.00		3195	5600	
1280	1280					13.80	0.90	122		

北京市城市丰台区
（不含街巷

序号	道路名称	起止地点	道路长度（公里）	路面宽度（米）	道路范围总面积（平方米）	绿化面积（平方米）					
						合计	行道树	分车带	街头绿地	环岛立交桥绿地	道路两侧绿化带
甲	乙	丙	1	2	3	4	5	6	7	8	9
	丰台区										
	区属道路										
1	丰体南路	岔路口—丰体西路	0.65	34	35400	15250	1950	1300			12000
2	七里庄西路	丰台路—七里庄南路	0.7	16.5	14350	3150	2800				350
3	七里庄南路	烟酒专卖—三小路	0.6	10.8	6480	2640	2640				
4	老区委路	十二中南墙—西安街	0.35	11	4900	1750	1750				
5	丰体西路	丰体南路出口—丰体北路西口	0.35	21	10500	2100	1050				1050
6	丰北路	岔路口—立泽桥	2.25	12	60000	42900	9900				33000
7	西安街	十二中北口—丰台医院南口	0.55	14	8250	2750	2750				
8	文体路	七里庄西路—丰台房管所	0.95	12	11400	3883	2850				1033
9	七里庄东路	东大街—烟酒专卖	0.3	11.5	4050	1320	1320				
10	花园南路	丰台花园南墙—东大街	0.86	14	14620	6423.3	3748.8				2674.5
11	游泳场北路	文体路—东大街	1.2	10.5	13200	5642	5040				602
12	丰管路	丰台分局—丰益桥	1.85	10	12500	8510	8510				
13	大井路	丰西新路东口—京周旧路	1.82	8	18400	8372	8372				
14	丰沙路	岳各庄立交桥—沙窝铁道	2.75	12	38500	12650	12650				
15	程庄子路	人武部训练基地—五里店小区口	0.7	6	5600	2100	2100				
16	正阳大街	东大街南口—看丹铁道口	1.75	10	2100	8050	8050				
17	京良公路	京开公路立交—良乡桥	4.7	12	65800	19740	19740				
18	丰西新路	西仓库南角—西道口	2.65	10	31800	13250	13250				
19	棒球场路	五里店小区口—京周旧路	0.32	10	4160	1472	1472				
20	丰西旧路	看丹铁道—西道口	2.85	8	28500	13110	13110				

道路绿化明细表

放射线、片林）

覆盖面积（平方米）						绿化覆盖率（%）	道路绿化长度（公里）	实有树木数量（株）	实有草坪（平方米）	
合计	行道树	分车带	街头绿地	环岛立交桥绿地	道路两侧绿化带				数量	其中：冷季型
10	11	12	13	14	15	16＝10/3	17	18	19	20
16550	3250	1300			12000	46.75	0.65	2624	8000	
5950	5600				350	41.46	0.7	2746	1231.2	
5880	5880					90.74	0.6	5587	450	225
3500	3500					71.43	0.35	107		
3850	2800				1050	36.67	0.35	2072		
56550	20250				36300	94.25	2.25	9701		
5310	5310					64.36	0.55	288		
9298	8265				1033	81.56	0.95	5167	604.8	
1740	1740					42.96	0.3	5407		
7490	4816				2674.5	51.23	0.86	8602		
7322	6720				602	55.47	1.2	2584		
11840	11840					64	1.85	4117		
13104	13104					71.22	1.82	683		
19800	19800					51.43	2.75	664		
3220	3220					57.5	0.7	246		
17150	17150					81.67	1.75	484		
22960	22960					34.89	4.1	2739		
16695	16695					52.5	2.65	855		
1920	1920					46.15	0.32	118		
24510	24510					86.00	2.85	1173		

序号	道路名称	起止地点	道路长度（公里）	路面宽度（米）	道路范围总面积（平方米）	绿化面积（平方米）					
						合计	行道树	分车带	街头绿地	环岛立交桥绿地	道路两侧绿化带
甲	乙	丙	1	·2	3	4	5	6	7	8	9
21	双楼路	三路居小桥—铁道	0.7	12	8400	402	402				
22	自由市场路	丰台路南口—丰台卫生所	0.3	6	2400	242	242				
23	七里庄老路	花园南路—七里庄东路	0.5	6	4000	230	230				
24	铁路学校路	丰台菜市场—文体路	0.25	6	2375	1100	1100				
25	东货场路	东大街—丰台货场	0.3	5	2250	900	900				
26	区工会路	丰台影剧院—文华路	0.25	10	2500750	750					
27	小屯东路	永定立交桥—小屯村	0.65	6	9200	1312	1312				
28	小屯西路	京周公路—小屯	2.17	8	17360	3800	3800				
29	小屯北路	西南郊小桥—丁字路口	0.7	12	9800	2325	2325				
30	建国街	车辆段—铁路医院	1.55	9	17825	4650	4650				
31	新华街	造甲村—红房子	1.0	18	18000	4200	4200				
32	丰台南路西段	马场桥—造甲村红绿灯	1.0	8	10500	4200	4200				
33	丰台路车段	造甲村红绿灯—黄山岗路口	4.85	8	48500	23460	23460				
34	纪家庙路	造甲村—红家庙	4.1	6	32800	2940	2940				
35	闸口河路	木楼村小桥—莲花池	0.6	6	4800	1300	1300				
36	丰台路	丰台红绿灯—岳各庄立交	4.0	49.5	230000	83712	12000	38621		20000	13091
37	丰体北路	丰台路—丰体西路北口	0.65	24	17550	5360	3900				1460
38	京石公路	烟酒专卖—六里桥	5.7	39	348335	119975	17100				102875
39	东大街	丰北路—正阳大街东口	1.9	23	67150	229501	5700	6280			10971
40	京周老路	湾子红绿灯—西道口	8.6	8	178000	100600	94600				6000
41	向阳街	丰台桥南—四环路	0.4	10	5600	1680	1680				
42	京周新路	西道口—莲花池	6.4	10	64000	14400	14400				
43	西南三环路	莲花池—草桥	7.95	57.5	523825	132508	23850	47513		34865	26280
44	菜户营南路	菜户营桥—五泉营转盘	1.7	42.4	106080	38460		11260			27200
45	西南四环路	康辛桥南端—丰葆桥东端	0.7	76	126000	40765	2100			9625	29040
46	西红门路	红房子红灯—福利农场	1.8	8	82400	5400	5400				
47	红房子	五爱邨—检查站	0.6	8	9600	1800	1800				
48	马家堡路	角门—四路通	2.3	7	39100	6900	6900				
49	农药二厂路	角门—大红门货场	1.7	6	27200	5100	5100				

续表一

覆 盖 面 积 （平方米）						绿化覆盖率（%）	道路绿化长度（公里）	实有树木数量（株）	实有草坪（平方米）	
合 计	行道树	分车带	街头绿地	环 岛 立交桥 绿 地	道 路 两 侧 绿化带				数量	其中：冷季型
10	11	12	13	14	15	16＝10/3	17	18	19	20
504	504					6.00	0.08	29		
462	462					19.25	0.3	22		
336	336					8.40	0.08	16		
1285	1285					54.11	0.25	71		
1232	1232					54.76	0.3	121		
1589	1589					23.56	0.25	31		
1680	1680					18.26	0.3	105		
6384	6384					36.77	1.52	304		
3348	3348					34.16	0.5	186		
6975	6975					39.13	1.55	237		
2844	2844					15.80	1.0	158		
5490	5490					52.29	1.0	300		
38800	38800					80.00	4.85	2000		
2353	2353					7.17	0.74	147		
1664	1664					34.67	0.26	104		
125720	35600	49200		20000	20920	54.66	4.0	67146	20685	1110
4223	2763				1460	24.60	0.65	5478	358	358
143425	51870				91555	41.17	5.7	44047	2000	
26402	8740	6280			11380	39.31	1.9	15756	5290	
54434	48944				5490	30.58	8.6	3842		
1079	1079					19.27	0.4	71		
25488	25488					39.83	6.4	3266		
208857	56000	93500		34865	24492	44.59	7.95	73624	88657	
43900		11260			32640	41.38	1.7	13038	18200	
40765	2100			9625	29040	32.35	0.7	19402	20685	20685
27000	27000					32.77	1.8	485		
6000	6000					62.50	0.6	198		
23000	23000					58.82	2.3	618		
13600	13600					50.00	1.7	617		

序号	道路名称	起止地点	道路长度（公里）	路面宽度（米）	道路范围总面积（平方米）	绿化面积（平方米）					
						合计	行道树	分车带	街头绿地	环岛立交桥绿地	道路两侧绿化带
甲	乙	丙	1	2	3	4	5	6	7	8	9
50	槐房路	五爱邨—角门饭馆	4.4	6	99000	13200	13200				
51	黄土岗路	黄土岗红灯—草桥红灯	3.5	6	49000	10500	10500				
52	右安门外头条	右外关厢—右外西里	0.68	5	8120	2040	2040				
53	右安门外二条	右外路—西庄二街	0.58	5	11600	1740	1740				
54	右安外东二条	右安门外路—西庄二街	0.59	5	8260	1770	1770				
55	右安门外西里	右安外头条—马钢厂	0.41	5	5740	1230	1230				
56	右安门西二条		0.34	5	4760	1020	1020				
57	右外西庄二街	右外头条东口	0.46	5	8280	1380	1380				
58	右外幸福路	右外头条东口—永定门火车站	0.87	6	11310	2610	2610				
59	南丰路	南苑中学—黄山岗红灯	4.3	8	11180	12900	12900				
60	团河路	五爱邨—丰兴交界	3.1	6	46500	9300	9300				
61	右安门外路	草桥—右安门大桥	2.1	9	29400	6300	6300				
62	二传路	右外关厢—第二医院	1.03	5	13390	3090	3090				
63	马厂小区道路	小区外园路	0.44	9	8800	2595	1320				1275
64	木材厂路	大红门红绿灯—西马厂	1.5	8	24000	4500	4500				
65	永南新路之线	永南新路—永南旧路	0.2	15	4800	600	600				
66	油毡厂路	久敬庄—油毡厂	0.9	5	15300	2700	2700				
67	南苑新华街	大营门—北大桥	0.4	7	7400	1200	1200				
68	警备路	三营门—红房子红灯	1.7	11	32300	5100	5100				
69	左安路	左安门往东—菜站	0.5	6	8000	1500	1500				
70	小红门路	分钟寺—朝阳交界	0.76	6	9120	2280	2280				
71	沙子口路	火柴厂—三环路	0.4	8	7200	1200	1200				
72	方庄路	方庄仓库—951厂	1.9	6	22800	5700	5700				
73	缝纫机厂路	卫生院—缝纫机厂	1.34	6	20100	4020	4020				
74	九龙山路	卫生院—清洁车辆厂	1.3	5	19500	3900	3900				
75	宋家庄路	制革厂—南三环	2	6	28000	6000	6000				
76	左安门外路	左安门大桥—南三环	1.4	26	47600	4200	4200				
77	肉联厂路	南顶中学—礼花厂	2.3	6	32200	6900	6900				
78	景泰路	景泰路口—天坛南桥	0.5	12	14000	1500	1500				
79	东铁营路	贾家花园—三环路	0.68	6	12240	2040	2040				
80	东铁营顺八条	贾家花园—方庄路	1.03	9	17510	3090	3090				
81	东铁营顺六条	横六条—方庄路	0.62	9	9300	1860	1860				
82	东铁营顺七条	顺八条—三环路	0.92	9	13800	2760	2760				
83	东铁营顺五条	横六条—方庄路	0.61	9	7930	1830	1830				

续表二

覆 盖 面 积（平方米）						绿化覆盖率（%）	道路绿化长度（公里）	实有树木数量（株）	实有草坪（平方米）	
合 计	行道树	分车带	街头绿地	环岛立交桥绿地	道路两侧绿化带				数量	其中：冷季型
10	11	12	13	14	15	16＝10/3	17	18	19	20
52800	52800					53.33	4.4	1397		
4200	4200					8.57	3.5	192		
6120	6120					75.37	0.68	135		
10440	10440					90.00	0.58	108		
7080	7080					85.71	0.59	72		
4100	4100					71.43	0.41	70		
4000	4000					84.04	0.34	26		
7360	7360					88.89	0.46	67		
10500	10500					92.84	0.87	28		
86000	86000					76.92	4.3	821		
31000	31000					66.70	3.1	384		
21000	21000					71.40	2.1	234		
10300	10300					76.90	1.03	101		
3035	1760				1275	34.5	0.44	336		
15000	15000					62.50	1.5	278		
2000	2000					41.70	0.2	61		
7200	7200					47.06	0.9	177		
4000	4000					54.05	0.4	89		
20400	20400					63.15	1.7	324		
7000	7000					87.50	0.5	34		
7600	7600					83.33	0.76	26		
6400	6400					88.90	0.4	99		
19000	19000					83.30	1.9	218		
16080	16080					80.00	1.34	595		
13000	13000					66.70	1.3	262		
20000	20000					71.40	2	369		
14000	14000					29.40	1.4	426		
27600	27600					85.71	2.3	107		
6000	6000					42.86	0.5	256		
8160	8160					66.70	0.68	102		
12360	12360					70.60	1.03	177		
7440	7440					80.00	0.62	78		
12880	12880					93.30	0.92	238		
7320	7320					92.30	0.61	75		

序号	道路名称	起止地点	道路长度（公里）	路面宽度（米）	道路范围总面积（平方米）	绿化面积（平方米）					
						合计	行道树	分车带	街头绿地	环岛立交桥绿地	道路两侧绿化带
甲	乙	丙	1	2	3	4	5	6	7	8	9
84	东铁营顺三条	东铁营—方庄路	1.13	6	14690	3390	3390				
85	东铁营顺四条	横七条—方庄路	0.83	9	12450	2490	2490				
86	成寿寺路	三环路—义庄	3	20	112500	14000	9000				5000
87	东浦路	丰泽园饭庄—东侧路	0.6	11	10200	1800	1800				
88	蒲黄榆路	刘家窑转盘—玉蜓桥	1.1	37	71500	22700	3300	4400			15000
89	东高地路	三营门—东高地商场	1.2	17	26400	6600	1800	4800			
90	久敬庄路	大红门立交—南大方砖	0.28	6	3640	840	840				
91	永南新路	三营门—木樨园	6	11	156000	18000	18000				
92	永南旧路	红房子—木樨园	5.7	8.5	142500	17100	17100				
93	角门北路	马家堡南延—马家堡村	1.32	15	43560	11960	3960				8000
94	马家堡南延路	马家堡铁路立交—西马场	2.5	28	105000	19900	7500	6000			6400
95	光彩体育馆	赵公口立交—光彩	0.8	24	33600	13181	2400				10781
96	玉蜓桥		0.5	31	142500	48580	1500	1500		38000	7580
97	三环路	陶然亭立交—菜户营	2.7	38	220800	93750	4050	6300		1500	81900
98	百米绿带	玉蜓桥—左安门桥	1.7		118700	118700					118700
99	压缩机厂路	压缩机厂—南三环	0.8	12	16000	2400	2400				
100	方庄—北杨树街	刘家窑转盘—成寿寺	1.7	44	149600	35800	5100	12350		3900	14450
101	木栖园—刘家窑	木栖园立交—刘家窑立交	1.7	44	149600	60383	5100	11783		26000	17500
102	三环路	草桥—木栖园	4	44	352000	83000		25000		1740	56260
103	京开公路	玉泉营—京开良乡	4	28	188000	84160	12000	24000		29160	19000
104	分钟寺路	分钟寺—朝阳交界	1.6	6	19200	6400	6400				
105	镇国寺路	角门饭馆—草桥路	2.3	5	32200	9200	9200				
106	京周老路	西道口铁桥—杜家坎北口	2.9	13	55100	8700	8700				
107	派出所路	东门—新路弹簧库	0.3	11	5700	540	540				

续表三

覆盖面积（平方米）						绿化覆盖率（%）	道路绿化长度（公里）	实有树木数量（株）	实有草坪（平方米）	
合计	行道树	分车带	街头绿地	环岛立交桥绿地	道路两侧绿化带				数量	其中：冷季型
10	11	12	13	14	15	16＝10/3	17	18	19	20
13560	13560					92.30	1.13	86		
11620	11620					93.33	0.83	132		
23000	18000				5000	20.44	3	1370	4000	
6000	6000					58.82	0.6	167		
30400	11000	4400			15000	42.52	1.1	16225	11855	
15600	3600	12000				59.10	1.2	439		
3360	3360					92.31	0.28	72		
96000	96000					61.54	6	29508		
91200	91200					64.00	5.7	2021		
18560	10560				8000	42.61	1.32	12517	6000	
32400	20000	6000			6400	30.90	2.5	57.5	4578	
13981	3200				10781	41.61	0.8	6446	9257	
49080	2000	1500		38000	7580	34.44	0.5	254166	12500	8000
103200	13500	6300		1500	81900	46.74	2.7	56218	57800	
118700					118700	100.00	1.7	18763	15750	15000
12800	12800					80.00	0.8	112		
37500	6800	12350		3900	14450	25.07	1.7	30437	17974	7190
62083	6800	11783		26000	17500	41.50	1.7	47907	29418	
9800		40000		1740	56260	27.84	4	27481	58680	
88160	16000	24000		29160	19000	46.90	4	8043	17918	
16000	16000					83.33	1.6	178		
32200	32200					100.00	2.3	337		
40600	40600					73.68	2.9	1300		
2520	2520					44.21	0.18	21		

序号	道路名称	起止地点	道路长度（公里）	路面宽度（米）	道路范围总面积（平方米）	绿化面积（平方米）					
						合　计	行道树	分车带	街头绿地	环岛立交桥绿地	道路两侧绿化带
甲	乙	丙	1	2	3	4	5	6	7	8	9
108	西弹路	西道口立交—四机床路口	1	8	10000	1500	1500				
109	弹簧厂路	京周新路—电梯厂门口	1	7	23000	3000	3000				
110	八一射击场路	京周老路—射击场门口	6.3	7	81900	18000	18000				
111	张各庄路	京周老路—二七北厂东墙	0.5	12	8000	1500	1500				
112	马家堡立交	（南苑队路段）	0.04	11	2320	1070					1070
113	槐树岭路	二七北厂西墙—槐树岭坡上	0.7	10	9800	2100	2100				
114	石油库路	京周新路—佃起铁道口	2.1	10	29400	6000	6000				
115	大灰厂路	云岗 339 车站—大灰厂门口	7.7	8	107800	21000	21000				
116	云岗路	赵辛店铁道口—云岗站	3.8	8	37000	11176.5	9405				1771.5
117	京周新路	西道口南侧铁道—哑吧问桥北	14.5	13	246500	41100	41100				
118	花园路	京周新路—二七公园丁字路口	1	8	12000	3000	3000				
119	长辛店桥西路	天桥—二七机车厂门口	1.1	6	15400	3300	3300				
120	二七厂厂区各路	二七厂墙外宿舍—技校内外	2	5	20000	6000	6000				
121	二七北厂路	二七煤厂门口—二七北厂北口	1.5	10	21000	4500	4500				
122	耐火材料厂路	卢沟桥城北街—耐火材料厂门口	2	7	26000	6000	6000				
123	二七南厂路	杜家坎路口—二七机车厂门口	1.7	6	17000	5100	5100				
124	长辛店大街	长辛店北口—赵辛店大桥	2.6	10	46800	7800	7800				
125	烟酒专卖路	西道口立交—烟酒专卖路口	0.5	8	5000	750	750				
126	卢沟桥之间路	新桥东桥头—老桥头	0.2	6	2400	600	600				
127	二老庄路	朱家坟石桥—小学校门口	0.8	5	7200	2400	2400				
128	广丰路	六里桥立交—湾子红绿灯	1.08	38	70200	10645	2430	7895			320
129	西南四环路	丰台桥北路—富丰桥	1.6	61.5	183200	32033.2	3955.5	3026			25051.7
130	西南三环路	成寿寺—分钟寺	0.845	50	67600	24640	2535	12675			9430
131	西斜街	东起兴隆巷西止西斜街 1 号	0.042	5	462	252					252

续表四

覆盖面积（平方米）						绿化覆盖率（%）	道路绿化长度（公里）	实有树木数量（株）	实有草坪(平方米)	
合计	行道树	分车带	街头绿地	环岛立交桥绿地	道路两侧绿化带				数量	其中：冷季型
10	11	12	13	14	15	16＝10/3	17	18	19	20
5000	5000					50.00	1	251		
10000	10000					41.67	1	361		
84000	84000					102.56	6	2130		
5000	5000					62.50	0.5	63		
740					740	31.90	0.04	414		
7700	7700					78.57	0.7	471		
30000	30000					102.04	2	353		
84000	84000					77.92	7	751		
31851	29870				1981	86.08	3.7	3417	763.5	
232900	232900					94.5	13.7	4745		
10000	10000					83.33	1	157		
15400	15400					100.00	1.1	104		
16000	16000					80.00	2	162		
12000	12000					57.14	1.5	183		
24000	24000					92.30	2	554		
15300	15300					90.00	1.7	263		
46800	46800					100.00	2.6	367		
4500	4500					90.00	0.5	120		
1200	1200					50.00	0.2	69		
6720	6720					93.33	0.8	127		
16875	6480	10055			340	24.03	1.08	2981	7480	
32033.2	3955.5	3026			25051.7	17.50	1.6	9396	1700	
29710	3380	14365			11965	43.95	0.845	8167	10900	10900
252					252	54.54	0.042	192		

序号	道路名称	起止地点	道路长度（公里）	路面宽度（米）	道路范围总面积（平方米）	绿化面积（平方米）					
						合计	行道树	分车带	街头绿地	环岛立交桥绿地	道路两侧绿化带
甲	乙	丙	1	2	3	4	5	6	7	8	9
132	至善街	东大道—朝阳胡同	0.185	5.5	2220	270	270				
133	新建街	五爱屯东街—团河路	0.465	6	6975	324	324				
134	西二道街	新华路—井泉胡同	0.14	6	1904	282	282				
135	西长街	东南大道—北召路东口	0.78	5	7800	336	336				
136	井备西路东段	井备西路2号—井备西路18号	0.07	10	1155	280					280
137	北区主干道	北区路口—塔西小区	0.74	7.5	11470	6554.6	960		1221.6		4373
	纯道路		0.74	7.5	10248.4	5333	960				4373
138	云岗大街	三院车队—三院南大门	2.052	10.5	31806	4705	3078				1627
139	云岗西里路	汽修厂—三院南大门	0.318	7.5	4671	2127	477		1650		
	纯道路		0.318	7.5	3021	477	477				
140	百货西路	356站—浴池	0.15	6	1800	1190	225				965
141	百货东路	339站—云岗饭庄	0.15	6	2400	799.5	225				574.5
142	三部主干道	三部西门—院大门	1	7	7000	1600	400				1200
143	石源北路	五营门—万源路总站	0.574	14.5	8328.8	2234	1722				512
144	南大红门路	六营门—东高地	0.752	16	22142.4	8659.53	2256	1583.53			4820
145	万源路	万源路总站—游泳池	0.445	9.3	12642	7921	1335				6586
146	万源中路	南大红门—万源路	0.4895	18.5	9055.75	5298.75	2937	489			1872.75
147	万源南路	六营门—四小	0.998	6	11927	5289					5289
148	东高地斜街	顺一条——小	0.56	5.5	17920	9846	1680				8166
149	东高地南街	顺一条——中	0.465	6	11857.5	5596	900				4696
150	食品街		1.5	5	21000	6680	6380				300
151	清真街		0.3	5	1500	1120	1120				
152	蛋品街		0.3	5	1500	500	500				
153	定安路南段	光彩体育馆—赵公口立交	0.42	33.7	14154	2010	1260				750
154	定安路北段	赵公口立交—中成宾馆	0.375	33.5	12562.5	3540					3540

续表五

覆盖面积（平方米）						绿化覆盖率（%）	道路绿化长度（公里）	实有树木数量（株）	实有草坪(平方米)	
合计	行道树	分车带	街头绿地	环岛立交桥绿地	道路两侧绿化带				数量	其中：冷季型
10	11	12	13	14	15	16＝10/3	17	18	19	20
810	810					36.48	0.185	545		
2790	2790					40.00	0.465	54		
1428	1428					75.00	0.14	547		
1008	1008					12.92	0.78	56		
280					280	24.24	0.07	2107		
8193	1200		1527		5466	71.40	0.74	827	5373	
6666	1200				5466	71.40	0.74	827	5373	
14752.5	12312				2440.5	46.40	2.052	2170	697	
4035	2385		1650			86.40	0.318	230	90	
2385	2385					86.40	0.318	230	90	
1415	450				965	78.61	0.15	1698		
1249.5	675				574.5	52.04	0.15	76	442.3	
1600	400				1200	22.86	1	198	1200	
3956	3444				512	47.50	0.574	7532		
17919.53	4512	1583.53			11824	80.93	0.752	18453	6771.4	
9256	2670				6586	73.21	0.445	9244	3293	
8235.75	5874	489			1872.75	90.94	0.4895	3751	200	
5606					5606	47.00	0.998	13106	1455	
13204	1998				11206	73.68	0.56	7325	8166	
7005	1395				5610	59.08	0.465	247	4969	
7270	6970				300	34.62	1.5	622		
1200	1200					80.00	0.3	112		
520	520					34.67	0.3	51		
3270	2520				750	23.10	0.42	232	750	
3540					3540	28.18	0.375	630	3540	

序号	道路名称	起止地点	道路长度（公里）	路面宽度（米）	道路范围总面积（平方米）	绿化面积（平方米）					
						合计	行道树	分车带	街头绿地	环岛立交桥绿地	道路两侧绿化带
甲	乙	丙	1	2	3	4	5	6	7	8	9
155	沙子口路	定安路—电冰箱压机厂门口	1.05	18.74	19677	3800	3150				650
156	铜厂路	粮店—车辆厂	0.8	10	8000	1200	1200				
157	安乐林路（崇文属）	蒲黄榆路—华北电招	0.35	21	7350	1050	1050				
158	东庄小路	幸福路18号楼—12号楼	0.24	4.5	1080	150	150				
159	六里桥军委办路	京石—白塔路	0.35	13.5	4725	2517	2275				242
160	四号路	保温段东墙	0.4	12	8000	1200					800
161	康辛路	—丰保路	0.5	40	22000	2000					
162	西罗园路	马家堡—三环路	2	15	30000	303.8	303.8				
163	十一区路	马家堡—冰水河	1	11	11000	194.6	194.6				
164	羊纺店路	广安路—马莲道西路	0.495	43.2	21340.8	4092	1482	2610			
165	太平桥路	广安路—太西里南路	0.51	22	11220	1065	1065				
166	丰南路	丰台镇—红房子	8.85	20		1581952					1581952
167	三环路	车管头桥—小草桥	3.5	40		216117					216117
168	丰五路	丰台路口—青塔	1.54	10		17200					17200
169	京石高速公路	六里桥—京周立交桥	17	26.5	832291	342291		27600		188324	126367
170	西南三环	环岛			112000	112000	900			111100	
	市属道路：										
171	左安路	左安门—蒲黄榆	2	40	100000	42180	15000	5000		2180	20000
172	西二环南段	菜户营立交桥			70000	70000				70000	
173	东南三环	分钟寺立交桥			55583	55583				55583	
174	西三环南段	莲花池立交桥			30000	30000				30000	

续表六

覆盖面积（平方米）						绿化覆盖率（%）	道路绿化长度（公里）	实有树木数量（株）	实有草坪（平方米）	
合计	行道树	分车带	街头绿地	环岛立交桥绿地	道路两侧绿化带				数量	其中：冷季型
10	11	12	13	14	15	16=10/3	17	18	19	20
6950	6300				650	35.30	0.9	2723	650	
2400	2400					30.00	0.8	284		
2625	2625					35.71	0.35	206		
360	360					33.33	0.024	93		
2517	2275				242	53.29	0.35	3697		
3200	2400				800	40.00	0.4	105		
3400	3400					15.45	0.5	180	6000	6000
4260	4260					14.20	2	217		
982	982					8.93	1	139		
5574	2964	2610				26.12		2656		
1278	1278					11.40		173		
1581952					1581952		8.85	15569		
216117					216117		3.5	89372	112075	112075
17200					17200		1.54	2120		
342291		27600		188324	126367	41.12	13.2	24457	273765	
112846	1746			111100		100.75		5405	109670	71592
52180	25000	5000		2180	20000	52.20	2	15043	10867	
70000				70000		100.00		37970	70000	70000
55583				55583		100.00		30879	55093	38867
30000				30000		100.00		20776	21000	

序号	道路名称	起止地点	道路长度（公里）	路面宽度（米）	道路范围总面积（平方米）	绿化面积（平方米）					
						合计	行道树	分车带	街头绿地	环岛立交桥绿地	道路两侧绿化带
甲	乙	丙	1	2	3	4	5	6	7	8	9
	公路局道路										
175	京山线	北京南站—黄土坡	15	20	300000	71003	71003				
176	京广线	丰台站—南岗洼	15	14	210000	40000	40000				
177	丰双线	丰台西站—五里店	16	14	22400	42000	42000				
	河岸										
1.	小龙河	谢家庄—村桥	4.4	10	220000	6600	6600				
2.	马草河	六圈—凉水河	12.2	15	671010	33300	18300				15000
3.	造玉沟	新村—马草河	4.07	9.5	120065	6105	6105				
4.	旱河	潘家庙—凉水河	5.3	8.5	257050	11950	7950				4000
5.	水衙沟	吴家村—广外桥	7.4	12	38400	11100	11100				
6.	牤牛河	大灰厂—王庄村南	11.9	55	660450	17850	17850				
7.	蟒牛河	太子峪—小洼河	8.0	12	41600	12000	12000				
8.	哑叭河	辛庄村西—大宁水库	8.3	12.5	435750	10950	10950				
9.	永定河丰台段	衙门口—北天堂	13.48	684	9228605	663300					683300
10.	丰草河	程庄子—石泉寺铁路桥	7.8	18	452400						
11.	凉水河	铁路桥—大红门	16.8	92	772800	156900					156900
12.	新开渠	石槽—木楼村	6.03	17	102510	39195					39195
13.	泄洪道	菜户营—凉水河	5.808	53	41870	20540					20540

续表七

覆盖面积(平方米)						绿化覆盖率(%)	道路绿化长度(公里)	实有树木数量(株)	实有草坪(平方米)	
合计	行道树	分车带	街头绿地	环岛立交桥绿地	道路两侧绿化带				数量	其中:冷季型
10	11	12	13	14	15	16=10/3	17	18	19	20
33114	33114						11.04	5519		
13416	13416						10	1677		
19500	19500					6.39	7	3250		
22000	22000					10.00	2.5	1204		
76000	61000				15000	11.33	8.0	8160		
20350	20350					16.95	2.0	300		
30500	26500				4000	11.90	2.8	1928		
37000	37000					96.35	3.7	1591		
59500	59500					9.01	6.0	3912		
40000	40000					96.15	5.0	3385		
41500	41500					9.52	3.5	2700		
700496					700496	7.59	11.446	63218		
275800					275800	35.70	16.8	10143	1000	
60300					60300	58.82	6.03	508		
32390					32390	77.36	0.79	5818	1700	

北京市石景山区
（不含街巷

序号	道路名称	起止地点	道路长度（公里）	路面宽度（米）	道路范围总面积（平方米）	绿化面积（平方米）					
						合计	行道树	分车带	街头绿地	环岛立交桥绿地	道路两侧绿化带
甲	乙	丙	1	2	3	4	5	6	7	8	9
	石景山区										
	区属道路										
1	石景山路	玉泉路口—首钢厂东门	6.88	22	490544	336753	62500	3600	270653		
	其中：纯道路		6.88	22	219891	66100	62500	3600			
2	八角北路	八角东街—古城北路	1.3	12	69532	33932	9100		21842		2990
	其中：纯道路		1.3	12	47690	12090	9100				2990
3	杨庄大街	古城大街—苹果园路口	1.1	13.9	38672	23382	6380		17002		
	纯道路	古城大街—苹果园路口	1.1	13.9	21670	6380	6380				
4	八宝山南路	骨灰堂—石槽	2.85	9.5	72675	47100	17100		30000		
	纯道路		2.85	9.5	44175	17100	17100				
5	玉泉路北段西侧	玉泉路口—科大商场	1	12	25000	10000	4000				6000
6	玉泉路南段西侧	石槽北口—玉泉路口	0.45	12	3600	3600	1800				1800
7	体育场西路	体育馆南路—石景山路	0.3	9	8100	5400	1800				3600
8	体育场东路	体育馆南路—八角立交桥	0.26	12	10400	7280	1560				5720
9	体育场北路	石景山路—体育场西路	0.68	11	17680	8095	615				7480
10	体育场南路	体育场车路—体委办公楼	0.36	9	10556	5832	1080				4752
11	砂石厂路	田村路口—砂石厂	1.98	6	17820	5940	5940				
12	鲁谷村路	玉泉路西—京源路	4.48	8	62720	31360	31360				
13	京源路	京源路口—永定河桥	5.4	9	70200	21600	21600				
14	鲁谷北路	石景山路—鲁谷商店	0.38	6	6080	3800	3800				
15	骨灰堂东路	石景山路—家属院	0.12	4	624	144	144				
16	火化场西路	石景山路—西郊火化场	0.45	6	4050	1350	1350				
17	老山摩俱路	石景山路—训练场路	0.4	6	4000	600	600				

道路绿化明细表

片林）

覆盖面积（平方米）						绿化覆盖率（%）	道路绿化长度（公里）	实有树木数量（株）	实有草坪（平方米）	
合计	行道树	分车带	街头绿地	环岛立交桥绿地	道路两侧绿化带				数量	其中：冷季型
10	11	12	13	14	15	16=10/3	17	18	19	20
447164	85220	13765	348179			91.15	6.88	53073	112935	
98985	85220	13765				45.01	6.88	4297		
34057	9600		21187		3270	49.00	1.3	8391	22110	
12870	9600				3270	26.98	1.3	5040	5000	
25826	10340		15486			66.78	1.1	5683	10944	
10340	10340					47.11	1.1	1410	180	
69900	39900		30000			96.20	2.85	4364	4116	4116
39900	39900					90.32	2.85	986	4116	4116
17000	7000				10000	68.00	1	603	2340	
4800	2200				2600	133.33	0.45	1424		
6000	2000				4000	74.07	0.3	3355	2154	
9100	2600				6500	87.50	0.26	1495	380	
9445	615				8830	53.42	0.68	4217	6912	44
6049	720				5329	57.30	0.36	3142	3559	
4455	4455					25.00	12	295		
53760	53760					85.71	4.48	1323		
59400	59400					84.61	5.4	1325		
4560	4560					75.00	0.38	101		
624	624					100.00	0.12	43		
3600	3600					88.88	0.4	118		
2800	2800					70.00	0.4	196		

序号	道路名称	起止地点	道路长度（公里）	路面宽度（米）	道路范围总面积（平方米）	绿化面积（平方米）					
						合计	行道树	分车带	街头绿地	环岛立交桥绿地	道路两侧绿化带
甲	乙	丙	1	2	3	4	5	6	7	8	9
18	古城南大街	石景山路—水屯	1.58	8	20540	7900	7900				
19	八角南路	八角西街—古城南路	1	12	19500	7500	7500				
20	八角东街	北方工业大学—八角立交桥	2.3	12	62790	36990	21580				15410
21	八角路	八角东亍—古城东街	0.74	12	15390	6512	6512				
22	八角西街	杨庄东路—石景山路	1.6	12.2	46240	26386	11376				15010
23	住院处路	八角东亍—杨庄东路	0.4	5	4400	2400	2400				
24	文化馆路	古城东亍—卫生局	0.15	6	2302	1402	787				615
25	古城东街	石景山路—古城北路	0.7	12	20160	11424	4424				7000
26	古城南路	八角南路—古城大街	0.7	9	7700	1400	1400				
27	古城路	古城大街—古城东街	0.5	9	11250	6750	3500				3250
28	古城西路	北辛安路—古城大街	1.3	10	22500	2970	2970				
29	古城北路	古城路—八角北路	0.7	9	10570	6270	4270				2000
30	北辛安路	北辛安立交桥—首钢厂东门	2.14	12	38734	13054	13054				
31	和平街	北辛安路—北辛安东路	0.87	10	17400	5450	4350				1100
32	北辛安北岔路	金顶南路—北辛安大街	0.35	6	3325	1225	1225				
33	杨庄东街	苹果园南路—八角西街	1.2	9	14400	3600	3600				
34	苹果园南路	西黄村—金顶街南路	2.5	9	42500	11250	11250				
35	军区东路	北空门—八大处路	0.8	5	7125	3375	3375				
36	香山南路	福田桥—八大处路	1.2	9	15525	5175	5175				
37	八大处路	西黄村—八大处	3.5	15	68600	16100	16100				
38	苹果园路	苹果园大街—首钢厂容	1.6	9	26880	12480	12480				
39	金顶山路	金顶北路—八大处路口	4	7.2	62400	33600	33600				
40	模式口大街	门头沟路—金顶山路	0.15	6	1605	705	705				

续表一

覆盖面积（平方米）						绿化覆盖率（%）	道路绿化长度（公里）	实有树木数量（株）	实有草坪（平方米）	
合计	行道树	分车带	街头绿地	环岛立交桥绿地	道路两侧绿化带				数量	其中：冷季型
10	11	12	13	14	15	16＝10/3	17	18	19	20
15800	15800					77.00	1.58	222		
13000	13000					67.00	0.98	116		
39940	23580				16360	63.61	2.3	2735		
13650	13650					88.69	0.74	2347	2000	
28320	12070				16250	61.24	1.58	3112	4500	
2400	2400					54.54	0.4	76		
2115	2115					91.87	0.15	190	130	
14210	6029				8181	70.49	0.68	6201	6348	
6391	6391					83.00	0.65	245		
10000	5500				4500	88.90	0.5	583	200	
5970	5970					26.53	1.2	594		
7326	4826				2500	69.31	0.7	839	2000	
16899	16899					43.63	2.14	1992		
9800	7600				2200	56.32	0.87	260	1000	
2275	2275					68.42	0.35	76		
7200	7200					50.00	1.2	348		
17500	17500					41.17	2.1	438		
4875	4875					68.42	0.8	288		
13225	13225					85.18	1.2	471		
30100	30100					43.88	3.5	1962		
16960	16960					63.09	1.6	382		
44000	44000					70.51	4	1806		
697	697					43.42	0.15	37		

序号	道路名称	起止地点	道路长度（公里）	路面宽度（米）	道路范围总面积（平方米）	绿化面积（平方米）					
						合计	行道树	分车带	街头绿地	环岛立交桥绿地	道路两侧绿化带
甲	乙	丙	1	2	3	4	5	6	7	8	9
41	金顶北路	金顶东路—金顶西路	1.1	8	11000	2200	2200				
42	金顶南路	苹果园南路—广宁路	1.2	9	20040	9240	9240				
43	金顶路	金顶东街—金顶西街	1.2	9	20400	9600	9600				
44	金顶东街	金顶北路—金顶南路	0.7	6	7350	3150	3150				
45	金顶西街	北辛安立交桥—门头沟路	0.8	9	9600	5360	4800				560
46	电厂路	广宁路—门头沟路	1.23	9	21402	3690	3690				
47	广宁路	金家桥—漫水桥	3.5	18	92400	17500	10500			7000	
48	门头沟路	金顶山—门头沟	5.1	8	90780	49980	49980				
49	黑石头路	五里坨—黑石头村	1.72	6	20640	10320	10320				
50	工程兵路	门头沟路—工程兵大院	1.5	6	18000	9000	9000				
51	阜石路	八角东街—金安桥	3.7	14	111000	31600	24200	7400			
	区属河岸		10.15		566300	197900	85800				112100
52	永定河引水渠	福田桥—工程兵院	6.6	45	382800	85800	85800				
	永定河堤路	3＋500—6＋50	2.55	50	127500	107100					107100
		6＋50—7＋50	1.00	56	56000	5000					5000
	市属河岸		7.854		531046	164368	71899				92469
53	永引渠	杏石口—模式口	3.4	92	312800	92469					92469
	永引渠	老店跌水—模式口隧洞	4.454	49	218246	71899	71899				

续表二

覆盖面积（平方米）						绿化覆盖率（%）	道路绿化长度（公里）	实有树木数量（株）	实有草坪（平方米）	
合计	行道树	分车带	街头绿地	环岛立交桥绿地	道路两侧绿化带				数量	其中：冷季型
10	11	12	13	14	15	16=10/3	17	18	19	20
4200	4200					38.18	1.10	289		
11040	11040					55.09	1.2	286		
14400	14400					70.59	1.2	242		
4150	4150					56.46	0.7	100		
6960	5840				1120	72.50	0.8	234	560	
7380	7380					34.48	1.2	293		
28000	21000			7000		30.30	3.5	5460	7000	
38760	38760					43.00	5.1	716		
15480	15480					75.00	1.72	328		
15000	15000					83.33	1.5	768		
31600	24200	7400				28.47	3.7	1653	7400	
271800	99000				172800	48.00	10.15	22999		
99000	99000					25.90	6.6	2608		
117800					117800	92.40	2.55	19866		
55000					55000	98.20	1.00	525		
207279	118509				88770	39.03	12.308	8957	25175	
88770					88770	28.38	3.4	6910	24940	
118509	118509					54.30	8.908	2047	235	

北京市远郊区县

序号	道路名称	起止地点	道路长度（公里）	路面宽度（米）	道路范围总面积（平方米）	绿化面积（平方米）					
						合计	行道树	分车带	街头绿地	环岛立交桥绿地	道路两侧绿化带
甲	乙	丙	1	2	3	4	5	6	7	8	9
	门头沟区		**86.39**		**778467**	**209005**	**181142**	**23990**		**3850**	**23**
	纯道路		47.50		577685	158810	130970	23990		3850	
	河　岸		1.64		80458	26185	26185				
	街　巷		37.25		120324	24010	23987				23
	房山区		**86.48**		**2091456**	**651454**	**280499**	**26123**		**4789**	**340043**
	纯道路		64.9		1800639	606054	241099	26123		4789	334043
	河　岸		7.05		137600	20350	14350				6000
	街　巷		14.53		153217	25050	25050				
	通县		**67.49**		**1838145**	**726845**	**418774**	**73479**		**26675**	**207917**
	纯道路		67.49		1838145	726845	418774	73479		26675	207917
	昌平县		**29.02**		**1573498**	**288055**	**169484**	**65453**		**4646**	**48472**
	纯道路		29.02		1573498	288055	169484	65453		4646	48472
	大兴县		**44.72**		**2065170**	**948120**	**338236**	**33452**		**6000**	**570432**
	纯道路		44.72		2065170	948120	338236	33452		6000	570432
	平谷县		**42.83**		**1463912**	**377860**	**126775**	**99888**		**54382**	**96815**
	纯道路		42.60		1463222	377860	126775	99888		54382	96815
	街　巷		0.23		690						
	怀柔县		**24.54**		**1022180**	**539287**	**197171**	**101164**		**53066**	**187886**
	纯道路		24.54		1022180	539287	197171	101164		53066	187886
	顺义县		**62.15**		**2529900**	**1177207**	**129330**	**62095**		**60379**	**925403**
	纯道路		55.26		2338100	1068087	129330	62095		60379	816283
	河　岸		6.89		191800	109120					109120
	密云县		**49.92**		**1306222**	**485958**	**207551**	**24119**			**254288**
	纯道路		35.82		1235947	473930	195523	24119			254288
	街　巷		14.1		70275	12028	12028				
	延庆县		**29.75**		**982353**	**309561**	**28485**	**29653**		**27041**	**224382**
	纯道路		24.97		961723	309561	28485	29653		27041	224382
	街　巷		4.78		20630						

道路绿化汇总表

覆 盖 面 积 （平方米）						绿化覆盖率（%）	道路绿化长度（公里）	实有树木（株）	实有草坪（平方米）
合 计	行道树	分车带	街头绿地	环岛立交桥绿地	道路两侧绿化带				
10	11	12	13	14	15	16＝10/3	17		
246758	**217714**	**25171**		**3850**	**23**	**31.70**	**36.64**	**22556**	**27240**
178482	149461	25171		3850		30.90	31.19	16954	27000
43890	43890					54.55	1.64	5217	240
24386	24363				23	20.27	3.81	385	
911571	**529455**	**28166**		**4789**	**349161**	**43.59**	**75.57**	**128133**	**46013**
803197	468181	28166		4789	302061	44.61	62.62	123377	46013
64150	17050				47100	46.62	6.5	3822	
44224	44224					28.86	6.45	934	
910702	**577988**	**73759**		**26675**	**232280**	**49.54**	**67.29**	**301688**	**153427**
910702	577988	73759		26675	232280	49.54	67.29	301688	153427
618976	**378962**	**115208**		**4646**	**120160**	**39.34**	**29.02**	**77521**	**90524**
618976	378962	115208		4646	120160	39.34	29.02	77521	90524
1180583	**564889**	**33452**		**6000**	**576242**	**57.17**	**42.35**	**179124**	**156**
1180583	564889	33452		6000	576242	57.17	42.35	179124	156
478568	**183549**	**120879**		**54382**	**119758**	**32.69**	**36.01**	**49885**	**58428**
478568	183549	120879		54382	119758	32.71	36.01	49885	58428
669687	**327572**	**101164**		**53066**	**187885**	**65.52**	**20.79**	**123243**	**128488**
669687	327572	101164		53066	187885	65.52	20.79	123243	128488
1657500	**484890**	**84435**		**60379**	**1027796**	**65.52**	**50.00**	**234254**	**231881**
1527600	484890	84435		60379	897896	65.34	43.11	227434	231881
129900					129900	67.73	6.89	6820	
537862	**237996**	**24119**			**275747**	**41.18**	**36.66**	**68054**	**41225**
524104	224238	24119			275747	42.41	23.37	67367	41225
13758	13758					19.58	13.29	687	
327062	**61763**	**30842**		**27041**	**207416**	**33.29**	**24.97**	**115927**	**50421**
327062	61763	30842		27041	207416	34.01	24.97	115927	50421

图五

北京市城市单位专用绿地主要指标

	1995年	1990年	增减(+.-)	增减(%)
单位绿地面积(公顷)	10629	8412	2217	26.36
城近郊区	8103	6580	1523	23.15
远郊区县	2525	1831	694	37.90
绿地面积占总面积的百分比(%)	25.72	22.14	3.58	16.17
城近郊区	26.21	22.62	3.59	15.87
远郊区县	24.28	20.59	3.69	17.92

北京市城市单位专用绿地面积

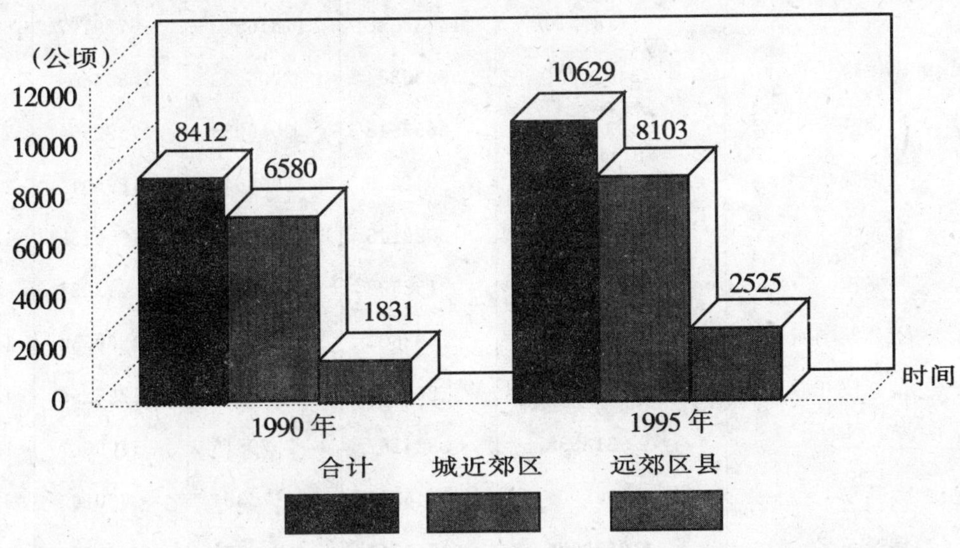

单位专用绿地面积占总面积的百分比

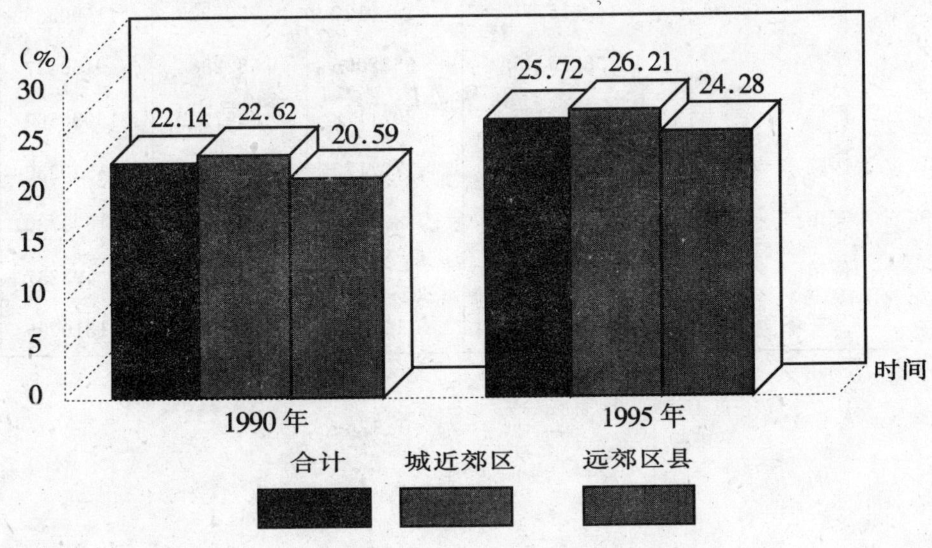

北京市城市单位专用
（按类别

单位名称	总面积（平方米）	建筑占地面积	铺装面积	绿地面积		
				小计	绿化面积	水面积
甲	1＝2＋3＋4＋7＋8	2	3	4＝5＋6	5	6
合计	**275477969**	**82035081**	**54915302**	**80751085**	**78184745**	**2566340**
工厂	107525508	36449350	17569944	24616323	23495995	1120328
机关	51881710	14733248	11816573	16779197	16138515	640682
学校	34364731	9935384	7005533	10884606	10678083	206523
部队	40345895	8655518	9046938	17292591	17198383	94208
医院	5413635	2042445	1008646	1896010	1856843	39167
宾馆	5267529	2029143	1163936	1506258	1378105	128153
使馆	1190031	152508	238651	493237	493237	
公共场所	6081162	1698633	1618760	1560354	1359227	201127
单位开放	1830226	268454	288422	1223256	1189956	33300
仓库	9618538	2824167	2979515	1709087	1692601	16486
其它	11959004	3246231	2178384	2790166	2703800	86366
城近郊区	**210630995**	**63561061**	**41838793**	**64641234**	**62765814**	**1875420**
工厂	69871945	25982247	10710443	15140776	14611477	529299
机关	42615717	11870120	9539375	14592586	13966237	626349
学校	28213415	8332096	5822884	9169437	8974816	194621
部队	37433437	8071178	8367142	16090563	16021586	68977
医院	4350420	1707172	826359	1533230	1497398	35832
宾馆	4918970	1876760	1093558	1399730	1272613	127117
使馆	1190031	152508	238651	493237	493237	
公共场所	4471823	1107390	1305402	1310099	1112425	197674

绿地面积汇总表

分组）

未绿化面积	其它面积	已绿化面积占总面积（%）	绿化覆盖面积（平方米）	绿化覆盖率（%）
7	8	9=4/1	10	11=10/1
16893046	**40883455**	**29.31**	**96418409**	**35.00**
8537789	20352102	22.89	29971109	27.87
2944451	5608241	32.34	20405403	39.33
1869233	4669975	31.67	13285018	38.66
1978765	3372083	42.86	19716236	48.87
161038	305496	35.02	2251232	41.58
127879	440313	28.60	1658218	31.48
14001	291634	41.45	771351	64.82
193297	1010118	25.66	1839460	30.25
27774	22320	66.84	1391403	76.02
144700	1961069	17.77	2053199	21.35
894119	2850104	23.33	3075780	25.72
11127501	**29462406**	**30.71**	**77098507**	**36.99**
4832816	13205663	21.67	18726343	26.80
2263247	4350389	34.24	17826299	41.83
1219900	3669098	32.50	11233264	39.82
1841524	3063030	42.98	18215311	48.66
103749	179910	35.24	1822070	41.88
110781	438141	28.46	1531394	31.13
14001	291634	41.45	771351	64.82
120173	628759	29.30	1519222	33.97

单位名称	总面积（平方米）	建筑占地面积	铺装面积	绿地面积		
				小计	绿化面积	水面积
甲	1＝2＋3＋4＋7＋8	2	3	4＝5＋6	5	6
仓库	7130419	2284250	2165946	1383835	1376450	7385
其它	8604592	1908886	1480611	2304485	2249619	54866
单位开放	1830226	268454	288422	1223256	1189956	33300
远郊区县	**64846974**	**18474020**	**13076509**	**16109851**	**15418931**	**690920**
工厂	37653563	10467103	6859501	9475547	8884518	591029
机关	9265993	2863128	2277198	2186611	2172278	14333
学校	6151316	1603288	1182649	1715169	1703267	11902
部队	2912458	584340	679796	1202028	1176797	25231
医院	1063215	335273	182287	362780	359445	3335
宾馆	348559	152383	70378	106528	105492	1036
公共场所	1609339	591243	313358	250255	246802	3453
仓库	2488119	539917	813569	325252	316151	9101
其它	3354412	1337345	697773	485681	454181	31500

续表一

未绿化面积	其它面积	已绿化面积占总面积（%）	绿化覆盖面积（平方米）	绿化覆盖率（%）
7	8	9＝4/1	10	11＝10/1
99222	1197166	19.41	1649792	23.14
494314	2416296	26.78	2412058	28.03
27774	22320	66.84	1391403	76.02
5765545	**11421049**	**24.84**	**19319902**	**29.79**
3704973	7146439	25.17	11244766	29.86
681204	1257852	23.60	2579104	27.83
649333	1000877	27.88	2051754	33.35
137241	309053	41.27	1500925	51.53
57289	125586	34.12	429162	40.36
17098	2172	30.56	126824	36.39
73124	381359	15.55	320238	19.90
45478	763903	13.07	403407	16.21
399805	433808	14.48	663722	19.79

北京市城市单位专用

（按类别

单位名称	实	有	树				
	总 计	乔 木					灌
		合计	常绿乔木		落叶乔木		合计
			小计	其中：侧柏	小计	其中：国槐	
甲	1＝2＋7＋10	2＝3＋5	3	4	5	6	7
合　计	**16316977**	**3890083**	**1658555**	**562522**	**2231528**	**225688**	**4610823**
工厂	5461125	1298845	490556	192235	808289	118999	1291698
机关	3069856	643428	296744	115522	346684	30501	846201
学校	1967809	479398	194602	33736	284796	25768	476096
部队	3622794	998431	454288	127204	544143	35515	1387408
医院	563487	106011	55279	20613	50732	3351	132519
宾馆	583334	69694	39326	12560	30368	1645	134615
使馆	40533	14924	4786	863	10138	494	19367
公共场所	349747	80532	56649	32008	23883	2721	170525
单位开放	94723	24540	13146	7882	11394	565	20438
仓库	242560	58274	17002	7570	41272	1984	49601
其它	321009	116006	36177	12329	79829	4145	82355
城近郊区	**12001079**	**2702777**	**1150294**	**323961**	**1552483**	**118155**	**3239418**
工厂	3186071	652914	260393	101737	392521	33951	784706
机关	2471252	445728	175028	37509	270700	24240	700978
学校	1614861	382354	153010	24402	229344	19643	389355
部队	3008938	914277	413097	114838	501180	29795	906094
医院	460715	67828	35273	9546	32555	2512	93702
宾馆	536103	64089	35638	10878	28451	1474	126928
使馆	40533	14924	4786	863	10138	494	19367
公共场所	246569	45764	27017	6598	18747	2205	116662

绿地树木汇总表

分组）

木		（株）				实有绿篱		实有草坪（平方米）		实有宿根花卉	
木		其它									
常绿灌木	落叶灌木	合计	月季	攀缘	竹子	长度（米）	数量（株）	数量	其中：冷季型	面积（平方米）	数量（株）
8	9	10	11	12	13	14	15	16	17	18	19
1949467	**2661356**	**7816071**	**3534363**	**3552435**	**729273**	**3693471**	**15783467**	**15822919**	**4102180**	**634056**	**2272605**
456688	835010	2870582	1480609	1317803	72170	1528188	5552765	3424591	816106	160023	554512
388178	458023	1580227	675030	658394	246803	785679	3454203	3701970	915239	158042	692738
209690	266406	1012315	394017	526331	91967	434915	2082115	2481024	750267	94851	317239
604374	783034	1236955	576637	573870	86448	650294	3076566	3658979	775382	134257	284112
56850	75669	324957	98975	188188	37794	91419	560595	468257	168319	22731	99204
59959	74656	379025	99282	121907	157836	84531	383889	652862	353062	21659	117208
6349	13018	6242	1420	3022	1800	870	5670	130060			
120818	49707	98690	48954	35459	14277	43430	231090	432439	46465	7699	96021
3352	17086	49745	26325	13555	9865	11289	94747	402825	8730	2948	20927
17217	32384	134685	65768	65403	3514	39899	169809	165870	94146	3586	12077
25992	56363	122648	67346	48503	6799	22957	172018	304042	174464	28260	78567
1571531	**1667887**	**6058884**	**2486416**	**2923597**	**648871**	**2964380**	**12224957**	**13107288**	**3593145**	**489637**	**1861803**
299999	484707	1748451	757186	930264	61001	1133223	3527770	2346474	606023	92864	381981
319706	381272	1324546	534632	570214	219700	593969	2829362	2897579	814298	131083	620314
178043	211312	843152	305189	463223	74740	368749	1635271	2108468	686928	72918	230771
568335	337759	1188567	557001	552645	78921	615996	2903174	3519531	754772	124659	258343
31039	62663	299185	82479	179793	36913	78228	467431	395253	158408	19272	87165
55635	71293	345086	86585	115680	142821	75437	356666	632302	343062	19530	102212
6349	13018	6242	1420	3022	1800	870	5670	130060			
88433	28229	84143	38171	31828	14144	38538	192821	357221	44665	5428	92825

单位名称	实	有	树				
	总 计	乔 木					灌
		合计	常绿乔木		落叶乔木		合计
			小计	其中:侧柏	小计	其中:国槐	
甲	1=2+7+10	2=3+5	3	4	5	6	7
单位开放	94723	24540	13146	7882	11394	565	20438
仓库	164100	44564	12893	5428	31671	1147	36297
其它	177214	45795	20013	4280	25782	2129	44891
远郊区县	**4315898**	**1187306**	**508261**	**238561**	**679045**	**107533**	**1371405**
工厂	2275054	645931	230163	90498	415768	85048	506992
机关	598604	197700	121716	78013	75984	6261	145223
学校	352948	97044	41592	9334	55452	6125	86741
部队	613856	84154	41191	12366	42963	5720	481314
医院	102772	38183	20006	11067	18177	839	38817
宾馆	47231	5605	3688	1682	1917	171	7687
公共场所	103178	34768	29632	25410	5136	516	53863
仓库	78460	13710	4109	2142	9601	837	13304
其它	143795	70211	16164	8049	54047	2016	37464

续表一

木				(株)		实有绿篱		实有草坪（平方米）		实有宿根花卉	
木		其它									
常绿灌木	落叶灌木	合计	月季	攀缘	竹子	长度（米）	数量（株）	数量	其中：冷季型	面积（平方米）	数量（株）
8	9	10	11	12	13	14	15	16	17	18	19
3352	17086	49745	26325	13555	9865	11289	94747	402825	8730	2948	20927
11340	24957	83239	50509	29381	3349	32937	128766	79298	34537	1884	5591
9300	35591	86528	46919	33992	5617	15144	83279	238277	141722	19051	61674
377936	**993469**	**1757187**	**1047947**	**628838**	**80402**	**729091**	**3558510**	**2715631**	**509035**	**144419**	**410802**
156689	350303	1122131	723423	387539	11169	394965	2024995	1078117	210083	67159	172531
68472	76751	255681	140398	88180	27103	191710	624841	804391	100941	26959	72424
31647	55094	169163	88828	63108	17227	66166	446844	372556	63339	21933	86468
36039	445275	48388	19636	21225	7527	34298	173392	139448	20610	9598	25769
25811	13006	25772	16496	8395	881	13191	93164	73004	9911	3459	12039
4324	3363	33939	12697	6227	15015	9094	27223	20560	10000	2129	14996
32385	21478	14547	10783	3631	133	4892	38269	75218	1800	2271	3196
5877	7427	51446	15259	36022	165	6962	41043	86572	59609	1702	6486
16692	20772	36120	20427	14511	1182	7813	88739	65765	32742	9209	16893

北京市城市单位专用

（按行政

单位名称	总面积（平方米）	建筑占地面积	铺装面积	绿地面积		
				小计	绿化面积	水面积
甲	1=2+3+4+7+8	2	3	4=5+6	5	6
合计	**275477969**	**82035081**	**54915302**	**80751085**	**78184745**	**2566340**
城近郊区	**210630995**	**63561061**	**41838793**	**64641234**	**62765814**	**1875420**
东城区	7774324	3319014	2097651	1521241	1388979	132262
西城区	9403818	4306592	2480360	1997672	1480841	516831
崇文区	3436562	1660171	837893	602941	594455	8486
宣武区	5811059	2437663	1623225	872480	861759	10721
朝阳区	51398968	14867039	9187717	17523317	17244017	279300
海淀区	63266068	18740803	11739689	22155708	21586730	568978
丰台区	46533542	11988406	8583121	12554626	12455697	98929
石景山	23006654	6341373	5289137	7413249	7153336	259913
远郊区县	**64846974**	**18474020**	**13076509**	**16109851**	**15418931**	**690920**
门头沟区	6544511	2057172	1285113	1771764	1746882	24882
房山区	16250270	4960773	3408650	4499498	4486345	13153
通县	10631510	3486080	1940930	3380681	2809065	571616
昌平县	6453300	1554907	1173847	1111816	1105449	6367
大兴县	10497400	2090312	1740682	2559901	2522707	37194
平谷县	3426512	902237	669510	320839	315283	5556
怀柔县	1506993	480950	375594	522902	519398	3504
顺义县	4608184	1393749	1294190	922083	899983	22100
密云县	3111973	853768	657600	598353	595427	2926
延庆县	1816321	694072	530393	422014	418392	3622

绿地面积汇总表

区分组）

未绿化面积	其它面积	已绿化面积占总面积（%）	绿化覆盖面积（平方米）	绿化覆盖率（%）
7	8	9=4/1	10	11=10/1
16893046	**40883455**	**29.31**	**96418409**	**35.00**
11127501	**29462406**	**30.69**	**77098507**	**36.60**
110275	726143	19.57	1967569	25.31
113515	605679	21.24	2568866	27.32
32668	302889	17.54	716305	20.84
64394	813297	15.01	1513560	26.05
2255158	7565737	34.09	21724866	42.27
2087035	8542833	35.02	26048137	41.17
5679599	7727790	26.98	15589721	33.50
784857	3178038	32.22	6969483	30.30
5765545	**11421049**	**24.84**	**19319902**	**29.79**
342118	1088344	27.07	1979511	30.25
587592	2793757	27.69	5630642	34.65
653889	1169930	31.80	3894343	36.63
1810890	801840	17.23	1361593	21.10
715065	3391440	24.37	3207829	30.56
672171	861755	9.36	382096	11.15
12657	114890	34.70	577071	38.30
370739	627423	20.01	1188623	25.79
461025	541227	19.23	652358	20.96
139399	30443	23.23	445836	24.51

北京市城市单位专用

（按行政

单位名称	实	有	树				
	总 计	乔 木					灌
		合计	常绿乔木		落叶乔木		合计
			小计	其中:侧柏	小计	其中:国槐	
甲	1=2+7+10	2=3+5	3	4	5	6	7
合　　计	**16316977**	**3890083**	**1658555**	**562522**	**2231528**	**225688**	**4610823**
城近郊区	**12001079**	**2702777**	**1150294**	**323961**	**1552483**	**118155**	**3239418**
东城区	441789	51686	22966	3548	28720	2273	103772
西城区	656519	75775	37282	5987	38493	2822	132125
崇文区	232069	24043	7765	1028	16278	708	27766
宣武区	402108	37045	14763	3521	22282	2137	134538
朝阳区	2544500	473237	186294	39954	286943	25732	623586
海淀区	3704413	856102	375518	94746	480584	34641	1091522
丰台区	2191546	615498	191525	66751	423973	39259	564135
石景山区	1828135	569391	314181	108426	255210	10583	561974
远郊区县	**4315898**	**1187306**	**508261**	**238561**	**679045**	**107533**	**1371405**
门头沟区	667664	121491	62286	26815	59205	4029	475152
房山区	1219498	445078	159021	103501	286057	11785	267468
通　县	665992	186210	62393	14182	123817	67073	226778
昌平县	213424	74809	41356	29605	33453	9560	71937
大兴县	469181	154321	69476	8569	84845	8368	129991
平谷县	55391	18100	7263	1649	10837	818	7303
怀柔县	166660	42593	28835	23334	13758	1003	23855
顺义县	257182	49766	26020	4900	23746	1940	88517
密云县	507492	55777	22113	2968	33664	2234	49638
延庆县	93414	39161	29498	23038	9663	723	30766

绿地树木汇总表

区分组）

木		(株)				实有绿篱		实有草坪（平方米）		实有宿根花卉	
木		其　它									
常绿灌木	落叶灌木	合计	月季	攀缘	竹子	长度（米）	数量（株）	数量	其中：冷季型	面积（平方米）	数量（株）
8	9	10	11	12	13	14	15	16	17	18	19
1949467	**2661356**	**7816071**	**3534363**	**3552435**	**729273**	**3693471**	**15783467**	**15822919**	**4102180**	**634056**	**2272605**
1571531	**1667887**	**6058884**	**2486416**	**2923597**	**648871**	**2964380**	**12224957**	**13107288**	**3593145**	**489637**	**1861803**
52883	50889	286331	122710	137238	26383	74312	328111	263886	159341	15349	62676
60548	71577	448619	107517	213168	127934	166223	409577	468880	166491	28119	198524
5926	21840	180260	48059	127766	4435	30854	159074	109975	16404	3061	21758
80606	53932	230525	71189	156127	3209	29810	192762	142587	13960	5253	19966
250349	373237	1447677	610381	771519	65777	825070	2826259	3436917	751087	164697	561144
551081	540441	1756789	765836	674074	316879	1074846	4405370	5560825	1776801	169843	653463
319178	244957	1011913	426082	542361	43470	544936	2595092	1983605	435259	50465	168287
250960	311014	696770	334642	301344	60784	218329	1308712	1140613	273802	52850	175985
377936	**993469**	**1757187**	**1047947**	**628838**	**80402**	**729091**	**3558510**	**2715631**	**509035**	**144419**	**410802**
34229	440923	71021	47134	21567	2320	22440	119220	111082	3080	9453	10681
50508	216960	506952	152039	342008	12905	301595	1363652	964717	82378	46783	67764
87891	138887	253004	129880	113239	9885	97066	637163	474738	95054	31300	82726
36904	35033	66678	38566	19078	9034	21841	126988	160092		6733	53981
57944	72047	184869	128672	44837	11360	184772	561497	442072	98043	8438	52525
2553	4750	29988	21289	7778	921	31646	225763	31084	11230	2388	5325
15835	8020	100212	46743	34245	19224	19864	201663	88428	18149	14976	42639
39029	49488	118899	69995	34950	13954	33293	218748	252571	200701	15535	68198
27899	21739	402077	397247	4031	799	7553	43345	105942		2942	17625
25144	5622	23487	16382	7105		9021	60471	84905	400	5871	9338

北京市城市单位专用绿地

单位名称	总面积（平方米）	建筑占地面积	铺装面积	绿地面积		
				小计	绿化面积	水面积
甲	1=2+3+4+7+8	2	3	4=5+6	5	6
合计	**107525508**	**36449350**	**17569944**	**24616323**	**23495995**	**1120328**
城近郊区	**69871945**	**25982247**	**10710443**	**15140776**	**14611477**	**529299**
东城区	1222495	617165	238512	208498	208436	62
西城区	1118061	639680	302307	136160	136116	44
崇文区	1046518	592857	262372	94793	94699	94
宣武区	2005150	926442	361527	302647	302318	329
朝阳区	20536462	8224758	2477960	5342540	5279739	62801
海淀区	13439892	4847115	2197258	2522798	2331519	191279
丰台区	19093546	6198813	2958767	3864229	3831452	32777
石景山区	11409821	3935417	1911740	2669111	2427198	241913
远郊区县	**37653563**	**10467103**	**6859501**	**9475547**	**8884518**	**591029**
门头沟区	2700249	707784	696633	769039	765513	3526
房山区	12631110	3871032	2485160	3676813	3670290	6523
通县	6951986	2434674	1232733	2118478	1580067	538411
昌平县	3023609	405689	192684	239139	238909	230
大兴县	6392329	1206156	913396	1603316	1580499	22817
平谷县	1565870	423747	213389	88889	88199	690
怀柔县	216671	102509	48184	49635	49234	401
顺义县	2466262	740175	712224	477160	458789	18371
密云县	1082224	362204	231507	201622	201622	
延庆县	623253	213133	133591	251456	251396	60

——工厂类面积汇总表

未绿化面积	其它面积	已绿化面积占总面积（%）	绿化覆盖面积（平方米）	绿化覆盖率（%）
7	8	9=4/1	10	11=10/1
8537789	**20352102**	**22.89**	**29971109**	**27.87**
4832816	**13205663**	**21.67**	**18726343**	**26.80**
47877	110443	17.06	348781	28.53
5619	34295	12.18	189918	16.99
3263	93233	9.10	119549	11.42
25430	389104	15.09	609222	30.38
781695	3709509	26.01	7010863	34.14
540274	3332447	18.77	2963955	22.05
3000408	3071329	20.24	4981174	26.09
428250	2465303	23.39	2502881	21.94
3704973	**7146439**	**25.17**	**11244766**	**29.86**
210014	316779	28.48	845016	31.29
378868	2219237	29.11	4593155	36.36
466948	699153	30.47	2315402	33.31
1659988	526109	7.91	274869	9.09
277550	2391911	25.08	2035014	31.84
377292	462553	5.68	100175	6.40
1019	15324	22.91	51232	23.65
192126	344577	19.35	565526	22.93
135839	151052	18.63	212161	19.60
5329	19744	40.35	252216	40.47

北京市城市单位专用绿地

单位名称	实有树						
	总计	乔木					灌
		合计	常绿乔木		落叶乔木		合计
			小计	其中:侧柏	小计	其中:国槐	
甲	1=2+7+10	2=3+5	3	4	5	6	7
合　计	**5461125**	**1298845**	**490556**	**192235**	**808289**	**118999**	**1291698**
城近郊区	**3186071**	**652914**	**260393**	**101737**	**392521**	**33951**	**784706**
东城区	75129	5897	1914	278	3983	156	34527
西城区	31060	6258	2048	249	4210	285	9161
崇文区	40213	5232	1941	495	3291	152	2611
宣武区	143839	11543	3223	983	8320	1057	40854
朝阳区	1016151	169521	55666	19468	113855	11860	185165
海淀区	302368	82489	25944	7677	56545	4837	79112
丰台区	633979	166907	62725	36631	104182	10015	140669
石景山区	943332	205067	106932	35956	98135	5589	292607
远郊区县	**2275054**	**645931**	**230163**	**90498**	**415768**	**85048**	**506992**
门头沟区	78070	42741	14479	11182	28262	1378	13028
房山区	921430	343221	96798	51147	246423	9148	201560
通　县	391449	80256	29058	8169	51198	63586	134744
昌平县	26808	11099	3387	1922	7712	3616	5692
大兴县	295618	103382	56041	6682	47341	4775	85336
平谷县	11963	5148	1929	324	3219	115	1603
怀柔县	13330	7494	6823	6686	671	158	3064
顺义县	105805	24596	16189	3053	8407	739	37726
密云县	404996	20537	3582	792	16955	1211	10754
延庆县	25585	7457	1877	541	5580	322	13485

——工厂类树木汇总表

木		(株)				实有绿篱		实有草坪（平方米）		实有宿根花卉	
木		其它									
常绿灌木	落叶灌木	合计	月季	攀缘	竹子	长度（米）	数量（株）	数量	其中：冷季型	面积（平方米）	数量（株）
8	9	10	11	12	13	14	15	16	17	18	19
456688	**835010**	**2870582**	**1480609**	**1317803**	**72170**	**1528188**	**5552765**	**3424591**	**816106**	**160023**	**554512**
299999	**484707**	**1748451**	**757186**	**930264**	**61001**	**1133223**	**3527770**	**2346474**	**606023**	**92864**	**381981**
25841	8686	34705	20808	13758	139	20472	74454	12973	817	5750	3960
2942	6219	15641	4886	9969	786	8833	34443	8533	285	2270	11243
692	1919	32370	4981	27269	120	4300	24741	5205	510	623	4459
16556	24298	91442	34408	56397	637	10646	61385	31509	4100	1387	5313
76750	108415	661465	237085	411478	12902	512189	1354996	979070	168721	28809	140534
35938	43174	140767	79326	52372	9069	343456	470350	421015	91796	16798	44910
52647	88022	326403	142119	179303	4981	123566	777766	414594	147276	15467	51291
88633	203974	445658	233573	179718	32367	109761	729635	473575	192518	21760	120271
156689	**350303**	**1122131**	**723423**	**387539**	**11169**	**394965**	**2024995**	**1078117**	**210083**	**67159**	**172531**
4851	8177	22301	16801	5341	159	5338	45376	24308		5910	2428
25295	176265	376649	108851	263990	3808	253826	1066705	386806	30908	30637	44535
45488	89256	176449	90313	82838	3298	62628	425237	222150	37201	15140	44340
2940	2752	10017	7398	2079	540	5070	22729	33830			
44614	40722	106900	90143	15775	982	39092	264527	151797	51744	4558	36681
842	761	5212	4283	908	21	9468	64432	14146	11230	1252	1616
1873	1191	2772	1503	1184	85	1865	18598	12651	2225	290	1990
16154	21572	43483	28329	12878	2276	13785	93406	94652	76375	8125	36833
3471	7283	373705	373691	14		154	571	77289		57	248
11161	2324	4643	2111	2532		3739	23414	60488	400	1190	3860

北京市城市单位专用绿地

单位名称	总面积（平方米）	建筑占地面积	铺装面积	绿地面积		
				小计	绿化面积	水面积
甲	1=2+3+4+7+8	2	3	4=5+6	5	6
合计	**51881710**	**14733248**	**11816573**	**16779197**	**16138515**	**640682**
城近郊区	**42615717**	**11870120**	**9539375**	**14592586**	**13966237**	**626349**
东城区	2347075	1098283	609305	375724	375690	34
西城区	3448694	1508960	812411	1003122	514296	488826
崇文区	810617	387514	150223	208791	208776	15
宣武区	1068473	463418	343575	135089	126797	8292
朝阳区	15854466	2549027	3910810	7039033	6990903	48130
海淀区	11289831	4013115	2444116	3564764	3498413	66351
丰台区	6515242	1457015	897995	1828373	1815329	13044
石景山区	1281319	392788	370940	437690	436033	1657
远郊区县	**9265993**	**2863128**	**2277198**	**2186611**	**2172278**	**14333**
门头沟区	681162	273636	152480	123787	123617	170
房山区	1293059	414056	352596	290493	289068	1425
通　县	1468560	477074	288133	430683	430510	173
昌平县	406431	160730	93199	65900	65694	206
大兴县	748746	213849	165949	332468	329580	2888
平谷县	1427588	373853	348040	167404	162801	4603
怀柔县	425934	74704	87569	254255	253997	258
顺义县	853543	286637	273303	151676	150969	707
密云县	1231360	286642	261621	261835	261419	416
延庆县	729610	301947	254308	108110	104623	3487

——机关类面积汇总表

未绿化面积	其它面积	已绿化面积占总面积（%）	绿化覆盖面积（平方米）	绿化覆盖率（%）
7	8	9＝4/1	10	11＝10/1
2944451	**5608241**	**32.34**	**20405403**	**39.33**
2263247	**4350389**	**34.24**	**17826299**	**41.83**
28292	235471	16.01	490224	20.89
16550	107651	29.09	1160138	33.64
7342	56747	25.76	231883	28.61
19447	106944	12.64	196552	18.40
861672	1493924	44.40	8440608	53.24
368438	899398	31.57	4253709	37.68
947395	1384464	28.06	2646630	40.62
14111	65790	34.16	406555	31.73
681204	**1257852**	**23.60**	**2579104**	**27.83**
45732	85527	18.17	149081	21.89
32843	203071	22.47	388787	30.07
56165	216505	29.32	559381	38.09
46087	40515	16.21	75790	18.65
6997	29483	44.40	328215	43.84
237357	300934	11.73	192731	13.50
5382	4024	59.70	260588	61.18
22268	119659	17.77	217537	25.49
166493	254769	21.26	290648	23.60
61880	3365	14.82	116346	15.95

北京市城市单位专用绿地

单位名称	实有树						
	总计	乔木					灌
		合计	常绿乔木		落叶乔木		合计
			小计	其中:侧柏	小计	其中:国槐	
甲	1=2+7+10	2=3+5	3	4	5	6	7
合　计	**3069856**	**643428**	**296744**	**115522**	**346684**	**30501**	**846201**
城近郊区	**2471252**	**445728**	**175028**	**37509**	**270700**	**24240**	**700978**
东城区	100542	14997	6944	1195	8053	923	26111
西城区	310391	24553	13164	1903	11389	732	36363
崇文区	38926	5258	1709	233	3549	94	6474
宣武区	93307	8391	4886	787	3505	368	34882
朝阳区	639053	119103	55709	6513	63394	3622	211375
海淀区	754017	135361	65629	14783	69732	5113	239652
丰台区	346202	117764	19622	10014	98142	11819	54108
石景山区	188814	20301	7365	2081	12936	1569	92013
远郊区县	**598604**	**197700**	**121716**	**78013**	**75984**	**6261**	**145223**
门头沟区	21653	9689	4833	646	4856	375	5628
房山区	128944	58309	47819	43775	10490	899	23152
通　县	61894	19532	6251	2712	13281	1900	21032
昌平县	21497	5089	3139	1958	1950	189	6030
大兴县	83401	15610	4989	504	10621	842	19359
平谷县	30689	7830	3146	528	4684	416	4283
怀柔县	61393	20637	11578	8196	9059	192	7448
顺义县	70270	9991	4145	1316	5846	427	21249
密云县	75984	28280	15722	1222	12558	770	31470
延庆县	42879	22733	20094	17156	2639	251	5572

——机关类树木汇总表

木				（株）		实有绿篱		实有草坪（平方米）		实有宿根花卉	
木		其　它									
常绿灌木	落叶灌木	合计	月季	攀缘	竹子	长度（米）	数量（株）	数量	其中：冷季型	面积（平方米）	数量（株）
8	9	10	11	12	13	14	15	16	17	18	19
388178	**458023**	**1580227**	**675030**	**658394**	**246803**	**785679**	**3454203**	**3701970**	**915239**	**158042**	**692738**
319706	**381272**	**1324546**	**534632**	**570214**	**219700**	**593969**	**2829362**	**2897579**	**814298**	**131083**	**620314**
11791	14320	59434	27295	24997	7142	24305	96230	63223	19352	2657	17151
14776	21587	249475	48065	86116	115294	110443	148553	190323	104533	14875	144306
599	5875	27194	8064	18477	653	9528	46316	49345	4802	702	5958
22499	12383	50034	12106	37084	844	8125	31454	24058	1500	1196	5281
80330	131045	308575	147548	136894	24133	119018	539230	795458	195241	48590	253413
104351	135301	379004	183228	134487	61289	244493	1385386	1335518	409551	48747	155195
17555	36553	174330	60446	108356	5528	43236	345415	308892	52773	7911	22837
67805	24208	76500	47880	23803	4817	34821	236778	130762	26546	6405	16173
68472	**76751**	**255681**	**140398**	**88180**	**27103**	**191710**	**624841**	**804391**	**100941**	**26959**	**72424**
2088	3540	6336	4813	1211	312	2519	12203	20164	750	443	2802
14010	9142	47483	16122	24317	7044	18979	149780	475052	2170	5860	9838
5862	15170	21330	15718	5120	492	11147	62301	91534	14871	7351	14957
1441	4589	10378	5761	3515	1102	2958	21389	14250		445	5154
5138	14221	48432	20978	20273	7181	114500	75573	58150	19596	280	2021
1168	3115	18576	11265	6419	892	17084	123917	13841		905	2653
5024	2424	33308	19093	7746	6469	5526	49476	22150	9274	3062	10939
11269	9980	39030	23820	12068	3142	10171	74376	69061	54280	2507	10492
19483	11987	16234	12503	3262	469	5501	32252	16754		1905	10590
2989	2583	14574	10325	4249		3325	23574	23435		4201	2978

北京市城市单位专用绿地

单位名称	总面积（平方米）	建筑占地面积	铺装面积	绿地面积		
				小计	绿化面积	水面积
甲	1=2+3+4+7+8	2	3	4=5+6	5	6
合计	**34364731**	**9935384**	**7005533**	**10884606**	**10678083**	**206523**
城近郊区	**28213415**	**8332096**	**5822884**	**9169437**	**8974816**	**194621**
东城区	944452	439405	233975	125180	125134	46
西城区	2025963	887929	552291	373740	372193	1547
崇文区	679070	292375	173542	116129	115812	317
宣武区	1093872	421856	454205	212147	211605	542
朝阳区	3819952	1106349	598053	1213747	1210334	3413
海淀区	16403917	4222479	3102094	6317450	6133722	183728
丰台区	1711828	531591	328931	370745	367808	2937
石景山区	1534361	430112	379793	440299	438208	2091
远郊区县	**6151316**	**1603288**	**1182649**	**1715169**	**1703267**	**11902**
门头沟区	300414	101983	57309	48607	48601	6
房山区	1029339	312479	172548	221421	220386	1035
通县	1036859	214374	210679	395462	389392	6070
昌平县	892194	204421	224437	295820	294908	912
大兴县	1205614	349012	159820	395167	392131	3036
平谷县	278180	60860	74644	40617	40617	
怀柔县	262625	68637	75103	89473	89358	115
顺义县	447799	78431	102070	128440	128022	418
密云县	450320	100900	69696	68959	68649	310
延庆县	247972	112191	36343	31203	31203	

——学校类面积汇总表

未绿化面积	其它面积	已绿化面积占总面积（%）	绿化覆盖面积（平方米）	绿化覆盖率（%）
7	8	9=4/1	10	11=10/1
1869233	**4669975**	**31.67**	**13285018**	**38.66**
1219900	**3669098**	**32.50**	**11233264**	**39.82**
19949	125943	13.25	188230	19.93
31011	180992	18.45	515552	25.45
47	96977	17.10	162561	23.94
250	5414	19.39	387325	35.41
118883	782920	31.77	1507569	39.47
880408	1881486	38.51	7653873	46.66
95025	385536	21.66	460377	26.89
74327	209830	28.70	357777	23.32
649333	**1000877**	**27.88**	**2051754**	**33.35**
12808	79707	16.18	59614	19.84
135188	187703	21.51	268971	26.13
82111	134233	38.14	493760	47.62
65053	102463	33.16	301228	33.76
78345	223270	32.78	486568	40.36
41918	60141	14.60	56266	20.23
2438	26974	34.07	97030	36.95
33488	105370	28.68	165734	37.01
129749	81016	15.31	78580	17.45
68235		12.58	44003	17.75

北京市城市单位专用绿地

单位名称	实有树						
	总　计	乔　木					灌
		合计	常绿乔木		落叶乔木		合计
			小计	其中:侧柏	小计	其中:国槐	
甲	1=2+7+10	2=3+5	3	4	5	6	7
合　　计	**1967809**	**479398**	**194602**	**33736**	**284796**	**25768**	**476096**
城近郊区	**1614861**	**382354**	**153010**	**24402**	**229344**	**19643**	**389355**
东城区	39509	8053	3416	875	4637	343	6546
西城区	129797	18450	6940	555	11510	884	19747
崇文区	83885	6208	1448	140	4760	299	4085
宣武区	51776	8544	2951	947	5593	342	9728
朝阳区	243098	40426	14236	1643	26190	2127	46861
海淀区	836660	250124	110767	15646	139357	13485	237932
丰台区	131076	21511	6509	1864	15002	1254	43065
石景山区	99060	29038	6743	2732	22295	909	21391
远郊区县	**352948**	**97044**	**41592**	**9334**	**55452**	**6125**	**86741**
门头沟区	8817	3237	1165	673	2072	184	3383
房山区	51307	17667	6018	3705	11649	1101	8389
通　县	80778	28735	18050	1206	10685	1018	22267
昌平县	48965	11783	4570	1987	7213	1559	11308
大兴县	53811	17239	5945	265	11294	1297	17062
平谷县	7551	3406	1680	675	1726	129	876
怀柔县	37388	3594	1342	336	2252	386	2852
顺义县	48664	6449	1575	88	4874	257	18292
密云县	13747	3772	926	207	2846	147	1907
延庆县	1920	1162	321	192	841	47	405

——学校类树木汇总表

木		（株）				实有绿篱		实有草坪（平方米）		实有宿根花卉	
木		其　　它									
常绿灌木	落叶灌木	合计	月季	攀缘	竹子	长度（米）	数量（株）	数量	其中：冷季型	面积（平方米）	数量（株）
8	9	10	11	12	13	14	15	16	17	18	19
209690	**266406**	**1012315**	**394017**	**526331**	**91967**	**434915**	**2082115**	**2481024**	**750267**	**94851**	**317239**
178043	**211312**	**843152**	**305189**	**463223**	**74740**	**368749**	**1635271**	**2108468**	**686928**	**72918**	**230771**
1821	4725	24910	7954	15522	1434	4773	18560	6195	310	1032	4594
11437	8310	91600	23107	63598	4895	18171	98900	114994	8320	4607	8846
1287	2798	73592	8932	64267	393	7775	38779	12060	8000	682	5237
3729	5999	33504	7308	25648	548	5086	22890	25413	1850	479	2536
17426	29435	155811	67531	82284	5996	82410	398593	386615	134219	11456	36639
103385	134547	348604	134197	158604	55803	215239	877347	1406724	499264	37174	143834
34670	8395	66500	42637	22619	1244	25429	117167	65782	27202	5038	16643
4288	17103	48631	13523	30681	4427	14952	63035	90685	7763	12450	12442
31647	**55094**	**169163**	**88828**	**63108**	**17227**	**66166**	**446844**	**372556**	**63339**	**21933**	**86468**
2787	596	2197	1719	476	2	586	2839	1834	210	525	258
3222	5167	25251	10236	14176	839	10981	65476	25520	3857	4476	8827
6920	15347	29776	13760	10319	5697	9670	63643	76261	17088	5340	15871
5460	5848	25874	15979	7750	2145	4059	29305	36604		3922	28975
4434	12628	19510	11073	5470	2967	26766	192426	168793	8223	509	6761
299	577	3269	3066	195	8	3011	22757	2872		84	398
2238	614	30942	13039	17137	766	4679	38641	8515	300	3740	12440
5473	12819	23923	11759	7481	4683	5418	24994	45949	33661	2990	9075
814	1093	8068	7908	40	120	480	3656	6058		297	3563
	405	353	289	64		516	3107	150		50	300

北京市城市单位专用绿地

单位名称	总面积（平方米）	建筑占地面积	铺装面积	绿地面积		
				小计	绿化面积	水面积
甲	1=2+3+4+7+8	2	3	4=5+6	5	6
合计	**40345895**	**8655518**	**9046938**	**17292591**	**17198383**	**94208**
城近郊区	**37433437**	**8071178**	**8367142**	**16090563**	**16021586**	**68977**
东城区	985113	350437	229493	308962	308962	
西城区	628382	248149	165385	194721	194709	12
崇文区	137902	37643	57504	40760	33010	7750
宣武区	25167	13146	8514	3317	3317	
朝阳区	1805898	448580	285459	976951	967811	9140
海淀区	14548516	3825379	2794319	7045519	7034427	11092
丰台区	13655259	2223846	2814709	5090891	5050913	39978
石景山区	5647200	923998	2011759	2429442	2428437	1005
远郊区县	**2912458**	**584340**	**679796**	**1202028**	**1176797**	**25231**
门头沟区	929725	161267	130932	542224	527084	15140
房山区	202987	61195	32526	72448	68816	3632
通县	252442	93768	55757	91637	91637	
昌平县	770775	83525	311456	336519	331560	4959
大兴县	337500	75229	58956	60042	60042	
平谷县	17030	4216	7106	1521	1521	
怀柔县	22800	12660	6120	2430	2430	
顺义县	373541	90365	75999	93357	91857	1500
密云县	5458	2075	864	1810	1810	
延庆县	200	40	80	40	40	

——部队类面积汇总表

未绿化面积	其它面积	已绿化面积占总面积（%）	绿化覆盖面积（平方米）	绿化覆盖率（%）
7	8	9=4/1	10	11=10/1
1978765	**3372083**	**42.86**	**19716236**	**48.87**
1841524	**3063030**	**42.98**	**18215311**	**48.66**
10524	85697	31.36	372712	37.83
1639	18488	30.99	246618	39.25
266	1729	29.56	45338	32.88
50	140	13.18	4865	19.33
26387	68521	54.10	1160869	64.28
177294	706005	48.43	8115679	55.78
1462728	2063085	37.28	5871551	43.00
162636	119365	43.02	2397679	42.46
137241	**309053**	**41.27**	**1500925**	**51.53**
9042	86260	58.32	526722	56.65
19952	16866	35.69	85652	42.20
6500	4780	36.30	119617	47.38
7421	31854	43.66	470194	61.00
3990	139283	17.79	144974	42.96
3587	600	8.93	2767	16.25
	1590	10.66	3223	14.14
86000	27820	24.99	145538	38.96
709		33.16	2198	40.27
40		20.00	40	20.00

北京市城市单位专用绿地

单位名称	实有树						
	总计	乔木					灌
		合计	常绿乔木		落叶乔木		合计
			小计	其中:侧柏	小计	其中:国槐	
甲	1=2+7+10	2=3+5	3	4	5	6	7
合计	**3622794**	**998431**	**454288**	**127204**	**544143**	**35515**	**1387408**
城近郊区	**3008938**	**914277**	**413097**	**114838**	**501180**	**29795**	**906094**
东城区	125832	10607	4585	732	6022	575	24212
西城区	84321	12074	6753	907	5321	168	20704
崇文区	7284	1247	587	5	660	4	810
宣武区	1276	123	56	34	67	15	783
朝阳区	184220	47500	19217	5383	28283	4743	36480
海淀区	1328886	313313	130538	36720	182775	9144	445071
丰台区	877621	261371	87890	12277	173481	13340	288992
石景山区	399498	268042	163471	58780	104571	1806	89042
远郊区县	**613856**	**84154**	**41191**	**12366**	**42963**	**5720**	**481314**
门头沟区	496550	35723	28377	4810	7346	917	439163
房山区	20223	13659	4670	3743	8989	126	5012
通县	18515	3209	933	117	2276	56	8248
昌平县	53269	16389	4363	3278	12026	3885	23895
大兴县	13921	10720	858	159	9862	403	532
平谷县	298	228	98	72	130	10	19
怀柔县	1701	202	51		151	2	70
顺义县	9002	3907	1804	150	2103	300	4145
密云县	297	97	37	37	60	1	200
延庆县	80	20			20	20	30

——部队类树木汇总表

木			(株)			实有绿篱		实有草坪（平方米）		实有宿根花卉	
木		其它									
常绿灌木	落叶灌木	合计	月季	攀缘	竹子	长度（米）	数量（株）	数量	其中：冷季型	面积（平方米）	数量（株）
8	9	10	11	12	13	14	15	16	17	18	19
604374	**783034**	**1236955**	**576637**	**573870**	**86448**	**650294**	**3076566**	**3658979**	**775382**	**134257**	**284112**
568335	**337759**	**1188567**	**557001**	**552645**	**78921**	**615996**	**2903174**	**3519531**	**754772**	**124659**	**258343**
9702	14510	91013	45987	43369	1657	12235	84167	141102	126280	2615	12151
8622	12082	51543	15888	33685	1970	10386	61570	88964	17700	2384	10491
412	398	5227	3505	1722		1498	5000	17943		90	520
739	44	370	305	65		95	270	45		150	150
23374	13106	100240	57685	38515	4040	24665	127987	388003	28601	44746	8264
283369	161702	570502	296722	225745	48035	225037	1339004	1655064	408595	51103	164158
202799	86193	327258	118922	186367	21969	309959	1164539	1012728	168607	16743	52818
39318	49724	42414	17987	23177	1250	32121	120637	215682	4989	6828	9791
36039	**445275**	**48388**	**19636**	**21225**	**7527**	**34298**	**173392**	**139448**	**20610**	**9598**	**25769**
17358	421805	21664	6435	13678	1551	7764	45313	36757	2120	1430	3050
4000	1012	1552	1286	158	108	9932	40663	6762		4367	1000
3579	4669	7058	3331	3543	184	5585	28703	10807	2925	438	1304
8927	14968	12985	5010	2811	5164	8281	41405	63727		2218	18454
101	431	2669	2514	135	20	1696	9056	5100		813	407
4	15	51	51			80	512			20	25
40	30	1429	479	750	200	710	6760	1230	500	12	29
1800	2345	950	500	150	300	250	980	15065	15065	300	1500
200											
30		30	30								

北京市城市单位专用绿地

单位名称	总面积（平方米）	建筑占地面积	铺装面积	绿地面积		
				小计	绿化面积	水面积
甲	1=2+3+4+7+8	2	3	4=5+6	5	6
合计	**5413635**	**2042445**	**1008646**	**1896010**	**1856843**	**39167**
城近郊区	**4350420**	**1707172**	**826359**	**1533230**	**1497398**	**35832**
东城区	562768	280462	126163	120681	120673	8
西城区	398968	184720	96719	103718	100650	3068
崇文区	126867	52053	18369	28817	28817	
宣武区	241114	123141	67609	44318	44143	175
朝阳区	756862	290144	76257	304378	277686	26692
海淀区	1044042	358692	265876	374935	372099	2836
丰台区	618580	236666	105994	228856	227598	1258
石景山区	601219	181294	69372	327527	325732	1795
远郊区县	**1063215**	**335273**	**182287**	**362780**	**359445**	**3335**
门头沟区	188930	43643	39626	86425	86410	15
房山区	138615	50703	20101	47836	47676	160
通县	245482	78015	22162	102380	102062	318
昌平县	44386	18225	3951	10868	10868	
大兴县	76210	21765	20005	11210	11210	
平谷县	118611	32350	20747	17008	16754	254
怀柔县	38516	12014	5536	18237	18237	
顺义县	66575	26573	23146	15090	14702	388
密云县	85538	32228	7677	38089	35889	2200
延庆县	60352	19757	19336	15637	15637	

——医院类面积汇总表

未绿化面积	其它面积	已绿化面积占总面积（%）	绿化覆盖面积（平方米）	绿化覆盖率（%）
7	8	9=4/1	10	11=10/1
161038	**305496**	**35.02**	**2251232**	**41.58**
103749	**179910**	**35.24**	**1822070**	**41.88**
3146	32316	21.44	151954	27.00
5900	7911	26.00	114919	28.80
5099	22529	22.71	29878	23.55
710	5336	18.38	69869	28.98
16013	70070	40.22	358916	47.42
36714	7825	35.91	503511	48.23
29123	17941	37.00	284537	46.00
7044	15982	54.48	308486	51.31
57289	**125586**	**34.12**	**429162**	**40.36**
10858	8378	45.74	102866	54.45
12605	7370	34.51	64948	46.85
3315	39610	41.71	112855	45.97
70	11272	24.49	11818	26.63
11068	12162	14.71	12854	16.87
10979	37527	14.34	24812	20.92
	2729	47.35	19778	51.35
600	1166	22.67	23921	35.93
7544		44.53	39339	45.99
250	5372	25.91	15971	26.46

北京市城市单位专用绿地

单位名称	实有树						
	总计	乔木					灌
		合计	常绿乔木		落叶乔木		合计
			小计	其中:侧柏	小计	其中:国槐	
甲	1=2+7+10	2=3+5	3	4	5	6	7
合计	**563487**	**106011**	**55279**	**20613**	**50732**	**3351**	**132519**
城近郊区	**460715**	**67828**	**35273**	**9546**	**32555**	**2512**	**93702**
东城区	45043	4757	2051	300	2706	44	4814
西城区	61930	7495	5555	1599	1940	85	27727
崇文区	16779	1694	588	20	1106	10	5684
宣武区	30275	1460	627	9	833	106	2931
朝阳区	80231	9781	3432	322	6349	651	14000
海淀区	94786	23618	14321	5249	9297	864	16457
丰台区	65572	9519	3404	533	6115	415	9431
石景山区	66099	9504	5295	1514	4209	337	12658
远郊区县	**102772**	**38183**	**20006**	**11067**	**18177**	**839**	**38817**
门头沟区	25585	17035	8752	7462	8283	75	7953
房山区	10658	4453	1256	451	3197	163	2552
通县	25817	8565	5337	244	3228	134	8799
昌平县	9131	914	440	30	474	24	7084
大兴县	3562	458	210	95	248	87	1859
平谷县	3318	1168	206	2	962	148	501
怀柔县	11391	2409	2251	2004	158	20	5424
顺义县	4015	1393	256	60	1137	125	864
密云县	7768	1100	885	537	215	63	3586
延庆县	1527	688	413	182	275		195

——医院类树木汇总表

木				（株）		实有绿篱		实有草坪（平方米）		实有宿根花卉	
木		其它									
常绿灌木	落叶灌木	合计	月季	攀缘	竹子	长度（米）	数量（株）	数量	其中：冷季型	面积（平方米）	数量（株）
8	9	10	11	12	13	14	15	16	17	18	19
56850	**75669**	**324957**	**98975**	**188188**	**37794**	**91419**	**560595**	**468257**	**168319**	**22731**	**99204**
31039	**62663**	**299185**	**82479**	**179793**	**36913**	**78228**	**467431**	**395253**	**158408**	**19272**	**87165**
1459	3355	35472	8726	25239	1507	6739	27256	13921	8342	1280	7181
9714	18013	26708	9285	14688	2735	5226	31214	45202	26600	2483	14660
324	5360	9401	2678	4083	2640	3666	21100	5452	912	504	2350
1317	1614	25884	4689	21055	140	3870	28151	9410	50	328	1749
4255	9745	56450	15943	38820	1687	23066	106486	68309	13584	4869	22908
6072	10385	54711	25668	24863	4180	15250	124558	153351	73410	3250	16780
2282	7149	46622	8747	28989	8886	13503	80658	64822	23140	3551	13321
5616	7042	43937	6743	22056	15138	6908	48008	34786	12370	3007	8216
25811	**13006**	**25772**	**16496**	**8395**	**881**	**13191**	**93164**	**73004**	**9911**	**3459**	**12039**
3896	4057	597	342	209	46	855	3271	2490		430	694
670	1882	3653	1752	1816	85	2884	15682	7279		649	1639
5955	2844	8453	4986	3253	214	4143	28112	41629	2332	606	1795
6759	325	1133	990	80	63			1440		40	50
12	1847	1245	780	455	10	321	2123	5264	5059	150	500
219	282	1649	1393	256		1257	8921	25		126	632
4338	1086	3558	2710	718	130	1092	19450	5049		710	3400
377	487	1758	797	838	123	1122	6809	4365	2520	73	133
3438	148	3082	2342	530	210	1062	4336	5231		675	3196
147	48	644	404	240		455	4460	232			

北京市城市单位专用绿地

单位名称	总面积（平方米）	建筑占地面　积	铺装面积	绿地面积		
				小　计	绿化面积	水面积
甲	1＝2＋3＋4＋7＋8	2	3	4＝5＋6	5	6
合　　计	**5267529**	**2029143**	**1163936**	**1506258**	**1378105**	**128153**
城近郊区	**4918970**	**1876760**	**1093558**	**1399730**	**1272613**	**127117**
东城区	438278	223208	132740	47214	44924	2290
西城区	214218	97628	66426	19500	19260	240
崇文区	37768	25742	5695	3905	3905	
宣武区	90078	48184	24952	12243	12160	83
朝阳区	1462361	561076	364063	394898	385350	9548
海淀区	2075703	746052	377496	721771	611676	110095
丰台区	253433	78721	78151	73084	72939	145
石景山区	347131	96149	44035	127115	122399	4716
远郊区县	**348559**	**152383**	**70378**	**106528**	**105492**	**1036**
门头沟区	69467	22992	8100	38375	38375	
房山区	58491	20544	11861	26086	25856	230
通　县						
昌平县						
大兴县	17264	8454	6210	2500	2500	
平谷县						
怀柔县	54538	36249	8114	9775	9575	200
顺义县	102150	44466	20817	18737	18131	606
密云县	22652	9778	9412	2822	2822	
延庆县	23997	9900	5864	8233	8233	

——宾馆类面积汇总表

未绿化面积	其它面积	已绿化面积占总面积（%）	绿化覆盖面积（平方米）	绿化覆盖率（%）
7	8	9＝4/1	10	11＝10/1
127879	**440313**	**28.60**	**1658218**	**31.48**
110781	**438141**	**28.46**	**1531394**	**31.13**
198	34918	10.77	55971	12.77
5911	24753	9.10	32766	15.30
1200	1226	10.34	4400	11.65
726	3973	16.59	14353	15.93
39076	103248	27.00	426846	29.19
16243	214141	34.77	766929	36.95
7220	16257	28.84	74913	29.56
40207	39625	36.62	155216	44.71
17098	**2172**	**30.56**	**126824**	**36.39**
		55.24	39478	56.83
		44.60	29306	50.10
100		14.48	4615	26.73
	400	17.92	18925	34.70
16998	1132	18.34	21820	21.36
	640	12.46	3127	13.80
		34.31	9553	39.81

北京市城市单位专用绿地

单位名称	实有树						
	总计	乔木					灌
		合计	常绿乔木		落叶乔木		合计
			小计	其中:侧柏	小计	其中:国槐	
甲	1=2+7+10	2=3+5	3	4	5	6	7
合　计	**583334**	**69694**	**39326**	**12560**	**30368**	**1645**	**134615**
城近郊区	**536103**	**64089**	**35638**	**10878**	**28451**	**1474**	**126928**
东城区	39023	2248	1404	32	844	47	6443
西城区	8938	1988	1374	674	614	141	2330
崇文区	1410	85	38	1	47		94
宣武区	10588	1241	1052	590	189	14	3091
朝阳区	137668	24437	12102	337	12335	549	45918
海淀区	296153	24028	14268	6807	9760	535	53942
丰台区	11170	2897	1963	1000	934	157	4089
石景山区	31153	7165	3437	1437	3728	31	11021
远郊区县	**47231**	**5605**	**3688**	**1682**	**1917**	**171**	**7687**
门头沟区	7752	514	148		366	10	1069
房山区	5534	1161	555	412	606	48	217
通　县							
昌平县							
大兴县	2335	175	50		125		1660
平谷县							
怀柔县	16913	882	701	577	181	28	780
顺义县	8935	1737	1361	83	376	16	2305
密云县	1274	243	201	160	42		641
延庆县	4488	893	672	450	221	69	1015

——宾馆类树木汇总表

木				(株)		实有绿篱		实有草坪（平方米）		实有宿根花卉	
木		其它									
常绿灌木	落叶灌木	合计	月季	攀缘	竹子	长度（米）	数量（株）	数量	其中：冷季型	面积（平方米）	数量（株）
8	9	10	11	12	13	14	15	16	17	18	19
59959	**74656**	**379025**	**99282**	**121907**	**157836**	**84531**	**383889**	**652862**	**353062**	**21659**	**117208**
55635	**71293**	**345086**	**86585**	**115680**	**142821**	**75437**	**356666**	**632302**	**343062**	**19530**	**102212**
1873	4570	30332	11266	14012	5054	3753	17788	21212	260	1520	16422
1595	735	4620	2140	1804	676	2815	12075	6190		359	3287
68	26	1231	495	536	200			2120	120	20	200
1579	1512	6256	2379	3127	750	1016	3230	7870	1360	363	2794
26297	19621	67313	26780	28741	11792	36682	147091	191763	63719	7268	36279
15892	38050	218183	31739	62722	123722	20902	140888	352361	268153	9371	40092
1807	2282	4184	3012	1074	98	7017	20413	32336	3759	148	520
6524	4497	12967	8774	3664	529	3252	15181	18450	5691	481	2618
4324	**3363**	**33939**	**12697**	**6227**	**15015**	**9094**	**27223**	**20560**	**10000**	**2129**	**14996**
10	1059	6169	5900	119	150	5338	1224				508
127	90	4156	865	2288	1003	480	2160	3980	100	391	1207
1500	160	500	500			350	1400	650		250	450
647	133	15251	1502	3099	10650	630	6864	3680		260	3133
962	1343	4893	980	701	3212	1155	7950	11040	9900	790	7470
278	363	390	390			221	2105	610		8	28
800	215	2580	2560	20		920	5520	600		430	2200

北京市城市单位专用绿地

单位名称	总面积（平方米）	建筑占地面积	铺装面积	绿地面积		
				小计	绿化面积	水面积
甲	1=2+3+4+7+8	2	3	4=5+6	5	6
合计	**1190031**	**152508**	**238651**	**493237**	**493237**	
城近郊区	**1190031**	**152508**	**238651**	**493237**	**493237**	
东城区	158000	26000		80425	80425	
西城区						
崇文区						
宣武区						
朝阳区	1032031	126508	238651	412812	412812	
海淀区						
丰台区						
石景山区						

——使馆类面积汇总表

未绿化面积	其它面积	已绿化面积占总面积(%)	绿化覆盖面积(平方米)	绿化覆盖率(%)
7	8	9=4/1	10	11=10/1
14001	**291634**	**41.45**	**771351**	**64.82**
14001	**291634**	**41.45**	**771351**	**64.82**
	51575	50.90	100531	63.63
14001	240059	39.99	670820	65.00

北京市城市单位专用绿地

单位名称	实有树						
	总计	乔木					灌
		合计	常绿乔木		落叶乔木		合计
			小计	其中:侧柏	小计	其中:国槐	
甲	1=2+7+10	2=3+5	3	4	5	6	7
合计	**40533**	**14924**	**4786**	**863**	**10138**	**494**	**19367**
城近郊区	**40533**	**14924**	**4786**	**863**	**10138**	**494**	**19367**
东城区	2535	2535	1000		1535		
西城区							
崇文区							
宣武区							
朝阳区	37998	12389	3786	863	8603	494	19367
海淀区							
丰台区							
石景山区							

——使馆类树木汇总表

木				（株）		实有绿篱		实有草坪（平方米）		实有宿根花卉	
木		其它									
常绿灌木	落叶灌木	合计	月季	攀缘	竹子	长度（米）	数量（株）	数量	其中：冷季型	面积（平方米）	数量（株）
8	9	10	11	12	13	14	15	16	17	18	19
6349	**13018**	**6242**	**1420**	**3022**	**1800**	**870**	**5670**	**130060**			
6349	**13018**	**6242**	**1420**	**3022**	**1800**	**870**	**5670**	**130060**			
6349	13018	6242	1420	3022	1800	870	5670	130060			

北京市城市单位专用绿地

单位名称	总面积（平方米）	建筑占地面积	铺装面积	绿地面积		
				小计	绿化面积	水面积
甲	1=2+3+4+7+8	2	3	4=5+6	5	6
合计	**6081162**	**1698633**	**1618760**	**1560354**	**1359227**	**201127**
城近郊区	**4471823**	**1107390**	**1305402**	**1310099**	**1112425**	**197674**
东城区	1017859	243722	504341	251655	121833	129822
西城区	782056	277926	202641	86884	63790	23094
崇文区	138341	40451	52340	28470	28470	
宣武区	377718	124706	61398	61418	60418	1000
朝阳区	410188	69642	69466	193748	158203	35545
海淀区	266201	123087	72963	57359	57149	210
丰台区	607463	135186	151969	160733	155477	5256
石景山区	871997	92670	190284	469832	467085	2747
远郊区县	**1609339**	**591243**	**313358**	**250255**	**246802**	**3453**
门头沟区	534400	149276	64203	59852	59477	375
房山区	170090	57625	49534	35001	35001	
通县	336064	125273	47948	70847	69273	1574
昌平县	216779	125580	49134	36456	36396	60
大兴县	145950	53725	35784	23372	22122	1250
平谷县	19233	7211	5584	5400	5391	9
怀柔县						
顺义县	115886	45449	29700	12592	12482	110
密云县						
延庆县	70937	27104	31471	6735	6660	75

——公共场所类面积汇总表

未绿化面积	其它面积	已绿化面积占总面积（%）	绿化覆盖面积（平方米）	绿化覆盖率（%）
7	8	9=4/1	10	11=10/1
193297	**1010118**	**25.66**	**1839460**	**30.25**
120173	**628759**	**29.30**	**1519222**	**33.97**
259	17882	24.72	254354	24.99
19486	195119	11.11	184818	23.63
7200	9880	20.58	30454	22.01
5717	124479	16.26	110720	29.31
	77332	47.23	226945	55.33
650	12142	21.53	72428	27.21
45697	113878	26.46	167824	27.63
41164	78047	53.88	471679	54.09
73124	**381359**	**15.55**	**320238**	**19.90**
17564	243505	11.20	64387	12.05
790	27140	20.58	49699	29.22
29621	62375	21.08	94143	28.01
5609		16.82	57796	26.66
2438	30631	16.01	24622	16.87
1038		28.08	5345	27.79
12399	15746	10.87	17339	14.96
3665	1962	9.49	6907	9.74

北京市城市单位专用绿地

单位名称	实有树						
	总 计	乔 木					灌
		合计	常绿乔木		落叶乔木		合计
			小计	其中:侧柏	小计	其中:国槐	
甲	1=2+7+10	2=3+5	3	4	5	6	7
合　　计	**349747**	**80532**	**56649**	**32008**	**23883**	**2721**	**170525**
城近郊区	**246569**	**45764**	**27017**	**6598**	**18747**	**2205**	**116662**
东城区	13787	2439	1621	126	818	184	1115
西城区	23501	3410	1219	80	2191	77	15125
崇文区	9661	1743	782	30	961	58	905
宣武区	47869	1966	377	96	1589	235	38939
朝阳区	13282	3743	1078	341	2665	378	6894
海淀区	11219	1129	596	47	533	25	6061
丰台区	35058	4276	1483	45	2793	942	5664
石景山区	92192	27058	19861	5833	7197	306	41959
远郊区县	**103178**	**34768**	**29632**	**25410**	**5136**	**516**	**53863**
门头沟区	9321	3032	1662	682	1370	250	3410
房山区	26708	1270	846	1	424	19	18417
通　县	16763	2626	1043	774	1583	11	13807
昌平县	29050	21020	20300	20300	720	82	6682
大兴县	1614	547	200	71	347	134	629
平谷县	1572	320	204	48	116		21
怀柔县							
顺义县	2515	745	256	17	489	6	833
密云县							
延庆县	15635	5208	5121	3517	87	14	10064

——公共场所树木汇总表

木		（株）				实有绿篱		实有草坪（平方米）		实有宿根花卉	
木		其它									
常绿灌木	落叶灌木	合计	月季	攀缘	竹子	长度（米）	数量（株）	数量	其中：冷季型	面积（平方米）	数量（株）
8	9	10	11	12	13	14	15	16	17	18	19
120818	**49707**	**98690**	**48954**	**35459**	**14277**	**43430**	**231090**	**432439**	**46465**	**7699**	**96021**
88433	**28229**	**84143**	**38171**	**31828**	**14144**	**38538**	**192821**	**357221**	**44665**	**5428**	**92825**
396	719	10233	664	119	9450	2032	9646	5260	3980	495	1217
11178	3947	4966	2139	1249	1578	9879	20672	11824	6203	841	1691
319	586	7013	3811	3202		1287	7622	4189		60	520
33285	5654	6964	1194	5750	20	922	22868	33830		1160	1629
1989	4905	2645	930	1640	75	2510	12914	33533		20	350
551	5510	4029	1411	938	1680	2041	10576	31520	6425	737	75460
2117	3547	25118	22653	2465		5177	18500	64084	5132	727	6330
38598	3361	23175	5369	16465	1341	14690	90023	172981	22925	1388	5628
32385	**21478**	**14547**	**10783**	**3631**	**133**	**4892**	**38269**	**75218**	**1800**	**2271**	**3196**
2702	708	2879	2343	436	100			25279		600	800
345	18072	7021	4656	2352	13	1178	6190	10675		72	135
13038	769	330	275	55		1257	13000	10540		1220	199
5531	1151	1348	1018	310	20	873	7960	8750		91	1193
54	575	438	297	141		295	2600	15894		165	110
21		1231	1231			746	5224	200		1	1
677	156	937	600	337		477	2899	3880	1800	122	758
10017	47	363	363			66	396				

北京市城市单位专用绿地

单位名称	总面积（平方米）	建筑占地面　积	铺装面积	绿地面积		
				小　计	绿化面积	水面积
甲	1=2+3+4+7+8	2	3	4=5+6	5	6
合　计	**1830226**	**268454**	**288422**	**1223256**	**1189956**	**33300**
城近郊区	**1830226**	**268454**	**288422**	**1223256**	**1189956**	**33300**
东城区						
西城区						
崇文区	16270	9030	2100	4950	4950	
宣武区						
朝阳区	677688	178346	169559	329783	299783	30000
海淀区	1019329	61815	109386	807421	804121	3300
丰台区	21270	7800	3368	9802	9802	
石景山区	95669	11463	4009	71300	71300	

——单位开放类面积汇总表

未绿化面积	其它面积	已绿化面积占总面积（%）	绿化覆盖面积（平方米）	绿化覆盖率（%）
7	8	9＝4/1	10	11＝10/1
27774	**22320**	**66.84**	**1391403**	**76.02**
27774	**22320**	**66.84**	**1391403**	**76.02**
	190	30.42	5820	35.77
		48.66	369880	54.58
27474	13233	79.21	931830	91.42
300		46.08	11470	53.93
	8897	74.53	72403	75.68

北京市城市单位专用绿地

单位名称	实	有					树
	总　计	乔　木					灌
		合计	常绿乔木		落叶乔木		合计
			小计	其中:侧柏	小计	其中:国槐	
甲	1=2+7+10	2=3+5	3	4	5	6	7
合　　计	**94723**	**24540**	**13146**	**7882**	**11394**	**565**	**20438**
城近郊区	**94723**	**24540**	**13146**	**7882**	**11394**	**565**	**20438**
东城区							
西城区							
崇文区	2562	89	14		75	2	689
宣武区							
朝阳区	32361	6992	2042	59	4950	272	8989
海淀区	58154	16445	10745	7668	5700	242	10648
丰台区	852	487	227	80	260	30	65
石景山区	794	527	118	75	409	19	47

——单位开放类树木汇总表

木		(株)				实有绿篱		实有草坪（平方米）		实有宿根花卉	
木		其它									
常绿灌木	落叶灌木	合计	月季	攀缘	竹子	长度（米）	数量（株）	数量	其中：冷季型	面积（平方米）	数量（株）
8	9	10	11	12	13	14	15	16	17	18	19
3352	**17086**	**49745**	**26325**	**13555**	**9865**	**11289**	**94747**	**402825**	**8730**	**2948**	**20927**
3352	**17086**	**49745**	**26325**	**13555**	**9865**	**11289**	**94747**	**402825**	**8730**	**2948**	**20927**
194	495	1784	1610	159	15	75	450	1230	1230	119	595
2167	6822	16380	14170	2000	210	5376	50236	224418		360	7550
991	9657	31061	10045	11396	9620	5628	42661	176677	7000	2269	12532
	65	300	300			210	1400	500	500		
	47	220	200		20					200	250

北京市城市单位专用绿地

单位名称	总面积（平方米）	建筑占地面积	铺装面积	绿地面积		
				小计	绿化面积	水面积
甲	1=2+3+4+7+8	2	3	4=5+6	5	6
合　　计	**9618538**	**2824167**	**2979515**	**1709087**	**169201**	**16486**
城近郊区	**7130419**	**2284250**	**2165946**	**1383835**	**1376450**	**7385**
东城区	1736	1636	100			
西城区	43398	26765	9086	3580	3580	
崇文区	166545	69365	43896	42969	42659	310
宣武区	909488	316771	301445	101301	101001	300
朝阳区	1608519	651325	483556	277596	276296	1300
海淀区	994905	377664	300735	106748	106748	
丰台区	3129671	793314	971592	830214	828608	1606
石景山区	276157	47410	55536	21427	17558	3869
远郊区县	**2488119**	**539917**	**813569**	**325252**	**316151**	**9101**
门头沟区	113043	46790	392941130	1130		
房山区	726579	173139	284324	129400	129252	148
通　县	163996	54722	43223	52266	50516	1750
昌平县						
大兴县	1113594	144149	307160	110640	103437	7203
平谷县						
怀柔县						
顺义县	76486	51176	13345	8000	8000	
密云县	234421	59941	76823	23216	23216	
延庆县	60000	10000	49400	600	600	

——仓库类面积汇总表

未绿化面积	其它面积	已绿化面积占总面积（%）	绿化覆盖面积（平方米）	绿化覆盖率（%）
7	8	9=4/1	10	11=10/1
144700	**1961069**	**17.77**	**2053199**	**21.35**
99222	**1197166**	**19.41**	**1649792**	**23.14**
	3967	8.25	5530	12.74
	10315	25.80	45467	27.30
12064	177907	11.14	120654	13.27
22368	173674	17.26	356941	22.19
31222	178536	10.73	130429	13.11
32459	502092	26.53	966760	30.89
1109	150675	7.76	24011	8.69
45478	**763903**	**13.07**	**403407**	**16.21**
5327	20502	1.00	1130	1.00
7346	132370	17.81	150124	20.66
2201	11584	31.87	84667	51.63
9308	542337	9.94	129761	11.65
605	3360	10.46	10620	13.88
20691	53750	9.90	26305	11.22
		1.00	800	1.33

北京市城市单位专用绿地

单位名称	实有树						
	总　计	乔　木					灌
		合计	常绿乔木		落叶乔木		合计
			小计	其中:侧柏	小计	其中:国槐	
甲	1=2+7+10	2=3+5	3	4	5	6	7
合　计	**242560**	**58274**	**17002**	**7570**	**41272**	**1984**	**49601**
城近郊区	**164100**	**44564**	**12893**	**5428**	**31671**	**1147**	**36297**
东城区							
西城区	191	181	38	20	143		1
崇文区	21607	1019	183		836	41	4438
宣武区	23178	3777	1591	75	2186		3330
朝阳区	44263	10816	2979	983	7837	190	11771
海淀区	11165	4550	922	83	3628	136	1979
丰台区	61980	23656	7084	4249	16572	763	14060
石景山区	1716	565	96	18	469	17	718
远郊区县	**78460**	**13710**	**4109**	**2142**	**9601**	**837**	**13304**
门头沟区	4224	122	22		100		2
房山区	54694	5338	1059	267	4279	281	8169
通　县	3985	783	100	100	683	58	412
昌平县							
大兴县	9034	4363	971	686	3392	427	2656
平谷县							
怀柔县							
顺义县	1797	356	197	76	159	29	985
密云县	3426	1748	760	13	988	42	1080
延庆县	1300	1000	1000	1000			

——仓库类树木汇总表

木		(株)				实有绿篱		实有草坪(平方米)		实有宿根花卉	
木		其它									
常绿灌木	落叶灌木	合计	月季	攀缘	竹子	长度(米)	数量(株)	数量	其中：冷季型	面积(平方米)	数量(株)
8	9	10	11	12	13	14	15	16	17	18	19
17217	**32384**	**134685**	**65768**	**65403**	**3514**	**39899**	**169809**	**165870**	**94146**	**3586**	**12077**
11340	**24957**	**83239**	**50509**	**29381**	**3349**	**32937**	**128766**	**79298**	**34537**	**1884**	**5591**
	1	9		9		20	100				
593	3845	16150	11250	4500	400	811	5680	8240		132	1200
902	2428	16071	8800	7001	270	5136	22514	10452	5100	190	514
6577	5194	21676	11245	9523	908	9732	35158	25524	14817	565	1476
398	1581	4636	2198	1412	1026	2214	8900	15661	8170	321	192
2843	11217	24264	16738	6781	745	14309	55424	17229	6450	615	2053
27	691	433	278	155		715	990	2192		61	156
5877	**7427**	**51446**	**15259**	**36022**	**165**	**6962**	**41043**	**86572**	**59609**	**1702**	**6486**
2		4100	4080	20				50		25	10
2839	5330	41187	8271	32911	5	3335	16996	48643	45343	331	583
210	202	2790	280	2510		1730	9440	800		705	3500
1825	831	2015	1645	300	70	1650	13082	35819	13386	606	2283
786	199	456	270	96	90	112	1100	1260	880	35	110
215	865	598	413	185		135	425				
		300	300								

北京市城市单位专用绿地

单位名称	总面积（平方米）	建筑占地面积	铺装面积	绿地面积		
				小计	绿化面积	水面积
甲	1＝2＋3＋4＋7＋8	2	3	4＝5＋6	5	6
合计	**11959004**	**3246231**	**2178384**	**2790166**	**2703800**	**86366**
城近郊区	**8604592**	**1908886**	**1480611**	**2304485**	**2249619**	**54866**
东城区	96548	38696	23022	2902	2902	
西城区	744078	334835	273094	76247	76247	
崇文区	276664	153141	71852	33357	33357	
宣武区						
朝阳区	3434541	661284	513883	1037831	985100	52731
海淀区	2183732	165405	75446	636943	636856	87
丰台区	927250	325454	271645	97699	95771	1928
石景山区	941779	230071	251669	419506	419386	120
远郊区县	**3354412**	**1337345**	**697773**	**485681**	**454181**	**31500**
门头沟区	1027121	549801	96536	102325	96675	5650
房山区						
通县	176121	8180	40295	118928	95608	23320
昌平县	1099126	556737	298986	127114	127114	
大兴县	460193	17973	73402	21186	21186	
平谷县						
怀柔县	485909	174177	144968	99097	96567	2530
顺义县	105942	30477	43586	17031	17031	
密云县						
延庆县						

——其它类面积汇总表

未绿化面积	其它面积	已绿化面积占总面积（%）	绿化覆盖面积（平方米）	绿化覆盖率（%）
7	8	9=4/1	10	11=10/1
894119	**2850104**	**23.33**	**3075780**	**25.72**
494314	**2416296**	**26.78**	**2412058**	**28.03**
30	31898	3.00	4812	4.98
27399	32503	10.20	118607	15.94
8251	10063	12.00	40955	14.80
375063	846480	30.2	1194609	34.78
8318	1297620	29.17	655794	30.88
59244	173208	10.54	124485	13.43
16009	24524	44.54	272796	28.97
399805	**433808**	**14.48**	**663722**	**19.79**
30773	247686	9.96	191217	18.62
7028	1690	67.53	114518	65.02
26662	89627	11.57	169898	15.46
325269	22363	4.60	41206	8.95
3818	63849	20.39	126295	25.99
6255	8593	16.08	20588	19.43

北京市城市单位专用绿地

单位名称	实有树						
	总计	乔木					灌
		合计	常绿乔木		落叶乔木		合计
			小计	其中:侧柏	小计	其中:国槐	
甲	1=2+7+10	2=3+5	3	4	5	6	7
合　计	**321009**	**116006**	**36177**	**12329**	**79829**	**4145**	**82355**
城近郊区	**177214**	**45795**	**20013**	**4280**	**25782**	**2129**	**44891**
东城区	389	153	31	10	122	1	4
西城区	6390	1366	191		1175	450	967
崇文区	9742	1468	475	104	993	48	1976
宣武区							
朝阳区	116175	28529	16047	4042	12482	846	36766
海淀区	11005	5045	1788	66	3257	260	668
丰台区	28036	7110	618	58	6492	524	3992
石景山区	5477	2124	863		1261		518
远郊区县	**143795**	**70211**	**16164**	**8049**	**54047**	**2016**	**37464**
门头沟区	15692	9398	2848	1360	6550	840	1516
房山区							
通　县	66791	42504	1621	860	40883	310	17469
昌平县	24704	8515	5157	130	3358	205	11246
大兴县	5885	1827	212	107	1615	403	898
平谷县							
怀柔县	24544	7375	6089	5535	1286	217	4217
顺义县	6179	592	237	57	355	41	2118
密云县							
延庆县							

——其它类树木汇总表

木						实有绿篱		实有草坪（平方米）		实有宿根花卉	
木		其它									
常绿灌木	落叶灌木	合计	月季	攀缘	竹子	长度（米）	数量（株）	数量	其中：冷季型	面积（平方米）	数量（株）
8	9	10	11	12	13	14	15	16	17	18	19
25992	**56363**	**122648**	**67346**	**48503**	**6799**	**22957**	**172018**	**304042**	**174464**	**28260**	**78567**
9300	**35591**	**86528**	**46919**	**33992**	**5617**	**15144**	**83279**	**238277**	**141722**	**19051**	**61674**
	4	232	10	222		3	10				
284	683	4057	2007	2050		450	2050	2850	2850	300	4000
1438	538	6298	2733	3551	14	1914	9386	4191	830	129	719
4835	31931	50880	30044	18602	2234	8552	47898	214164	132185	18014	53731
134	534	5292	1302	1535	2455	586	5700	12934	4437	73	310
2458	1534	16934	10508	6407	19	2530	13810	2638	420	265	2474
151	367	2835	315	1625	895	1109	4425	1500	1000	270	440
16692	**20772**	**36120**	**20427**	**14511**	**1182**	**7813**	**88739**	**65765**	**32742**	**9209**	**16893**
535	981	4778	4701	77		40	8994	200		90	131
6839	10630	6818	1217	5601		906	6727	21017	20637	500	760
5846	5400	4943	2410	2533		600	4200	1491		17	155
266	632	3160	742	2288	130	102	710	605	35	1107	3312
1675	2542	12952	8417	3611	924	5362	61874	35153	5850	6902	10708
1531	587	3469	2940	401	128	803	6234	7299	6220	593	1827

北京市城市单位

单位	合计		工厂		机关		学校		部队		医院	
	个数	面积	个数	面积	个数	面积	个数	面积	个数	面积	个数	面积
东城区	**621**	**1521241**	**75**	**208498**	**259**	**375724**	**163**	**125180**	**28**	**308962**	**24**	**120681**
1. 和平里街道办事处	108	517132	24	120471	34	85982	27	29147	8	251745	6	27935
2. 东直门街道办事处	61	148622	11	78017	18	42996	15	13246	1	30		
3. 北新桥街道办事处	48	122951	10	3314	19	11492	14	5901	1	4664	3	17155
4. 东四街道办事处	51	65252	3	260	28	6598	16	8524	2	5097	2	44773
5. 朝阳门街道办事处	43	25186	5	650	23	18636	11	5028	1	472		
6. 建国门街道办事处	47	48939	3	2971	17	18268	17	7996	4	8508	1	2770
7. 景山街道办事处	41	17473	4	205	21	8197	11	3338			2	5273
8. 交道口街道办事处	51	33387	2	105	21	19763	15	9035	2	1392	1	287
9. 安定门街道办事处	51	46153	11	1987	11	1530	20	20005	2	19356	5	3155
10. 东华门街道办事处	120	496146	2	518	67	162262	17	22960	7	17698	4	19333
西城区	**709**	**1997672**	**104**	**136160**	**262**	**1003120**	**197**	**373742**	**32**	**194721**	**24**	**103718**
1. 厂桥街道办事处	56	206427	3	1530	20	48588	17	80017	11	27250	3	46467
2. 西长安街街道办事处	31	667938	1	1430	10	648292	18	17066			1	250
3. 新街口街道办事处	139	65099	32	5668	45	16847	30	12529	4	4452	4	14200
4. 福绥境街道办事处	71	36316	9	994	17	16844	35	12113			3	633
5. 丰盛街道办事处	62	15748	9	654	33	4095	13	4827	5	5572	2	600
6. 二龙路街道办事处	107	65177	17	722	40	32016	23	25106	2	226	3	418
7. 月坛街道办事处	77	186922	9	12131	36	57433	20	78632	2	150	4	23407
8. 阜外街道办事处	43	279845	4	16444	16	56309	12	30058	3	92966	1	6500
9. 展览路街道办事处	42	157320	5	8592	12	14189	12	75955			1	7353
10. 德外街道办事处	81	316880	15	87995	33	108507	17	37439	5	64105	2	3890
崇文区	**216**	**602941**	**67**	**94792**	**35**	**208791**	**61**	**116129**	**8**	**40760**	**7**	**28817**
1. 前门街道办事处	8	6712	1	1318	3	945	3	4074				
2. 崇文门街道办事处	14	12606	3	606	2	3110	4	5259	1	346	1	372
3. 东花市街道办事处	25	37267	14	21568	1	1804	6	11925				
4. 龙潭街道办事处	48	195248	10	21614	10	90208	18	41265	3	35308	1	130
5. 体育馆街道办事处	32	96968	9	4907	5	59098	8	19005	1	950	2	860
6. 天坛街道办事处	31	113814	8	22444	11	42782	7	12786	1	175	2	27245
7. 永外街道办事处	58	140326	22	22335	3	10844	15	21815	2	3981	1	210

专用绿地明细表

宾馆		使馆		公共场所		单位开放		仓库		其他	
个数	面积	个数	面积	个数	面积	个数	面积	个数	面积	个数	面积
35	**47214**	**1**	**80425**	**14**	**251655**					**22**	**2902**
										9	1852
8	13963									8	370
		1	80425								
3	400										
2	5096			2	3030					1	300
3	460										
2	1782			4	643					4	380
2	120										
15	25393			8	247982						
32	**19500**			**53**	**86884**			**4**	**3580**	**1**	**76247**
				2	2575						
				1	900						
2	8256			22	3147						
4	1388			2	4214			1	130		
11	515			11	6174						
3	3010			3	12159						
6	1321									1	76247
3	2484			7	45422			2	3325		
3	2526			5	12293			1	125		
5	**3905**			**8**	**28470**	**1**	**4950**	**1**	**42969**	**23**	**33358**
										1	375
2	1026									1	1887
				2	670					2	1300
1	140			1	130					4	6453
2	2739			3	8294					2	1115
						1	4950			1	3432
				2	19376			1	42969	12	18796

单位	合计		工厂		机关		学校		部队		医院	
	个数	面积	个数	面积	个数	面积	个数	面积	个数	面积	个数	面积
宣武区	**441**	**872480**	**101**	**302647**	**116**	**135089**	**161**	**212147**	**5**	**3317**	**10**	**44318**
1.广内街道办事处	54	43355	6	2847	13	12908	28	15758			3	10680
2.牛街街道办事处	69	53549	13	1571	25	22285	22	26033	1	2180		
3.白纸坊街道办事处	85	188489	42	101996	13	35964	24	41183			3	3116
4.天桥街道办事处	42	205901	3	8881	16	23247	14	87213	1	410	2	26868
5.广外街道办事处	71	305713	22	175351	7	8957	22	14802			1	780
6.陶然亭街道办事处	61	51587	12	11539	24	25526	18	10915	2	530	1	2874
7.椿树街道办事处	28	18232	2	77	8	3846	18	14309				
8.大栅栏街道办事处	31	5654	1	385	10	2356	15	1934	1	197		
朝阳区	**1147**	**17523317**	**324**	**5342540**	**264**	**7039033**	**176**	**1213747**	**39**	**976951**	**33**	**304378**
1.朝外办事处	51	80558	4	861	18	29776	12	21526	1	2800	2	8923
2.呼家楼办事处	57	244262	23	136188	10	56139	12	27823			4	12483
3.八里庄办事处	50	595194	18	524311	4	28811	13	22352			1	320
4.管庄办事处	54	2138776	17	361485	15	805169	13	362578	1	542910	1	446
5.建外办事处	69	327545	21	184901	21	37962	2	9991				
6.双井办事处	37	622805	32	615018	2	1279					2	5692
7.劲松办事处	17	470965	16	470265					1	700		
8.垡头办事处	25	964352	15	853877	1	541	6	16554	1	66129		
9.团结湖办事处	33	26614	4	2262	12	11149	12	12153			1	8
10.三里屯办事处	56	360214	15	21683	13	78976	14	31902	7	25204	1	9700
11.左家庄办事处	17	296689	8	225294	1	2442			1	24671		
12.和平街办事处	49	447690	4	13594	17	197228	11	183032	3	4092	1	48006
13.小关办事处	40	225701	3	9413	24	84080	9	125314			2	5190
14.酒仙桥办事处	37	818490	21	588535	6	119039	1	2005			1	16957
15.机场办事处	50	4689919			44	4574731			3	90368	1	5542
16.潘家园办事处	26	114634	6	29177	5	11905	2	3639	2	3767	1	35630
17.香河园办事处	7	69654	2	11916			1	4858			1	5100
18.六里屯办事处	41	160134	12	106364	12	16714	13	32726				
19.麦子店办事处	54	625772	19	88051	16	371587	3	2910	3	2580	1	63310
20.安贞办事处	44	189957	5	2971	10	24186	18	86557	4	31822	3	29576
21.亚运村办事处	39	713147	6	114826	9	199213	6	46215	5	11817	2	6706
22.南磨房办事处	34	711871	20	488112			1	57331				
23.高碑店办事处	24	415042	3	87910	2	1039	5	23471			2	19232
24.太阳宫办事处	31	144235	23	104487	2	3005	4	29227	1	4316	1	3200
25.将台办事处	25	179863	4	18626	4	10749	13	64503				
26.大屯办事处	64	1476422	23	282414	16	373314	5	47091	6	165775	5	28357
27.使馆办事处	116	412812										

续表一

宾馆		使馆		公共场所		单位开放		仓库		其它	
个数	面积	个数	面积	个数	面积	个数	面积	个数	面积	个数	面积
15	**12243**			**18**	**61418**			**15**	**101301**		
2	800			2	362						
				8	1480						
1	5300							2	930		
4	2635			2	56647						
5	2846			1	2606			13	100371		
				4	203						
3	662			1	120						
74	**394898**	**116**	**412812**	**8**	**193748**	**4**	**329783**	**32**	**277596**	**77**	**1037831**
3	4216									11	12456
4	8346			2	949			1	145	1	2189
1	321			1	1036			4	9499	8	8544
								4	53441	3	12757
23	94224									2	467
								1	816		
								2	27251		
2	970							2	72		
3	2021			1	190188					2	540
7	44282										
										13	1738
2	1704										
								3	73801	5	18153
2	19278										
3	3062									7	27454
1	4480									2	43300
								4	4330		
10	97294							2	40		
3	7138									1	7707
3	3013			4	1574	4	329783				
								8	102129	5	64299
2	15713							1	6071	9	261606
4	85985										
1	2851									8	576620
		116	412812								

单位	合计		工厂		机关		学校		部队		医院	
	个数	面积	个数	面积	个数	面积	个数	面积	个数	面积	个数	面积
海淀区	**916**	**22155708**	**201**	**2522798**	**271**	**3564764**	**179**	**6317450**	**132**	**7045519**	**25**	**374935**
1. 八里庄办事处	73	759130	34	369144	9	86154	11	122852	10	139078	1	2895
2. 学院路办事处	75	2195271	27	371828	20	398346	15	1270862	4	130188	2	16690
3. 北下关办事处	86	1562799	16	39055	22	549255	13	246657	11	88654	2	4999
4. 万寿路办事处	95	2098702	9	9709	28	395851	18	141521	30	1339305	5	136235
5. 甘家口办事处	75	1028274	7	57144	32	298937	22	167072	5	163824		
6. 青龙桥办事处	50	2727187	8	39790	10	769860	11	117996	15	1515199	4	147444
7. 羊坊店办事处	49	1011568	4	37468	21	162233	10	16235	8	764524	2	24224
8. 香山办事处	32	1010060	3	3180	6	22864	1	7372	16	220984	1	6808
9. 双榆树办事处	30	262437	5	89747	7	38892	9	9100			1	44
10. 紫竹院办事处	80	3147413	16	64850	24	248298	18	628960	14	2154324		
11. 北太平庄办事处	84	1049924	29	257959	16	103457	17	537500	7	116176	1	513
12. 清河办事处	73	2104680	32	1041231	10	116490	17	480191	8	407487	2	24780
13. 中关村办事处	53	178947	3	17900	30	135029	9	19475			1	240
14. 北京大学	1	757707					1	757707				
15. 清华大学	1	1450265					1	1450265				
16. 永定路办事处	20	199114			20	199114						
17. 海淀办事处	39	612230	8	123793	16	39984	6	343685	4	5776	3	10063

永定路机关类按20；甘家口部队类按5；紫竹院公共场所按2。

续表二

宾馆		使馆		公共场所		单位开放		仓库		其他	
个数	面积	个数	面积	个数	面积	个数	面积	个数	面积	个数	面积
41	**721771**			**12**	**57359**	**8**	**807421**	**17**	**106748**	**30**	**636943**
2	1860							3	34408	3	2739
1	2500			4	2598					2	2259
7	74663			2	20764	2	17650	5	18902	6	50220
5	76081										
6	340586			3	711						
1	81912					1	54986				
4	6884										
2	19621					2	724231	1	5000		
3	1630			1	3954	1	6887	2	5463	1	106720
3	17432			2	29332	2	3667	1	550		
4	9223							1	7924	9	17172
								4	34501		
1	450									9	5853
2	88929										

单位	合计		工厂		机关		学校		部队		医院		宾馆	
	个数	面积	个数	面积	个数	面积	个数	面积	个数	面积	个数	面积	个数	面积
丰台区	**888**	**12554626**	**305**	**3864229**	**168**	**1828373**	**134**	**370745**	**102**	**5090891**	**19**	**228856**	**11**	**73084**
1.丰台街道办事处	82	1093994	13	64773	23	37120	17	58078	21	840595	3	24641	3	65060
2.南苑街道办事处	101	2732895	26	112769	14	17672	11	16128	34	2550553	2	5949		
3.长辛店街道办事处	90	2406727	20	1006334	19	265648	21	40162	12	1077209	2	5249		
4.云岗街道办事处	27	1745264	3	280084	12	1054950	5	27977			1	48253		
5.东高地街道办事处	33	504285	4	197140	5	260946	10	22162			1	20018	1	3359
6.大红门街道办事处	96	1015859	56	680722	7	6990	10	26979	11	287475	1	200	1	493
7.东铁营街道办事处	72	306447	43	219280	2	3137	11	24344	3	7559	2	981	1	919
8.方庄街道办事处	15	35966	6	12512	6	15028	1	2872	1	5094			1	460
9.右安门街道办事处	23	74404	7	16789	3	4200	9	36565			2	14480		
10.芦沟桥街道办事处	112	870098	26	190057	26	52916	19	23385	10	198178	2	64000	3	1694
11.新村街道办事处	120	1011109	37	485606	21	39104	10	78901	5	96436				
12.西罗园街道办事处	31	190226	16	96619	8	29187	3	3780	2	19480	1	40000		
13.太平桥街道办事处	37	108509	12	73703	14	17701	4	5072	2	6658	1	3850	1	1100
14.宛平街道办事处	49	458843	36	427840	8	23775	3	4340	1	1653	1	1235		
石景山区	**379**	**7413249**	**95**	**2669111**	**76**	**437690**	**85**	**440299**	**27**	**2429442**	**17**	**327527**	**18**	**127115**
1.八宝山街道办事处	72	1086262	22	546921	13	199405	13	62565	2	11677	4	38704	4	14366
2.老山街道办事处														
3.八角街道办事处	62	321119	11	138264	25	32594	17	95085			1	1803	3	7070
4.古城街道办事处	76	483903	28	435891	23	16728	10	13564			5	5715	5	3303
5.苹果园街道办事处	71	2184598	10	52451	8	159086	19	155517	11	867737	7	281304	4	29700
6.金顶街街道办事处	55	348753	8	121437	4	28449	16	50558					2	72676
7.广宁街道办事处	15	103903	8	93805	3	1428	4	8670						
8.五里坨街道办事处	27	1677230	7	72861			6	54341	14	1550028				
9.首钢主厂区	1	1207481	1	1207481										

续表三

使馆		公共场所		单位开放		仓库		其他	
个数	面积	个数	面积	个数	面积	个数	面积	个数	面积
		31	**160733**	**2**	**9802**	**54**	**830214**	**62**	**97699**
		2	3727						
		4	1310			10	28514		
		14	6045			2	6080		
		2	10550			4	323450		
								12	660
						6	12670	4	330
		3	20306			6	22038	1	7883
		2	2370						
		1	116000	1	1000	8	183695	16	39173
				1	8802	18	253768	28	48492
								1	1160
		3	425						
		13	**469832**	**3**	**71300**	**11**	**21427**	**34**	**419506**
		4	206651			4	5731	6	242
		2	36813			3	9490		
		2	2752			3	5950		
		2	223362			1	256	9	415185
		3	254	3	71300			19	4079

图六

北京市城市居住区绿地主要指标

	1995年	1990年	增减(+.-)	增减(%)
居住区绿地面积(公顷)	2554	1431	1123	78.48
城近郊区	1640	1065	575	53.99
远郊区县	914	366	548	149.73

北京市城市居住区绿地面积

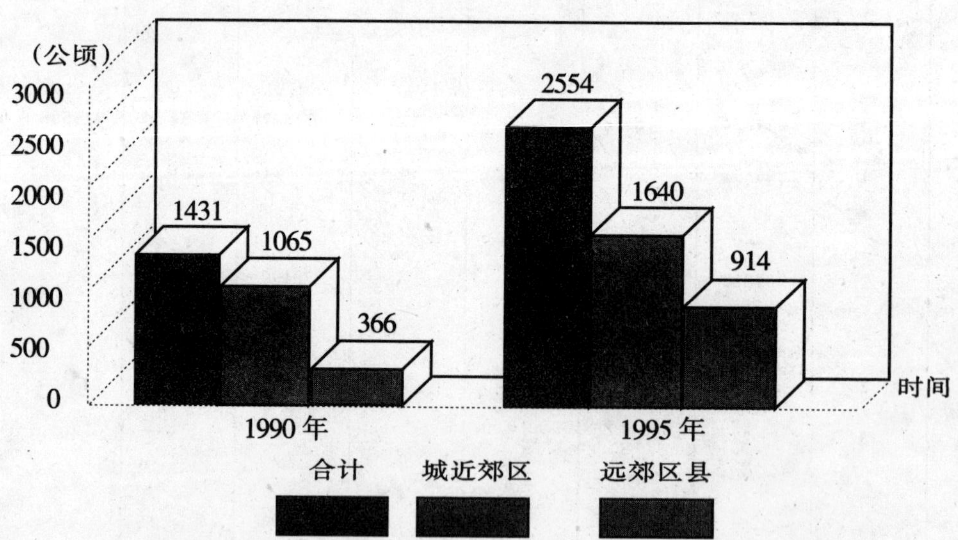

图七

北京市城市实有树木主要指标

	1995年	1990年	增减(+.-)	增减(%)
实有树木(含绿篱)(万株)	6119	4427	1692	38.22
城近郊区	4783	3459	1324	38.28
远郊区县	1336	968	368	38.02
实有草坪(万平方米)	3361	2220	1141	51.40
城近郊区	2808	1990	818	41.11
远郊区县	553	230	323	140.43

北京市城市实有树木

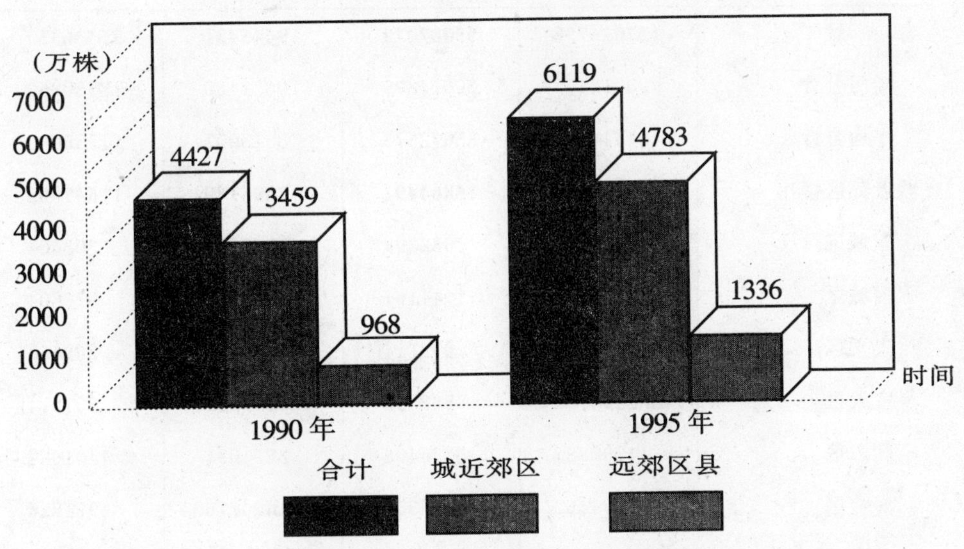

北京市城市实有草坪

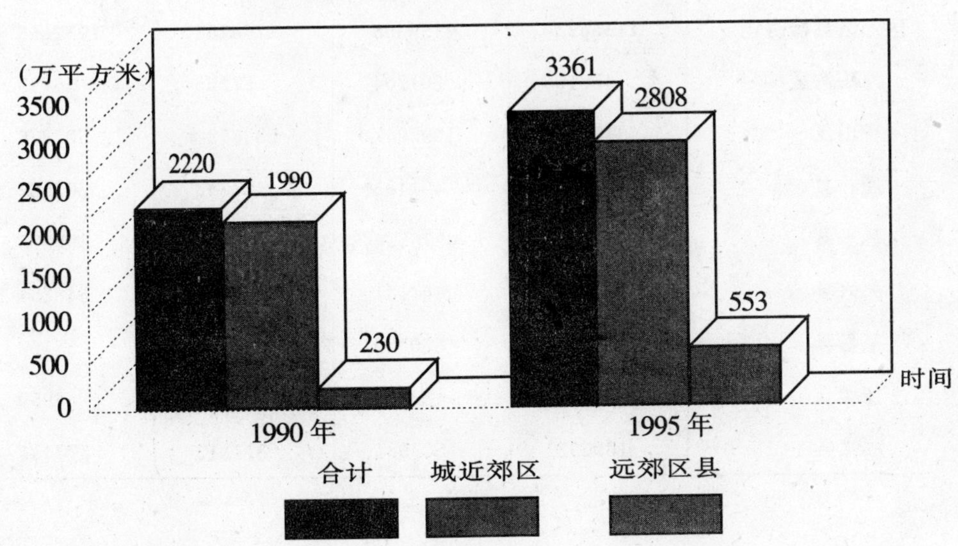

北京市城市居住区

（按类别

单位名称	总面积（平方米）	建筑占地面积	铺装面积	绿地	
				合计	楼间绿地
甲	1＝2＋3＋4＋9＋10	2	3	4＝5＋6	5
合计	**137656758**	**55087472**	**19445431**	**25536330**	**25536330**
楼房合计	53012415	20014899	10632430	13580268	13580268
平房合计	84644343	35072573	8813001	11956062	11956062
城近郊区楼房	**41656181**	**15864491**	**7896149**	**11647603**	**11647603**
东城区	1341679	632397	198616	303664	303664
西城区	4068472	1941161	863074	970804	970804
崇文区	848644	398714	119982	269463	269463
宣武区	1202980	562532	239021	351914	351914
朝阳区	14260383	5238403	2214094	4401662	4401662
海淀区	6874462	2198357	1660776	1971824	1971824
丰台区	9122004	3690850	1799775	2395989	2395989
石景山区	3937557	1202077	800811	982283	982283
远郊区县楼房	**11356234**	**4150408**	**2736281**	**1932665**	**1932665**
门头沟区	458165	201704	57265	56799	56799
房山区	3112802	1095047	1338922	500376	500376
通县	1764265	401483	27383	203687	203687
昌平县	660650	276504	113136	205875	205875
大兴县	1218147	461181	194950	348254	348254
平谷县	1116122	366999	206201	55169	55169
怀柔县	363774	183221	51735	86959	86959
顺义县	1396921	507581	371213	373431	373431

绿地面积汇总表
分组）

面积			未绿化面积	其他面积	已绿化面积占总面积（%）	绿化覆盖面积（平方米）	绿化覆盖率（%）
居住区花园							
小计	绿化面积	水面积					
6=7+8	7	8	9	10	11=4/1	12	13=12/1
			5650945	**31936580**	**18.55**	**28948098**	**21.03**
			2547699	6237119	25.62	15335020	28.93
			3103246	25699461	14.13	13613078	16.08
			1570644	**4677294**	**27.96**	**13043337**	**31.31**
			111282	95720	22.63	407305	30.36
			61247	232186	23.86	1195485	29.38
			25970	34515	31.75	312548	36.83
			30581	18932	29.25	396567	32.97
			638950	1767274	30.87	4555017	31.94
			239687	803818	28.68	2271174	33.04
			399565	835825	26.27	2761122	30.27
			63362	889024	24.95	1144119	29.06
			977055	**1559825**	**17.02**	**2291683**	**20.18**
			27258	115139	12.40	67299	14.69
			89169	89288	16.07	646789	20.78
			86342	1045370	11.55	213616	12.11
			29947	35188	31.16	213956	32.39
			98954	114808	28.59	359992	29.55
			4056299	82124	4.94	101739	9.12
			13824	28035	23.90	105331	28.96
			120617	24079	26.73	418363	29.95

单位名称	总面积（平方米）	建筑占地面积	铺装面积	绿地	
				合计	楼间绿地
甲	1=2+3+4+9+10	2	3	4=5+6	5
密云县	469916	216104	110362	51735	51735
延庆县	795472	440584	265114	50380	50380
城近郊区平房	**56834657**	**27749418**	**6591979**	**4746026**	**4746026**
东城区	11115049	6036497	1775925	1422343	1422343
西城区	11152913	8317733	1696103	881622	881622
崇文区	6232288	3309822	1116763	420757	420757
宣武区	5655402	3737899	136257	202646	202646
朝阳区	1612169	928697	154521	305691	305691
海淀区	6216735	2943154	1144475	748335	748335
丰台区	12581022	1651847	411619	423286	423286
石景山区	2269079	823769	156316	341346	341346
远郊区县平房	**27809686**	**7323155**	**2221022**	**7210036**	**7210036**
门头沟区	2255177	903209	217859	306452	306452
房山区	269490	140515	29634	52925	52925
通　县	20344190	4270911	909339	6240072	6240072
昌平县					
大兴县	1503492	698404	492586	112957	112957
平谷县	860253	339970	232360	169577	169577
怀柔县					
顺义县	1987426	666719	265263	269707	269707
密云县	431519	202322	60373	43292	43292
延庆县	158139	101105	13608	15054	15054

续表一

面积			未绿化面积	其他面积	已绿化面积占总面积（%）	绿化覆盖面积（平方米）	绿化覆盖率（%）
居住区花园							
小计	绿化面积	水面积					
6＝7＋8	7	8	9	10	11＝4/1	12	13＝12/1
			91715		11.01	100975	21.49
			13600	25794	6.33	63623	8.00
			368660	**17378574**	**8.35**	**5787177**	**10.18**
				1880284	12.80	1564578	14.08
			16000	241455	7.90	1229552	11.02
			13445	1371501	6.75	433176	6.95
				1578600	3.58	381776	6.75
			1125	222135	18.96	366126	22.71
			236032	1144739	12.04	910146	14.64
			88757	10005513	3.36	453264	3.60
			13301	934347	15.04	448559	19.77
			2734586	**8320887**	**25.93**	**7825901**	**28.14**
			18883	808774	13.59	390884	17.33
			22244	24172	19.64	51705	19.19
			2095497	6828371	30.67	6641614	32.65
			199545		7.51	112957	7.51
			118346		19.71	169539	19.71
			150735	635002	13.57	385694	19.41
			125532		10.03	43400	10.06
			3804	24568	9.52	30108	19.04

北京市城市居住区

（按类别

单位名称	实	有	树				
	总计	乔木					灌
		合计	常绿乔木		落叶乔木		合计
			小计	其中:侧柏	小计	其中:国槐	
甲	1＝2＋7＋10	2＝3＋5	3	4	5	6	7
合计	**4934553**	**1271898**	**205307**	**35483**	**1066591**	**88594**	**975064**
楼房合计	3656067	513442	166170	20806	347272	58620	907374
平房合计	1278486	758456	39137	14677	719319	29974	67690
城近郊区楼房	**3202507**	**409962**	**121723**	**11029**	**288239**	**46479**	**799815**
东城区	135377	11194	3447	463	7747	1364	19549
西城区	348270	34286	9613	501	24673	3576	76884
崇文区	172880	11564	2632	511	8932	1473	28164
宣武区	107738	12760	3966	73	8794	1370	37639
朝阳区	937967	124603	36247	2601	88356	15673	202782
海淀区	565040	80308	26812	3572	53496	8345	180976
丰台区	642753	104388	26438	2035	77950	12551	119365
石景山区	292482	30859	12568	1273	18291	2127	134456
远郊区县楼房	**453560**	**103480**	**44447**	**9777**	**59033**	**12141**	**107559**
门头沟区	8957	4568	1416	886	3152	249	1540
房山区	131230	30871	7631	2414	23240	4986	15749
通县	20628	5715	3268	1242	2447	459	7890
昌平县	29013	13097	4475	1335	8622	867	12986
大兴县	100975	25601	16284	635	9317	1881	38069
平谷县	4883	2770	641	178	2129	464	1019
怀柔县	14853	7880	6619	2749	1261	162	4584
顺义县	123034	8539	2278	18	6261	2729	17475
密云县	15870	2201	819	125	1382	164	6727

绿地树木汇总表

分组）

木				（株）		实有绿篱		实有草坪（平方米）		实有宿根花卉	
木		其它									
常绿灌木	落叶灌木	合计	月季	攀缘	竹子	长度（米）	数量（株）	数量	其中：冷季型	面积（平方米）	数量（株）
8	9	10	11	12	13	14	15	16	17	18	19
189423	**785641**	**2687591**	**1327591**	**1293530**	**66470**	**576500**	**3069342**	**5605759**	**1321330**	**166584**	**865284**
169937	737437	2235251	1197538	978674	59039	564367	3006111	5490872	1288599	156391	834010
19486	48204	452340	130053	314856	7431	12133	63231	114887	32731	10193	31274
152898	**646917**	**1992730**	**1087153**	**861379**	**44198**	**449986**	**2495881**	**4659430**	**930697**	**134913**	**734259**
2720	16829	104634	66328	37644	662	14212	69788	35967	14612	7254	77575
8056	68828	237100	159676	75684	1740	67867	303965	457954	84117	15342	61527
3689	24475	133152	90844	42255	53	9664	40290	92069	39650	3121	27133
4389	33250	57339	21190	35116	1033	15070	39968	147438	41629	13666	9622
48011	154771	610582	369011	225310	16261	139722	703288	1079124	238618	42458	334857
51407	129569	303756	154977	134462	14317	70078	339287	1064839	202908	12447	60621
26593	92772	419000	166896	244133	7971	91786	777924	1318074	171602	29125	83086
8033	126423	127167	58231	66775	2161	41587	221371	463965	137561	11500	79838
17039	**90520**	**242521**	**110385**	**117295**	**14841**	**114381**	**510230**	**831442**	**357902**	**21478**	**99751**
419	1121	2849	2356	489	4	3035	8119	12730			
2967	12782	84610	8685	75923	2	50516	153180	207046	112446	1898	10462
1041	6849	7023	6494	529		8197	23380	115784		2513	7352
1426	11560	2930	2850	80		1980	6500	28110	11891	8696	13370
5348	32721	37305	26662	9752	891	18229	131540	135040	2200	6036	47369
262	757	1094	701	393		1509	10716	4986		16.50	99
246	4338	2389	1826	563		1630	16226	21512		149	228
862	16613	97020	54813	29063	13144	25426	137094	269458	231365	1006	10077
4029	2698	6942	5789	353	800	3425	20871	20505		1163	10794

单位名称	实			有			树
	总计	乔木					灌
		合计	常绿乔木		落叶乔木		合计
			小计	其中:侧柏	小计	其中:国槐	
甲	1=2+7+10	2=3+5	3	4	5	6	7
延庆县	4117	2238	1016	195	1222	180	1520
城近郊区平房	**313547**	**173566**	**12701**	**2101**	**160865**	**9677**	**38187**
东城区	43514	28422	2014	306	26408	1011	3664
西城区	60647	36408	1945	379	34463	2071	7598
崇文区	25199	13518	990	285	12528	1438	1980
宣武区	16475	12205	534	57	11671	471	1995
朝阳区	17105	6161	916	42	5245	320	2440
海淀区	86280	37127	3736	732	33391	1973	13730
丰台区	50680	28259	2136	267	26123	566	5926
石景山区	13647	11466	430	33	11036	1827	854
远郊区县平房	**964939**	**584890**	**26436**	**12576**	**558454**	**20297**	**29503**
门头沟区	22383	20186	269	180	19917	1468	1302
房山区	3596	2008	647	267	1361	285	790
通　县	844202	483836	24746	11531	459090	15950	21387
昌平县							
大兴县	17224	15224			15224	540	2000
平谷县	5909	5819	229	116	5590	87	41
怀柔县							
顺义县	64556	53289	475	442	52814	1446	3677
密云县	6035	3495	70	40	3425	521	305
延庆县	1034	1033			1033		1

续表一

木			（株）			实有绿篱		实有草坪（平方米）		实有宿根花卉	
木		其它									
常绿灌木	落叶灌木	合计	月季	攀缘	竹子	长度（米）	数量（株）	数量	其中：冷季型	面积（平方米）	数量（株）
8	9	10	11	12	13	14	15	16	17	18	19
439	1081	359	209	150		434	2604	16271			
8893	**29294**	**101794**	**47989**	**46554**	**7251**	**9157**	**38929**	**86194**	**30888**	**5931**	**22846**
1249	2415	11428	7333	2574	1521	1772	8286	2776	1237	201	855
1009	6589	16641	6699	6747	3195	2415	8079	5337	2410	3928	7021
684	1296	9701	3892	5778	31	923	3206	3681		189.5	915
783	1212	2275	1154	1101	20	677	2839	5631		42	320
101	2339	8504	4013	4491		608	4819	3271		44	217
3543	10187	35423	17687	15444	2292	1886	8485	62492	27241	1282	11470
1472	4454	16495	6601	9739	155	756	2685	1931		236	1978
52	802	1327	610	680	37	119	530	1075		8	70
10593	**18910**	**350546**	**82064**	**268302**	**180**	**2976**	**24302**	**28693**	**1843**	**4262**	**8428**
96	1206	895	799	90	6		2	850			
314	476	798	770	28		1247	16684	1843	1843	75	872
8181	13206	338979	70979	268000		1729	7616	26000			
2000											
1	40	49	43	6							
	3677	7590	7350	66	174					3153	6556
1	304	2235	2123	112						1034	1000
	1										

北京市城市居住区

（按行政

单位名称	总面积（平方米）	建筑占地面积	铺装面积	绿地	
				合计	楼间绿地
甲	1＝2＋3＋4＋9＋10	2	3	4＝5＋6	5
合计	**137656758**	**55087472**	**19445431**	**25536330**	**25536330**
楼房	53012415	20014899	10632430	13580268	13580268
平房	84644343	35072573	8813001	11956062	11956062
城近郊区	**98490838**	**43613909**	**14488128**	**16393629**	**16393629**
楼房	41656181	15864491	7896149	11647603	11647603
平房	56834657	27749418	6591979	4746026	4746026
东城区	12456729	6668894	1974541	1726008	1726008
楼房	1341679	632397	198616	303665	303664
平房	11115049	6036497	1775925	1422343	1422343
西城区	15221385	10258894	2559177	1852426	1852426
楼房	4068472	1941161	863074	970804	970804
平房	11152913	8317733	1696103	881622	881622
崇文区	7080932	3708536	1236745	690219	690219
楼房	848644	398714	119982	269463	269463
平房	6232288	3309822	1116763	420757	420757
宣武区	6858382	4300431	375278	554560	554560
楼房	1202980	562532	239021	351914	351914
平房	5655402	3737899	136257	202646	202646
朝阳区	15872552	6167100	2368615	4707353	4707353
楼房	14260383	5238403	2214094	4401662	4401662
平房	1612169	928697	154521	305691	305691

绿地面积汇总表

区分组）

面　　积			未绿化面积	其他面积	已绿化面积占总面积（%）	绿化覆盖面积（平方米）	绿化覆盖率（%）
居住区花园							
小　计	绿化面积	水面积					
6=7+8	7	8	9	10	11=4/1	12	13=12/1
			5650945	**31936580**	**18.55**	**28948098**	**21.03**
			2547699	6237119	25.62	15335020	28.93
			3103246	25699461	14.13	13613078	16.08
			1939304	**22055868**	**16.64**	**18830514**	**19.20**
			1570644	4677294	27.96	13043337	31.31
			368660	17378574	8.35	5787177	10.18
			111282	1976004	13.86	1971883	15.83
			111282	95720	22.63	407305.	30.36
				1880284	12.80	1564578	14.08
			77247	473641	12.17	2425037	15.93
			61247	232186	23.86	1195485	29.38
			16000	241455	7.90	1229552	11.02
			39415	1406017	9.75	745724	10.53
			25970	34516	31.75	312548	36.83
			13445	1371501	6.75	433176	6.95
			30581	1597532	8.09	778343	11.35
			30581	18932	29.25	396567	32.97
				1578600	3.58	381776	6.75
			640075	1989409	29.66	4921143	31.00
			638950	1767274	30.87	4555017	31.94
			1125	222135	18.96	366126	22.71

单位名称	总面积（平方米）	建筑占地面积	铺装面积	绿地	
				合计	楼间绿地
甲	1＝2＋3＋4＋9＋10	2	3	4＝5＋6	5
海淀区	13091197	5141512	2805250	2720159	2720159
楼房	6874462	2198357	1660776	1971824	1971824
平房	6216735	2943155	1144474	748335	748335
丰台区	21703026	5342697	2211394	281927	2819275
楼房	9122004	3690850	1799775	2395989	2395989
平房	12581022	1651847	411619	423286	423286
石景山区	6206636	2025846	957127	1313629	1323629
楼房	3937557	1202077	800811	982283	982283
平房	2269079	823769	156316	341346	341346
远郊区县	**39165920**	**11473563**	**4957303**	**9142701**	**9142701**
楼房	11356234	4150408	2736281	1932665	1932665
平房	27809686	7323155	2221022	7210036	7210036
门头沟区	2713342	1104913	275124	363251	363251
楼房	458165	201704	57265	56799	56799
平房	2255177	903209	217859	306452	306452
房山区	3382292	1235562	1368556	553301	553301
楼房	3112802	1095047	1338922	500376	500376
平房	269490	140515	29634	52925	52925
通　县	22108455	4672394	936722	6443759	6443759
楼房	1764265	401483	27383	203687	203687
平房	20344190	4270911	909339	6240072	6240072
昌平县	660650	276504	113136	205875	205875
楼房	660650	276504	113136	205875	205875
平房					

续表一

面积			未绿化面积	其他面积	已绿化面积占总面积(%)	绿化覆盖面积(平方米)	绿化覆盖率(%)
居住区花园							
小计	绿化面积	水面积					
6=7+8	7	8	9	10	11=4/1	12	13=12/1
			475719	1948557	20.78	3181320	24.30
			239687	803818	28.68	2271174	33.04
			236032	1144739	12.04	910146	14.64
			488322	10841338	12.99	3214386	14.81
			399565	835825	26.26	2761122	30.27
			88757	10005513	3.36	453264	3.60
			76663	1823371	21.33	1592678	25.66
			63362	889024	24.95	1144119	29.06
			13301	934347	10.04	448559	19.77
			3711641	**9880712**	**23.34**	**10117584**	**25.83**
			977055	1559825	17.01	2291683	20.18
			2734586	8320887	25.93	7825901	27.14
			46141	923913	13.39	458183	16.89
			27258	115139	12.40	67299	14.69
			18883	808774	13.59	390884	17.33
			111413	113460	16.36	698494	20.65
			89169	89288	16.07	646789	20.78
			22244	24172	19.64	51705	19.19
			2181839	7873741	29.15	6855230	31.01
			86342	1045370	11.55	213616	12.11
			2095497	6828371	30.67	6641614	32.65
			29947	35188	31.16	213956	32.39
			29947	35188	31.16	213956	32.39

单位名称	总面积（平方米）	建筑占地面积	铺装面积	绿地	
				合计	楼间绿地
甲	1=2+3+4+9+10	2	3	4=5+6	5
大兴县	2721639	1159585	687536	461211	461211
楼房	1218147	461181	194950	348254	348254
平房	1503492	698404	492586	112957	112957
平谷县	1976375	706969	438561	224746	224746
楼房	1116122	366999	206201	55169	55169
平房	860253	339970	232360	169577	169577
怀柔县	363774	183221	51735	86959	86959
楼房	363774	183221	51735	86959	86959
平房					
顺义县	3384347	1174300	636476	643138	643138
楼房	1396921	507581	371213	373431	373431
平房	1987426	666719	265263	269707	269707
密云县	901435	418426	170735	95027	95027
楼房	469916	216104	110362	51735	51735
平房	431519	202322	60373	43292	43292
延庆县	953611	541689	278722	65434	65434
楼房	795472	440584	265114	50380	50380
平房	158139	101105	13608	15054	15054

续表二

面　积			未绿化面积	其他面积	已绿化面积占总面积（%）	绿化覆盖面　积（平方米）	绿　化覆盖率（%）
居住区花园							
小　计	绿化面积	水面积					
6＝7＋8	7	8	9	10	11＝4/1	12	13＝12/1
			298499	114808	16.95	472949	17.38
			98954	114808	28.59	359992	29.55
			199545		7.51	112957	7.51
			523975	82124	11.37	271278	13.73
			405629	82124	4.94	101739	9.12
			118346		19.71	169539	19.71
			13824	28035	23.90	105331	28.96
			13824	28035	23.90	105331	28.96
			271352	659081	19.00	804057	23.76
			120617	24079	26.73	418363	29.95
			150735	635002	13.57	385694	19.41
			217247		10.54	144375	16.02
			91715		11.01	100975	21.49
			125532		10.03	43400	10.06
			17404	50362	6.86	93731	9.83
			13600	25794	6.33	63623	8.00
			3804	24568	9.52	30108	19.04

北京市城市居住区

（按行政

单位名称	实有树						
	总计	乔木					灌
		合计	常绿乔木		落叶乔木		合计
			小计	其中：侧柏	小计	其中：国槐	
甲	1=2+7+10	2=3+5	3	4	5	6	7
合计	**4934553**	**1271898**	**205307**	**35483**	**1066591**	**88594**	**975064**
楼房	3656067	513442	166170	20806	347272	58620	907374
平房	1278486	758456	39137	14677	719319	29974	67690
城近郊区	**3516054**	**583528**	**134424**	**13130**	**449104**	**56156**	**838002**
楼房	3202507	409962	121723	11029	288239	46479	799815
平房	313547	173566	12701	2101	160865	9677	38187
东城区	178891	39616	5461	769	34155	2375	23213
楼房	135377	11194	3447	463	7747	1364	19549
平房	43514	28422	2014	306	26408	1011	3664
西城区	408917	70694	11558	880	59136	5647	84482
楼房	348270	34286	9613	501	24673	3576	76884
平房	60647	36408	1945	379	34463	2071	7598
崇文区	198079	25082	3622	796	21460	2911	30144
楼房	172880	11564	2632	511	8932	1473	28164
平房	25199	13518	990	285	12528	1438	1980
宣武区	124213	24965	4500	130	20465	1841	39634
楼房	107738	12760	3966	73	8794	1370	37639
平房	16475	12205	534	57	11671	471	1995
朝阳区	955072	130764	37163	2643	93601	15993	205222
楼房	937967	124603	36247	2601	88356	15673	202782
平房	17105	6161	916	42	5245	320	2440
海淀区	651320	117435	30548	4304	86887	10318	194706
楼房	565040	80308	26812	3572	53496	8345	180976
平房	86280	37127	3736	732	33391	1973	13730
丰台区	693433	132647	28574	2302	104073	13117	125291
楼房	642753	104388	26438	2035	77950	12551	119365
平房	50680	28259	2136	267	26123	566	5926
石景山区	306129	42325	12998	1306	29327	3954	135310
楼房	292482	30859	12568	1273	18291	2127	134456
平房	13647	11466	430	33	11036	1827	854

绿地树木汇总表

区分组）

木		（株）				实有绿篱		实有草坪（平方米）		实有宿根花卉	
木		其它									
常绿灌木	落叶灌木	合计	月季	攀缘	竹子	长度（米）	数量（株）	数量	其中：冷季型	面积（平方米）	数量（株）
8	9	10	11	12	13	14	15	16	17	18	19
189423	**785641**	**2687591**	**1327591**	**1293530**	**66470**	**576500**	**3069342**	**5605759**	**1321338**	**166583**	**865284**
169937	737437	2235251	1197538	978674	59039	564367	3006111	5490872	1288599	156391	834010
19486	48204	452340	130053	314856	7431	12133	63231	114887	32731	10192	31274
161791	**676211**	**2094524**	**1135142**	**907933**	**51449**	**459143**	**2534810**	**4745624**	**961583**	**140843**	**757105**
152898	646917	1992730	1087153	861379	44198	449986	2495881	4659430	930695	134913	734259
8893	29294	101794	47989	46554	7251	9157	38929	86194	30888	5930	22846
3969	19244	116062	73661	40218	2183	15984	78074	38743	15849	7455	78430
2720	16829	104634	66328	37644	662	14212	69788	35967	14612	7254	77575
1249	2415	11428	7333	2574	1521	1772	8286	2776	1237	201	855
9065	75417	253741	166375	82431	4935	70282	312044	463291	86527	19270	68548
8056	68828	237100	159676	75684	1740	67867	303965	457954	84117	15342	61527
1009	6589	16641	6699	6747	3195	2415	8079	5337	2410	3928	7021
4373	25771	142853	94736	48033	84	10586	43496	95750	39650	3309	28048
3689	24475	133152	90844	42255	53	9663	40290	92069	39650	3120	27133
684	1296	9701	3892	5778	31	923	3206	3681		189	915
5172	34462	59614	22344	36217	1053	15747	42807	153068	41628	13708	9942
4389	33250	57339	21190	35116	1033	15070	39968	147437	41628	13666	9622
783	1212	2275	1154	1101	20	677	2839	5631		42	320
48112	157110	619086	373024	229801	16261	140329	708107	1082394	238618	42502	335074
48011	154771	610582	369011	225310	16261	139721	703288	1079123	238618	42458	334857
101	2339	8504	4013	4491		608	4819	3271		44	217
54950	139756	339179	172664	149906	16609	71963	347772	1127330	230148	13729	72091
51407	129569	303756	154977	134462	14317	70077	339287	1064838	202907	12447	60621
3543	10187	35423	17687	15444	2292	1886	8485	62492	27241	10282	11470
28065	97226	435495	173497	253872	8126	92543	780609	1320005	171602	29361	85064
26593	92772	419000	166896	244133	7971	91787	777924	1318074	171602	29125	83086
1472	4454	16495	6601	9739	155	756	2685	1931		236	1978
8085	127225	128494	58841	67455	2198	41706	221901	465040	137561	11508	79908
8033	126423	127167	58231	66775	2161	41587	221371	463965	137561	11500	79838
52	802	1327	610	680	37	119	530	1075		8	70

单位名称	实		有				树
	总　计	乔　　木					灌
		合计	常绿乔木		落叶乔木		合计
			小计	其中:侧柏	小计	其中:国槐	
甲	1=2+7+10	2=3+5	3	4	5	6	7
远郊区县	**1418499**	**688370**	**70883**	**22353**	**617487**	**32438**	**137062**
楼房	453560	103480	44447	9777	59033	12141	107559
平房	964939	584890	26436	12576	558454	20297	29503
门头沟区	31340	24754	1685	1066	23069	1717	2842
楼房	8957	4568	1416	886	3152	249	1540
平房	22383	20186	269	180	19917	1468	1302
房山区	134826	32879	8278	2681	24601	5271	16539
楼房	131230	30871	7631	2414	23240	4986	15749
平房	3596	2008	647	267	1361	285	790
通　县	864830	489551	28014	12773	461537	16409	29277
楼房	20628	5715	3268	1242	2447	459	7890
平房	844202	483836	24746	11531	459090	15950	21387
昌平县	29013	13097	4475	1335	8622	867	12986
楼房	29013	13097	4475	1335	8622	867	12986
平房							
大兴县	118199	40825	16284	635	24541	2421	40069
楼房	100975	25601	16284	635	9317	1881	38069
平房	17224	15224			15224	540	2000
平谷县	10792	8589	870	294	7719	551	1060
楼房	4883	2770	641	178	2129	464	1019
平房	5909	5819	229	116	5590	87	41
怀柔县	14853	7880	6619	2749	1261	162	4584
楼房	14853	7880	6619	2749	1261	162	4584
平房							
顺义县	187590	61828	2753	460	59075	4175	21152
楼房	123034	8539	2278	18	6261	2729	17475
平房	64556	53289	475	442	52814	1446	3677
密云县	21905	5696	889	165	4807	685	7032
楼房	15870	2201	819	125	1382	164	6727
平房	6035	3495	70	40	3425	521	305
延庆县	5151	3271	1016	195	2255	180	1521
楼房	4117	2238	1016	195	1222	180	1520
平房	1034	1033			1033		1

续表一

木		（株）				实有绿篱		实有草坪（平方米）		实有宿根花卉	
木		其它									
常绿灌木	落叶灌木	合计	月季	攀缘	竹子	长度（米）	数量（株）	数量	其中：冷季型	面积（平方米）	数量（株）
8	9	10	11	12	13	14	15	16	17	18	19
27632	**109430**	**593067**	**192449**	**385597**	**15021**	**117357**	**534532**	**860135**	**359745**	**25740**	**108179**
17039	90520	242521	110385	117295	14841	114381	510230	831442	357902	21478	99751
10593	18910	350546	82064	268302	180	2976	24302	28693	1843	4262	8428
515	2327	3744	3155	579	10	3035	8121	13580			
419	1121	2849	2356	489	4	3035	8119	12730			
96	1206	895	799	90	6		2	850			
3281	13258	85408	9455	75951	2	51763	169864	208889	114289	1973	11334
2967	12782	84610	8685	75923	2	50516	153180	207046	112446	1898	10462
314	476	798	770	28		1247	16684	1843	1843	75	872
9222	20055	346002	77473	268529		9926	30996	141784		2513	7352
1041	6849	7023	6494	529		8197	23380	115784		2513	7352
8181	13206	338979	70979	268000		1729	7616	26000			
1426	11560	2930	2850	80		1980	6500	28110	11891	8696	13370
1426	11560	2930	2850	80		1980	6500	28110	11891	8696	13370
7348	32721	37305	26662	9752	891	18229	131540	135040	2200	6036	47369
5348	32721	37305	26662	9752	891	18229	131540	135040	2200	6036	47369
2000											
263	797	1143	744	399		1509	10716	4986		17	99
262	757	1094	701	393		1509	10716	4986		17	99
1	40	49	43	6							
246	4338	2389	1826	563		1630	16226	21512		149	228
246	4338	2389	1826	563		1630	16226	21512		149	228
862	20290	104610	62163	29129	13318	25426	137094	269458	231365	4159	16633
862	16613	97020	54813	29063	13144	25426	137094	269458	231365	1006	10077
	3677	7590	7350	66	174					3153	6556
4030	3002	9177	7912	465	800	3425	20871	20505		2197	11794
4029	2698	6942	5789	353	800	3425	20871	20505		1163	10794
1	304	2235	2123	112						1034	1000
439	1082	359	209	150		434	2604	16271			
439	1081	359	209	150		434	2604	16271			
	1										

单　　位	单位个数	单位占地总面积（平方米）	单位绿地面积（平方米）	已绿化面积占总面积(%)
东城区	**309**	**12456729**	**1726007**	**13.86**
楼房居住区	65	1341679	303664	22.63
平房居住区	244	11115049	1422343	12.80
1. 和平里街道办事处	35	1600908	349616	21.83
楼房居住区	23	937492	190056	20.27
平房居住区	12	663416	159560	24.05
2. 东直门街道办事处	23	896356	185499	20.69
楼房居住区	9	221953	67101	30.23
平房居住区	14	674403	118398	17.55
3. 北新桥街道办事处	46	1648695	160128	9.71
楼房居住区	4	34101	6755	19.81
平房居住区	42	1614594	153373	9.50
4. 东四街道办事处	24	930825	91707	9.85
楼房居住区	4	14686	5716	38.92
平房居住区	20	916139	85991	9.39
5. 建国门街道办事处	40	1678512	128761	27.67
楼房居住区	9	50091	13881	27.71
平房居住区	31	1628471	114880	7.05
6. 景山街道办事处	33	1128949	98027	8.68
楼房居住区	3	11399	3199	28.07
平房居住区	30	1117550	94828	8.48
7. 交道口街道办事处	29	939558	116647	12.41
楼房居住区	1	12227	800	6.54
平房居住区	28	927331	115847	12.49
8. 安定门街道办事处	33	1111891	153178	13.78
楼房居住区	3	3755	3205	85.35
平房居住区	30	1108136	149973	13.53
9. 朝阳门街道办事处	8	786344	71504	9.09
楼房居住区				
平房居住区	8	786344	71504	9.09
10. 东华门街道办事处	38	1734691	370940	21.38
楼房居住区	9	55976	12951	23.13
平房居住区	29	1678715	357989	21.32

绿地明细表

实有树木数量（株）	实有草坪（平方米）	其中:冷季	绿化覆盖面积（平方米）	覆盖率（%）
178891	38743		1971883	15.83
135377	35967		407305	30.36
43514	2776		1564578	14.08
51621	13235		453829	28.35
50663	13235		278313	29.69
958			175516	26.46
57487	11095		202118	22.55
53907	11095		71880	32.38
3580			130238	19.31
17257	2030		175853	10.67
10588	1830		8242	24.17
6669	200		167611	10.38
6207	3887		101213	10.87
2741	3830		6623	45.01
3466	57		94590	10.32
7876	3065		144888	8.63
4376	2165		18520	36.97
3500	900		126368	7.76
3819	1030		108020	9.57
1213	1030		3709	32.54
2606			104311	9.33
8898	1055		129592	13.79
879			1060	8.67
8019	1055		128532	13.86
4425	170		168175	15.12
1025	170		3205	85.35
3400			164970	14.89
3694			78654	10.00
3694			78654	10.00
17607	3176		409541	23.61
9985	2612		15753	28.14
7622	564		393788	23.45

单　　位	单位个数	单位占地总面积（平方米）	单位绿地面积（平方米）	已绿化面积占总面积%
西城区	**150**	**15221385**	**1852427**	**12.17**
楼房居住区	140	4068472	970804	23.86
平房居住区	10	11152913	881623	7.90
1. 西长安街街道办事处		2897984	296218	10.22
楼房居住区		19182	8300	43.3
平房居住区		2878802	287918	10.00
2. 厂桥街道办事处		1955438	107338	5.49
楼房居住区		32000	8200	25.63
平房居住区		1923438	99138	5.15
3. 新街口街道办事处		1503460	143770	9.56
楼房居住区		351203	32561	9.27
平房居住区		1152257	111209	9.65
4. 福绥境街道办事处		1782597	97901	5.49
楼房居住区		67249	6059	9.01
平房居住区		1715348	91842	5.35
5. 丰盛街道办事处		742267	137600	18.54
楼房居住区		46693	11970	25.64
平房居住区		695574	125630	18.06
6. 二龙路街道办事处		1978435	96303	4.87
楼房居住区		140739	13233	9.40
平房居住区		1837696	83070	4.52
7. 月坛街道办事处		1664251	501116	30.11
楼房居住区		1664251	501116	30.11
平房居住区				
8. 阜外街道办事处		381778	86089	22.55
楼房居住区		381778	86089	22.55
平房居住区				
9. 展览路街道办事处		941032	120704	12.83
楼房居住区		672174	118083	17.57
平房居住区		268858	2621	0.97
10. 德外街道办事处		137443	265388	19.31
楼房居住区		693203	185193	26.72
平房居住区		680940	80195	11.78

续表一

实有树木数量（株）	实有草坪（平方米）	其中:冷季	绿化覆盖面积（平方米）	覆盖率（%）
408917	**463291**	**86527**	**2425036**	**15.93**
348270	457954	84117	1195484	29.38
60647	5337	2410	1229552	11.02
19575	7105	7105	296218	10.22
4132	5300	5300	8300	43.27
15443	1805	1805	287918	10.00
15872	2560	614	161833	8.28
5574	1710		8200	25.63
10298	850	605	153633	7.99
37793	12330	12150	235486	15.66
28424	12330	12150	41330	11.77
9369			194156	16.85
16085	5524		281909	15.81
3090	3378		14385	21.39
12995	2146		267524	15.60
13244	1069		145462	19.60
7876	1005		11970	25.64
5368	64		133492	19.19
6252	2976		112987	5.71
1932	2516		13793	9.80
4320	460		99194	5.40
210982	227801	1377	581441	34.94
210982	227801	1377	581441	34.94
40791	28970	28770	104550	27.39
40791	28970	28770	104550	27.39
22450	35309	6520	218509	23.22
22138	35309	6520	208134	30.96
312			10375	3.86
25873	139647	30000	286641	20.86
23331	139635	30000	203381	29.34
2542	12		83260	12.23

单　位	单位个数	单位占地总面积（平方米）	单位绿地面积（平方米）	已绿化面积占总面积％
崇文区	**36**	**7080932**	**690220**	**9.75**
楼房居住区	29	848644	269463	31.75
平房居住区	7	6232288	420757	6.75
1. 前门街道办事处	3	749978	34894	4.65
楼房居住区	2	8394	2088	24.87
平房居住区	1	741584	32806	4.42
2. 崇文门街道办事处	3	775312	39646	5.11
楼房居住区	2	23728	7016	29.57
平房居住区	1	751584	32630	4.34
3. 东花市街道办事处	7	1177335	125043	10.62
楼房居住区	6	227317	59443	26.15
平房居住区	1	950018	65600	6.91
4. 龙潭街道办事处	6	865014	170550	19.72
楼房居住区	5	210374	91234	43.37
平房居住区	1	654640	79316	12.11
5. 体育馆街道办事处	4	919726	47532	5.17
楼房居住区	3	114619	18216	15.89
平房居住区	1	805107	29316	3.64
6. 天坛街道办事处	7	938571	130149	13.87
楼房居住区	6	130672	54189	41.47
平房居住区	1	807899	75960	9.4
7. 永外街道办事处	6	1654996	142406	8.6
楼房居住区	5	133540	37277	27.9
平房居住区	1	1521456	105129	6.91

续表二

实有树木数量（株）	实有草坪（平方米）	其中:冷季	绿化覆盖面积（平方米）	覆盖率（%）
198079	**95750**	**39650**	**745724**	**10.53**
172880	92069	39650	312548	36.83
25199	3681		433176	6.95
8070	1850	1800	37621	5.02
5680	1800	1800	2921	34.80
2390	50		34700	4.68
4570	1426	650	41817	5.39
3291	1426	650	8231	34.69
1279			33586	4.47
22084	28750	22100	137713	11.70
18779	28750	22100	67625	29.75
3305			70088	7.38
56134	12303		183416	21.20
51467	11522		103986	49.43
4667	78		79430	12.13
20144	18100	15100	50330	5.47
17070	17200	15100	20786	18.14
3074	900		29544	3.67
26501	3170		141245	15.05
21391	1970		65212	49.91
5110	1200		76033	9.41
60570	30151		153582	9.28
55196	29401		43787	32.79
5374	750		109795	7.21

单　　位	单位个数	单位占地总面积（平方米）	单位绿地面积（平方米）	已绿化面积占总面积%
宣武区	**314**	**6858382**	**554560**	**8.09**
楼房居住区	66	1202980	351914	29.25
平房居住区	248	5655402	202646	3.58
1.广内街道办事处	36		87075	
楼房居住区	13	197501	48640	24.63
平房居住区	23		38435	
2.牛街街道办事处	28		35136	
楼房居住区	2	21488	4040	18.80
平房居住区	26		31096	
3.白纸坊街道办事处	48		108555	
楼房居住区	16	271163	53007	19.55
平房居住区	32		55548	
4.天桥街道办事处	26		41477	
楼房居住区	2	70243	27472	39.11
平房居住区	24		14005	
5.广外街道办事处	73		203396	
楼房居住区	29	568952	185896	32.67
平房居住区	44		17500	
6.陶然亭街道办事处	38		50391	
楼房居住区	4	73633	32859	44.63
平房居住区	34		17532	
7.大栅栏街道办事处	32		10445	
楼房居住区				
平房居住区	32		10445	
8.椿树街道办事处	33		18085	
楼房居住区				
平房居住区	33		18085	

续表三

实有树木数量（株）	实有草坪（平方米）	实有草坪 其中:冷季	绿化覆盖面积（平方米）	覆盖率（%）
124213	**153069**		**778343**	**11.35**
107738	147438		396567	32.96
16475	5631		381776	6.75
28054	19382		126231	
25583	19382		53361	27.02
2471			72870	
5162	2781		66220	
2443	1600		6110	28.43
2719	1181		60110	
20585	31454		144738	
16973	28204		58410	21.54
3612	3250		86328	
3730	7000		86420	
2751	7000		58410	83.15
979			28010	
55568	87468		235739	
53560	87468		199519	35.07
2008			36220	
7889	3784		84789	
6428	3784		40959	55.63
1461			43830	
1396	350		19770	
1396	350		19770	
1829	850		34638	
1829	850		34638	

单　　位	单位个数	单位占地总面积（平方米）	单位绿地面积（平方米）	已绿化面积占总面积（%）
朝阳区	**176**	**15872552**	**4707353**	**29.66**
楼房居住区	86	14260383	4401662	30.87
平房居住区	90	1612169	305691	18.96
1. 朝外街道办事处		494737	210370	42.52
楼房居住区	1	120826	54881	45.42
平房居住区		373911	155489	41.58
2. 呼家楼街道办事处		850340	186754	22.00
楼房居住区	9	791234	181505	22.94
平房居住区		59106	5249	8.88
3. 八里庄街道办事处		373325	69757	18.68
楼房居住区	2	338048	67162	19.87
平房居住区		35277	2595	7.35
4. 管庄街道办事处		1047869	384608	36.70
楼房居住区	2	1047869	384608	36.70
平房居住区				
5. 建国门外街道办事处		719824	112925	15.68
楼房居住区	1	548133	106866	19.50
平房居住区		171691	6059	3.53
6. 双井街道办事处		552664	137246	24.83
楼房居住区	2	244566	103738	42.42
平房居住区		308098	33508	10.87
7. 酒仙桥街道办事处		1239615	351902	28.39
楼房居住区	2	978797	303302	31.00
平房居住区		260818	48600	18.63
8. 机场街道办事处		624013	224585	36.00
楼房居住区	1	624013	224585	36.00
平房居住区				

续表四

实有树木数量（株）	实有草坪（平方米）	其中:冷季	绿化覆盖面积（平方米）	覆盖率（%）
955072	**1082395**		**4921143**	**31.00**
937967	1079124		4555017	31.94
17105	3271		366126	22.71
12618	25380		224047	45.29
8871	22425		61637	51.01
3747	2955		162410	43.44
48011	29542		237014	27.87
47755	29542		230356	29.11
256			6658	11.26
12641	30214		92841	24.87
12520	30214		89381	26.44
121			3460	9.80
84973	186459		439595	41.95
84973	186459		439595	41.95
30302	13440		132354	18.38
29760	13440		115293	21.03
542			(17061)	9.93
42160	4916		168692	30.52
34722	4600		121109	59.52
7438	316		47583	15.44
32356	23681		449351	36.25
31000	23681		370975	37.90
1356			78376	30.05
21591	40367		231090	37.03
21591	40367		231090	37.03

单　　位	单位个数	单位占地总面积（平方米）	单位绿地面积（平方米）	已绿化面积占总面积（%）
9. 潘家园街道办事处		420815	148413	35.27
楼房居住区	1	420815	148413	35.27
平房居住区				
10. 香河园街道办事处		596657	215376	36.10
楼房居住区	3	596657	215376	36.10
平房居住区				
11. 六里屯街道办事处		1075993	160937	15.00
楼房居住区	4	896173	122686	13.69
平房居住区		179820	38251	21.27
12. 麦子店街道办事处		332764	78600	23.62
楼房居住区	1	251564	70850	28.16
平房居住区		81200	7750	9.54
13. 安贞街道办事处		650813	292233	44.90
楼房居住区	5	650813	292233	44.90
平房居住区				
14. 劲松街道办事处		609898	189153	31.01
楼房居住区	3	609898	189153	31.01
平房居住区				
15. 岱头街道办事处		323098	106049	32.82
楼房居住区	1	282098	103902	36.83
平房居住区		41000	2147	5.23
16. 团结湖街道办事处		502335	212715	42.34
楼房居住区	2	498032	212385	42.64
平房居住区		4303	330	7.67
17. 三里屯街道办事处		685113	250903	36.62
楼房居住区	8	685113	250903	36.62
平房居住区				
18. 左家庄街道办事处		147891	547100	37.00
楼房居住区	10	147891	547100	37.00

续表五

实有树木数量（株）	实有草坪（平方米）	其中:冷季	绿化覆盖面积（平方米）	覆盖率（%）
56023	54422		167268	39.75
56023	54422		167268	39.75
41695	48733		259675	43.52
41695	48733		259675	43.52
61338	43833		189980	17.66
58998	43833		141800	15.82
2340			48180	27.00
38500	31845		86372	26.00
38025	31845		76222	30.30
475			10150	12.50
56149	110952		303631	46.65
56149	110952		303631	46.65
18303	3130		189153	31.01
32148	26187		119802	37.08
31725	26187		117156	41.53
423			2646	6.45
31258	38049		223193	44.44
31247	38048		222643	44.70
11			550	12.78
19287	6901		252940	37.00
19287	6901		252940	37.00
50682	42301		54710	37.00
50682	42301		54710	37.00

单　　位	单位个数	单位占地总面积（平方米）	单位绿地面积（平方米）	已绿化面积占总面积%
平房居住区				
19. 和平街街道办事处		901495	311071	34.50
楼房居住区	7	901495	311071	34.50
平房居住区				
20. 小关街道办事处		315207	74623	23.67
楼房居住区	2	235062	72030	30.64
平房居住区		80145	2593	3.22
21. 亚运村街道办事处		601878	245460	40.78
楼房居住区	8	601878	245460	40.78
平房居住区				
22. 南磨房街道办事处		388019	11589	3.00
楼房居住区	1	388019	11589	3.00
平房居住区				
23. 高碑店街道办事处		280000	26800	9.57
楼房居住区	2	280000	26800	9.57
平房居住区				
24. 太阳宫街道办事处		167749	36889	22.00
楼房居住区	3	167749	36889	22.00
平房居住区				
25. 将台街道办事处		394949	94248	23.86
楼房居住区	2	378149	91128	23.86
平房居住区		16800	3120	18.57
26. 大屯街道办事处		369091	151545	41.06
楼房居住区	3	369091	151545	41.06
平房居住区				

注：平房居住区单位个数区汇总表中无明细表。

续表六

实有树木数量（株）	实有草坪（平方米）	其中:冷季	绿化覆盖面积（平方米）	覆盖率（%）
22614	48349		331752	36.80
22614	48349		331752	36.80
37355	35254		75993	24.11
37063	35254		72999	31.06
292			2994	3.74
77856	89419		1101	0.18
77856	89419		1101	0.18
6589	6700		12158	3.13
6589	6700		12158	3.13
9835	6378		26800	9.57
9835	6378		26800	9.57
27065	23856		38875	23.17
27065	23856		38875	23.17
44474	57376		107725	27.27
44370	57376		104605	27.66
104			3120	18.57
39249	54711		153504	41.59
39249	54711		153504	41.59

注:建外街道平房区的覆盖面积区汇总时总数未包括在区总数内。
本表汇总数平房合计中也未包括。

单　　位	单位个数	单位占地总面积（平方米）	单位绿地面积（平方米）	已绿化面积占总面积%
海淀区	**274**	**13091197**	**2720159**	**20.78**
楼房居住区	154	6874462	1971824	28.68
平房居住区	120	6216735	748335	12%04
1. 八里庄街道办事处	17	927637	220252	23.74
楼房居住区	12	648868	183230	28.24
平房居住区	5	278769	37022	13.28
2. 学院路街道办事处	20	1032448	207891	20.14
楼房居住区	9	673988	168054	24.93
平房居住区	11	358460	39837	11.11
3. 北下关街道办事处	22	731341	155268	21.23
楼房居住区	13	432609	107371	24.82
平房居住区	9	298732	47897	16.03
4. 万寿路街道办事处	5	29686	4937	1.70
楼房居住区				
平房居住区	5	296868	4937	1.70
5. 甘家口街道办事处	31	583238	115186	19.75
楼房居住区	27	368857	78668	21.33
平房居住区	4	214381	36518	17.03
6. 青龙桥街道办事处	11	598469	31660	5.30
楼房居住区				
平房居住区	11	598469	31660	5.30
7. 羊坊店街道办事处	36	1743435	309486	17.75
楼房居住区	24	1106604	230585	20.84
平房居住区	12	636831	78901	12.39
8. 香山街道办事处	7	538364	57765	10.73
楼房居住区	4	40627	13865	34.13
平房居住区	3	497737	43900	8.82

续表七

实有树木数量（株）	实有草坪（平方米）	其中:冷季	绿化覆盖面积（平方米）	覆盖率（%）
651320	**1127331**		**3181320**	**24.30**
565040	1064839		2271174	33.04
86280	62492		910146	14.64
41294	117746		223725	24.12
38948	117746		185863	28.64
2346			37862	13.58
34671	111283		238851	23.13
30106	108424		165192	24.51
4565	2859		73659	20.55
29568	31762		165472	22.63
25204	31112		115675	26.74
4364	650		49797	16.67
4135	108		29106	9.80
4135	108		29106	9.80
12872	39084		135292	23.20
10553	34798		95491	25.89
2319	4286		39801	18.57
11392	20		43526	7.27
11392	20		43526	7.27
119512	187194		402607	23.09
89461	141041		303557	27.43
30051	46153		99050	15.55
10488	5715		86795	16.12
4262	3239		16857	41.49
6226	2476		69938	14.05

单　　位	单位个数	单位占地总面积（平方米）	单位绿地面积（平方米）	已绿化面积占总面积％
9．双榆树街道办事处	11	680425	262871	38.63
楼房居住区	5	578810	252166	43.57
平房居住区	6	101615	10705	10.53
10．紫竹院街道办事处	25	814049	289463	35.56
楼房居住区	14	366482	145263	39.64
平房居住区	11	447567	144200	32.22
11．北太平庄街道办事处	34	493920	141707	28.69
楼房居住区	24	354259	123377	34.83
平房居住区	10	139661	18330	13.12
12．清河街道办事处	18	787717	176011	22.34
楼房居住区	8	598333	138169	23.09
平房居住区	10	189384	42842	22.62
13．中关村街道办事处	11	781148	190588	24.40
楼房居住区	4	579146	174628	30.15
平房居住区	7	202002	15960	7.90
14．永定路街道办事处		640660	199886	31.20
楼房居住区		640660	199886	31.20
平房居住区				
15．海淀街道办事处	26	2441478	357188	14.63
楼房居住区	10	485219	161562	33.30
平房居住区	16	1956259	195626	10.00

续表八

实有树木数量（株）	实有草坪		绿化覆盖面积（平方米）	覆盖率（%）
	（平方米）	其中:冷季		
150130	132398		322065	47.33
148698	130698		298549	51.58
1432	1700		23516	23.14
20364	87680		307240	37.74
13794	87680		155870	42.53
6570			151370	33.82
11788	43650		159719	32.34
10802	43590		138820	39.19
986	60		20899	14.96
27926	41341		208721	26.50
24206	41301		155045	25.91
3720	40		53676	28.34
30671	75751		254105	32.53
27966	71611		231785	40.02
2705	4140		22320	11.05
99550	159909		246908	38.54
99550	159909		246908	38.54
46959	93690		357188	14.63
4149	93690		161562	33.30
5469			195626	10.00

单　　位	单位个数	单位占地总面积（平方米）	单位绿地面积（平方米）	已绿化面积占总面积%
丰台区	**295**	**21703026**	**2819276**	**13.00**
楼房居住区	201	9122004	2395989	26.27
平房居住区	94	12581022	423287	3.36
1.丰台街道办事处	30	1298815	269018	20.71
楼房居住区	23	861830	232453	26.97
平房居住区	7	436985	36565	8.37
2.南苑街道办事处	14	515312	61340	11.90
楼房居住区	4	11687	1330	11.38
平房居住区	10	503625	60010	11.92
3.长辛店街道办事处	22	1404004	296961	21.15
楼房居住区	6	1004737	151701	15.10
平房居住区	16	399267	145260	36.38
4.云岗街道办事处	18	694834	175570	25.27
楼房居住区	18	653474	163630	25.04
平房居住区		41360	11940	28.87
5.大红门街道办事处	41	1351600	140538	10.40
楼房居住区	23	687928	123542	17.70
平房居住区	18	663672	16996	2.56
6.东铁营街道办事处	55	738638	159555	21.60
楼房居住区	40	511427	132447	25.90
平房居住区	15	227211	27108	11.93
7.方庄街道办事处	5	1471389	464309	31.56
楼房居住区	2	1464925	462675	31.58
平房居住区	3	6464	1634	25.28

续表九

实有树木数量（株）	实有草坪（平方米）	其中:冷季	绿化覆盖面积（平方米）	覆盖率（%）
693433	**1320005**		**3214386**	**14.81**
642753	1318074		2761122	30.27
50680	1931		453264	3.60
75820	77222		298776	23.00
51263	76745		251855	29.22
24557	477		46921	10.74
7421	13898		65610	12.73
204	13898		1380	11.80
7217			64230	12.75
36258	100521		367939	26.21
31416	100521		222609	22.16
4842			145330	36.38
22027	76686		226717	32.63
21232	76686		213757	32.71
795			12960	31.33
13703	45200		148996	11.02
12758	45200		130698	18.99
945			18298	2.76
25174	58730		184334	24.96
23586	58290		151564	29.64
1588	440		32770	14.42
135911	233146		464475	31.57
134956	233146		462675	31.58
955			1800	27.85

单　　位	单位个数	单位占地总面积（平方米）	单位绿地面积（平方米）	已绿化面积占总面积％
8.右安门街道办事处	21	781103	159010	20.36
楼房居住区	18	479571	122157	25.47
平房居住区	3	301532	36853	12.22
9.芦沟桥街道办事处	31	10383075	179522	1.73
楼房居住区	16	519370	124702	24.01
平房居住区	15	9863705	54820	0.56
10.新村街道办事处	18	579116	170643	29.45
楼房居住区	16	562931	167563	29.77
平房居住区	2	16185	3080	19.03
11.苑平街道办事处	10	241116	33436	13.87
楼房居住区	5	120100	4415	3.68
平房居住区	5	121016	29021	23.98
12.西罗园办事处	11	775081	296806	38.29
楼房居住区	11	775081	296806	38.29
平房居住区				
13.东高地办事处	6	1061511	305551	28.78
楼房居住区	6	1061511	305551	28.78
平房居住区				
14.太平桥办事处	13	401501	101086	25.18
楼房居住区	13	401501	101086	25.18
平房居住区				
楼房与市汇总表相差		＋5931	＋5931	

续表十

实有树木数量（株）	实有草坪（平方米）	其中:冷季	绿化覆盖面积（平方米）	覆盖率（%）
30372	36831		164505	21.06
26790	35860		126221	26.32
3582	971		38284	12.70
35726	72354		193688	1.87
32089	72354		136718	26.32
3637			56970	0.58
41844	85861		171475	29.61
41662	85818		167895	29.83
182	43		3580	22.12
3725	1275		39609	16.43
1345	1275		7488	6.23
2380			32121	26.54
50555	195537		338450	43.67
50555	195537		338450	43.67
172068	255820		436406	41.11
172068	255820		436406	41.11
42829	80422		107996	26.70
42829	80422		107996	26.70
＋65947	＋1931		＋5410	

单　　位	单位个数	单位占地总面积（平方米）	单位绿地面积（平方米）	已绿化面积占总面积(%)
石景山	**43**	**6206636**	**1323629**	**21.33**
楼房居住区	38	3937557	982283	24.95
平房居住区	5(27)	2269079	341346	15.04
1.八宝山街道办事处	6	677691	209133	30.86
楼房居住区	6	677691	209133	30.86
平房居住区				
2.老山街道办事处	1	294500	96534	32.78
楼房居住区	1	294500	96534	32.78
平房居住区				
3.八角街道办事处	16	698132	260820	37.36
楼房居住区	15	692132	259900	37.55
平房居住区	1	6000	920	15.33
4.古城街道办事处	9	1491213	266244	17.85
楼房居住区	8	380926	86980	22.83
平房居住区	1(7)	1110287	179264	16.15
5.苹果园街道办事处	3	1401233	110268	7.87
楼房居住区	2	1357487	108810	8.02
平房居住区	1(3)	43746	1458	3.33
6.金顶街街道办事处	5	1243723	338405	27.21
楼房居住区	4	384527	202341	52.62
平房居住区	1(7)	859196	136064	15.84
7.广宁街街道办事处	3	400144	42225	10.55
楼房居住区	2	150294	18585	12.37
平房居住区	1(10)	249850	23640	9.46

注：平房居住区单位数是以街道为单位计算的，实际是27个，无明细表。

续表十一

实有树木数量（株）	实有草坪		绿化覆盖面积（平方米）	覆盖率（%）
	（平方米）	其中:冷季		
306129	**465040**		**1592678**	**25.66**
292482	463965		1144119	29.06
13647	1075		448559	19.77
35257	92948		207758	30.66
35257	92948		207758	30.66
61370	48871		123126	41.81
61370	48871		123126	41.81
42976	137516		320494	45.91
42951	137516		319574	46.17
25			920	15.33
17573	28027		307211	20.60
16294	28027		127724	33.53
1279			179487	16.17
71578	86258		114299	8.16
69496	86258		112841	8.31
2082			1458	3.33
72099	69539		428051	34.42
64879	69539		218586	56.86
7220			209465	24.38
5276	1881		91739	22.93
2235	806		34510	22.96
3041	1075		57229	22.91

四、北京市园林局局属单位绿化普查资料

北京市园林局局属

单　位	合　计(公顷)		公　园		街头绿地	
	个数	面积	个数	面积	个数	面积
合　　计	**186**	**2330.46**	**15**	**1377.52**	**41**	**59.41**
颐和园	1	290.13	1	290.13		
动物园	1	86.19	1	86.19		
中山公园	1	23.83	1	23.83		
北海公园	1	67.71	1	67.71		
景山公园	1	23.00	1	23.00		
天坛公园	1	210.23	1	210.23		
陶然亭公园	1	59.06	1	59.06		
紫竹院公园	1	47.35	1	47.35		
玉渊潭公园	1	140.79	1	140.79		
香山公园	1	172.69	1	172.69		
碧云寺公园	1	7.67	1	7.67		
北京植物园	1	200.00	1	200.00		
绿化处	171	974.31	3	48.87	41	59.41
花木公司	3	27.50				

注:1.生产绿地面积中不含东北旺苗圃154.60公顷,小汤山苗圃267.80公顷。

2.水利局管养的河岸14条,绿化面积48.03公顷含在绿化处河岸数字中。

单位园林绿地面积总表

居住区花园		居住区绿地		道路		河岸		生产绿地	
个数	面积	个数	面积	条数	面积	条数	面积	个数	面积
1	**1.88**	**1**	**45.87**	**106**	**667.26**	**16**	**50.61**	**6**	**127.91**
1	1.88	1	45.87	106	667.26	16	50.61	3	100.41
								3	27.50

北京市园林局局属

区县名称	实有树						
	总 计	乔木					灌
		合计	常绿乔木		落叶乔木		合计
			小计	其中:侧柏	小计	其中:国槐	
甲	1=2+7+10	2=3+5	3	4	5	6	7
合 计	**4527314**	**645791**	**254968**	**101471**	**390823**	**50648**	**737949**
颐和园	418161	28822	17335	9106	11487	368	11989
动物园	79303	10805	4749	785	6056	568	7542
中山公园	77510	3063	2241	917	822	49	1844
北海公园	29925	5607	3468	1187	2139	274	3866
景山公园	15883	6822	5656	1488	1166	124	4439
天坛公园	80750	45267	32512	10808	12755	1141	4119
陶然亭公园	127042	12814	8055	792	4759	322	24862
紫竹院公园	914812	7263	3205	141	4058	93	15113
玉渊潭公园	188859	17190	5611	1524	11579	235	21740
香山公园	244859	104521	81241	63130	23280	661	103623
碧云寺	9178	1036	930	703	106	33	207
北京植物园	519577	63066	14173	3391	48893	534	227445
绿化处	1768866	325171	70506	3962	254665	45447	303041
其他	52589	14344	5286	3573	9058	799	8119

单位实有树木总表

木		（株）				实有绿篱		实有草坪（平方米）		实有宿根花卉	
木		其它									
常绿灌木	落叶灌木	合计	月季	攀缘	竹子	长度（米）	数量（株）	数量	其中：冷季型	面积（平方米）	数量（株）
8	9	10	11	12	13	14	15	16	17	18	19
125974	**611975**	**3143574**	**665871**	**908254**	**1569449**	**184566**	**1409807**	**443118**	**1854699**	**171886**	**887587**
343	11646	377350	4605	239005	133740	717	4303	209000	166800	71	255
1742	5800	60956	2629	36641	21686	2875	18719	94699	75792	931	3163
365	1479	72603	448	2687	69468	2111	14962	50352	30465	862	2691
1232	2634	20452	683	3610	16159	8374	3490	39408	26354	2260	10792
539	3900	4622	202	300	4120	1243	6215	57090	21040	6676	6338
607	3512	31364	6767	14979	9618	7409	29262	176114	46394	1997	5214
10687	14175	89366	8170	10919	70277	2060	16482	145720	67500	235	2353
3463	11650	892436	533	11753	880150	46	240	171175	152875	565	9530
3947	17793	149929	10977	20572	118380	925	6611	229065	229065	20690	187630
6753	96870	36715	2212	20258	14245			61788	26886	570	3431
18	189	7935		3608	4327			7453	5030	200	772
21024	206421	229066	55173	21916	151977	3070	19368	704527	300	75281	81961
74973	228068	1140654	561776	503611	75267	155576	1289155	2405737	1006198	60958	571421
281	7838	30126	11696	18395	35	160	1000	90990		590	2036

北京市园林局局属

树种	合　计			颐和园			动物园			中　山		
	合计	一级	二级	小计	一级	二级	小计	一级	二级	合计	一级	二级
合　　计	**13940**	**2101**	**11839**	**1622**	**112**	**1510**	**48**	**7**	**41**	**602**	**273**	**329**
油松	886	147	739	289	74	215	3		3	1		1
侧柏	9508	1143	8365	929	5	924				557	255	302
桧柏	2885	653	2232	364	30	334	30	7	23	32	15	17
白皮松	338	77	261	18	2	16						
紫二乔玉兰	1	1		1	1							
国槐	225	61	164	12		12	2		2	5	2	3
楸树	17	2	15	6		6						
白玉兰	2		2	2		2						
桑树	3		3	1		1						
槐柏合抱	2	2								1	1	
榆树	13		13				6		6			
小叶椴	1		1									
酸枣	1	1										
银杏	28	11	17				5		5			
长山核桃	2		2				2		2			
园柏	2		2									
云杉	6		6							6		6
七叶树	4	2	2									
腊梅	1	1										
皂角	6		6									
紫藤	2		2									
黄金树	2		2									
樟树	2		2									
麻栎	2		2									
元宝枫	1		1									
核桃												

单位实有古树总表

北海			景山			天坛			陶然亭			紫竹院			玉渊潭		
小计	一级	二级	小计	一级	二级	小计	一级	二级	小计	一级	二级	小计	一级	二级	小计	一级	二级
580	**40**	**540**	**867**	**63**	**804**	**3562**	**1157**	**2405**	**3**	**3**		**3**	**1**	**2**	**16**		**16**
4	1	3	7		7	1	1								11		11
286	12	274	129	3	126	2340	662	1678									
235	15	220	662	33	629	1196	490	706									
15	6	9	64	25	39										1		1
31	6	25	5	2	3	24	3	21	2	2					2		2
5		5															
						1	1										
3		3															
1		1															
									1	1							
												3	1	2			
															2		2

树种	香山			碧云寺			北植			绿化处		
	小计	一级	二级	小计	一级	二级	小计	一级	二级	小计	一级	二级
合　　计	**5502**	**259**	**5243**	**392**	**58**	**334**	**638**	**124**	**514**	**105**	**4**	**101**
油松	444	60	384	39	6	33	63	5	58	24		24
侧柏	4589	112	4477	244	7	237	432	87	345	2		2
桧柏	241	41	200	54	22	32	40		40	31		31
白皮松	178	31	147	28	13	15	24		24	10		10
紫二乔玉兰												
国槐	28	9	19	19	7	12	64	26	38	31	4	27
楸树	4	1	3				2	1	1			
白玉兰												
桑树	2		2									
槐柏合抱												
榆树	1		1							3		3
小叶椴												
酸枣												
银杏	11	5	6	4	3	1	5	2	3			
长山核桃												
园柏												
云杉												
七叶树				2		2	2	2				
腊梅							1	1				
皂角				2		2	3		3	1		1
紫藤							2		2			
黄金树										2		2
樟树	1		1							1		1
麻栎	2		2									
元宝枫	1		1									
核桃												

续表一

合计			潭柘寺			戒台寺			十三陵		
小计	一级	二级	小计	一级	二级	小计	一级	二级	小计	一级	二级
4994	**1350**	**3644**	**186**	**35**	**151**	**100**	**38**	**62**	**4708**	**1277**	**3431**
670	161	509	53	10	43	38	12	26	579	139	440
4220	1119	3101	100	2	98	46	14	32	4074	1103	2971
11	9	2	7	5	2				4	4	
29	19	10	2	1	1	4	4		23	14	9
2	1	1	2	1	1						
35	18	17	5		5	6	4	2	24	14	10
4	4		3	3		1	1				
10	7	3	4	3	1	2	1	1	4	3	1
10	10		10	10							
1		1				1		1			
2	2					2	2				

北京市园林局绿化处

序号	公园名称	总面积（平方米）	规划已批面积（平方米）	规划未批面积（平方米）	水面积（平方米）	陆地	
						合计	绿化面积
	绿化处公园合计	488662	488662			488662	391252
1	东单公园	44902	44902			44902	39285
2	双秀公园	73099	73099			73099	57419
3	西土城遗址公园	151276	151276			151276	142309
4	北土城遗址公园	219385	219385			219385	152239
	绿化处街头绿地合计	594128	594128			594128	594128
1	安东绿地	5658	5658			5658	5658
2	安西绿地	2600	2600			2600	2600
3	苏东绿地	8586	8586			8586	8586
4	水泡子绿地	22125	22125			22125	22125
5	经委三角地	19045	19045			19045	19045
6	二里沟绿地	4940	4940			4940	4940
7	三里河绿地	33426	33426			33426	33426
8	花园式林荫道	21000	21000			21000	21000
9	新街口三角地	7678	7678			7678	7678
10	滨河绿地	13524	13524			13524	13524
11	翠微烟雨绿地	41911	41911			41911	41911
12	马甸绿地	16708	16708			16708	16708
13	公主坟绿地	72420	72420			72420	72420
14	清河三角地	19310	19310			19310	19310
15	西黄庄三角地	1050	1050			1050	1050
16	西三旗环岛绿地	6703	6703			6703	6703
17	小营环岛绿地	6642	6642			6642	6642
18	小关绿地	66372	66372			66372	66372
19	新源里绿地	28700	28700			28700	28700

公共绿地明细表

面　积　（平方米）			实有树木数量（株）	实有草坪（平方米）		绿化覆盖面积（平方米）	绿化覆盖率（%）	绿化面积占陆地面积（%）
建筑占地面积	铺装面积	其他面积		小计	其中：冷季型			
31767	25633	40010	39297	137901	12947	408415	83.58	80.07
1640	3977		6863	13564	12797	44902	100.00	87.49
9742		13821	34967	150	60501	82.77	78.55	
1073	7894		8346	57228		147113	97.25	94.07
23116	4020	40010	10267	32142		155899	71.06	69.39
			155125	379366	133580	594128	100.00	100.00
			772	3337		5658	100.00	100.00
			109	2495		2600	100.00	100.00
			1944	6234		8586	100.00	100.00
			4403	8225		19045	100.00	100.00
			4155	9963		22125	100.00	100.00
			839	773		4940	100.00	100.00
			17991	24089		33426	100.00	100.00
			4755	6614	4284	21000	100.00	100.00
			279	2657		7687	100.00	100.00
			1377	1506		13524	100.00	100.00
			32975	33041	31521	41911	100.00	100.00
			2727	10900	10900	16708	100.00	100.00
			13515	60238	56651	72420	100.00	100.00
			1302	11729		19310	100.00	100.00
			7	970		1050	100.00	100.00
			2957	4059		6703	100.00	100.00
				6642	6642	6642	100.00	100.00
			14193	45570		66372	100.00	100.00
			5830	19690		28700	100.00	100.00

序号	公园名称	总面积（平方米）	规划已批面积（平方米）	规划未批面积（平方米）	水面积（平方米）	陆地	
						合计	绿化面积
20	西花园绿地	25190	25190			25190	25190
21	东花园绿地	3770	3770			3770	3770
22	东坝河绿地	18115	18115			18115	18115
23	酒仙桥绿地	6180	6180			6180	6180
24	安贞西北角绿地	10980	10980			10980	10980
25	土城环岛绿地	10599	10599			10599	10599
26	和平门绿地	2420	2420			2420	2420
27	宣武门绿地	2326	2326			2326	2326
28	中央电视台绿地	7688	7688			7688	7688
29	北筒子河绿地	15270	15270			15270	15270
30	景山绿地	11828	11828			11828	11828
31	正义路绿地	13074	13074			13074	13074
32	美术馆绿地	3752	3752			3752	3752
33	历史绿地	12382	12382			12382	12382
34	天安门绿地	4633	4633			4633	4633
35	东单头条绿地	3459	3459			3459	3459
36	天安门两翼绿地	10508	10508			10508	10508
37	十条绿地	2364	2364			2364	2364
38	朝阳绿地	8535	8535			8535	8535
39	建国门三角绿地	8964	8964			8964	8964
40	建外花园路绿地	5369	5369			5369	5369
41	古关象台绿地	8315	8315			8315	8315

续表一

面　积（平方米）			实有树木数量（株）	实有草坪（平方米）		绿化覆盖面积（平方米）	绿化覆盖率（%）	绿化面积占陆地面积（%）
建筑占地面积	铺装面积	其他面积		小计	其中：冷季型			
			4748	20200		25190	100.00	100.00
			6056	2300		3770	100.00	100.00
			3473	14484		18115	100.00	100.00
			622	2750		6180	100.00	100.00
			8560	9828		10980	100.00	100.00
			7647	6856	5500	10599	100.00	100.00
			162	1710		2420	100.00	100.00
			457	1473		2326	100.00	100.00
			1229	5620		7688	100.00	100.00
			751			15270	100.00	100.00
			405	4542		11828	100.00	100.00
			655	10660	10660	13074	100.00	100.00
			335	1530	1530	3752	100.00	100.00
			1088	6684	568	12382	100.00	100.00
			2234	2460		4633	100.00	100.00
			671			3459	100.00	100.00
			572	3650		10508	100.00	100.00
			520	2380	750	2364	100.00	100.00
			558	5671		8535	100.00	100.00
			1999	5790	1500	8964	100.00	100.00
			1214	6465	3074	5369	100.00	100.00
			1039	5581		8315	100.00	100.00

序号	道路名称	起止点	道路长度(公里)	路面宽度(米)	道路范围总面积(平方米)	绿化面积(平方米)				
						合计	行道树	分车带	街头绿地	环岛立交桥绿地
	绿化处纯道路合计		**216.57**		**15243009**	**6672629**	**1048923**	**587034**		**770020**
1	复兴路	木樨地——玉泉路	7.00	38	539711	89532	11438	53264		
2	五棵松路	西黄庄——五棵松	5.50	9—17	102960	5100	5100			
3	阜成路	甘家口——五孔桥	4.25	34—44	136175	79032	6257	33560		6732
4	阜外大街	甘家口——阜成门立交	1.93	23	58672	7815	4740			
5	复兴门外大街	木樨地——礼士路	1.75	36	147000	1898	1778			
6	三里河路	西外大街——木樨地	4.00	26—43	316432	73869	2366	17810		
7	西二环路	复兴门——阜成门	3.00	40	184200	37349	1067	1610		26396
8	平安里西大街	车公庄——官园东墙	0.80	49	42560	3735	485			
9	坞村路	昆明湖路——玉泉山路	3.2	6	51200	1446	1446			
10	昆明湖南路	车道沟桥——昆明湖路	3.50	13	99900	23950	172			
11	展览路	北展——阜外大街	1.50	28	135700	14625	1200	3120		
12	紫竹园路	白石桥——车道沟桥	3.00	36	172000	16142	675	13050		
13	北二环路	西小立交——东直门立交	6.90	39	350110	38243	2925	23787		11226
14	西直门外大街	白石桥——北展	1.40	20	87500	1918	580			
15	花园北路	学院路——花园路	1.00	9	15310	3846	2358			
16	学院路	小月河——清华东路	2.80	24	114610	19270	7800			
17	北四环西段	健翔立交——学院路	1.90	44	164010	96916	4365	23800		41721
18	西土城路	明光村——小月河	2.10	15	143980	59523	8523			
19	西直门北路	西小立交——明光村	1.40	25	48010	6996	4296			
20	花园路北廷	四环路——北医南路	0.60	23	24360	10251	1251			
21	新街口外大街	北太平庄——豁口	2.00	36	97452	11536	4518	6738		
22	昌平路	马甸立交——西三旗	11.00	33	506120	88856	2456	86400		

道路绿化明细表

道路两侧绿化带	覆盖面积(平方米)						绿化覆盖率(%)	道路绿化长度(公里)	实有树木(株)	实有草坪(平方米)	
	合计	行道树	分车带	街头绿地	环岛立交桥绿地	道路两侧绿化带				小计	其中：冷季型
4266654	**7372732**	**1820162**	**654820**		**770020**	**4127731**	**48.4**	**216.57**	**1449446**	**1636393**	**785580**
24830	194951	77775	84256			32920	36.1	7.00	71254	120324	100090
	86800	86800					84.3	5.50	3154		
32483	107611	34836	33560		6732	32483	79.0	4.25	35950	48619	12599
3075	33927	30852				3075	57.8	1.93	3053	1023	
121	12693	12087				605	8.6	1.75	396		
53693	121694	27810	29050			64834	38.5	4.00	7168	20570	6394
8276	47159	5930	6300		26396	8533	25.6	3.00	37057	30830	19256
3250	12992	9120				3872	30.5	0.80	628	2578	2578
	24100	24100					47.1	3.20	1016		
22225	61170	34500				26670	61.2	3.50	14539		
10305	19805	5600	3900			10305	14.6	1.50	2285	19736	
2417	28967	13500	13050			2417	16.8	3.00	43690	10372	
305	86621	36100	36855		11226	2440	24.7	6.90	23325	26655	18700
18600	35710	13900				21800	40.8	1.40	1727		
1488	7776	6288				1488	50.8	1.00	360		
14470	27070	15600				11470	23.6	2.80	4993	7717	
27030	99826	7275	23800		41721	27030	60.9	1.90	36666	43256	12517
51000	65205	14205				51000	45.3	2.10	6461	20057	
2700	11292	8592				23.5	1.40	614	1334		
9000	11085	2085				9000	45.5	0.60	9132	7500	
280	28815	15060	13475		280	29.6	2.00	965	4558		
	92948	6548	86400				18.4	11.00	7130		

序号	道路名称	起止点	道路长度（公里）	路面宽度（米）	道路范围总面积（平方米）	绿化面积（平方米）				
						合计	行道树	分车带	街头绿地	环岛立交桥绿地
23	花园路	北三环——北医南路	1.50	21	45750	6910	1710	5200		
24	北三环西段	蓟门立交——马甸立交桥	1.00	49	101600	60468	3177	2688		35803
25	东升路	九十三中——清华园铁道	3.00	10	81200	46135				
26	机场高速公路	三地凶桥——天竺道口	16.30	35	3499628	2019530				290823
27	机场辅路	大山子——老候机楼	13.52	7—11	1180082	1159371	113522	22115		
28	东直路	东直门——三元桥	2.10	23	180935	17203	13045	4158		
29	京顺路	三元桥——孙河	13.25	25	370364	33864	33864			
30	广西路	酒仙桥——王爷坟	1.50	10—15	16700	31390	4500			
31	将台路	六公坟——将台东口	1.23	12	33817	18970	5522			
32	香河园路	或直门——三元桥	1.90	10—36	55368	11301	5173	3742		
33	慧忠路	左慧路——安慧北里	1.34	29	60849	22545	2873			
34	鼓楼外大街	土城环岛——安华桥	0.64	45	45728	17839	1785	3110		
35	北辰路	四环丁字口——土城环岛	1.19	45	208487	144030	3330	9598		
36	北四环路东段	键翔桥——四元桥	8.06	37—49	736379	220985	18179	61209		33316
37	东三环	三元桥——大北窑	5.10	67—76	465953	89253	13500	15353		
38	北三环东段	马甸桥——三元桥	5.80	60—63	440199	152596	9277	17109		70597
39	安立路	安慧桥——慧忠路	0.51	48	34290	9195	983	2326		
40	安定路	安贞桥——安慧桥	1.95	48	129281	24900	4305	7485		
41	北辰东路	北四环——慧忠路	0.64	26	38314	21930	1620			
42	安贞路	北土城——外馆斜街	1.34	20	52182	25382	2681	21871		
43	安苑路	场馆东门	0.20	21	4663	443	443			
44	东北郊林带	新万寿——环铁	3.35		359640	359640				
45	景山前街	北池子北——北长街北	0.37	18	27721	10155	2526			
46	景山东街	景山东和——景山后街	0.55	13	24310	3493	3493			
47	东筒子河	东阙门——东华门	0.50	7	10000	5670	5670			

续表一

道路两侧绿化带	覆盖面积(平方米)						绿化覆盖率(%)	道路绿化长度(公里)	实有树木(株)	实有草坪(平方米)	
	合计	行道树	分车带	街头绿地	环岛立交桥绿地	道路两侧绿化带				小计	其中：冷季型
	10900	5700	5200				23.8	1.50	1558	3028	
18800	61845	4554	2688		35803	18800	60.9	1.00	18148	26333	10407
46135	46135					46135	56.8	3.00	4657	5172	
1728707	2019530				290823	1728707	57.7	16.30	271774	208828	115369
1023734	1301629	235380	22115			1044134	110.3	13.52	82689	23280	
	32293	22286	10007				17.8	2.10	1127		
	95000	95000					25.7	13.25	2763		
26890	41240	14350				26890	61.8	1.50	6677	22000	507
13448	30050	16602				13448	88.9	1.23	4988	4205	
2386	25858	19321	4151			2386	46.7	1.90	4806	2300	
19672	23120	3448				19672	38.0	1.34	3219	16661	16661
12944	18196	2142	3110			12944	39.8	0.64	4079	15470	
131102	144700	4000	9598			131102	69.4	1.19	36666	79242	
108281	224681	21815	61209		33316	108281	30.5	8.06	134826	122231	22979
60400	94465	18712	15353			60400	20.3	5.10	95582	73589	72279
55613	154319	11000	17109		70597	55613	35.1	5.80	106939	104210	97645
5886	10192	1980	2326			5886	29.7	0.51	9300	4827	4827
13110	32520	11925	7485		13110	25.2	1.95	16087	10932		
20310	22254	1944				20310	58.1	0.64	2586	11182	11182
830	25919	3218	21871			830	49.7	1.34	23048	11850	
	532	532					11.4	0.20	59		
359640	205000					205000	57.0	3.35	10539		
7629	9681	5052				4629	34.9	0.37	1016	5787	4548
	9732	9732					40.0	0.55	159		
	8731	8731					87.3	0.50	334		

序号	道路名称	起止点	道路长度(公里)	路面宽度(米)	道路范围总面积(平方米)	绿化面积(平方米)				
						合计	行道树	分车带	街头绿地	环岛立交桥绿地
48	南池子大街	东安门——东长安街	0.75	9	10275	3375	3375			
49	北池子大街	东安门——景山前街	0.90	9	15480	7200	7200			
50	天安门地区	天安门广场	1.06	30	160109	92849	88807			
51	南河沿大街	东华门——沙滩	0.77	15	17325	5775	5775			
52	景山后街	景山东街北——西街北	0.50	13	21427	10814	6250			
53	大华路	东长安街——东交民巷	0.68	7	14960	11070	10170			
54	东交民巷	崇内大街——公安后街	1.39	8	20289	8964	8964			
55	公安后街	东交民巷——天安门广场	0.19	8	2880	1344	1344			
56	正义路大街	南长街——前门大街	0.79	15	39105	11962	11411			
57	北京站前街	方巾巷——北京站	0.31	29	18290	9300	9300			
58	北京站西街	崇文门——北京站	0.62	23	20158	4769	4769			
59	北河沿大街	东华门——东长安街	0.98	15	29106	14406	14406			
60	东华门大街	东华门 ——八面槽	0.75	21	22125	7701	7701			
61	五四大街	美术馆——沙滩	0.63	20	20556	7374	7374			
62	灯市口大街	东四西大街——八面槽	0.53	14	15780	9871	9871			
63	东四西大街	东四——美术馆	0.53	12	17490	676				
64	台基厂大街	东长安街——前门大街	0.83	12	23157	11061	9003			
65	台基厂一条	台基长——大华路	0.37	6	3145	925	925			
66	台基厂二条	台基长——大华路	0.37	6	3330	1010	1010			
67	台基厂三条	台基长——大华路	0.37	6	4625	1665	1665			
68	北京站周围	北京站前			3421	3421	1877			
69	东二环路	东便门——东直门	2.77	40	290850	104530	27836	21923		50003
70	前门东大街	崇文门——前门	1.70	22	137700	43227	13607	21477		
71	东长安街	文化宫——东单	1.49	5	168370	36064	24760			
72	建内大街	东单——建国门	0.75	13	70452	55178	18913			

续表二

	覆盖面积(平方米)						绿化覆盖率(%)	道路绿化长度(公里)	实有树木(株)	实有草坪(平方米)	
道路两侧绿化带	合计	行道树	分车带	街头绿地	环岛立交桥绿地	道路两侧绿化带				小计	其中：冷季型
	14500	14500					141.1	0.75	182		
	18645	18645					120.4	0.90	216		
4042	32026	27984				4042	20.0	1.06	1217	3732	1038
	10039	10039					57.9	0.77	218		
4564	15082	10517				4564	70.4	0.50	878	6376	5776
900	11070	10170				900	74.0	0.48	1283	800	800
	24459	24459					120.6	1.39	384		
	2880	2880					100.0	0.19	26		
551	21603	21388				215	55.2	0.79	3046	252	252
	11470	11470					62.7	0.31	181		
	7244	7244					35.9	0.62	151		
	17227	17227					59.2	0.98	580		
	13955	13955					63.1	0.75	193		
	8805	8805					42.8	0.63	186		
	9871	9871					62.6	3.9	0.53	68	
676	676					676	3.9	0.53	123		
2058	11122	9064				2058	48.0	0.83	2131	2050	2050
	831	831					26.4	0.37	12		
	500	500					15.0	0.37	10		
	330	330					7.1	0.37	7		
1544	3142	1598				1544	91.8	0.00	105		
4768	136326	59632	21923		50003	4768	46.9	2.77	58658	73571	40824
8143	51839	22219	21477			8143	37.6	1.70	16314	23492	
11304	32144	20840				11304	19.1	1.49	3206	8861	8061
36265	47424	11159				36265	67.3	0.75	11608	23095	15553

序号	道路名称	起止点	道路长度（公里）	路面宽度（米）	道路范围总面积（平方米）	绿化面积（平方米）				
						合计	行道树	分车带	街头绿地	环岛立交桥绿地
73	皇城根	西四大街——西安门大街	0.17	12	3842	1462	1462			
74	阜城门大街	阜城门——西四	1.31	19	33667	8777	8777			
75	西筒子河	西阙门——西华门	0.50	8	9400	6269	5400			
76	西华门大街	西华门——南长街北口	0.25	9	7275	5025	5025			
77	南长街	西华门——西长安街	0.75	11	15750	7200	7299			
78	北长街	西华门——景山前街	0.81	11	16000	7200	7200			
79	宣东大街	宣武门——和平门	0.79	44	82465	27708	7728	14845		
80	宣西大街	象来街——宣武门	1.27	36	94076	61129	13858	17417		
81	前门西大街	和平门——前门	0.94	44	85904	27262	10863	13188		
82	地内大街	景山后街——地安门	0.55	13	14960	13030	8030			
83	景山西街	景山前街——景山后街	0.58	9	15950	7830	3190			
84	府右街	西长安街——西安门大街	1.70	17	49300	26350	17850			
85	新街口北大街	豁口——新街口	0.91	17	22932	8372	8372			
86	新街口南大街	新街口——平安里	0.84	13	25404	11424	11424			
87	西单北大街	西四——西单	1.80	15	50220	23220	23220			
88	西四北大街	平安里——西四	0.95	13	33345	17670	17670			
89	西长安街	西单——南长街	1.50	60	129407	51727	22594			
90	复内大街	礼士路——西单	1.45	35	89984	38950	7299			15640
91	西四东大街	西四——皇城根	0.30	14	5940	1829	1829			
92	宣内大街	宣武门——西单	0.80	15	26640	11440	11440			
93	西安门内大街	丁字街——北海大桥	1.50	21	49200	18924	13430	586		
94	人大西侧路	南长街——前门西大街	0.70	28	52910	14720	12526			
95	前门大街	前门——天桥	1.25	19	35625	11875	11875			
96	前门环路	前门周围	0.71	27	33370	8455	5857	1224		
97	永内大街	天桥——永定门	1.64	24	60680	21320	21320			
98	永外大街	永定门——木樨园	1.70	18	48450	17850	17850			

续表三

道路两侧绿化带	覆盖面积(平方米)						绿化覆盖率(%)	道路绿化长度(公里)	实有树木(株)	实有草坪(平方米)	
	合计	行道树	分车带	街头绿地	环岛立交桥绿地	道路两侧绿化带				小计	其中：冷季型
	2613	2613					68.0	0.17	42		
	25050	25050					74.4	1.31	228		
869	7169	6300				869	76.3	0.50	184	700	
	2910	2910					40.0	0.25	158		
	16880	16880					107.2	0.75	206		
	20880	20880					130.5	0.81	206		
5135	32641	12661	14845			5135	39.6	0.79	1366	13328	438
29854	61085	13814	17417			29854	64.9	1.27	1855	10747	
3211	26934	13266	10457			3211	31.4	0.94	2488	12488	
5000	11289	6289				5000	75.5	0.55	762	3034	
4640	7231	6000				1231	45.3	0.58	209	1232	1232
8500	27408	24585				2823	55.6	1.70	995	2523	
	18200	18200					79.4	0.91	159		
	24508	24508					96.5	0.84	259		
	36200	36200					72.1	1.80	493		
	24110	24110					72.3	0.95	397		
29133	43775	28746				15029	33.8	1.50	5434	11666	
16011	37451	5800			15640	16011	41.6	1.45	11337	42256	11828
	2100	2100					35.4	0.30	17		
	15200	15200					57.1	0.80	252		
4908	33423	27000	586			5837	67.9	1.50	1258	1603	1603
2194	10590	8396				2194	20.0	0.70	3117	1443	
	15615	15615					43.8	1.25	245		
1374	7069	4471	1224			1374	21.2	0.71	216	267	
	33770	33770					55.7	1.64	777		
	3150	3150					6.5	1.70	315		

序号	道路名称	起止点	道路长度（公里）	路面宽度（米）	道路范围总面积（平方米）	绿化面积（平方米）				
						合计	行道树	分车带	街头绿地	环岛立交桥绿地
99	崇文门东大街	崇文门——东便门	1.12	22	54734	16684	8423			
100	建外大街	建国门立交——大北窑	2.06	46	193228	73010	20570	11215		
101	东南三环	大北窑——分钟寺立交	5.26	53	415540	140429	15494	16190		55583
102	建国路	大北窑——八王坟	1.12	46	105374	106373	81210	4866		
103	京津塘高速路	分钟寺——高速公路	1.96	60	137200	20000		20000		
104	西三环南段	莲花桥、公主坟绿地			132420	60000				60000
105	左安路	左安门——蒲黄榆	2.00	40	100000	42180	15000	5000		2180
106	西二环南段	菜户营立交桥			70000	70000				70000
	河岸合计		4.60		36280	25783	183			
1	北护城河岸路	德胜门立交——北小街	3.70	7	27010	25600				
2	永定河河岸路	木樨地——玉渊潭	0.90	10	9270	183	183			

续表四

道路两侧绿化带	覆盖面积(平方米)						绿化覆盖率(%)	道路绿化长度(公里)	实有树木(株)	实有草坪(平方米)	
	合计	行道树	分车带	街头绿地	环岛立交桥绿地	道路两侧绿化带				小计	其中:冷季型
8261	13040	4779				8261	23.8	1.12	4236	9415	8369
41225	66694	20242	11215			35237	34.5	2.06	4433	34115	24610
53162	128582	17617	16190		55583	39192	30.9	5.26	59571	77483	50867
20297	45099	12686	1618			30795	42.8	1.12	1763	11741	11741
	20000		20000				14.6	1.96		20000	
	60000				60000		45.3		37284	43000	2000
20000	52180	25000	5000		2180	20000	52.2	2.00	15043	10867	
	70000				70000		100.0		37970	70000	70000
25600	32131	1280				30851	88.6	4.60	3904	22476	
25600	30851					30851	114.2	3.70	3782	22476	
	1280	1280					13.8	0.90	122		

北京市园林局绿化处

序号	单位名称	总面积（平方米）	建筑占地面积（平方米）	铺装面积面积（平方米）	绿地面积（平方米）				
					合计	楼间绿地	居住区花园		
							小计	绿化面积	水面积
	方庄小区	12296820	596460	84976	472647	453822	18825	18825	
	1. 小区花园	29000		10175	18825		18825	18825	
	2. 小区道路	120292			5307	5307			
	3. 楼间绿地	12147528	596460	74621	448515	448515			

北京市园林局绿化处

序号	苗圃名称	总面积（平方米）					在			
		合计	纯育苗面积		管理区占地面积	其他面积	合计	乔木		
			小计	其中：温室				小计	常绿乔木	落叶乔木
	绿化处花圃、苗圃	**5228072**	**3956639**	**10870**	**320391**	**951042**	**7793004**	**3700537**	**2237034**	**1463503**
1	东北旺苗圃	1546000	1274400	3341	242000	29600	2808884	1315959	856184	459775
2	东北郊苗圃	720360	616980	850	21736	81644	883750	298320	70630	227690
3	西南郊苗圃	272628	206001	840	12453	54174	549685	13286	5136	8150
4	小汤山苗圃	2677984	1848158	4903	44202	785624	3550685	2072972	1305084	767888
5	龙潭花圃	11100	11100	936						

居住区绿地明细表

未绿化面（平方米）	其他面积（平方米）	已绿化面占总面积（%）	实有树木（株）	实有草坪（平方米）		绿化覆盖面积（平方米）	绿化覆盖率（%）
				小计	其中：冷季型		
	142917	0.36	121094	229601	74091	472647	36.45
		0.65	9650	18825	15472	18825	64.91
	114985	0.04	604			5307	4.41
	27932	0.39	110840	210776	58619	448515	3.69

生产绿地明细表

圃 苗 水							在圃绿篱		在圃草坪		在圃花卉	
灌 木			其 他									
小计	常绿灌木	落叶灌木	小计	月季	攀缘	竹子	长度（米）	数量（株）	种	数量（平方米）	种	数量（株）
3646741	**2189636**	**1457105**	**445726**	**232994**	**182102**	**30630**		**207360**	**7**	**19859**	**102**	**471270**
1249120	645190	603930	243805	141373	88562	13870			4	14659	3	18782
556430	455500	100930	29000	6000	23000			38510			47	103719
519076	375693	143383	17323	525	10038	6760		52500			5	13750
1322115	713253	608862	155598	85096	60502	10000		116350	3	5200	17	279019
											30	56000

五、北京市城市园林绿化普查组织机构

北京市城市园林绿化普查领导小组及普查办公室成员名单

领导小组

组　长　魏广智　北京市园林局局长

副组长　张树林　北京市园林局常务副局长

刘长乐　北京市园林局副局长

郭晓梅　北京市园林局副局长

普查办公室

主　任　刘长乐　北京市园林局副局长

副主任　王福忠　北京市园林局计财处处长

童锐荣　北京市园林局绿化办公室主任

姜洪涛　北京市园林局公园处处长

孙志远　北京市园林局法规处处长

成　员　于力维　北京市园林局计财处干部

牛玉玲　北京市园林局绿化办公室干部

孟庆红　北京市园林局公园处干部

吴佐英　北京市园林局绿化处干部

孙新华　北京市园林局计财处干部

北京市各区、县城市园林绿化普查领导小组及普查办公室成员名单

东城区

领导小组

组　长　朱宪一　东城区园林局局长

副组长　朱宝森　东城区园林局副局长

程景龙　东城区园林绿办主任总工程师

普查办公室

主　任　朱宝森　东城区园林局副局长

副主任　杨桂林　东城区园林绿办副主任

成　员　王淑华　东城区园林局综合统计

杨淑艳　东城区园林局工程师

王　哲　东城区园林局计算机室干部

徐　丰　东城区园林局绿办助理工程师

刘建红　东城区园林局绿办助理工程师

张　莹　东城区园林局办公室干部

西城区

领导小组

组　长　王铁山　西城区园林市政管理局局长

副组长　董沛斌　西城区园林市政管理局副局长

程文光　西城区新街口街道办事处副主任

何玉清　西城区月坛街道办事处副主任

唐茂卿　西城区阜外街道办事处副主任

马小鹏　西城区展览路街道办事处副主任

常志勇　西城区广桥街道办事处副主任

高振民　西城区福绥境街道办事处副主任

唐宝生　西城区丰盛街道办事处副主任

吴育杰　西城区二龙路街道办事处副主任

朱玉宝　朝阳区长安街街道办事处副主任
朴建来　西城区德外街道办事处副主任
金　诚　西城区园林局绿化办公室主任
田京城　西城区园林局执法科科长
贾智捷　西城区园林局园林科科长

普查办公室

主　任　金　诚　西城区园林局绿化办公室主任
成　员　刘　彤　西城区园林局绿化办公室干部
文　辉　西城区园林局园林科科长
常素娟　西城区园林局执法科干部
王　玥　西城区园林局园林科干部

崇　文　区

领导小组

组　长　吕铁柱　崇文区园林市政局局长
副组长　程珊莲　崇文区园林市政副局长
刘秀花　崇文区园林市政局长助理
张秀明　崇文区园林市政局绿化办公室副主任

普查办公室

主　任　刘秀花　崇文区园林市政局局长助理
副主任　张秀明　崇文区园林市政局绿化办公室副主任
成　员　诸玉红　崇文区园林市政局绿化办公室干部
马　艺　崇文区园林市政局绿化办公室干部
彭　影　崇文区园林市政局绿化办公室副科长
周雅凤　崇文区园林市政局绿化队干部
杨　平　崇文区园林市政局龙潭公园园艺队干部
刘俊成　崇文区园林市政局法规科干部

宣 武 区

领导小组

组　长　李松涛　宣武区园林市政管理局局长

副组长　武　义　宣武区园林市政管理局副局长

　　　　　李凡珠　宣武区园林市政管理局副局长

普查办公室

主　任　郭存明　宣武区园林市政管理局园林科科长

副主任　徐鹤鸣　宣武区园林市政管理局绿化办公室副主任

成　员　李崇敏　宣武区园林市政管理局干部

　　　　　李　俊　宣武区园林市政管理局干部

朝 阳 区

领导小组

组　长　赵连平　朝阳区建管委主任

副组长　马　龙　朝阳区建管委副主任

成　员　凌振忠　朝阳区绿化办公室主任

　　　　　麻成坤　朝阳区公园总经理助理

　　　　　郜锡忱　朝阳区农林局副局长

　　　　　郝建国　朝阳区园林局副局长

　　　　　袁明珠　朝阳区统计局局长

普查办公室

　　　　　凌振忠　朝阳区绿化办公室主任

　　　　　杨丽新　朝阳区绿化办公室副主任

　　　　　郭玉山　朝阳区园林局园林科科长

　　　　　刘铁柱　朝阳区农林局林业科副科长

　　　　　梁柳雁　朝阳区绿化办公室干部

　　　　　杨子沛　朝阳区绿化办公室干部

　　　　　崔杏栾　朝阳区园林局园林科干部

海　淀　区

领导小组

组　长　杨　信　海淀区园林市政管理局副局长

副组长　赵丽霞　海淀区园林局绿化办公室副主任

　　　　宋正鸿　海淀区园林局园林科副科长

普查办公室

主　任　赵丽霞　海淀区园林局绿化办公室副主任

成　员　宋正鸿　海淀区园林局园林科副科长

　　　　纪永惠　海淀区园林局绿化办公室干部

　　　　付文涛　海淀区园林局园林科干部

　　　　朱　晨　海淀区园林局绿化办公室干部

丰　台　区

领导小组

组　长　张渝生　丰台区市政园林局局长

副组长　田　仲　丰台区市政园林局副局长

　　　　刘崇安　丰台区市政园林局副书记

普查办公室

主　任　田仲　丰台区市政园林副局长

副主任　李锐敏　丰台区绿化办公室工程师

　　　　刘武庆　丰台区市政园林局园林科科长

　　　　薛　平　丰台区市政园林局园林科副科长

成　员　吴建才　丰台区绿化办公室干部

　　　　杨　珂　丰台区市政园林局园林科干部

　　　　李燕彬　丰台区市政园林局园林科干部

　　　　边凤琴　丰台区农林局林业科统计

　　　　米振华　丰台区长辛店绿化队副队长

　　　　徐　明　丰台区丰台绿化队统计

　　　　康凤琴　丰台区南苑绿化队统计

　　　　李金花　丰台区丰台花园统计

石 景 山 区

领导小组

组　长　杨立华　石景山区园林局局长

副组长　梁仕民　石景山区园林局副局长

　　　　　张维栋　石景山区园林局副局长

　　　　　付建国　石景山区绿化委员会办公室副主任

普查办公室

主　任　付建国　石景山区绿化委员会办公室副主任

副主任　陈建文　石景山区园林局园林科科长

　　　　　杨宝祯　石景山区园林局林业公安科科长

　　　　　王　珊　石景山区绿化委员会办公室副科长

　　　　　张文军　石景山区园林局开发办副主任

成　员　陈　伟　石景山区绿化委员会办公室干部

　　　　　王世荣　石景山区园林局园林科干部

　　　　　王　静　石景山区园林局法规科干部

门 头 沟 区

领导小组

组　长　段义锦　门头沟区副区长

副组长　穆清波　门头沟区绿办副主任

　　　　　王金荣　门头沟区统计局局长

　　　　　游广松　门头沟区市政管理局局长

普查办公室

主　任　李志坚　门头沟区市政局副局长

成　员　杨素华　门头沟区市政局绿化科科长

　　　　　崔　臣　门头沟区市政局绿办干部

　　　　　王正秋　门头沟区市政局办公室主任

　　　　　刘美美　门头沟区市政局绿化科干部

　　　　　景继荣　门头沟区市政局绿化科干部

　　　　　王晓霞　门头沟区市政局绿化科统计

　　　　　任全青　门头沟区绿化科干部

房　山　区

领导小组

组　长　毕凤顺　房山园林局局长

副组长　李国政　房山园林局副局长

　　　　　顾志亮　房山园林局副局长

　　　　　王春菊　房山园林局副局长

普查办公室

主　任　王春菊　房山园林局副局长

副主任　张　广　房山园林局绿化科科长

成　员　王春年　房山园林局综合统计

　　　　　柳广志　房山园林局绿化科干部

　　　　　付海滨　房山园林局绿化科干部

　　　　　许桂芳　房山园林局设计科干部

　　　　　霍莉琳　房山园林局设计科干部

　　　　　王武德　房山城关园林所副所长

　　　　　杨文淑　房山良乡园林所副所长

通　县

领导小组

组　长　岳凤华　通县副县长

副组长　梁国生　通县城市管委会主任

成　员　王爱文　通县县委宣传部副部长

　　　　　黄春来　通县县人大办公室副主任

　　　　　刘学兰　通县县政府法制办副主任

　　　　　张兆杰　通县县武装部副部长

　　　　　季连俊　通县县城市管委会副主任

　　　　　杨洪宽　通县县林业局副局长

　　　　　成金盈　通县县公路局副局长

　　　　　张安邦　通县县水利局副局长

　　　　　任宝才　通县县房屋土地管理局副局长

　　　　　杨常存　通县县房地产开发总公司副经理

张卫东　通县县城市绿化办主任

普查办公室

主　任　季连俊　通县县城市管理委员会副主任

副主任　张卫东　通县城市绿化办主任

王希臣　通县城市绿化队队长

刘立新　通县公园管理处主任

成　员　刘振清　通县城市绿化办副主任

敫永新　通县城市绿化办干部

董春霞　通县城市绿化办综合统计

刘秀丽　通县城市绿化队统计

郝宝茹　通县西海子公园管理处干部

昌　平　县

领导小组

组　长　张士耀　昌平县绿化办主任

常务副组长　苏绍福　昌平县市管委副主任

副组长　巩彦庭　昌平县绿化办副主任

赵若芳　昌平县园林处主任

成　员　段永增　昌平县林业局副局长

李自明　昌平县公路局副局长

姚文成　昌平县水利局副局长

欧阳美洁　昌平县统计局副局长

邱敬贤　昌平县城区镇副镇长

韩井山　昌平县道南镇副镇长

李增仁　昌平县巩华镇副镇长

屈万江　昌平县念头办事处副主任

高长利　昌平县小汤山办事处副主任

王海岭　昌平县科技园区绿化工程公司经理

卢秀英　昌平城区镇城建科副科长

王华荣　昌平巩华镇城建科副科长

徐金钱　昌平道南镇镇政府林业员

魏　刚　昌平规则局规则科科员

普查办公室

主　任　孙彦刚　昌平县园林处副主任

成　员　李秀清　昌平县园林处园林科科长

金　环　昌平县园林处园林科科员

刘童杰　昌平县市政管委园林科科员

黄小红　昌平县园林处园林科科员

大　兴　县

领导小组

组　长　张书领　大兴县常务副县长

副组长　芦德才　大兴县建委副主任

吕绍清　大兴县市政园林局局长

杨宝桓　大兴县绿化办主任

周玉书　大兴县市政园林局副局长

成　员　贾凤启　大兴县工业开发区园林公司经理

侯立宽　大兴县城建开发园林公司经理

刘　娟　大兴县房管所副所长

谢卫星　大兴县公路局干部

赵崇礼　大兴县黄村镇林业站干部

张淑华　大兴县林业局干部

普查办公室

主　任　周玉书　大兴县市政园林局副局长

副主任　胡振赢　大兴县绿化办

李艳春　大兴县园林局园林科副科长

成　员　何宝琴　大兴县园林局园林科统计

杨军英　大兴县园林局园林科干部

吴秀敏　大兴县园林局园林科干部

李书明　大兴县园林局绿化队队长

张凤文　大兴县儿童乐园园长

张俊峰　大兴县康庄公园经理

平　谷　县

领导小组

组　长　王化贤　平谷县市政委主任兼绿办主任

副组长　张连志　平谷县市政委副主任

张福海　平谷县市政委副主任兼绿办副主任

成　员　宋秋生　平谷县市政绿化管理处主任

赵品清　平谷县市容环卫处主任

王志义　平谷县人民公园管理处主任

陈　良　平谷县自来水管理所所长

张希荣　平谷县绿化科科长

马国友　平谷县市政管委业务科科长

陈焕玲　平谷县市政管委业务科助理工程师

普查办公室

主　任　张连志　平谷县市政委副主任

成　员　马国友　平谷县市政委业务科科长

陈焕玲　平谷县市政委业务科助理工程师

于向阳　平谷县市政委业务科统计

顺　义　县

领导小组

组　长　李德民　顺义县绿化办主任

副组长　刘占生　顺义县绿化办副主任

成　员　张振民　顺义县林业局副局长

高凤清　顺义镇副镇长

谢树林　顺义县牛山镇副镇长

董长树　顺义县马坡乡副镇长

孙仲秀　顺义县园林管理科科长

普查办公室

主　任　孙仲秀　顺义县园林管理科科长

成　员　王宏清　顺义县园林管理综合统计

李久仁　顺义镇园林管理科科员

刘彦明　顺义县园林管理科科员
郭启志　顺义县园林管理科科员

怀　柔　县

领导小组

组　长　王长山　怀柔城镇办事处主任
副组长　周志安　怀柔城镇办事处副主任
王进文　怀柔镇副镇长
肖湘江　桥梓镇副镇长
郭学勇　庙城镇副镇长
李博生　绿化办主任助理

普查办公室

主　任　陈润启　怀柔县市政园林局园林科科长
副主任　万里霜　怀柔县市政园林局园林科干部
成　员　张亚辉　怀柔县市政园林局园林科干部
张文晋　怀柔县庙城镇干部
李凤霞　怀柔县怀柔镇干部
曹宗元　怀柔县桥梓镇干部

密　云　县

领导小组

组　长　李福珍　密云县副县长
副组长　杨险峰　密云县市政管委会主任
张洪生　密云县绿化办主任
成　员　王　宠　密云县政府办公室主任
李满庆　密云县建委主任
丁秀云　密云县规划局局长
郑亚民　密云县密云镇镇长
张春福　密云县溪翁庄镇镇长

普查办公室

主　任　赵通友　密云县园林处副处长

副主任　王笑容　密云县园林处绿化设计室主任

成　员　卢燕华　密云县园林处综合统计

郑从明　密云县园林处干部

郭凤仃　密云县园林处干部

延　庆　县

领导小组

组　长　王孝斌　延庆县副县长

副组长　杨进福　延庆县绿化办主任

董　文　延庆县市政局局长

成　员　闫永发　延庆县林业局局长

时君泉　延庆县规划局局长

周成礼　延庆县延庆镇镇长

李树泉　延庆县住宅开发公司经理

李炳芬　延庆县市政局副局长

普查办公室

主　任　李炳芬　延庆县市政局副局长

副主任　郭玉善　延庆县园林所所长

成　员　罗和利　延庆县园林所统计

马万新　延庆县市政局园林所干部

王志强　延庆县园林所干部

陈跃清　延庆县园林所工人

贺进冬　延庆县园林所干部

十 三 陵 特 区

领导小组

组　长　张桂树　十三陵特区办事处常务副主任

副组长　齐又新　十三陵特区办事处副主任

成　员　于国柱　十三陵特区绿化科科长

肖　龙　十三陵特区定陵管理处主任

钟振宇　十三陵特区长陵管理处主任

张振祥　十三陵特区神路管理处主任

樊建平　十三陵特区昭陵管理处主任

普查办公室

主　任　于国柱　十三陵特区绿化科科长

成　员　李兰花　十三陵特区绿化科综合统计

朱宗良　十三陵特区绿化科干部

八 达 岭 特 区

领导小组

组　长　陈　仁　八达岭旅游总公司总经理

副组长　赵国旺　八达岭市容所所长

成　员　李书鹏　八达岭市容所办公室主任

于建萍　八达岭特区综合统计

夏会强　八达岭特区园林员

白振林　八达岭特区园林班班长

房大民　八达岭特区园林班园林员

房　军　八达岭特区园务班班长

北京市园林局局属单位绿化普查领导小组及普查办公室成员名单

颐　和　园

领导小组

组　长　刘宝军　北京市园林局颐和园管理处园长

副组长　耿刘同　北京市园林局颐和园总工程师副园长

　　　　　苏振鹏　北京市园林局颐和园园林部主任

成　员　白文东　颐和园园林部副主任

　　　　　杜晓钧　颐和园综合统计

　　　　　韩　玲　颐和园园林部技术员

北京动物园

领导小组

组　长　王宝强　北京动物园副园长

成　员　高　捷　北京动物管理科副科长

　　　　　杨丽娅　北京动物管理科高级工程师

　　　　　居龙和　北京动物园艺队队长

北海景山公园

领导小组

组　长　李振西　北海景山公园管理处园长

　　　　　赵国勋　北海景山公园管理处副园长

普查办公室

主　任　赵国勋　北海景山公园管理处副园长

副主任　李　安　北海景山公园管理财务科科长

　　　　　杨宪河　北海景山公园管理园林科科长

　　　　　李春香　北海景山公园管理行政科科长

李建礼　北海景山公园管理基建科科长
成　员　孙仪璐　北海景山公园管理综合统计
王　曼　北海景山公园园林科统计
崔庆云　北海景山公园基建科干部
刘伟华　北海景山公园行政科干部

中山公园

领导小组
组　长　杨晓东　中山公园管理处园长
副组长　张素芬　中山公园管理处副园长
普查办公室
主　任　刘鸿义　中山公园园林科科长
副主任　武崇志　中山公园基建科科长
刘国华　中山公园管理科科长
彭旭花　中山公园办公室主任
成　员　刘森江　中山公园园艺队副队长
赵天禄　中山公园花卉队副队长
吴希君　中山公园经营队副队长
郑　毅　中山公园综合统计

天坛公园

领导小组
组　长　吴庚新　天坛公园管理处副园长
副组长　林冬生　天坛公园管理科科长
万淑霞　天坛公园综合统计
成　员　於哲生　天坛公园绿化科科员
朱庆玲　天坛公园绿化一队技术员
周子牛　天坛公园绿化二队技术员
赵中华　天坛公园绿化二队工人

陶然亭公园

领导小组

组　长　伦永立　陶然亭公园园长

副组长　邵　海　陶然亭公园副园长

普查办公室

主　任　邵　海　陶然亭公园副园长

副主任　王玉欣　陶然亭公园计财科科长

张志玲　陶然亭公园管理科科长

张　青　陶然亭公园管理科副科长

成　员　郎淑萍　陶然亭公园综合统计

谷立芳　陶然亭公园管理科科员

沈　萍　陶然亭公园园艺队办事员

紫竹院公园

领导小组

组　长　史震宇　紫竹院公园副园长

成　员　范卓敏　紫竹院公园绿化科科长

姜立枝　紫竹院公园综合统计

王立明　紫竹院公园绿化科技术员

玉渊潭公园

领导小组

组　长　黄忠祥　玉渊潭公园园长

副组长　马　玉　玉渊潭公园主任工程师

孙召良　玉渊潭公园副园长

普查办公室

主　任　孙召良　玉渊潭公园副园长

副主任　易长青　玉渊潭公园绿化队队长

周家祥　玉渊潭公园绿化队书记

张秀琴　玉渊潭公园财务科科长
鲁　勇　玉渊潭公园绿化队队长
成　员　赵博音　玉渊潭公园综合统计
齐惠娟　玉渊潭公园绿化科科员
邹建玲　玉渊潭公园绿化队干事
姚　毅　玉渊潭公园规划组组员
常　平　玉渊潭公园工程队干事

香山公园

领导小组
组　长　张燕生　香山公园副园长
普查办公室
主　任　李铁生　香山公园绿化科科长
副主任　陈广增　香山公园行政办主任
杨晓瑜　香山公园园艺队队长
成　员　麻淑敏　香山公园综合统计
郭惠敏　香山公园园艺队统计
张晓争　香山公园园艺队工人

北京植物园

领导小组
组　长　张佐双　北京植物园园长
副组长　甘长青　北京植物新优种苗科书记
袁在富　北京植物绿化科技科科长
成　员　王　薇　北京植物综合统计
朱仁元　北京植物园林科副科长
张凤仙　北京植物科技科科员
李文阁　北京植物养护科技员

花木公司

领导小组

组　长　郑西平　花木公司经理

成　员　祁孝英　花木公司财务科科长

　　　　　孙宇红　花木公司综合统计

绿　化　处

领导小组

组　长　张顺喜　绿化处处长

副组长　田黎明　绿化处副处长

　　　　　张东林　绿化处副处长

　　　　　曲让绪　绿化处副处长

普查办公室

主　任　田黎明　绿化处副处长

副主任　李亿有　绿化处财务科科长

　　　　　吴永励　绿化处工程科科长

　　　　　高宝林　绿化处执法科科长

　　　　　王安敏　绿化处育苗科科长

　　　　　孙　龙　绿化处基建科科长

成　员　吴佐英　绿化处综合统计

　　　　　陈　薇　绿化处育苗科统计

　　　　　姜淑惠　绿化处二大队统计

　　　　　张印宝　绿化处小汤山苗圃统计

水　利　局

领导小组

组　长　李保威　北京市水利局水管处高工

成　员　李　柱　北京市水利局城市河湖管理处副主任

　　　　　张梅英　北京市水利局城市河湖管理处高工

　　　　　刘舒亚　北京市水利局城市河湖管理处工程师

六、一九九五年北京市城市园林绿化普查工作先进个人

北京市园林绿化普查工作先进个人名单

东城区	朱宪一	杨桂林	王淑华	顾　梅	李金声
西城区	刘　彤	文　辉	王　玥	李克抗	田淑民
崇文区	吕铁柱	刘秀花	彭　影	马　艺	周雅凤
宣武区	郭存明	蔡玉海	李君华	李　俊	李崇敏
朝阳区	杨丽新	梁柳雁	杨子沛	魏荣宝	郭玉山
	陶　非	侯凤岐	裴振东		
海淀区	纪永惠	赵金学	付文涛	宁奎臣	王淑霞
	宋一清	侯玉珍	张桂荣		
丰台区	刘会生	王　兰	秦　刚	张　萍	薛　平
	杨　珂	徐　明	李京花		
石景山区	王　珊	陈　伟	王世荣	付小军	刘春利
门头沟区	杨素华	王晓霞	任全青	刘美美	景继荣
房山区	李德江	罗桂焕	王春华	郝卫兵	张乃玲
通　县	季连俊	张卫东	董春霞	刘立新	石春江
昌　平	卢秀英	徐金钱	王华荣	李秀清	金　环
大　兴	周玉书	李艳春	何宝琴	吴秀敏	杨军英
平　谷	陈焕玲	马文坡	李占国	张晓华	赵宇立
顺　义	刘占生	孙仲秀	段树芹	王宏清	李九仁
怀　柔	周志安	王进文	万里霜	董学军	程秀玲
密　云	王常金	王笑容	卢燕华	杨　勇	高启民
延　庆	董　文	李炳芬	郭玉善	罗和利	王志强

十三陵	李兰花
八达岭	赵国旺
颐和园	杜晓钧　韩　玲
天　坛	吴庚新　万淑霞
北　海	王　曼　孙仪璐
中　山	郑　毅　白　旭
陶然亭	张　青　郎书萍
动物园	杨丽娅　季万纯
玉渊潭	邹建玲　齐惠娟
香　山	麻淑敏　李铁生
北　植	张佐双　王　薇
紫竹院	姜立枝　范卓敏
绿化处	吴佐英　尚士琴　姜淑惠　闫淑瑜　张印宝
花木公司	郑西平　孙宇红
市普查办	于力维　孙新华
水利局	张梅英　李保威

责任编辑:董维东
责任印制:赵　恒

图书在版编目(CIP)数据
北京市城市园林绿化普查资料汇编/北京市园林局编
北京:北京出版社,1997
IBSN 7-200-03155-0
1. 北… Ⅱ,北… Ⅲ,城市-绿化-普查-资料-北京
Ⅳ.S731.2
中国版本图书馆 CIP 数据核子(97)第 02992 号

北京市城市园林绿化
普查资料汇编

北京市园林局　编
北京出版社　出版
北三环中路 6 号
邮编:100011
北京出版社　总发行
北京成功信息处理有限公司　制版
顺义县东辛庄印刷厂　印刷
1997 年 3 月第 1 版第 1 次印刷
开本:787×1092 毫米 1/16　印张:37
ISBN7-200-03155-0/S·61

定价:90 元